股票技术分析实战傻瓜书

珍藏版

程峰 | 著

SPM 南方传媒 | 广东经济出版社

·广州·

图书在版编目（CIP）数据

股票技术分析实战傻瓜书：珍藏版 / 程峰著 . 广州 : 广东经济出版社，2025. 1. -- ISBN 978-7-5454-9426-6

Ⅰ. F830.91

中国国家版本馆 CIP 数据核字第 2024SW1452 号

责任编辑： 周伊凌
责任校对： 黄思健
责任技编： 陆俊帆
封面设计： 柏拉图

股票技术分析实战傻瓜书（珍藏版）
GUPIAO JISHU FENXI SHIZHAN SHAGUA SHU（ZHENCANG BAN）

出 版 人： 刘卫平
出版发行： 广东经济出版社（广州市水荫路 11 号 11 ～ 12 楼）
印　　刷： 广州市豪威彩色印务有限公司
（广州市增城区新塘镇太平洋五路1号2栋1楼101室）

开　　本： 787 毫米 ×1092 毫米　1/16　　**印　　张：** 24.25
版　　次： 2025 年 1 月第 1 版　　**印　　次：** 2025 年 1 月第 1 次
书　　号： ISBN 978-7-5454-9426-6　　**字　　数：** 350 千字
定　　价： 98.00 元

发行电话：（020）87393830
广东经济出版社常年法律顾问：胡志海律师

珍藏版序

聪明人不需要用聪明的方法赚钱

从1999年开始写作，到千禧年正式出版，再到现在的第三版也就是珍藏版的出版，《股票技术分析实战傻瓜书》问世已20多年，陪伴了我30年投资生涯的大部分时光，也见证了年少轻狂的我如何蜕变成充满敬畏之心的我。幸运的是，投资是一门古老的艺术，其中充满了奇遇，跟吃“青春饭”的行当完全不同。就投资而言，时间不仅不会摧毁一个人的经验与器识，反而会磨洗、锤炼他的意志，增强他的定力，让智慧之光越发闪亮。

缘起缘灭，想想人这一辈子，真是奇妙。好多事情不是因为计划才发生的，而是因为偶然。《股票技术分析实战傻瓜书》的诞生，其实也是20多年前的一次偶然。那天我在天河城附近闲逛，遇到时任广东经济出版社编辑室主任的赤壁老乡李远谋，他问我：“几年前你曾经有一个出版期货操作书籍的计划，后来为什么搁浅了？”我说：“我已经离开期货行业了，现在在做股票投资。”他说：“那就写一本关于股票投资的书籍吧！”他还指了指不远处的广州购书中心，说：“你可以去看看，现在卖得最火的书就是一本台湾同胞写的《股票操作学》了。你文笔这么好，专业功底扎实，不写书太可惜了。”

我将信将疑地去广州购书中心转了一圈，发现李远谋说的话确实是真的。整个购书中心，摆在最显眼位置上的，都是有关股票投资方面的书籍，我闻到了一个巨大市场的味道！

第二天，我就去位于水荫路的广东经济出版社找到李远谋，确定了写作计划，并说3个月应该就可以交稿了。

回到位于粤垦路的家中，我马上就写好了一个提纲，然后又去一家小超市买了40本方格稿纸，我记得每本大约能写10800字。就这样，我就开始写人生的第一本书了。

那是一段刻骨铭心的记忆，电脑打字还没有普及，写作是名副其实的“写”——在方格稿纸上，一笔一画地写。

我记得每天的写作都是从晚上10点钟开始的，一口气写完一本10800字的稿纸我才会休息一会。每次写到凌晨1点钟左右，就有点犯困，我便起身出门，坐在院子中大榕树下的石凳上抽几根烟。写作遇到瓶颈的时候，我会沿粤垦路走走，还会去广东农工商职业技术学院（简称“农工商学院”）里边散步。那段时间，附近的保安基本上都认识我了。他们看见一位头发凌乱、胡子拉碴的年轻人叼着根香烟一副心事重重的样子，半夜三更跟孤魂野鬼似的在街上游荡，也都习以为常了。因为在那个年代，有很多流浪汉昼伏夜出沿街翻找垃圾桶，我想，没准他们会把我当流浪汉看待呢。只是去农工商学院里边散步时，保安还是会拦一下，偶尔会问一句你去学校找谁，我随便回答一句找杜老师聊聊人生，他们就让我进去了，慢慢地也就不再拦我。

从外面游荡回来，基本上到凌晨2点多了。那时的我，还非常年轻，精力充沛，神清气爽，夜深人静之时，会越写越兴奋，一口气写到天亮才作罢。

熬夜写书的日子持续了接近2个月，准确来说，应该是40多个夜晚，《股票技术分析实战傻瓜书》初稿杀青了。当我背着厚厚一叠书稿去出版社找李远谋时，他感到很惊讶。因为从策划选题到完稿，40万字的一本书，竟然只用40多天就搞定了，这简直是“神”一般的速度啊！我当时觉得没什么，现在回忆起来，还是为自己年轻时做事有那股劲儿感到骄傲。

然后，谈了一下版税的事情，正式签好了出版合同，这本书就进入出版程序了。

《股票技术分析实战傻瓜书》一上市简直太受欢迎了，最初的1个月，基本上几天就得加印1次，还有就是盗版满天飞。

这本书的出版，不仅给我带来了丰厚的版税收入，极大地改善了那一段时间的经济窘迫状况，还给我带来了巨大的声誉。股票市场开始接纳我这位股票投资分析师、财经评论家了。

从2000年到现在，《股票技术分析实战傻瓜书》一直热销。由于案例需要更新，在2007年，广东经济出版社的高文彪主任建议我推出修订版，于是，我对此书整体上进行了一次修订，更换了所有投资分析案例，推出了《股票技术分析实战傻瓜书》的第二版。

目前大家看到的是这本书的第三版，相对于前两版，不仅更换了所有案例，而且为了让读者读起来更舒适，全书采用了彩色印刷，封面采用双封面，从里到外，进行了一次彻底的完善，相信会给新老读者带来全新的体验。

有朋友问我，20多年过去了，关于投资的方法论，会有哪些变化呢？我想说，我现在坚信与坚持的那些投资信条，仍然是20多年前的，没有变化。于我而言，比如说对“聪明的人不需要聪明的方法赚钱”这句至理名言，现在领悟得更深了，也越来越相信那些朴素的道理。大道至简，相信常识，控制情绪，坚持做难而正确的事情。财富不是不择手段追求成功的结果，而是一个人认知能力的变现，是先把人做好了顺带的结果。

投资与做人，殊途同归。这些年来，我领悟到做人做事都要问心无愧才能获得内心深处的安宁，反观喜欢投机取巧的人，虽然可以得意一时，却难以禁得住时间的淘洗。自己做一个好人，然后，跟好人交朋友，与好的股票结缘，是人生的大智慧，也是投资的至高境界。

本来想请一位投资界的大佬来写这个珍藏版的序的，但是，在这个大佬站起来与倒下去都很快的年代，我打消了这个念头。我不是担心万一哪天大佬倒了，我需要费劲去掉他的名字，恨不得否认跟他有任何瓜葛，而是以自己的性格，断然做不出那种事情来，而这个“薄情”的世界会有几个人能支持我保持自己“深情”的初心，不那么势利地对待别人？所以，最后还是自己来写了。

是为序。

程 峰

2024年12月31日于广州

原　序

大道至简　大智若愚

欢迎你阅读《股票技术分析实战傻瓜书》。市场上有关技术分析的书很多，但大多数书都假设你已是股市中的老狐狸，假设你很想学股票技术分析中的每一个奇怪和无用的“绝招”，并且热衷于与股市中的庄家斗智斗勇。这些关于如何“战胜”庄家或者一厢情愿要“与庄共舞”的股票技术分析，就像罂粟花一般看上去很美，但实际效果因人而异。而这本书会有很大的不同。

这本书将深奥复杂的专业名词和技术细节简单化，力求通俗易懂。假如你是一个对股市研究不多的散户，或者是一个不知下一步该怎么办的股市新手，不愿被大量的技术细节和五花八门的分析技巧所困扰，你想掌握的就是面对波诡云谲的股市，能够用最简单的方法分析出大盘的可能走向和你所感兴趣的个股接下来的走势；你不幻想跟庄家决斗并且最终把庄家打得丢盔弃甲，也不奢求骑上一匹一日千里的黑马然后在100天里赚回100倍的利润；如果你目光敏锐又充满理性，有足够的勇气、胆识和耐心来股市寻求一条发财的途径或者一种充满刺激的生活方式，那么这本书就是专门为你而写的。

本书精选了股票技术分析的几种经典理论，并进行了细致的分类和编排。这些经典理论结合了中国股票市场的具体实践，采用了沪深股市的大量最新图表资料，力求将所有有代表性的分析工具与精选个股走势相结合，并进行具体分析。最典型的个股走势均被纳入书中，将其一一抽丝剥茧，让你茅塞顿开。

这是一本专门针对中国内地股市的实战应用工具书，避免了港台和海外技术分析著作完全采用港台和海外股市图表资料和个案实例进行分析所带来的隔靴搔痒之缺憾。本书对股票技术分析的多种经典理论在中国内地股市中应用的特殊性加以深入研究，每一个实例分析都是发生在你眼前的事情，必定令你有身临其境的现场感。我相信，你肯定会发现这是一本引人入胜、图文并茂的好书。

这本书是供你在股市操作中不知下一步该怎么办时使用的，你不一定要从头读到尾，因为它更像一本股市操作的参考书，各章节基本上可以独立阅读。如果你觉得好玩的话，甚至可以从书的最后一页读起。你可以一边看盘一边读它，你也可以在每晚看完所有感兴趣的电视节目之后临睡前躺在床上翻阅某一部分内容（如果你眼睛近视的话还是坐在书桌前看为好），你甚至可以在卫生间里看它（据说很多人就是在那个地方迸发了灵感找到了黑马股）。

你也不必死记硬背书中的某些专业术语或操作要诀。因为股票技术分析是一种经验性的操作理论。没有人敢说他的经验就是放之四海而皆准的，所以你不必铭记心中。遇到个别陌生的专业术语和指标，你可以按照你自己的想法去理解，或者干脆跳过去不读。

本书共包括六个部分，各部分又根据不同的主题分为若干章，每一章再分成若干节。第一部分是全书的基础，详细叙述了有关股票技术分析的一般特征和基本理论问题；第二部分关于K线理论的常见应用问题是我们在实践中最经常碰到的；第三部分写的是运用切线理论分析股市走势的窍门，将“趋势”这一股票技术分析的灵魂概念做了细致详尽的解释；第四部分是关于识别价格走势形态的捷径或曲径通幽之处的柳暗花明，相信会带给你惊喜；第五部分是关于波浪理论的原理和应用，尽可能将复杂的数浪分析方式定式化；第六部分指出了驾驭指标分析的有效方法。全书要告诉你的就是这样的一个事实：股票技术分析并不神秘，股市赚钱就这么简单。

本书名为“傻瓜书”，并不是说读这本书的人是“傻瓜”，事实上股市从来就是个藏龙卧虎之地，是聪明人扎堆的地方。但聪明人大多数都太忙，于是读这本“连‘傻瓜’也能看懂的书”就可以达到事半功倍、轻轻松松地掌握股票技术分析中经典理论的目的。这好比是一部傻瓜相机，对于并不想成为专业摄影师的朋友来说，操作起来当然简便易行。聪明的你其实不需要太多的解释。当然，这也不是一本由“傻瓜”写给聪明人看的书，如果你坚持要这样认为的话，我也没有办法。

最后，我想说，这是一本很有趣的书。书中有些跟股票有关的小笑话、小故事或者谚语会出乎意料地跑进你的视线，这是为那些把多空当游戏、视成败为寻常事而笑口常开的朋友准备的，由于它们大多有点诙谐搞笑，因此那些一提起股票总要小心翼翼地关好门窗、诚惶诚恐的人，还是不读它们为好！

程　峰

2007年6月18日

目 录

第一部分 走近技术分析

第二部分 结识K线理论

第三部分 切线理论的窍门

第六部分 驾驭指标分析法

第一部分

走近技术分析

技术分析师们似乎总拥有快人一步的敏锐感。当大众的看法与市场运动的方向大相径庭之时，技术分析师们常常能做到“众人皆醉我独醒”，他们相信技术分析通常能抄基本面分析的近路。而且相对于基本面分析，技术分析更像一只会抓耗子的“好猫”。不过，见仁见智，不同的人对“好猫”有不同的标准，但最重要的是能赚钱！

第1章　技术分析并不神秘

1.1　股市分析方法面面观

⊙ 为什么要进行股票分析

股票分析是股市投资过程中不可或缺的一个组成部分，在投资过程中占有极其重要的地位。相信大部分人在投资期间所追求的目标都不是赔钱（当然，在股市花钱找乐趣者除外）。要想在股市这样一个高风险、高投机的市场获取较高的回报，只顾拉车不看路的老黄牛精神肯定行不通。有人说玩股票无异于在鳄鱼潭中求生存，不仅要有勇，还得有谋。

所以进行股票分析首先是回避风险的需要。投资者选择了股票，目的是获得预期回报，而且这种回报是以投资者承担了相应的风险为代价的。投资者在持有股票期间，会获得与其承担的风险相对应的回报，预期回报率与风险之间是一种正向的互动关系。预期回报率越高，投资者所要承担的风险也就越大；预期回报率越低，投资者所要承担的风险也就越小。而每一种股票都有自己的“风险–回报率”，这种特性又处于各相关因素的作用之下，随着各相关条件的变化而变化。通过分析每一种股票的“风险–回报率”，投资者就可以确定哪些股票的风险大，哪些股票的风险小，从而可以选择那些报酬高、风险小的股票，避开那些报酬低、风险大的股票。不进行股票分析，不问青红皂白地胡乱买卖，根本就无法分清哪里是金矿，哪里是陷阱，想要取得好成绩基本是不可能的。

进行股票分析是入市买卖的依据和前提。股市中有众多的投资者（俗称“股民”，但著名经济学家吴敬琏说应叫“股东”），有的投入股市的资金达上亿元人民币，有的只是万儿八千地在那里“折腾”。不同的投资者由于资金拥有量和其他条件不同，会拥有不同的风险容忍度、不同的对待“风险–回报率”的态度和不同的投资持有周期；还有，股票的“风险–回报率”特性由于受到各种相关因素的影响，并不是一成不变的。某一时期风险相对较高的股票，过了一段时间，其风险可能会有所下降；而某一时期风险相对较低的股票，在一段时间以后，其风险可能会有所上升。另外，股票的风险可以通过股票的流通而产生转移。所以，在准备买入或打算继续持有某只股票之前，必须明确该股票在风险性、收益性、流动性和周期性方面的特点。只有这样，投资者在选股时才能选到与自己的要求相匹配的、合乎自身资金实力和风险偏好程度等的个股及其组合。

⊙ 选择恰当的股票分析方法

选择恰当的分析方法对股市或个股进行认真分析是降低投资风险、获取投资收益的关键。我们买卖股票，追求的是投资收益最大化和投资风险最小化。但是，影响股票投资收益率和风险的因素有很多，其作用机制也相当复杂。只有通过认真的、有效的和科学的专业分析，才能客观地把握住这些因素及其作用机制，做出尽可能准确的走势预测。任何忽视股市分析预测的人最终都会付出惨痛的代价。

⊙ 五花八门的股市预测工具

从有股票交易的那一天起，人们就在试图破译价格跳动背后的走势秘密，各种预测工具更是五花八门，令人眼花缭乱。被投资者基本认同的分析方法有两大类，即根据经济学、金融学、投资学的基本原理推导出来的基本面分析法和根据股票市场本身的变化规律得出的技术分析法。

⊙ 股票分析的中国特色

中国股市兴起的历史只有30多年，无论是股票市场本身还是沉浮其中的2亿多投资者，都仍处于探索阶段，目前预测股市的方法大多是从国外引进的、在这30多年中，国内的股票分析师也创造了许多具有中国特色的分析工具。比较典型的是利用《周易》进行预测，据说有一定的准确性；还有的利用二十四节气来对股市变动的时间周期进行预测；还有人通过中国古代算命术、月亮的盈亏，甚至女人裙摆的长短变化来预测股市走势（如果统计一下准确率的话，应该是50%左右吧）。

在中国股市中有一个奇特的现象，即在股市中折腾了一段时间的投资者大多会用他们自己独特的方法分析市场走势。尽管准确率也是在50%左右，但他们仍会用相当专业的口吻告诉你，股市会涨或者会跌。不管你相不相信，他们都会推荐几只“牛股”给你。碰巧说中，准会问你买了没有，当然，大多数时间他们都故意忘记他们的“牛股”，因为这些“牛股”大多已进入“熊股”或“蜗股”的行列。所以，如果你对股市缺乏研究，切不可滥用那些夸口说能将黑马白马一网打尽的股市奇招奇术。在形形色色的股票分析方法之中，还是那些历经多年实战考验、千锤百炼的经典理论值得你信赖。你要么从本书介绍的诸种分析工具中选一种，要么干脆准备一枚硬币往上抛（正面看涨，反面看跌）。

1.2 黑猫白猫：技术分析与基本面分析

⊙ 广为人知的分析工具

技术分析与基本面分析是目前股票市场中被投资者广泛运用的两种分析方法。技术分析主要研究市场行为，基本面分析研究的是影响股市走势的基本因素；技术分析主要是市场行为的经验总结，基本面分析则以经济学、财政金融学、财务管理学、投资学为理论基础。

技术分析的优势是同市场比较接近，考虑问题比较直接，用技术分析指导股票买卖见效快，获得利益的周期短。它对市场价格变化的反应比较直接，分析的结果比较接近市场的局部价格运动规律。

基本面分析能够比较全面地把握证券价格的基本走势，并且应用起来比较简单。但是基本面分析有其致命的弱点，它对市场的反应比较迟钝，预测的时间跨度相对较长，因而对市场的短线操作缺乏指导意义；它对市场预测的精确度不如技术分析，特别是在目前相对不成熟的中国股票市场，投资者在统计资料和市场消息的获取上具有明显的滞后性。对统计数据的整理归纳需要较高的分析能力和专业技巧，因而对普通散户而言，要想熟练地利用基本面分析法指导日常操作还是比较困难的。

⊙ 黑猫与白猫的争论

市场分析中常常会出现技术分析与基本面分析孰优孰劣的争论。有的投资者声称自己是技术派，有的投资者则坚持只用基本面分析测市，当然，也有不少的交易者两者兼备。绝大部分基本面分析师对技术分析有一定的了解，同样，绝大部分技术分析师对基本面分析至少有个大概的印象。但令人困惑的是，在很多时候，图表预测与基本面预测的结果大相径庭。例如有消息说央行即将降低银行存贷款利率，基本面分析派毫无疑问会把这一消息当作重大利好而做出市场将涨的判断，然而当消息公布之后，实际的市场走势可能是应声下跌，但这种下跌从技术分析的角度来看又是合理的，因为市场出现了下跌信号。当一切重要的市场运动初露端倪的时候，市场常常表现得颇为奇特，从基本面找不出理由。恰恰是在这种趋势开始的关键时期，两种分析方法的分歧最大。等消息明朗化之后，两者对市场的理解又协调起来，当这个机会姗姗来迟之时，交易者又不知该入市买还是卖了。

基本面分析派穷究导致市场价格变动的原因，考虑市场的思路常常是这样的：宁德时代放量上扬，是什么原因呢？当天宁德时代尾市飙涨，晚上看新闻才知道有国家推进碳达峰碳中和，逐步走好绿色经济发展的利好消息，第二天跳高开盘，令基本面分析派头痛的是，这么高价位，还追不追呢？而技术分析派则只研究价格变动的结果，例如观察到宁德时代突破某重要阻力位直往上冲，技术分析派会第一时间跟进，在涨停之前果断买入，抓住建仓良机。

⊙ 众人皆醉我独醒

基本面分析和技术分析这两种方法一直貌合神离，而股票价格变动往往领先于最新消息的出现，所以说当前的价格实际上是尚来不及为投资者所知的基本面因素作用的结果。沪深股市几次最为剧烈的牛市和熊市的开始，几乎找不到任何基本面因素已经改变的消息，等到重大利好或利空开始出笼的时候，新行情早已滚滚向前了。

而技术分析师似乎有先人一步的敏锐，当大众的看法与市场运行方向牛头不对马嘴的时候，技术分析师们能够做到“众人皆醉我独醒”，他们相信个中原因不久就会大白于天下，不过到那时肯定是明日黄花了。技术分析往往比基本面分析更能抄近路。从这个角度来看，技术分析似乎更像一只会抓耗子的“好猫”。不过见仁见智，不同的交易者会对“好猫”有不同的标准。因为最紧要的是赚钱，其他的，管它呢！

⊙ 投资顾问这样说

投资顾问认为：在中国股票市场进行投资，在运用技术分析指导交易的同时，不应忽视对基本面因素的分析。特别是中长线投资者，应将基本面分析与技术分析结合起来。完全不理会基本面，也是片面的分析。

1.3 技术分析与买卖时机的选择

⊙ 投资决策的两个阶段

我们把投资决策过程分为前后两个阶段：先分析市场的趋势，然后选择入市买卖的时机。关于进行投资分析是何等重要，我想前面已经讲了很多，但就算你看对了大市，也选中了好的个股，很可能最终还是赔了钱。纵观在股市中折腾的芸芸众生，能有多少人做到跑赢大市的？很多人常常感叹自己赚了指数赔了钱。这就是时机的把握问题了，而这个问题恰好是股票交易能否达到预期盈利目标的关键之处。

⊙ 借助技术分析把握最佳买卖时机

对于买卖时机的把握，在我看来非借助技术分析工具不可。试想，你通过基本面分析能揭示出大盘未来的走向，但你却不知在什么时候入市，在什么价位入市。而技术分析恰好就能做到这一点，在一张走势图上，你只要简单地找出目前市场价格运行的位置，以及市场的支撑位与阻力位，就能轻而易举地知道入市与出市的参考点位，特别是对于市场中的短线客来说，技术分析能敏感地跟踪市场的走向，有时真是交易者的最爱（图1–1）。

图1-1 沪深300指数2016—2020年走势图

技术分析主要就是图表分析。借助走势图表，我们可以很直观地看到市场运动的基本轨迹。在图1-1中，上涨与下跌、支撑位和阻力位可以说是一览无余的了。在上涨过程中的逢低买进与价格见顶时的及时平仓，不需要太高的理论水平，一张走势图也能让你将股票价格的波动看个七七八八。

⊙ 既见树木又见森林

技术分析有一个了不起的长处：它适用于任何股票市场和任何个股，也适用于任何时间尺度。无论是做中长线交易还是做短线买卖，没有用不上的地方。市场有时风平浪静，有时高潮迭起；有时趋势明朗，有时走势迷离。通过技术分析往往能抓住市场中股性活跃的个股，把握住市场中的主流热点，做到“既见树木又见森林”。

⊙ 技术分析的时间尺度

股票投资者根据自己的习惯和操作需要，可以借助不同时间尺度的图表操盘。对于短线交易者来说，日线图是最为实用的（事实上我们也认为日线图是所有图表中最为重要的图表）；但中长线交易者则会钟情于周线图甚至月线图（对于这类投资者来说，每日的价格变动是无关紧要的。早些年流传市场的炒股方法是这样的：买完股票回家睡觉，过一个月再来看看，涨了就抛掉，跌了就回家再睡，直到赚钱为止）；活跃在股市中的短线操作者会借助30分钟、15分钟、5分钟K线图来帮助其测市，对他们来说，“一个月太久，只争分秒”。

⊙ “放长线钓大鱼”与“小步快跑”

事实上，你只要能领会本书所讨论的技术原理，不管是“放长线钓大鱼”的中长线投资者，还是信奉“小步快跑”的超级短线客，都能把握最佳买卖时机，在炒股中独辟蹊径，得心应手。

技术分析适用于任何时间尺度的股票走势，我们不仅可以用日线来跟踪市场每日的走势，还可以用较长的时间尺度对市场进行全景式的扫描。我们用月线图（图1–2）将深圳股市1991—2021年的走势十分直观地描绘出来，牛市、熊市，波峰、浪谷，尽收于方寸之间。

图1–2 深证成指1991—2021年走势图

1.4 股市中庄家是如何利用技术分析的

⊙ 股市幽灵的影像

几乎在任何投资与投机市场都可以看到市场主力的身影，只不过市场的成熟程度和法律环境决定了市场主力对市场的影响程度和影响方式。在欧美发达国家的股市中，市场主力往往摆在明处，他们足以左右市场价格的走势，“井喷”或者“崩盘”也可以由他们说了算。但在这些国家市场发展的早期，由主力操纵市场导致的过度投机曾经造成了巨大的恶果。例如1929年的美国股灾，直接导致美国股市长达数十年萎靡不振，直到1954年，道琼斯指数才重新回到1929年的高点。崩溃之后的调查显示，操纵、欺诈和内幕交易行为是导致股灾的重要原因。有鉴于此，当今世界各国都把股市中的操纵、欺诈和内幕交易行为视为非法行为并加以严厉打击，成熟股市中虽然也有对市场行为有足够影响力的主力机构，但他们的行为完全被置于法律的监管之下，因而市场主力与操纵股市的庄家并不能简单画上等号。

我国股市起步晚，早期法制的不健全导致的市场操纵可以说达到了触目惊心的地步，因而有人说，研究中国的股票走势就是研究庄家动向，在某种意义上这是相当精辟的。但随着证券方面相关法律法规的实施以及证券监管力度的加大，这一局面正在逐渐改变。

⊙ 庄家控盘的两种工具

庄家控盘的工具有两种：其一是利用内幕消息或制造题材为股价的上涨或下跌制造“合理”的借口；其二是利用技术分析工具为吸筹、拉升、派发制造美妙的图形。所以庄股的技术走势大多是相当完美的。

⊙ 鲜花铺就的地雷阵

（1）运用技术工具掩护吸筹。庄家在吸筹阶段往往会刻意掩饰，欲做到不露痕迹。相当普遍的做法是先往下打，在图表上制造个股向下突破的信号，这时K线形态上会出现典型的卖出信号，价格形态上会出现三角形、长方形、矩形、旗形突破下边线的突破信号，切线上往往表现为重要支撑位置的被击穿，波浪形态上表现为下跌第

5浪的开始；而指标分析理论方面，则为KD线交叉向下，RSI（相对强弱指标）从高位转头向下穿越50线，MACD（指数平滑异同移动平均线）表现为DIF（差离值）向下突破DEA（差离均线），甚至MA（移动平均线）出现死亡交叉……目的无非就是要散户因为出现技术上的卖空信号而止损卖出，这时正是庄家大量吸纳廉价筹码之时。筑底的过程是漫长的，有的庄家会刻意压住价格，直到自己建仓的目标达成。

庄家在吸筹阶段所表现的隐蔽性足以掩人耳目。如图1-3所示，润和软件（300339）在进入主力拉升阶段之前（2019年9月至2021年3月），股价显盘整、阴跌之势，从均线及成交量上看，庄家均没有显山露水，市场阴跌消磨散户人气，考验主力悄然吸筹的耐心。当散户心情最暗淡之时，转机就在眼前。

图1-3　庄家运用技术工具掩护吸筹

（2）运用技术工具掩护突破。突破阶段庄家往往会先虚张声势，制造巨量突破的图形吸引市场的注意，拉升的早期庄家会反复震荡，不断试盘，以确认市场对走势的附和程度，同时摆脱不坚定的跟风盘。在K线方面，因庄家操盘风格不同，会有不同的突破方式，有的会以一根大阳烛突破长期盘整底部，让升势犹如火焰升天，有的以突破性跳空展开向上冲击的过程；在切线理论方面，表现为压制股价的重要阻力线被彻底撕破，股价"欲上青天揽明月"的壮志昭然若揭；在形态分析方面，典型的头肩底、多重底、圆底、双重底突破颈线，确认了重要底部的形成；在波浪分析方面，表现为第一波接近完成，上升5浪的序幕被拉开，成交量的配合会相当完美，量比在3倍以上；在指标分析方面，RSI会从50线上穿、KD指标交叉向上、DIF向上突破

DEA、MA形成金叉……总之，拉升过程中的庄家就像一只面向观众开屏的蓝孔雀，吸引你的目光是最重要的，尽管在美丽的羽毛后面是令人恶心的屁股。

在庄家进行突破上攻的阶段，成交量的相应扩张是必不可少的。注意图1-4中，当MA（5）（5日均线）上穿MA（10）（10日均线），并一举穿越MA（30）（30日均线）构成黄金交叉时的成交量变化。当阻力被有效突破时，其他技术指标也发出买入信号。

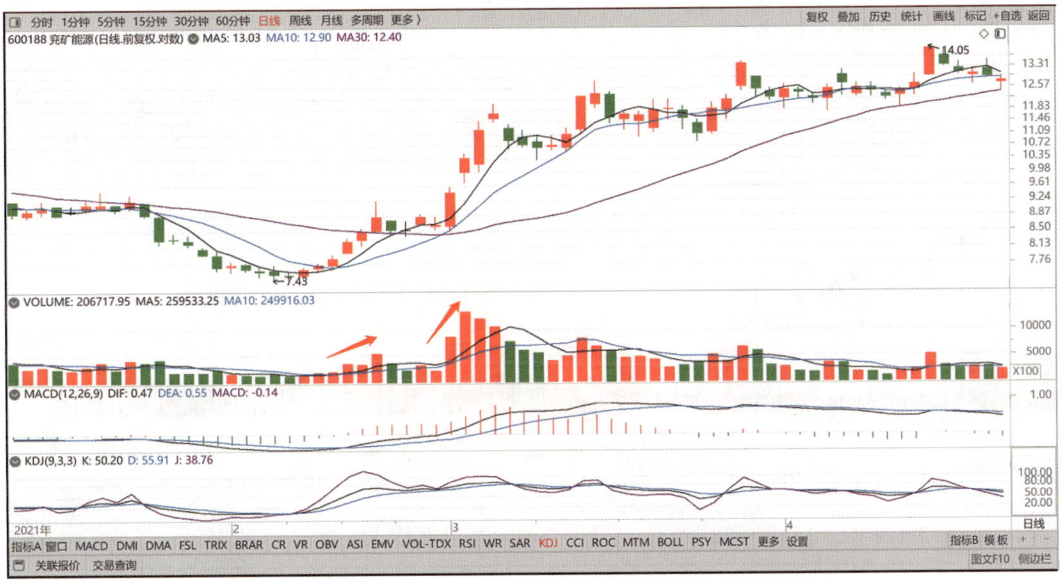

图1-4 庄家运用技术工具掩护突破

（3）运用技术分析工具掩护拉升。跟风者的蜂拥而至正是庄家最醉心的时刻，好戏刚刚开始，“狼外婆”骗“小兔子”开了家门，在享受美餐之前先给“小兔子”吃一颗糖。于是行情进入主升浪，跟风者的账面利润不断滚动增长，大家拍手称快，狂欢节提前开始，大家都庆幸赶上了一辆迈向金银岛的“幸福快车”，而庄家正是咱们的“致富领路人”。技术图表看起来就像银行存折一样令人陶醉：K线图上，一根阳线紧跟着另一根阳线，看起来真是“全国山河一片红”，人们开始预测接下来还有多少根阳烛会出现；形态上，三角形、旗形、矩形等持续形态指示着上升趋势的不可逆转；切线上，上升通道近乎完美无缺，MA紧贴走势形成弯曲的支撑线，KD值与RSI值均在50以上，显示涨势正当“盛年”；波浪上，主升第三浪爆炸性展开，人们在谈论是否会发展为延伸浪……庄家的目的已经达到，在散户争先恐后地追涨之时，庄家的去意已萌，一场即将开始的大屠杀已悄然部署完毕。

庄家在拉升阶段的动作往往大得出人意料，价格以跳空形式上升，成交量疯狂放大，市场气氛一片狂热，可惜这往往只是“最后的晚餐”。注意图1-5，容百科技（688005）在2021年4月开始狂热上涨，其间不仅出现了巨大的跳空缺口，更是出现多次涨停板，正当市场对后市寄予更高的期望时，反转即将启动。7月中旬的这次拉升，在技术上看，MA（5）与MA（10）显示了良好的上升态势，但其他技术指标开始显示走势难以持久的背离信号。

图1-5 庄家运用技术分析工具掩护拉升

（4）运用技术分析工具掩护派发。早在拉升的过程中，庄家就开始将手中获利颇丰的筹码派给抬轿的散户。因为深知“有花堪折直须折，莫待无花空折枝”的道理，他们开始赶快行动了，不仅要把“花”折光，甚至不惜将“树”也砍了。这个阶段不同的庄家表现得完全不同：急不可耐的玩高台跳水，不动声色的玩横盘整理；心浮气躁的玩高位震荡，《孙子兵法》学得好的玩声东击西，三十六计研究透彻的唱“空城计”……总之，这个阶段出现的图表形态大多是庄家设计的陷阱，美丽如花的K线图上到处都是陷阱。跟风者开始困惑了：怎么第三浪还没有走完就要调整？RSI（相对强弱指标）、KDJ（随机指标）也找不到超买的迹象？10天MA被击穿，30天MA能不能撑住？三角形不会充当顶部形态？……你自个纳闷去吧，庄家连招呼都不打就走了，等你彻底醒悟过来时，只能去卡拉OK厅唱那首伤感情歌：《为什么受伤的总是我》。

庄股在拉升的过程中一般都会有不同程度的派发情况出现，而有的庄家更会以高台跳水的方式出货。从技术分析的角度看，图1–6的天准科技（688003）在2021年7月已有上升动能不足的迹象，股价的屡创新高与成交量的逐步缩小说明背离现象发生。其他技术指标也从7月下旬开始发出了卖出信号，庄家最终还是未逃脱跳水出货的老套路。一般来说，庄家在出货阶段是难以完全掩饰其狐狸尾巴的，通过技术分析会揭露其派发筹码背后的秘密。

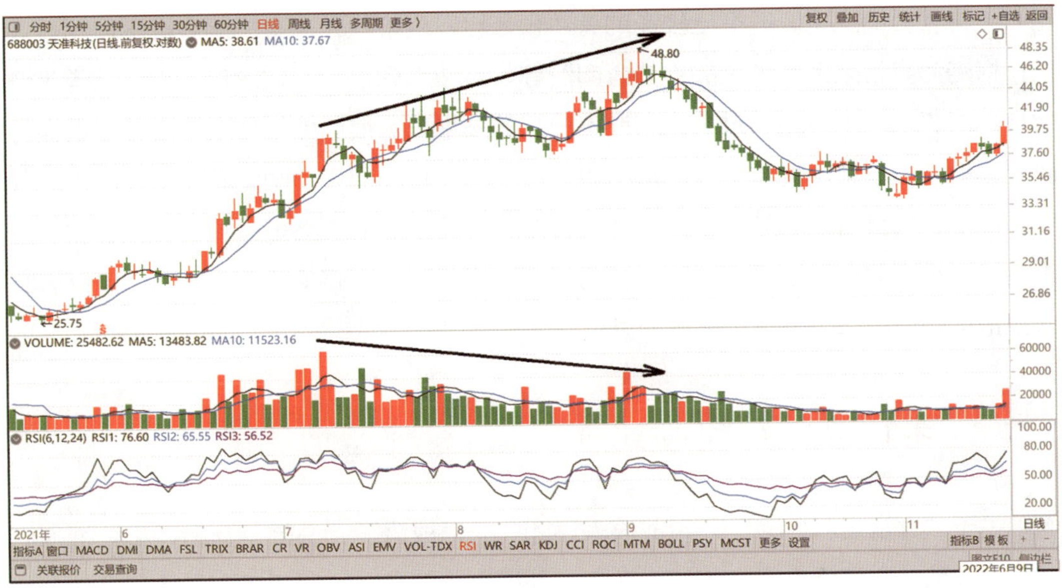

图1–6 庄家运用技术分析工具掩护派发

⊙ 投资顾问的警告

投资顾问认为：了解股市中庄家如何利用技术分析工具很有意义，因为至少可以识别庄家布置的陷阱，以免成了鲨鱼嘴里的点心。战胜庄家的想法无异于痴人说梦。任何庄家都不会大发善心，达到要与散户“共同致富”的境界。从根本上说，股市买卖只是零和游戏，庄家赚的就是散户赔的。而庄家不仅有资金上的雄厚实力，而且往往对市场分析和散户心理了如指掌，而散户光凭万丈豪情是不可能战胜庄家的。在股票市场，资金就是实力。

1.5 如何看待技术分析的局限性

⊙ 外行看热闹，内行看门道

在运用技术分析进行股票投资时，我们常常会遇到技术分析失准的问题，也常常出现一些大同小异的疑问，有的人对技术分析的价值与作用表示怀疑，有的人更是提出了一些相反的意见。听得比较多的有“预言自我应验”，还有“到底能不能用过去的价格走势资料来预测未来的走势方向”等。对技术分析持否定意见的人，常常强调“技术图表记录了市场的过去，却说不出它的未来”。很显然，如果对技术分析缺乏研究，看不懂股票走势图，当然从图表上看不出什么门道来。中国有句古话叫作“外行看热闹，内行看门道”。另外，“随机漫步理论”认为价格毫无趋势可言，言下之意就是什么样的分析技术都比不上“购买然后持有”这一简单的招数高明。所以，有必要把这些说法拿出来跟大家讨论讨论了。

⊙ “未卜先知”？

关于“预言自我应验”，用成语表述即“一语成谶”，说的是交易者和分析师们对绝大多数的市场图表形态都相当熟悉，并把这些图表定式铭记于心，他们常常会根据图表发出的入市与出市信号不约而同地采取行动。于是，当交易者看到“看涨”的信号或“看跌”的信号时便会一拥而上，结果产生了“预言自我应验”的情况。

事实上图表对价格形态的揭示是比较客观的，而对图表进行研读则是一门相当深奥的学问。技术分析的经典方法也不是一种两种，因而对市场的价格走势预测几乎从来就没有让经验老到的分析师意见达成一致的时候。技术分析方法的多样性也让市场人士仁者见仁，智者见智。即使是大多数的分析师和交易者对市场的预测基本上一致，他们也不可能在同一时间以同样的方式介入市场交易。对图表发出的入市交易信号，有的交易者会先下手为快，果断入市，而有的交易者则会先观察一阵才决定是否入市，可见“预言自我应验”的机会是微乎其微的。要知道，市场的涨跌自有其内在规律，即使在短时期内由于人为因素价格被扭曲，但长期来看，牛市、熊市的产生还是会遵照市场的内在规律。

⊙ “不可说，不可说，一说就错”？

“通过过去是否能预测未来”是一个引起广泛争议的问题。反对技术分析的人总是会拿这个问题来做文章。其实世间很多种预测方法，从基本面分析法到天气预报，都是建立在对历史资料的归纳、统计、推理的基础之上的。统计学理论可分为描述统计学和推导统计学。技术分析用走势图表对价格数据资料进行了直观的描述，可以纳入描述统计学的范畴；针对价格图表进行的技术分析，则可以看作是推导统计学。因而技术分析以过去的价格数据预测市场的未来走势，有充分的统计学根据，如果执意怀疑技术分析在这个方面的合理性，就有可能把所有依据过去预测未来的技术手段都否定掉，甚至连基本面分析也变得没有立足的基础了。

⊙ “云中漫步”？

“随机漫步理论”认为股票市场的价格变化在顺序上互相独立，因而价格历史并不是未来价格方向的可靠线索。一言以蔽之，股票的价格变化是随机的、不可预测的。

应该说股票市场确有一定的随机性，但不能据此认为股票市场所有的价格变化都是随机的、不可预测的，“不可预测论”其实只是对市场价格走势缺乏分析能力的代名词。许多交易者（甚至包括一些分析师）没有能力揭示价格的走势形态，但这并不能证明价格的走势形态就不存在。恰恰相反，我们在股票市场中经常看到一个长达数年的上涨或下跌趋势，而个股也都是相当鲜明的趋势。否认市场的趋势性，实际上就证明没有什么分析工具是靠得住的，最终导致陷入“不可知论”。

⊙ 趋势就是寻宝图

罗丹有句名言：“生活中并不缺少美，只是缺少发现美的眼睛。”套用这句话，则“市场中并不缺乏趋势，只是缺少发现”。对于那些不懂技术分析的人来说，市场变动也许是随机的；而对于信奉技术分析的市场人士来说，随着分析能力的逐步提高，随机的错觉就会逐渐消失。相信读者在逐步深入了解本书各章节的过程中，会亲身体验这种感觉，趋势的概念将会像一幅寻宝图一样清晰可辨。

⊙ 投资顾问点评

投资顾问认为：在许多种预测股票市场价格变动趋势的分析方法之中，技术分析自有其独到的长处。基本面分析方法由于对市场的滞后反应而难以驾驭，技术分析法就成了各种风格的股票投资者和证券分析师测市的主要工具。当然，技术分析也有其不足之处，也有令人产生怀疑甚至动摇的不成熟之处，但它经历了股票市场百年历史的考验，被几代证券分析师奉为圭臬，必有其独特的魅力。对于中国股市的投资者和研究人员来说，抛开技术分析去谈市场就显得不够成熟。而那些热衷于运用所谓独门绝技测市的市场人士，本人认为有几分舍本逐末的味道。

小　结

致命武器

本章旨在揭开技术分析的神秘面纱，让读者对技术分析的一些基础知识有较全面的了解。本章还花了一定的篇幅来说明技术分析的重要性，及技术分析的灵活性、适应性。关于技术分析与买卖时机的选择问题，是本书后续重点展开探讨的问题，在本章提出，只是起到提纲的作用。

需要重点指出的是，本章探讨了关于庄家如何利用技术分析进行吸筹、突破、拉升、派发的一些普遍做法，笔者并不是希望大家去寻求跟庄之门，恰好相反，只是想指出如何识别庄家布下的陷阱，在看似金光灿烂的跟庄之路上，识别那些鲜花下的地雷。与其把时间和精力用在猜测庄家的动向上，倒不如把时间花在细致的图表分析上。离开技术分析的固有原则，就庄论庄，不仅无益而且有害。特别是对于股市新手而言，不把精力放在研习市场上而是热衷于发掘庄股想一夜致富，最终结果必定是踏入金山空手而归。

本章试图澄清一些有关技术分析的常见疑问，对“预言自我应验”“通过过去是否能预测未来”的疑问以及“随机漫步理论”做了一些剖析，坚定读者对技术分析理论的信心。应该指出，技术分析理论尽管有不完美的地方，但它不失为一种经典的分析理论。

接下来我们进入股票技术分析的一些核心问题，做一番到肉到心的功课。

股事新编之一　人生转折点

王老五：“从今以后，我要过一种快节奏、高效率的生活，我要把自己的激情、金钱和时间全部投入一种令人血脉冲动的事情上去，每时每刻按计划、听命令、守纪律……”

牛屎妹：“我知道了，你终于下决心要和我结婚了……”

王老五：“不，我说的是从今天起，我要做一名职业股民。”

第2章 技术分析的起步

2.1 技术分析的市场假设

技术分析其实是经验之学，它的理论基础建立在三个合理的市场假设之上：万种行情归于市，价格运动有趋势特征，历史总有惊人相似的一幕。

⊙ 万种行情归于市

“万种行情归于市”这一假设是进行技术分析的基础。它的主要思想是：影响股票的任何因素（包括内在因素和外在因素）都会被反映在市场行为之中，不管出现什么样的因素影响股票，都会在图表上直观地反映出来。这个假设是有一定合理性的。任何一个因素对股票的影响最终都必然体现在股票价格的变动上。如果某一消息公布后，股票价格同以前一样没有大的变动，这说明这个消息与股票没有关系，即不是影响股票的因素。我们经常看到某只股票突然放量上涨，一般来说都会有利好的刺激，交易者的第一个反应就是去猜测是否有传闻。但在还不知道具体的消息之时，它已经体现在市场行为之中了；反之，股价跳水，成交量大增，也一定有什么利空传闻，但你完全可以不理会这些传闻，因为利空也已体现在股价的跳水下行之中了。作为技术分析人员，完全没有必要去穷究影响市场行为的缘由，只需关心影响的最终效果。因为一切尽在图表走势之中。

⊙ 价格运动有趋势特征

“价格运动有趋势特征”这一假设是进行技术分析最根本、最核心的因素。这个假设认为股票的价格运动是有趋势的，而趋势是有惯性的，所以技术分析者们才能“按图索骥”，从图表上找出股票价格变动的规律来。假如一段时间内股票价格一直是持续上涨或下跌，那么，此后一段时间如果不发生意外，股票价格也会按这一方向继续上涨或下跌，不会轻易改变这一既定的运动方向。趋势是技术分析研究最核心的问题，技术分析的全部目的就是搞清市场价格运动的趋势，所以“顺势而为”成为股票市场中最著名的投资理念。

市场是以趋势运行的，而趋势具有惯性。这是技术分析的基本假设前提之一。从图2–1中可以看到，市场运动的这种惯性特征是相当鲜明的。双环传动（002472）在2015年11月至2020年6月间，走势完全是逐浪下跌的，而且这种下跌的趋势明显具有惯性；而从2020年6月开始，它走出了明显的上升趋势线，2021年4月股价突破了上升趋势通道，并沿着更加陡峭的上升趋势线加速上涨。

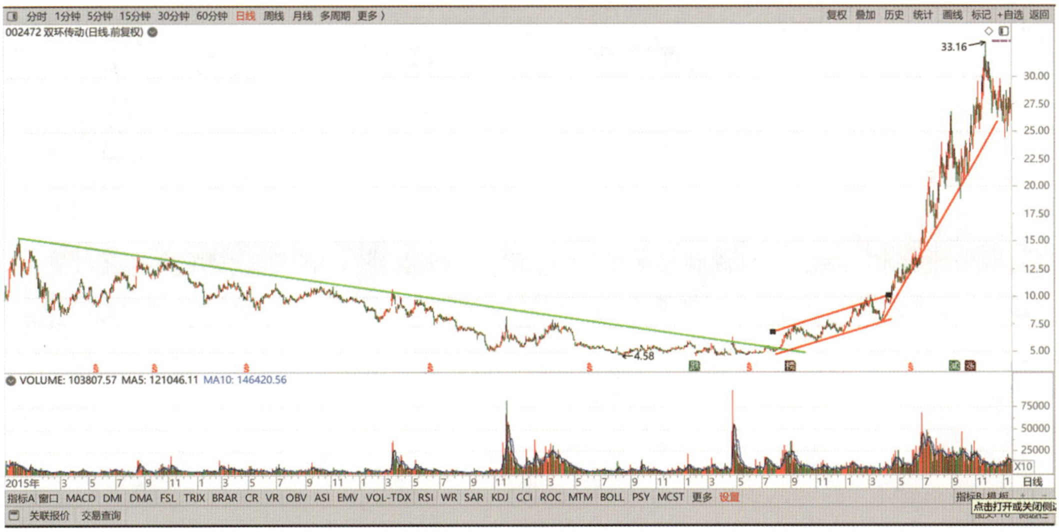

图2–1 市场运动的惯性特征

⊙ 历史总有惊人相似的一幕

“历史总有惊人相似的一幕”是从交易者的心理因素方面考虑的。股市中进行具体买卖的是人，是由人决定最终的操作行为。某个市场行为或价格形态留在交易者头脑中的阴影和快乐是会让人刻骨铭心的。在进行技术分析时，投资者一旦遇到与过去某一时期相同或相似的情况，就会认为现在的情况几乎是过去情况的复刻，历史在这里重演一次。而过去的趋势是已知的，那么现在碰到的情况很可能与上次相差不大。这一假设有其合理的成分，它坚信的是“让历史告诉未来”。

技术分析的另一个重要前提：历史可以重演。市场运动在图表上留下的运行轨迹，常常有惊人相似之处。过去市场面对阻力的表现和突破阻力的表现，在未来遇到相似情形时，我们便拿过去的表现来推测未来的表现。图2–2是深证成指（399001）2015—2018年的日K线图，可以看到，面对阻力时，市场的表现是何等相似。市场顶部的特征一般是多重顶，几乎每次出现这种形态时，市场随后的表现都是暴跌。

图2–2　市场运动相似的运行轨迹

2.2 技术分析的关键要素：价、量、时、空

⊙ 成交量是股市的血脉

进行技术分析时，投资者经常遇到的一个困扰就是图表信号的有效性。假如某只个股向上突破了某个阻力位，形态上出现了入市买进的信号，要不要跟进？一般来说需要看看成交量是不是配合了价位的突破。如果无量突破，很可能就是个多头陷阱；如果放量突破，则说明有效突破的可能性相当大。这说明在进行技术分析时，光看价位还是不够的，成交量在技术分析中也占有相当重要的地位。

研究市场行为最主要的是研究价格与成交量。市场过去和现在的成交价、成交量涵盖了过去和现在的市场行为。技术分析要做的工作就是利用过去和现在的成交量、成交价资料推测市场未来的走势。一般来说，买卖双方对价格走势的判断需要结合成交量考虑，多空双方对走势的认同程度越高，市场成交量就越大；认同程度越低，成交量就越小。反映在价量关系上就显现这样一种规律：价增量增，价跌量跌。根据这个规律，当价格上升时，成交量未能增加，说明价格得不到多方的认同，价格的上升趋势难以持久；反之，当价格下跌时，成交量萎缩到一定程度就不再萎缩，意味着空方不再认同价格的下跌，价格往往离底部不远，这就是通常所说的“地量地价”。成交量与价格之间的这种规律关系是技术分析的合理性所在，因此，价、量是技术分析的基础要素，是市场行为最基本的表现。

⊙ 时间与空间的相遇

另外，作为技术分析的研究对象，时间因素与空间因素也是有其分析价值的。时间因素分析的是价格运行到预测目标可能需要的时间，对于何时入市、出市有时间上的指导意义；空间因素考虑的是趋势运行的幅度有多大，一个涨势或一个跌势将会延续多大的幅度，这对市场交易者的实际操作有着怎样的意义不言而喻。

⊙ 论十大关系

成交量与价格走势之间的关系可以归纳为如下十条：

（1）股票价格的上涨会伴随着成交量的放大，这是股市行情的正常特性，这种

量增价涨的特征预示后市继续看涨。

（2）在一波段的涨势中，股价放量上涨，突破前一波段的高峰并创下新高位继续上涨。但是，这一波段股价上涨的整个成交量水平却低于前一波段上涨的成交量水平，即价格创新高但成交量未能创新高，则此波段的涨势就令人怀疑，很可能会在不久后出现反转信号。

（3）股价随着成交量的递减而回升，即股价上涨，成交量却逐渐萎缩。成交量扩大是股价上涨的原动力，动能不足说明涨势潜藏反转的可能。

（4）有时股价随着缓慢递增的成交量而逐渐上涨，突然演变成直线上升的“井喷”行情，成交量急剧增加。但一轮暴升行情之后，成交量大幅萎缩，同时股价急速下跌。这种现象表示涨势已到末期，上升乏力，接下来可能就是大势的反转，反转走势的规模将与上涨走势的规模相对应。

（5）股价长期处于漫漫熊途，形成底部之后股价开始回升，成交量并没有因股价的上涨而递增，股价因得不到成交量的配合再次跌回谷底。当第二次探底时的成交量低于第一个谷底时，可视作股价开始上涨的信号。这就是通常所见到的双底形态。

（6）股价向下跌破某条重要的支撑线，并伴随着成交量的放大，这是股价下跌的信号，预示市场已转为熊市。

（7）股价下跌一段时间后，出现恐慌性卖出，随着成交量的日益放大，股价大幅下挫，在恐慌性卖出狂潮之后，预期股价可能上涨；恐慌性抛盘所创下的新低，将不可能在短时间内被击穿。出现大量的恐慌性卖盘之后，往往是空头市场的终结。

（8）当股价持续上涨一段时间后，出现急剧放量的现象，而股价却上涨乏力，在高档盘旋，无法再次上攻，出现巨量滞涨的现象，说明上档卖压沉重，盘久必跌，市场已初现走弱的端倪；股价持续下跌一段时间后，在低档出现成交量放大现象，股价却没有进一步下跌，股价窄幅盘整，说明有主力在趁低吸筹。

（9）价格走势形态的可靠性，需要成交量来进行确认，否则这个形态的可靠程度将会大打折扣。

（10）量是价的先行指标。在股市中，还可以根据成交量来判断主力的持仓成本，以便发现主力的真实意图。注意成交量在市场上升或下跌中的不同变化，重点留意市场突破长期阻力线时的成交量变化情况。

成交量是价格的先行指标，在揭示价格运动的内在规律、验证市场趋势的反转与突破信号是否有效等方面，具有独特的作用。市场向上突破，如果这种突破不是伴随着成交量的相应扩张的话，突破的有效性就值得怀疑。市场下跌对成交量的要求不高，但如果市场在击穿某个重要支撑位时伴随成交量急剧放大的话，下跌的势头就会相当猛烈。每一次上升行情都需要成交量的放大，如2014年7月开始的上升行情及2015年的这一轮大牛市，都伴随着成交量的放大（图2–3）。

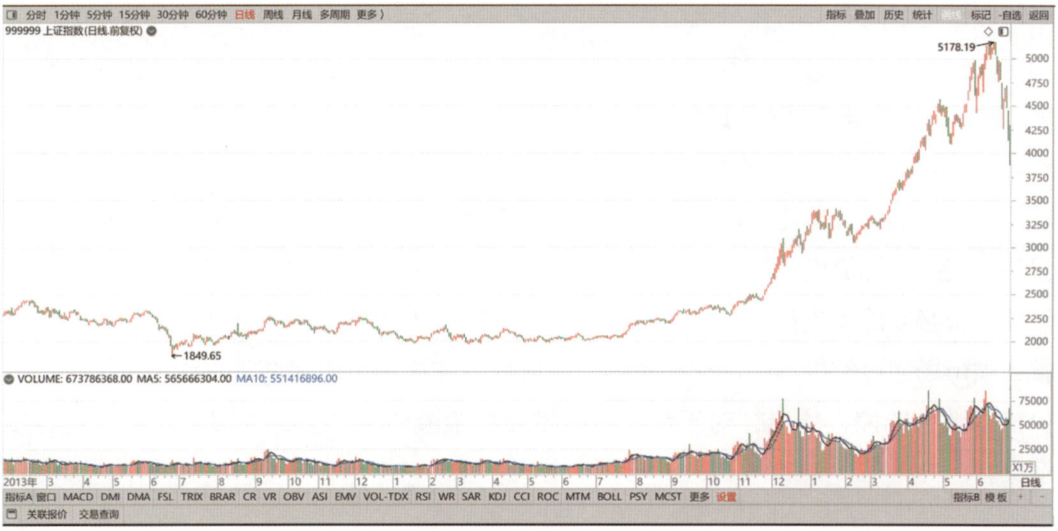

图2–3 成交量是价格的先行指标

2.3 绕不过的技术分析鼻祖：道氏理论

⊙ 股市淘金梦开始的地方

这可能是迄今最源远流长也是最著名的技术分析理论，所以我把它放在本书第一部分的第2章来研究，当然，也因为它是股票技术分析的起点、股市淘金之梦开始的地方。

查尔斯・H. 道于1884年7月3日首创股票市场平均价格指数，但他一生从未为其理论著书立说，这是技术分析领域的一大损失。理查德・罗素把查尔斯・H. 道对股票市场理论的贡献同弗洛伊德对精神病学的影响相媲美。迄今大多数广为使用的技术分析理论都起源于道氏理论，都是对其各种形式的发扬光大。查尔斯·H. 道是技术分析的“祖师爷”，所以，要研究技术分析有必要先从研究道氏理论开始。

查尔斯·H. 道重点研究的是股市平均价格，即工业股指和铁路股指。本书将介绍道氏理论的基本原则，并且分析这些基本原则与本书后面的内容的紧密联系。对于那些注重股价指数的研究并将大盘分析放在首要地位的股市投资者和研究人员来说，道氏理论更是绕不开的智慧之山。

⊙ 股价指数消化一切因素

平均价格包容消化一切因素。这是前面已经介绍了的技术分析的理论基础之一，只是这里用平均价格代替了个股的价格。这个原则表明，所有可能影响市场价格运动的因素都必须由平均价格来表现，就连天灾人祸也不例外。这些意外因素一旦发生，就会被市场通过价格运动消化吸收掉。道氏理论在这里再次强调了平均价格（即股票价格指数）的惊人能量，对于我们用技术分析手段研究中国沪深股价指数具有启发意义。

⊙ 大海的潮汐、浪涛和波纹

市场具有三种趋势，这是道氏理论最核心的原则。道氏理论不仅指出了趋势的方向，并且提出了关于趋势的规模这一独创性概念。道氏理论把趋势分成三类：主要趋势、次要趋势和短暂趋势。主要趋势通常会持续一年以上，有时甚至好几年。查尔斯·H. 道坚信，大部分股市投资者都钟情于市场的主要趋势。道氏理论还十分形象地把这三种趋势对应于大海的潮汐、浪涛和波纹。

主要趋势如同大海的潮涨潮落，它的到来往往惊天动地，翻江倒海，由于规模宏大而势不可挡；次要趋势（又称中线趋势）则是潮汐中的浪涛，它依附于潮汐而存在，偶尔卷起一个个巨大的浪头；短暂趋势则是大浪之中的波纹，一般难以引起人的注意。

次要趋势一般表现为主要趋势中的回调，通常会持续3个星期到3个月的时间。短暂趋势通常持续不到3个星期，是中线趋势的短线波动。

⊙ 主要趋势三部曲

主要趋势可分为三个阶段。第一阶段，积累阶段。以熊市快要结束牛市即将开始为例，此时所有基本面利空已经被市场包容消化了，部分“先知先觉”的投资者开始精明地逐步买进。第二阶段，基本面利多开始出现，绝大多数投资者能顺应技术面出现的看涨信号跟进买入，从而推动价格快速上扬。第三阶段，即最后一个阶段，报纸上好消息层出不穷，政策利好捷报频传，大众投资者疯狂买进，成交量屡创“天量”，市场出现严重的投机泡沫……市场中弥漫着乐观的气氛以致大都不想卖出，只有那些在熊市底部建仓的精明的交易者（往往是机构大户）看出了大厦将倾的危险并开始派发。

熟悉艾略特波浪理论的读者应该不会对上述大趋势三部曲感到陌生，艾略特正是在道氏理论的基础之上构造了他那举世闻名且长盛不衰的波浪理论，这在“波浪理论”部分将会谈到。

⊙ 成交量对大趋势“验明正身”

各种股票价格指数必须相互验证。道氏理论认为，工业股指数同铁路股指数应相互验证，意思是除非两种股价指数都同时发出看涨或看跌的信号，否则就不可能形成大规模的牛市或熊市。例如，2014年11月上证指数（图2-4）向上突破上涨通道创下新高，形成地产板块的牛市行情，此时商业指数同样突破前期峰位构成一轮涨势，相互验证了整个大市的突破上涨行情。如果两个平均价格指数表现为相互背离的走势，则市场原有的趋势仍然有效（图2-5、图2-6、图2-7、图2-8）。

成交量必须验证趋势。道氏理论认为成交量是第二位的，对验证股票走势图发出的各种信号的可靠性具有重要价值，这在前一节已有详细讨论。

道氏理论将趋势分为3种规模，并将主要趋势分为3个阶段。如图2-4所示，上证指数在2013年2月至2014年7月长达1年多的时间里，处于明显的下跌走势之中，而2014年7月至2015年6月处于明显的上涨走势中，这类趋势我们就可以称之为主要趋势；而在2014年7月至2015年6月这段涨势中，出现了多次下跌走势，由于时间比主要趋势短，可认定为次要趋势；下跌行情中也间或有上升的时候，所形成的短期趋势可称为短暂趋势。

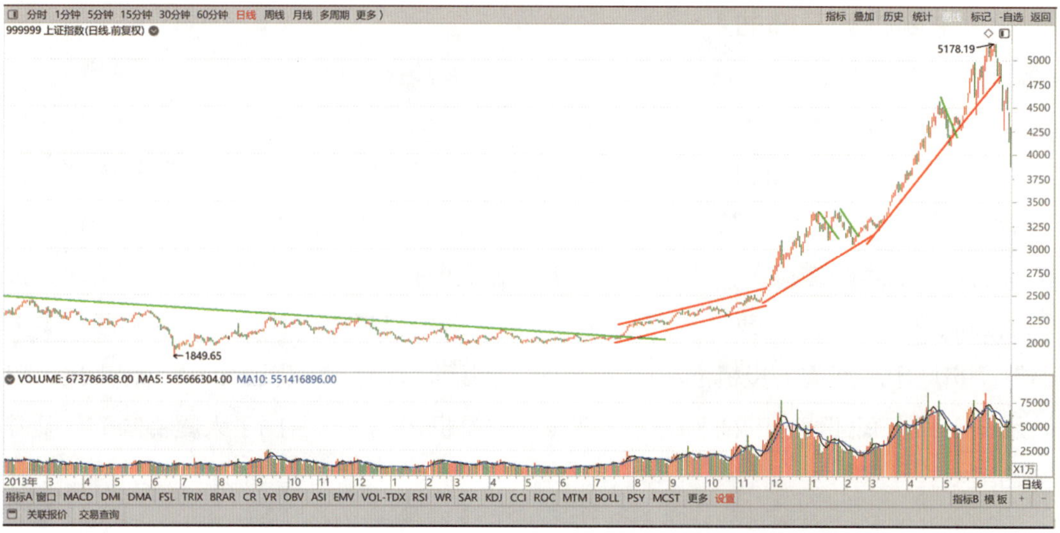

图2-4　上证指数（2013年2月至2015年6月）

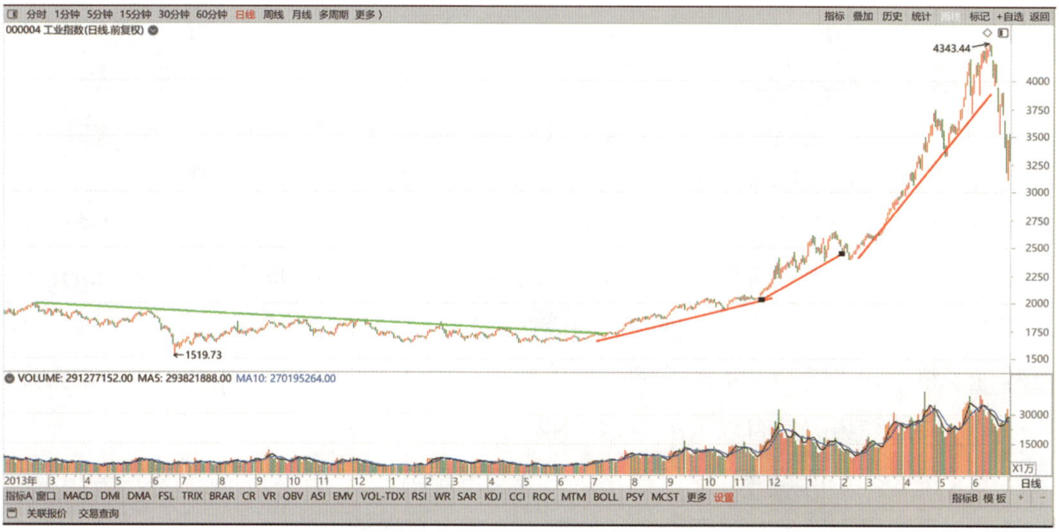

图2-5　上证分类指数中的工业指数（2013年2月至2015年6月）

查尔斯·H. 道认为分类指数必须相互验证，否则不可能发生大行情。从上证工业指数看（图2-5），2013年2月至2014年7月基本上验证了趋势的下跌，而在2014年7月之后又对上升趋势予以验证。工业指数与商业指数、公用事业指数、地产指数之间尽管强弱有些差别，但走势上的出入不大，这四类指数相互验证，说明下跌趋势与后来的上升趋势都是可信的。

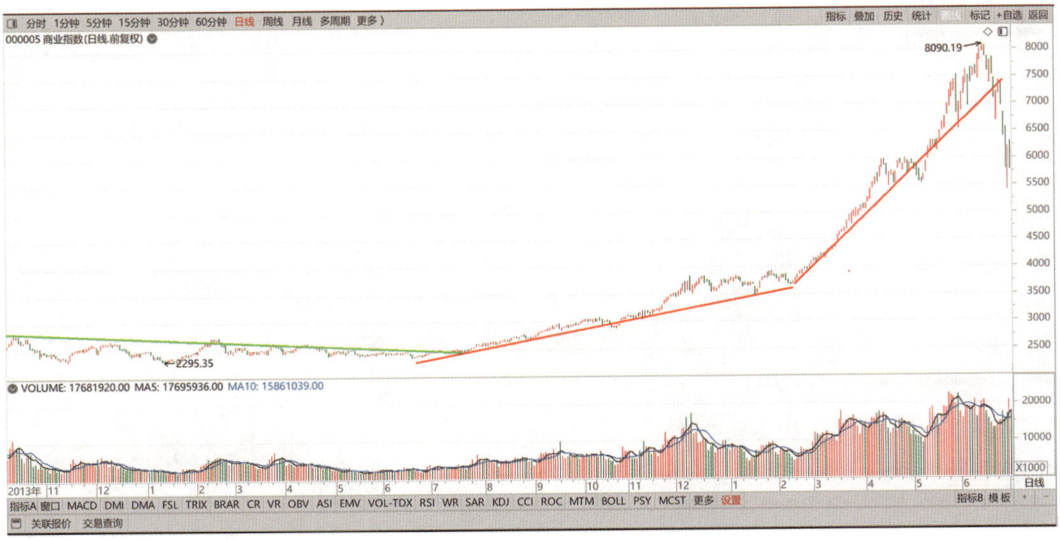

图2-6 上证分类指数中的商业指数

图2-6是上证分类指数中的商业指数，验证了大盘的下跌和上升趋势。

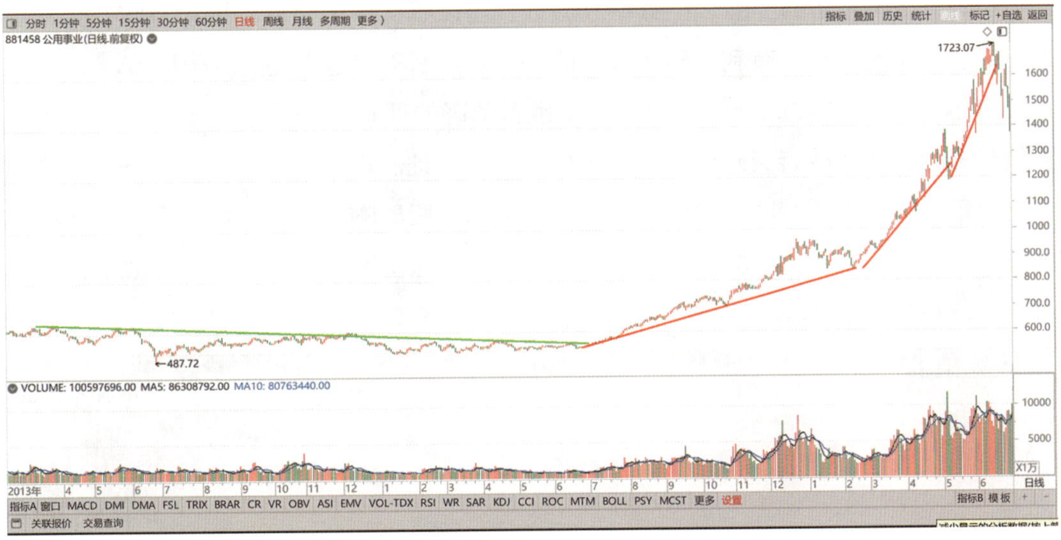

图2-7 上证分类指数中的公用事业指数

公用事业指数（图2-7）与工业指数相互印证了大盘在2014年7月之前的跌势和2014年7月之后的涨势，用道氏理论的原则看，公用事业指数在市场中的表现基本上与其他指数同进同退，可以判断大盘一直处于“有主要趋势”的运行状态。

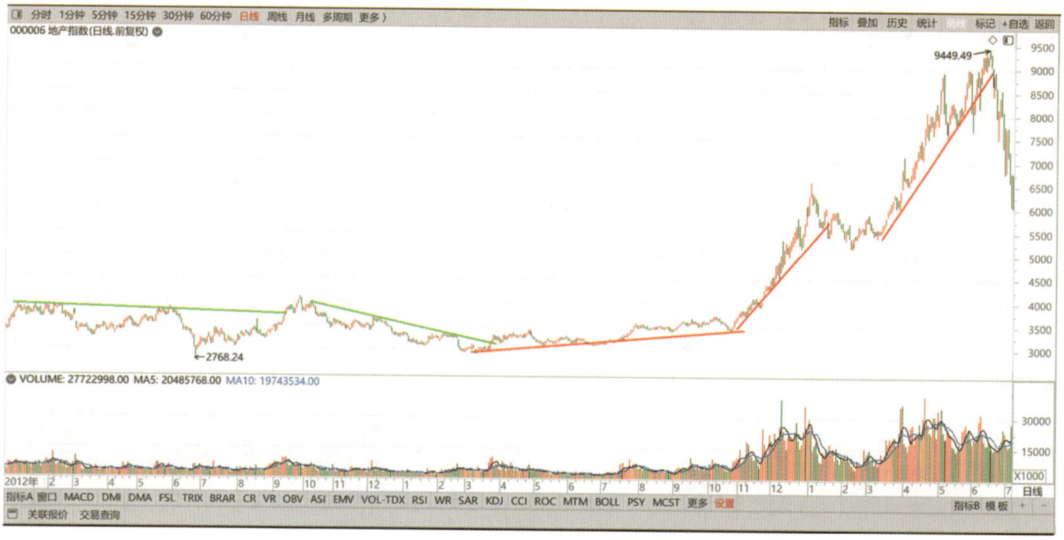

图2–8　上证分类指数中的地产指数

在几个主要分类指数中，地产指数（图2–8）与其他指数一样，可以相互验证2014年7月之后趋势的上涨。指数相互验证，可以确认市场整体的运动方向，而不是某一板块的个别行动，有利于确认大行情的到来，而不仅是市场的局部热点。

查尔斯·H. 道对成交量的重要意义也有精确的理解，他认为市场走势图上的多种价格形态的反转或者突破信号都要由成交量来验证。在沪深股市中，每一次重要的价格运动几乎都伴随着成交量的相应扩大。从深市股票的交易情况可以看到，当深证成指（图2–9）突破了下跌趋势线时，相应的成交量也不断放大，最终形成了激动人心的“井喷”式上升。

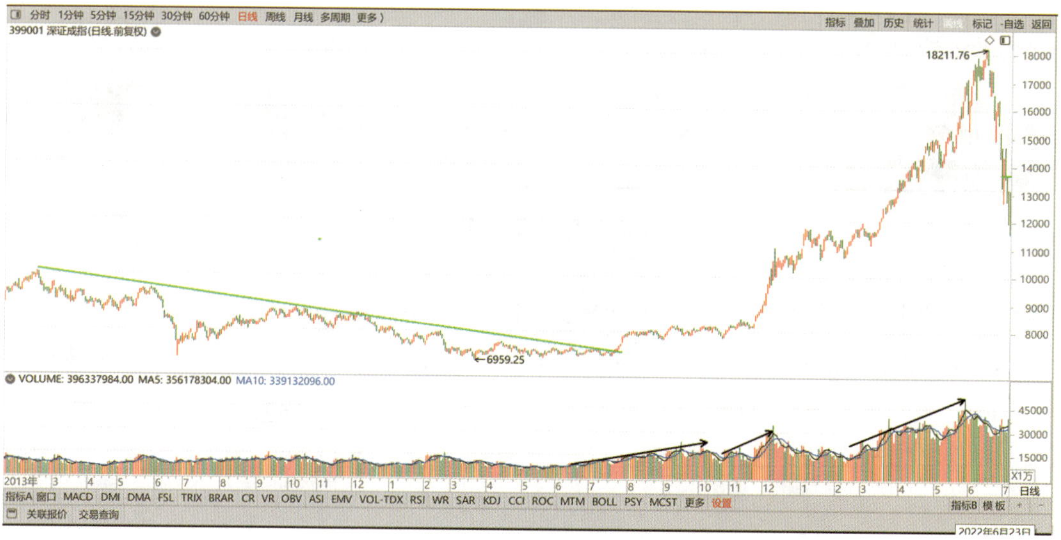

图2–9　深证成指趋势线

⊙ 主要趋势的结束

只有确认反转信号出现了之后，我们才能判定市场原有趋势已经结束，新的趋势已经开始。一个既有的趋势具有惯性，通常会继续发展，要识别出反转信号来，但说起来容易做起来难。证券分析师们常常把市场的某一调整误判为形态的反转，他们的看法是，“走势可能会演变成双顶”（结果往往是价格在前一峰位压力之下调头调整，然后创出新高），“价格正在构筑头肩顶的右肩”（事实上大多数时候都是市场调整的一部分）。所以道氏理论认为只有发出了确凿无疑的反转信号之后，才能确认趋势反转。这对于实际操盘意义甚大，在双顶形态未跌破颈线位置、三角形未击穿另一面的下边线之前，就不能说双顶或三角形突破已经发生。相信趋势还将继续，胜数似乎要更大些。

⊙ 收盘价有效穿越

道氏理论在对股价指数图表的分析中，纯粹依赖收盘价，其信号是以收盘价格对前一高峰或低谷的有效穿越为标志的。除了收盘价之外，其他日内价格变化即使穿越了上述高峰或者低谷也是无效的，不应看作入市的信号。而要确认收盘的有效穿越，一定得等到当日交易结束，因而对于股票市场的短线客来说，似乎难以接受，而对于中长线投资者来说，这样做有助于识别中长线入市信号。本人有一个变通的办法，即缩短图表的时间尺度，以每小时（或者30分钟）的收盘价来确认有效穿越，这样可以让短线客得心应手。

道氏理论主张市场在确定无疑地出现了反转信号后，才可以判断市场既有趋势已经结束，而新的趋势已经开始。图2–10中，当市场运行到C点并反弹到D点时，有的分析者便认为一个双重底形态正在形成。如果用道氏理论来说，这个“潜在”的双重底是不存在的，因为如果不能向上有效突破B点的话，就不存在双重底形态。事实证明D点只是对BC段跌势的反弹。市场在反转的早期，也许有人认为孕育了一个V形底的反转形态，但在股价未能突破长期阻力线并超越D点时，这个V形底还是不成立的。当然，最后股价达到了E点，并向上突破了下跌趋势线，反转才告有效。

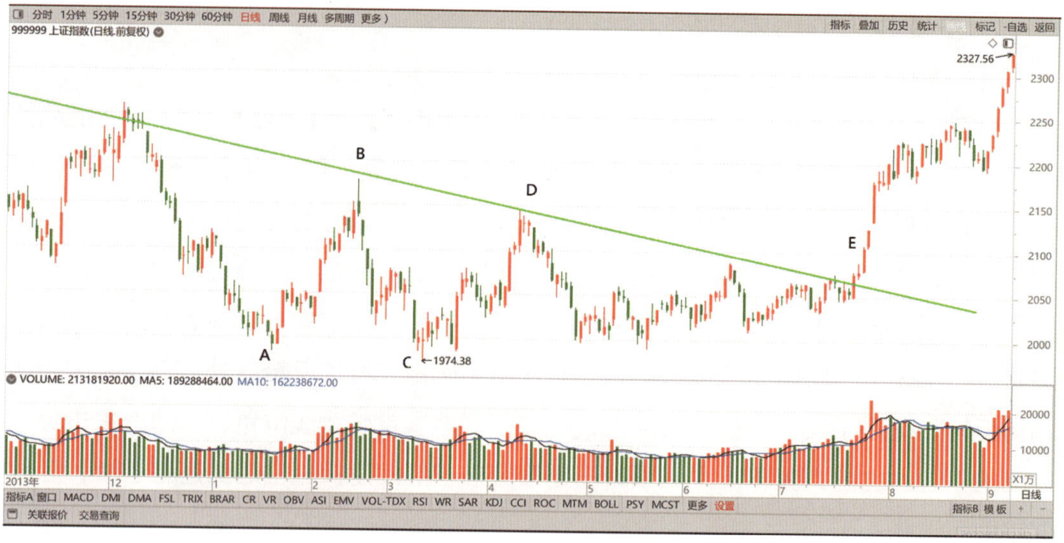

图2-10　上证指数（2014年1月至2014年8月）

小　结

大时代的大趋势

本章讨论了技术分析的三个重要问题：理论前提、成交量的意义以及道氏理论的基本原则。目的在于让读者树立正确的技术分析理念，在运用技术分析工具进行实际操作的时候，能够更全面、更深入、更准确，而不是盲人摸象般根据一些片面现象推测全局，以树立起“大智慧技术分析观念”，拒绝小聪明式的技术分析方法，这也是本章的立意。

技术分析的理论前提实际上是以后多种分析工具的理论基石，其“市场行为包含一切市场因素”的假设，现实意义在于，我们应该透过图表去发现“内幕信息”，因为任何有价值的信息在出现之前都会反映在图表走势里。对于热衷于小道消息的交易者来说，沉潜于技术分析的收获肯定比炒消息的利润要高得多。

价、量、时、空四大因素的相互关联，具有操作上的实用价值。关注成交量一直是技术分析者日常要做的“功课”，量与价的关系一直被市场人士反复推敲。在沪深股票市场上，成交量问题一直是市场人士谈论的热点，“天量天价”“地量地价”等经验定式被股市分析文章反复引用。成交量是股市的“血液”，在研判市场动向时，不可不察。而时间因素有“周期理论”专门论及，也是技术分析方面一个很重要的测市工具。

关于道氏理论的基本原则，则涉及几乎所有经典的技术分析理论。从趋势的重要意义到趋势的三种规模，我们可以见到形态理论和波浪理论的影子，而这两种理论恰好是目前广为人知的经典理论。道氏理论关于多种指数必须相互验证以及确定转势信号发出之后才判断趋势终结的原则，虽然被有些人批评为“信号来得太迟”，但道氏理论关于趋势的原则以及“顺势而为”的操作理念100多年来却为人所津津乐道。可以这样说，认识了道氏理论的基本原则，即使你不再看别的分析理论，对技术分析的了解仍然可以算是全面的。道氏理论，真的很重要！

股事新编之二 问道于盲

挪威剧作家易卜生某天在罗马看到一群人围在一个巨大的红色招贴前面，好奇心陡起。他伸手取眼镜，发现眼镜忘在了旅馆里。“先生，”他转身向旁边的男子问道，“您能告诉我那上面说了些什么吗？我忘了戴眼镜。”“抱歉，先生，我也不识字。”那位诚实的意大利人回答。

如果易卜生来到2015年初的中国，就同一件事情问一位股民，没准回答就是这样的：“这是股票行情，听说什么时候买进都是对的，什么时候卖出都是错的，要戴眼镜干啥？”

第二部分

结识K线理论

古往今来，股票市场的分析工具不止万千，但大多数都已淹没在时间的海洋之中，唯有那些历尽股市沧桑而光彩不灭的经典理论，像恒星一样照亮一代又一代股市淘金者的内心。古老的K线理论，笑傲投资市场200多年，必有其长盛不衰的理由。踏入中国股市而不识K线图就像冲上战场而不懂打枪一样，岂有成功之理？

第3章 K线技巧入门

3.1 最古老的图表分析技巧

⊙ 日本阴阳烛

K线理论原名阴阳烛分析技巧，发源于日本，产生的时间可以追溯至公元1750年，比西方的形态分析柱状图的出现提早了多年。不过阴阳烛分析技巧最初不是用来分析股票或者期货的，而是日本人用它来协助确定大米远期合约的买卖策略。它那直观的价位表述、丰富多彩的组合形式，在几乎所有的投资市场都大放异彩。被用来进行期货和证券的走势分析之后，已成风靡全球（特别是亚洲国家）的图表工具。虽然它的历史悠久，但基本技巧却历久常新，比起西方的柱状图，有过之而无不及。

⊙ 观图如观战

阴阳烛将每天的开盘价、最高价、最低价和收盘价包含在一根状似蜡烛的线条之中，对全天的价位变化做了最简洁齐备的描述，令技术分析者观图如观战，可以获得大量直观的交易信息。特别是在中国股市，K线图被广泛采用，以至于许多投资者不知道除了K线图之外，价格还可以用别的图表（如柱状图，俗称美国线）来记录，可见其多么深入人心。

经过200多年的反复运用和不断总结，K线分析技巧渐渐发展为证券分析中独树一帜的技术分析理论，早年流传于中国期货市场的“酒田战法”即是K线理论的系统总结和进一步发展。国内也有证券分析师及投资者尝试对K线理论做一些操作上的改进，让其更适应中国股市交易的具体现实，并提出了一些有创意的分析技巧和操作策略，但万变不离其宗。这些具有中国特色的改良K线理论，其基本的分析思路仍是来自古老的阴阳烛。

⊙ 照亮股市众生的恒星

古往今来，股票市场的分析工具不止万千，但大多数都已淹没在时间的海洋中了，唯有那些历尽股市沧桑而光彩不灭的经典理论，像恒星一样照亮一代又一代股市淘金者的内心。古老的阴阳烛理论，笑傲投资和投机市场200多年，必有其长盛不衰的理由。踏入中国股市而不识K线图就像冲上战场而不懂如何打枪一样，岂有成功之理？

对于K线图，相信朋友们都不会感到陌生。最古老的阴阳烛图表技术在股票与期货市场大行其道，在中国股市中更是独领风骚，阴阳烛成了股票图表的代名词，显示了其特有的魅力。从图3-1中，我们不仅能看出股票的走势特点，从阴烛和阳烛的长短、密集程度还可以得到该股票价格运动的大量直观信息，所以K线图实为观图论势的好帮手。

图3-1 上证指数（2021年1月4日至2021年12月31日）

线条图又名柱状图（图3–2），这种线条图在西方大行其道，成为图表技术的传统方式。它在判断市场趋势上有其直观的一面，但单条价格线所包含的价格信息不如K线图丰富和形象。在中国股市，绝大多数投资者习惯利用K线图进行市场预测和走势分析。

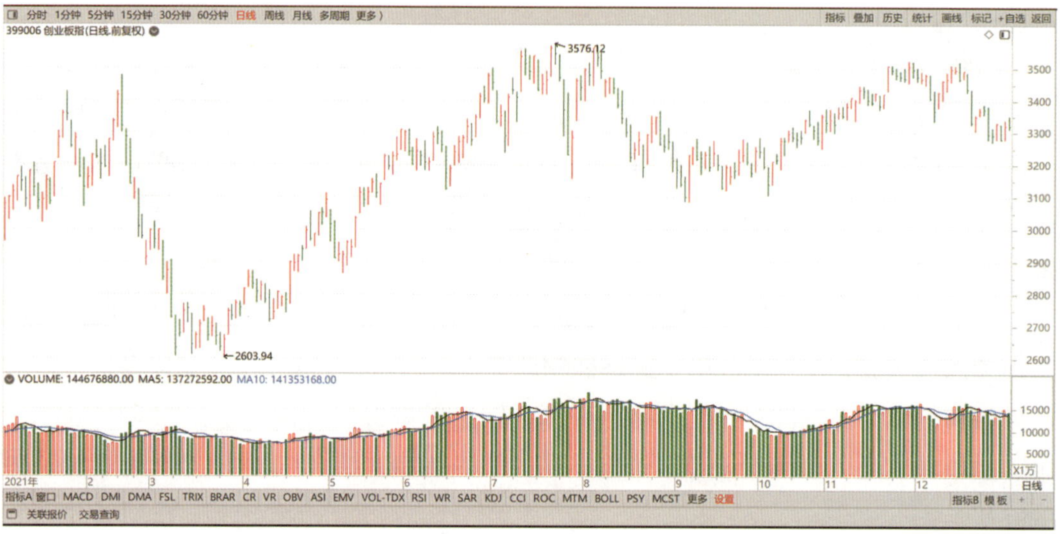

图3–2 创业板指数（2021年1月1日至2021年12月31日）

3.2 K线的画法和主要形状

K线是一条柱状的线条，由影线和实体组成。影线在实体的上方就叫上影线，在实体的下方就叫下影线（部分软件中，影线均为黑色线）。实体分阴线和阳线两种。部分交易软件中，阳线实体为白色，阴线柱体为黑色，这只是画法上的不同表现方式，并不影响K线本身所具有的意义（颜色也可在交易软件中更改）。

⊙ K线的时间尺度

一条K线记录的是某一只股票一天的价格变动情况。将每天的K线按时间顺序排列在一起，就组成这只股票自上市以来每天价格的变动情况，我们称之为日K线图。

事实上，我们也可以用K线记录某只股票1个月、1周的变动情况，也可以把K线技巧用于记录1小时、30分钟、15分钟、5分钟甚至更短的时间内价格的变化。所以说，K线适用于任何的时间尺度，于是便有了月K线、周K线、日K线、小时K线、30分钟K线、15分钟K线和5分钟K线，它们被拥有不同分析习惯的交易者用于分析大市及个股不同时间尺度内的表现，各有其重要意义和独特魅力。但相对来说，日K线是最重要的，其次便是周K线。

⊙ 包含四大价格信息

K线包含4个重要的价格数据，即开盘价、最高价、最低价和收盘价。对日K线来说，开盘价是指当日交易的第一笔成交的价格，这是传统的对开盘价的定义。由于市场上庄家为达到某种目的常常利用其资金优势，会故意人为地造出一个不合乎市场实际价格水平的开盘价，为了让开盘价格体现更多交易者的价位认同感，目前中国股市采用的是集合竞价的方式产生开盘价，这样就减少了传统意义上的开盘价常常被扭曲的缺陷，让开盘价体现市场的真实意志。

最高价和最低价显示当日的震荡幅度。最高价与最低价如果相差太大，说明当日市场买卖双方博弈激烈，多空意见严重分歧。但最高价与最低价也容易受到庄家的操纵，人为地制造出高低价来，以便于其操控股价。

收盘价是指每个交易日的最后一笔成交价，是市场买卖力量双方经过一天的争斗暂时达成平衡的价格。所有的价格信息中，收盘价最重要，因此很多技术分析方法只关心收盘价，而对其他3个价格不加理会。

⊙ 两种常见形态

图3-3是两种常见的K线形态，其他K线基本上是这两种K线的变形。

K线的画法非常简单。横轴线代表时间，每一格可以是1小时、1日、1个星期甚至1个月，也可以是30分钟、15分钟、5分钟，视分析者的意图和分析时间长短而定，纵轴代表价位的高低幅度。

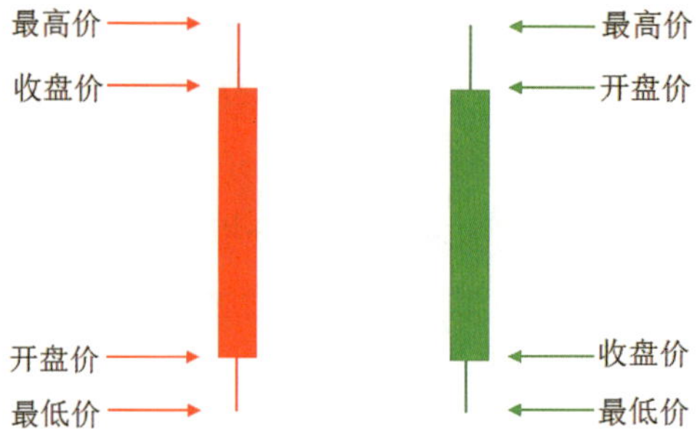

图3-3　两种常见的K线形态

注意阳线的结构，其收盘价高于当天开盘价，最高价与最低价代表了当天价格震荡的幅度，最高价到收盘价的线条，称为上影线，最低价到开盘价的线条，称为下影线（部分交易软件中，影线均为黑色，亦可更改设置）。阴线与阳线的区别在于，阴线的收盘价低于当天的开盘价。开盘价到收盘价之间的部分为实体，阳线实体为红色，阴线实体为绿色。K线图的确是一目了然的简易图表。

以日K线为例，中间的柱形部分叫实体，向上伸出的细线叫上影线，向下延伸的细线叫下影线。开盘价高于收盘价，则实体部分涂成绿色（或者黑色），称之为阴线；反之，收盘价高于开盘价，则实体用红色（或者白色）表示，称之为阳线。把每天的K线连续不断地拼接下去，就构成了一定时间段的K线图了，该股一段时间的走势便会跃然纸上。

⊙ 跟我学画K线图

尽管K线图画起来并不复杂，但很多新手却并不能一下子便掌握其画法要诀。我本来也认为画K线图是小菜一碟的事，但第一次画时仍画得一塌糊涂。若想熟练掌握K线理论的分析技巧，最好还是自己动手画一下K线图。

我们先列出一组示范数据，如表3-1所示：

表3-1　示范数据

时间	第1天	第2天	第3天	第4天	第5天
最高价	30	25	35	50	40
开盘价	20	25	30	45	25
收盘价	25	15	20	40	35
最低价	15	10	15	35	25

我们可以拿阴阳烛图（K线图）与传统线条图做个比较（图3-4）。对同样的市场价格运动，两者的描述有所不同，线条图描述得比较简洁，但看上去对每天的交易信息表达得还是有些让人难以一目了然；K线图的描述则要清楚得多，每天的交易情况，如是高收还是低收、价格上下波动的幅度，都会被直观地表达出来。

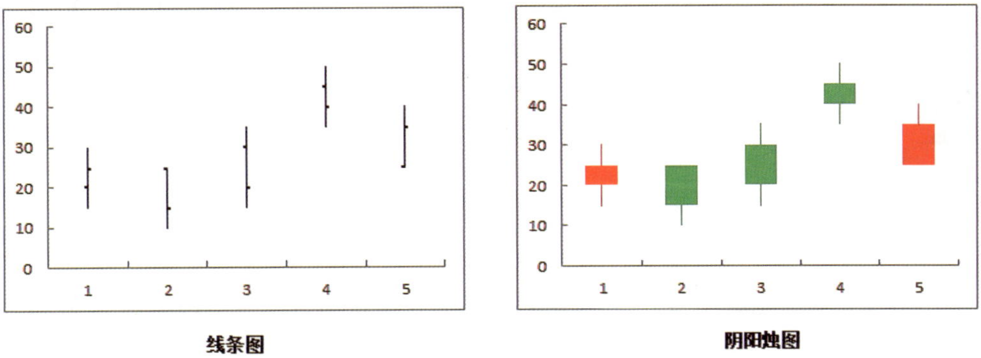

图3-4　阴阳烛图（K线图）与传统线条图对比

⊙ K线异形“原形毕露”

以上看到的K线形态都属于比较中规中矩的K线，开盘价、最高价、最低价和收盘价全部清晰可见。但股票市场从来是波涛汹涌、变幻莫测的，常常见到一些与标准K线不同的变形K线出现。恰恰是这些不同于常见形态的异形K线，可能包含着极为丰富的市场信息。

如图3-5所示：

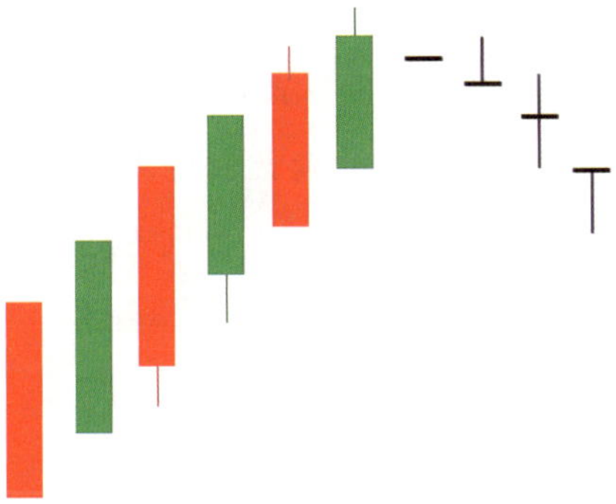

图3-5　10种变形的K线形状

我们可以把它们与K线的两种基本形态相比较，其实它们都来自基本形态：光头光脚的阴线和阳线，是不带上下影线的K线；光头但带下影线的阴线和阳线，是没有上影线的K线；光脚但带上影线的阴线和阳线，则为没有下影线的K线；“一”字线为当天开盘价、最高价、最低价、收盘价四价合一时的K线；“⊥”形为当天开盘价、最低价、收盘价三价合一时的K线；“十”字形为当天开盘价、收盘二价合一时的K线；“T”字形为当天开盘价、最高价、收盘价三价合一时的K线。它们都属于基本K线形态的变种。

10种变形的K线形状

（1）光头光脚阳线：没有上下影线，开盘价为最低价，收盘价为最高价，常见于牛市之中。

（2）光头光脚阴线：没有上下影线，开盘价即为最高价，收盘价为最低价，常见于跌势之中。

（3）带下影线的阳线：没有上影线，收盘价即为最高价，常见于涨势之中。

（4）带下影线的阴线：开盘价为最高价，高开低走，但呈下跌抵抗的特征，常见于跌势之中。

（5）带上影线的阳线：开盘价为最低价，盘中冲高回落，呈上涨遇阻特征，常见于涨势之中。

（6）带上影线的阴线：高开高走或盘中冲高，但遇阻回落，以当日最低价收盘，常见于跌势之中。

（7）“一”字线：当日开盘价、最高价、最低价、收盘价均为同一价位，说明该股成交量少，常见于一开盘就涨停或跌停的个股，而且由于极度看涨或极度看空导致单边买盘或卖盘，几乎找不到成交对手。常见于有突发消息的个股。

（8）“⊥”形：开盘价与收盘价均为同一价位，且收于当日最低价，常见于市场的顶部。

（9）“十”字形：开盘价与收盘价同为一个价，盘中价格上下震荡，说明市势不明朗，常见于市场的顶部或底部。

（10）“T”字形：开盘价与最高价、收盘价为同一个价位，盘中价格急剧下探但后又被拉起，这种形态常见于市场的底部，有看涨意义。

至此，我们对K线理论已有了较多的认识，知道了K线图的画法以及一些常见的形态，接下来可以进入实战演练阶段了。

小结

借我一双慧眼

面对变幻莫测的股票市场和一大堆五光十色的技术图表，新加入这个行业的交易者定会有手足无措之感。的确，要在这个高风险的投资市场赚到真金白银，还真不是件容易的事情。虽然有很多人凭借一时的运气在股市里赚了些钱，但从长远来说，不善于分析市场的投资者，的确有“盲人骑瞎马，夜半临深渊”的危险。只是有些危险在真正发生之前，常常看不到。

K线理论恐怕是最简单、直观易学的技术工具了，我们只需将每日的重要价格信息描绘在一条K线之上，就能得到一条直观的价格曲线。我们可以从最基本的单条K线的分析开始做起，一根光头光脚的K线，其包含的价格信息就是市场中多头或空头取得当日交易中压倒性的胜利；那么一根长上影线的阴线，或者一根长下影线的阳线，可能暗示了多空力量正在悄悄发生改变；当然还有那些单条的变形蜡烛，其各自代表的意义也是特定的。

单根阴线或者阳线只能反映股票单日的交易情况，并不能说明市场主要趋势的持续或者改变等非常重要的市场信息。于是我们可以尝试用两根或者三根K线进行组合，分析出市场可能蕴含的重要运行趋势。单根K线出错的概率较大，但用到两根或三根K线，其信号的可信度要提高不少。一些重要的价格形态和反转信号都是由多根K线构成的。

当然除了单根K线和多根K线之外，我们还要善于利用一段时间形成的K线曲线图，从趋势线、支撑和阻力、主要的价格形态等多方面和多角度分析，力图将K线的优势与其他技术分析工具结合起来使用，发挥多技术工具协同作战的优势，这样才能扬长避短，寻找到市场价格运动的内在规律。

股事新编之三　小题大做

“我爸爸真是小题大做，”一个小学生抱怨说，“我一咳嗽，他就以为我得了哮喘；一头疼，他就怀疑我得了肿瘤；我说了句‘今天看起来是晴天，但也可能会下雨’，他就认为我将来一定会成为著名股评家了。”

第4章 K线理论的实战指引

4.1 星光引路

⊙ 早晨之星

在太阳尚未升起，黎明前最黑暗的时刻，一颗明亮的星星在天边指引着那些走向光明的夜行人，前途当然看好。

在股市中，K线图上的早晨之星预示着跌势将尽，大盘处于拉升的前夜，行情即将摆脱下跌的阴影，逐步走向光明。

早晨之星一般由3个交易日的3根K线构成，如图4-1和图4-2所示：

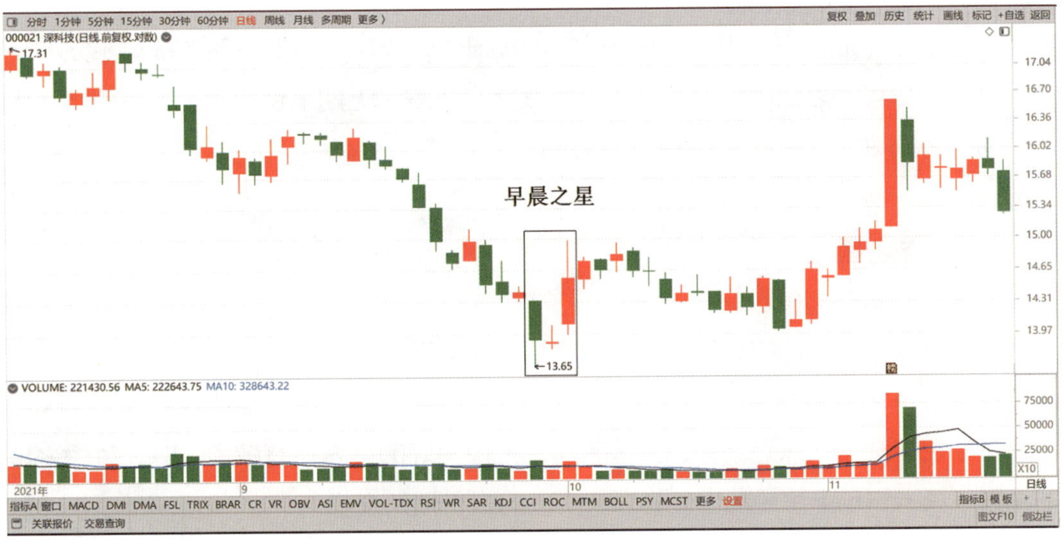

图4-1 K线组合中出现早晨之星的见底模式1

由图4–1可见，深科技（000021）在2021年9月30日前后的3根K线：第一根为阴线，为在连续跌势之后的惯性下滑；第二天股价顺势低开，探底之后拉升到第一日收盘价之上，但尾市仍跌回到开盘价附近；第三天的高开高走伴随着成交量的相应放大。早晨之星所揭示的股价反转向上信号，在随后几天的交易中再次证明了该反转信号的有效性。

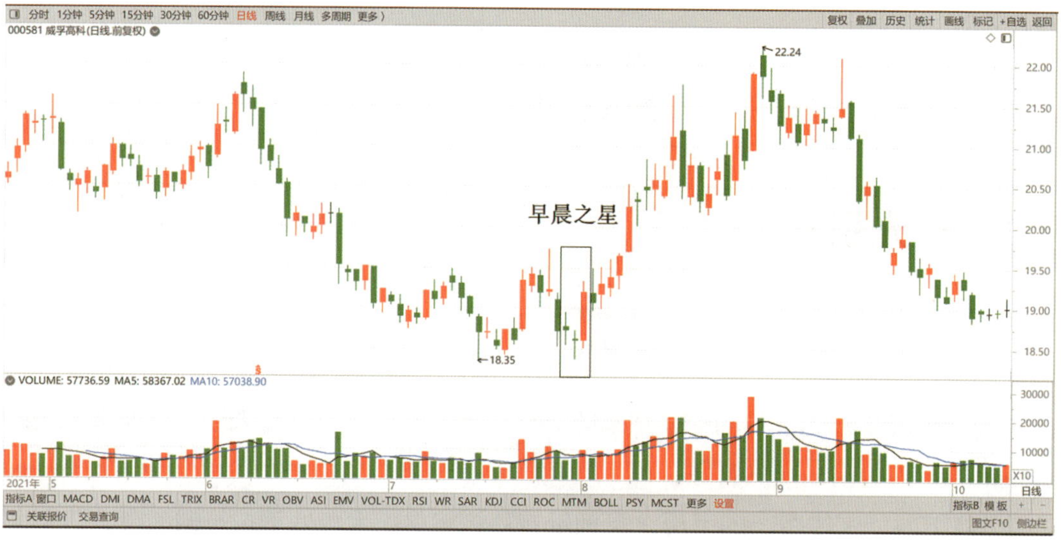

图4–2　K线组合中出现早晨之星的见底模式2

由图4–2可见，威孚高科（000581）在2021年7月30日开盘后快速下探，当天几乎再次触及半年最低点，但当天以十字形K线报收，反映了市场下跌的能量不足。十字星反转的信号呼之欲出，第二天的大阳线完全摆脱了近期下跌的颓势，股价步入上涨轨道，对比可知，早晨十字星的向好意味更浓。

⊙ 黄昏之星

太阳就像一颗红色的泪珠，从西山之巅缓缓滚落。在夕阳的余光之中，黄昏之星就像魔鬼的特使君临股市。

市场在持续的上涨之后，已激情不再，就像再好的筵席也有散场之时。黄昏之星的图形，预示市场上涨趋势已经见顶，卖出的时机悄然来临。

黄昏之星也是由3根K线组成，如图4–3、图4–4所示：

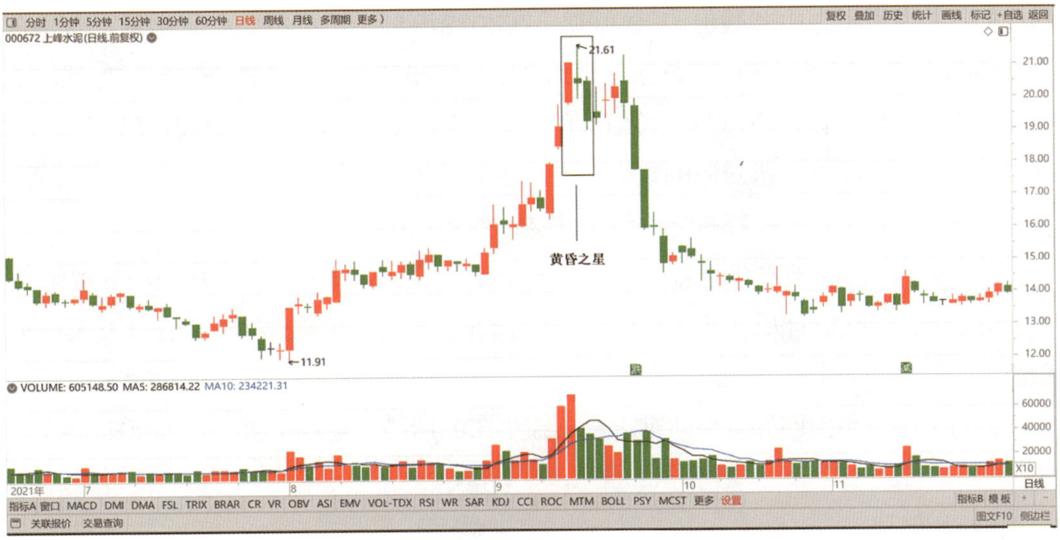

图4-3 K线组合中出现黄昏之星的见顶模式1

如图4-3所示，上峰水泥（000672）在经过一段时间的攀升之后，股价从11.91元上升至21.61元的新高位(2021年9月14日)。创新高当天的K线以带上下影线的短实体收盘，成交量与上一交易日比已经大幅度萎缩，从成交量的角度也印证了市场创新高后存在量价背离情况，随后9月15日的大阴线将上升趋势彻底破坏。黄昏之星出现在市场的顶部时，反转意味十分浓烈。

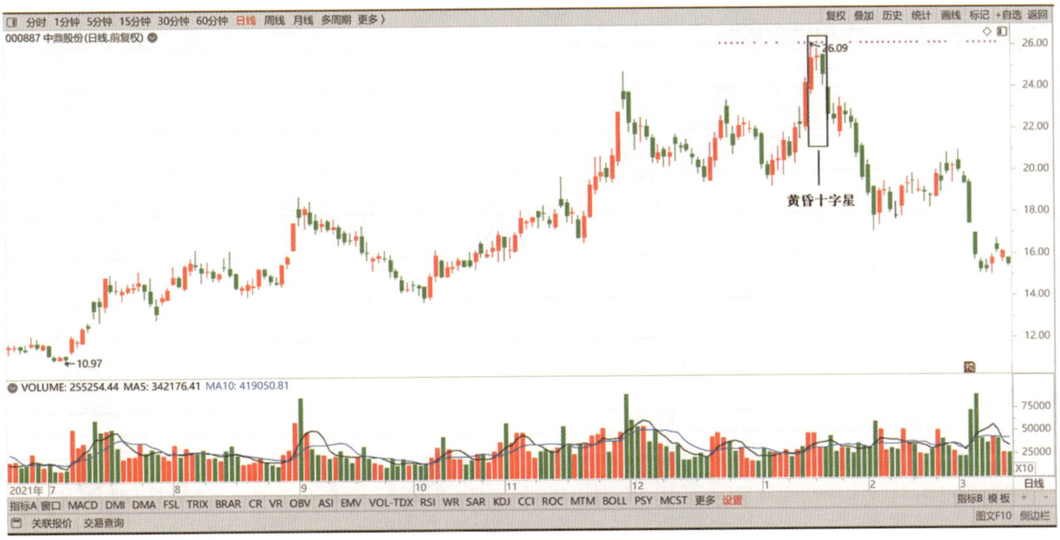

图4-4 K线组合中出现黄昏之星的见顶模式2

如图4–4所示，中鼎股份（000887）在2022年1月8日形成黄昏十字星，这是黄昏之星的特例。黄昏十字星与黄昏之星的区别在于星体部分。黄昏十字星以见顶特征明显的十字构成星体，所以从反转信号的强烈程度看，黄昏十字星更能预见市场的顶部。注意，十字星部分所对应的成交量有减少的趋势。

第一天，市场在一片狂欢之中继续涨势，并且拉出一根长阳线。

第二天，继续冲高，但尾盘回落，形成上影线，实体部分窄小，构成星的主体。

第三天，突然下跌，间或出现恐慌性抛压，拉出长阴，抹去了前两天大部分涨幅。

黄昏之星充当顶部的概率非常之高，在牛市的后期，要特别警惕这种反转信号。

⊙ 十字星

股票市场常常会在狂热之后突然平静下来，在涨势或者跌势的后期，你会感到市场好像突然之间停在那里不怎么动了，就像一台开到山顶上的推土机一样，一下子找不到方向了。

十字星的形态就像基督教堂尖顶上的十字架，它一般出现在市场的顶部或底部，宣告该只股票即将进入天堂或者下到地狱（图4–5）。

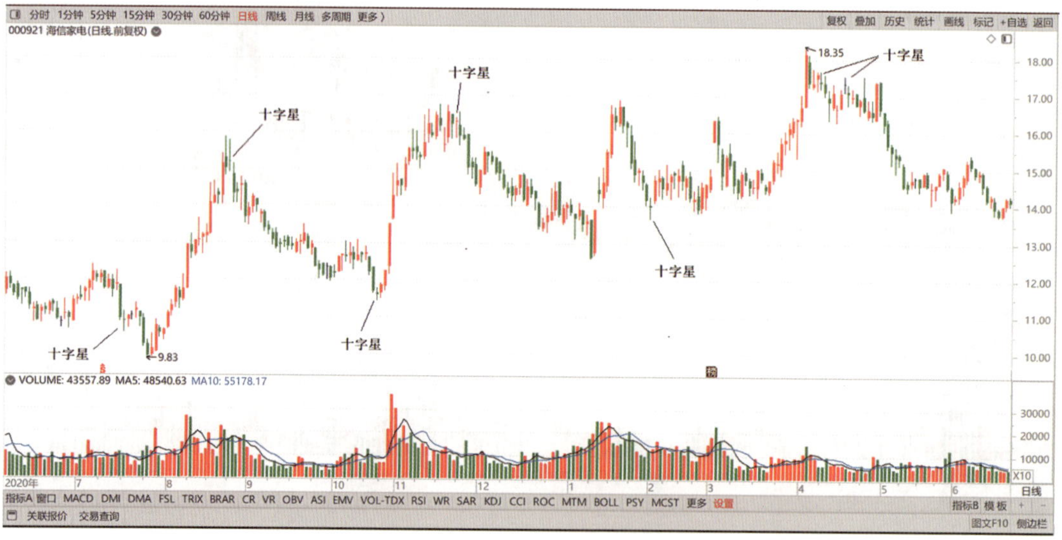

图4–5　K线组合中出现十字星

如图4-5所示，海信家电（000921）在2020年6月至2021年6月期间的起伏走势中出现了多个十字星。结合走势来看，这些十字星都很好地充当了股票阶段性的顶/底部。由此可见，十字星的反转意义应受到足够的重视。

⊙ 射击之星

射击之星因为光芒短暂又被称为流星。

如图4-6所示，阳光城（000671）在2019年3月20日形成射击之星并创出阶段性新高位8.54元，随后以巨量形成射击之星的反转形态，股价从此便滚滚而下，持续下跌3个月才止住跌势。可见此射击之星充当了一个重要的市场顶部，其反转信号之强烈，通过局部“天量”成交量水平亦可见一斑。射击之星的反转意义在诸多K线形态中可能是最大的，它也说明了市场在顶部时形成了“胀爆”情形。此星的分析重点仍然是价与量的配合状况。

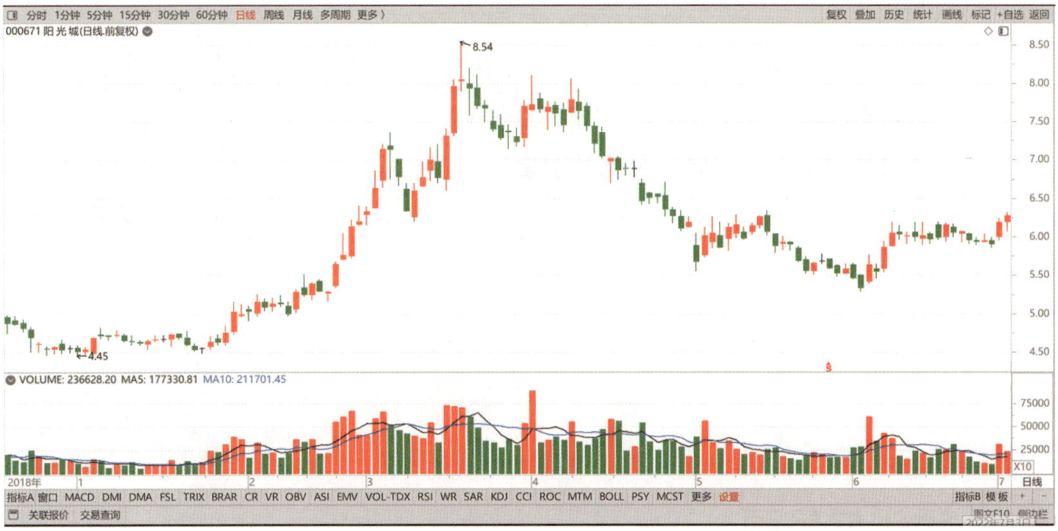

图4-6　K线组合中出现射击之星

单独一颗射击之星，只能发出市势可能见顶的信号。其具有以下几个特点：

（1）上影线特别长，而实体部分又特别短，形似构成一支箭。

（2）实体部分既可以是阴线，也可以是阳线，阴线或阳线不影响其分析意义。

（3）常见于市场的顶部，因而在顶部时比在底部时构成的反转信号要强烈。

综合分析可以说明，射击之星是市场失去上升动能的表现，是市场主力出货的常见局面。一般来说，后市要想突破射击之星造成的高位，往往需要相当长的时间。出现这种形态后须提高警觉，安全的策略就是先退出来再观察，以免被长时间套牢在高位。

⊙ “摘”星要诀

前面介绍的几种星形K线属K线体系中的变形形态，它们在走势图中出现的概率并不十分高，但一旦出现，须引起足够的重视，往往预示市场现有趋势即将完结，新的市场价格运动即将展开。

在识别星形K线的转势意义时，若出现以下几种情况，则信号的准确性会大大提高。

（1）构成星形K线的当日，价格出现了跳空缺口，直到收盘时，该缺口仍未被填补。

（2）星形K线的实体部分较为短小，开盘价与收盘价相当接近。

（3）构成星体K线的当日，平均成交量出现异乎寻常的放量或萎缩，常说的“天量天价”“地量地价”，很可能就发生在这些形态之上。

4种星形K线图中，以早晨之星和黄昏之星的可靠程度最高。

在利用星形K线分析市场时，要结合前后K线来分析，另外，切勿忽视了成交量在分析中的重要意义。

4.2　锤头与吊颈

两者的图形完全一样，只是锤头出现于市场的底部，代表市势可能见底回升。吊颈一般出现在市场的顶部，代表涨势将尽，跌势即将展开。

⊙ 锤头

在市场的阶段性底部，股价常常急剧下跌，创出一段时间以来的新低，但这时空方能量彻底释放了，主动性买盘开始逢低介入，在低位斩仓割肉者越来越少，以致多空力量的平衡点不断上移，最终以高于当天开盘价或略低于当日开盘价收盘，价格已基本上跌无可跌了。

注意图4-7中荣盛发展（002146）在2022年3月中旬形成的锤头形态。股价在连续下挫之后，当天更是创出3.25元的近期新低位，但很显然在3.25元附近有较强支撑，加上抄底买盘的介入，股价在尾盘被大幅拉离低位，形成较长下影线的短实体K线，反映了市场即使没有真正见底，离底部也不会太远了。随后的上升趋势在成交量的配合下得以形成，锤头的反转作用在该股票随后的放量拉升之时得到了验证。

图4-7　K线组合中出现锤头形态

分析锤头的转势意义时，应注意以下几点：

（1）下影线长而实体部分短，下影线长度最少是实体部分长度的两倍才具分析意义。影线越长，信号越强烈。

（2）上影线必须十分短，若没有上影线，则图形更加正统。

（3）锤头实体部分与前一根K线有跳空缺口者，反转信号会更强烈。

（4）一般会伴随底部放量，放量越明显，信号越强烈。

⊙ 吊颈

这个形态不仅名字阴森，而且样子也十分恐怖。在行情的峰峦之上、激情之巅，一副绞架上赫然可见被吊死的冤魂。尚沉浸在涨势所带来的欢乐之中的交易者，猝不及防，价位便如高山坠石，滚滚而下。一轮涨势终被绞杀。

如图4–8所示，当升科技（300073）在2021年下半年的表现可谓一飞冲天了，该股2021年12月1日创出114.56元新高之后，顶部特征已经显露，K线当日出现射击之星，次日走出吊颈形态。该股随后逐浪走低，开启了下跌趋势。

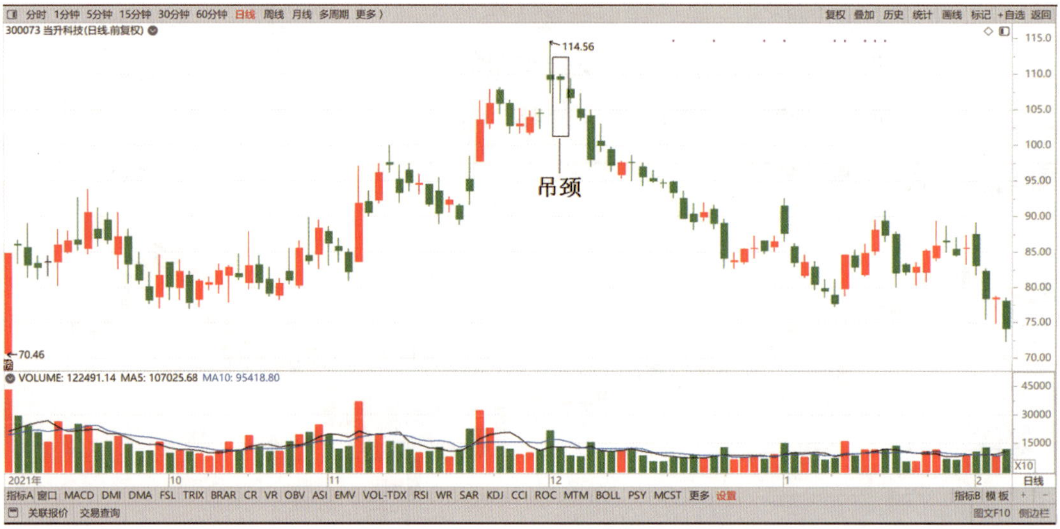

图4–8 K线组合中出现吊颈形态

吊颈形态包括两个条件：

（1）下影线较长、实体部分较短，下影线的长度是实体的两倍以上，下影线越长，信号越强烈。

（2）实体部分为阴线，代表价位高开低走。

应用吊颈形态测市时，应注意以下问题：

（1）如吊颈实体部分与前一根K线形成跳空缺口，代表追高一族成本高于前一天，多为散户行为。

（2）吊颈形态出现之后的第二根K线一般为阴线，阴线的长度越长，新一轮跌势开始的概率越大。

（3）吊颈形态出现，当日的成交量较为萎缩，进一步印证涨势的不可持续。

⊙ 倒转锤头

在下跌趋势持续一段时间之后，某个交易日开盘顺势跳空低开，但此时并未出现恐慌性的抛盘，可感觉到底部的承接力度越来越大，价格被逐步拉起，并向昨日收盘价靠拢。但终因大病初愈，体力不支，收盘价又从当日高位回落到价格的低档区。

倒转锤头在K线形态上，也是长上影线，短实体部分为阴线或者阳线，不过阳线的底部意味更强烈。

如图4–9所示，东方财富（300059）在2022年3月上旬形成倒转锤头形态。该股在连续的下跌过程中，真可谓“绿肥红瘦”，从2021年12月中旬的32.68元，一路下跌至2022年3月中旬的18.78元。倒转锤头当天以近期新低价格开盘，之后又拉到上一交易日收盘价，尾市下挫，形成有上影线的短实体阴线。该形态的当日价格波动幅度不大，但是成交量比上一交易日明显放大。随后的稳步上攻令倒转锤头充当重要底部的转势信号得到印证。

图4–9　K线组合中出现倒转锤头形态

在分析时应注意以下几点：

（1）倒转锤头出现的前一根K线为大阴线，且与倒转锤头的实体部分形成跳空缺口者，分析意义甚大。

（2）倒转锤头上影线较长，而下影线甚短，甚至没有下影线，则为标准的形态。

（3）倒转锤头之后的K线形态与锤头实体部分形成跳空缺口者，形态的底部反转信号更为强烈。

（4）成交量萎缩，暗示了底部杀跌能量的衰竭，抄底买盘即将进入。

4.3 光明与黑暗

⊙ 穿头破脚

在一个明显的上升趋势中，市场对既有趋势的运行仍具认同感，涨势的狂热仍弥漫在投资者的心中，牛市的宿命感浓得化不开。但偏就在这种时候，一场倒春寒骤然闯入狂热的股市，一根巨大的阴线将多日的涨幅一笔抹去（对市场的震动相当于里氏7.4级地震）。人们开始像丢掉烫手山芋一样纷纷抛掉昨天还像宝贝疙瘩似的股票。走在证券营业部附近的大街上，你几乎见不到一个脸上有笑容的人，好像大家在同一时间被歹徒集体抢劫了。

市场底部的穿头破脚就大不一样，昨天还一泻千里的股票，今天就坚挺得让人不敢相信这是真的。一根长阳不仅扫掉了市场的颓废之气，多日丢失的阵地也一日收复。那些因不堪忍受暴跌折磨已壮士断臂的投资者捶胸顿足或像鲁迅先生笔下的祥林嫂痛失阿毛一般，逢人便说“我真傻，真的”。向上攻击的战车已经开动，它当然不会去理会那些没能等到“革命成功”那一天的人。

穿头破脚是常见市场运动中最为剧烈的一种K线形态，应引起足够的重视。笔者认为这是市场反转信号最强烈的K线，它出现在一个涨势的后期往往会带来“崩盘”，它出现在熊市的尾部则可能造成“井喷”（图4–10、图4–11）。

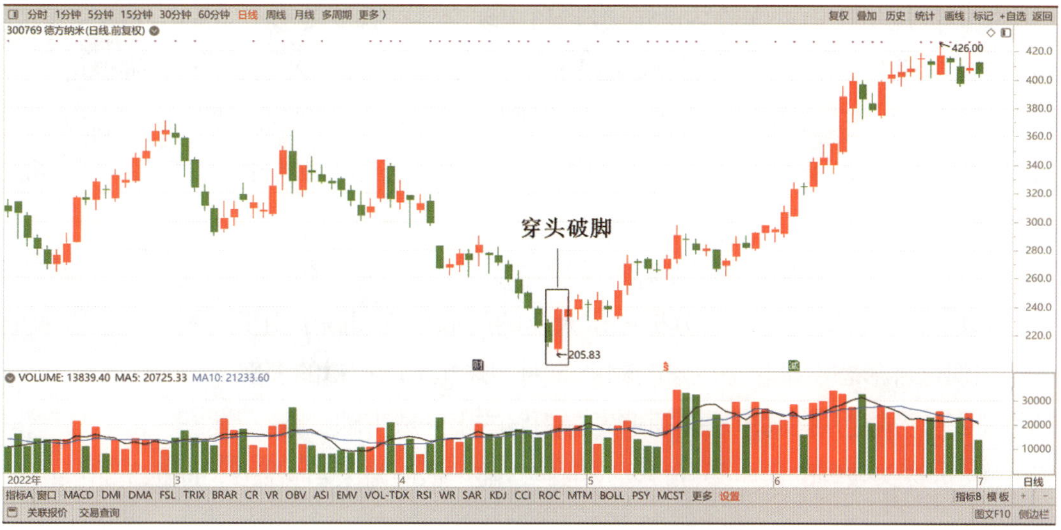

图4-10 K线组合中出现穿头破脚形态

图4-10为德方纳米（300769）2022年4月27日的交易情形。在这之前该股具有鲜明的下跌趋势，4月19日至26日，股价连续收出阴线，跌势毫无停歇的意思。而4月27日，股价仍是顺应原趋势跳空低开，并创出205.83元的近期新低，随后跌势戛然而止，买盘涌出将股价推高，显示了强烈的见底反转信号。随着该底部的进一步确认，市场从此踏上了快速攀升的轨道。

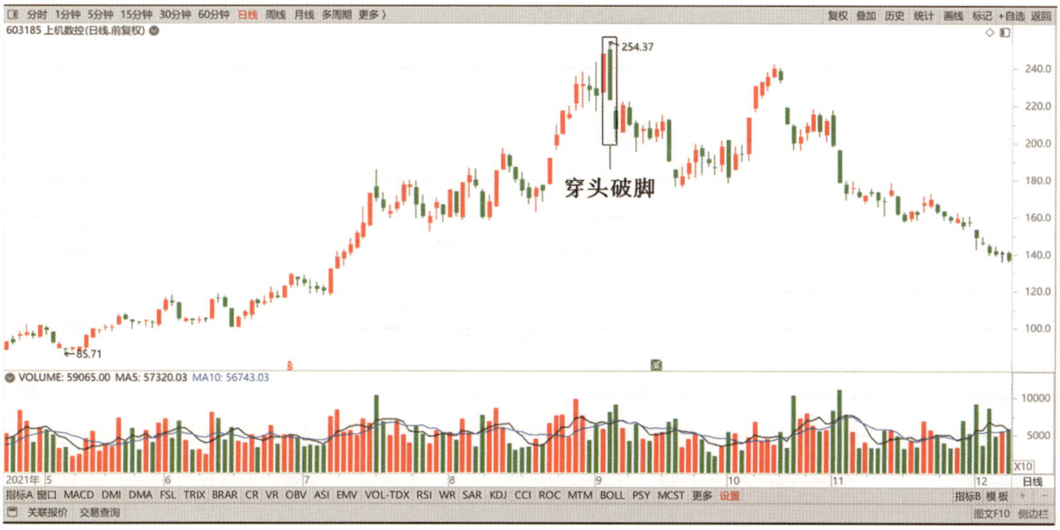

图4-11 K线组合中出现穿头破脚反转形态

上机数控（603185）在2021年9月3日出现穿头破脚反转形态（图4-11）。该股自2021年4月下旬以来，股价便从阶段低点80元一路上升至250元左右，强悍得令人叹服。但9月3日的穿头破脚大阴线令走势遭遇了滑铁卢，在创出股价新高当日，一根光头光脚的大阴线完全吞吃了前一天的光头光脚的阳线，股价掉头向下，转势形态开始。

分析穿头破脚形态的关键点：

（1）穿头破脚形态用于分析股市大盘的可靠程度要高于用于分析个股。因为个股中出现这种形态不排除是庄家的刻意而为，并非市场逻辑的表现。

（2）形成穿头破脚形态必须事先有明显的上升或下跌趋势。

（3）穿头破脚的实体部分必须完全包含前一根K线的实体部分，而上下影线可以不考虑。

（4）伴随成交量的急剧放大，量比应在3倍以上，若能达8～10倍，反转发生的可能几乎可以肯定。

（5）穿头破脚K线包含的K线数目越多，说明反转越强烈。

⊙ 乌云盖顶

乌云盖顶形态一般由两根K线构成，第一根为阳线，第二根为阴线，发生在涨势之中，常被人误以为是市场的调整形态，所以其隐蔽性较好，“翻脸”之时难以预测。

在分析乌云盖顶形态时，应注意以下几个方面：

（1）第二根K线（即阴线）应高开于第一根K线的最高价之上，但收盘价会大幅回落，深入第一根K线实体部分一半以下，否则分析意义不大，而且深入的幅度越大，信号越强烈。

（2）第二根K线在开市阶段曾经向上突破明显的阻力位然后掉头向下，说明多头上攻乏力，大势见顶的迹象已经显露。

（3）第二根K线的成交量明显放大，说明市场主力高位派发的意愿已很强烈。

如图4-12所示，药明康德（603259）在2021年2月中旬出现典型乌云盖顶反转形态，股价在创近期最高价155.19元后，破顶反跌。乌云盖顶当天，高开之后急速低走，同时成交量继续放大，待到当天收盘，股价已经大幅低于前日收盘价，此后股价连连放量下跌，进入阶段性调整期。

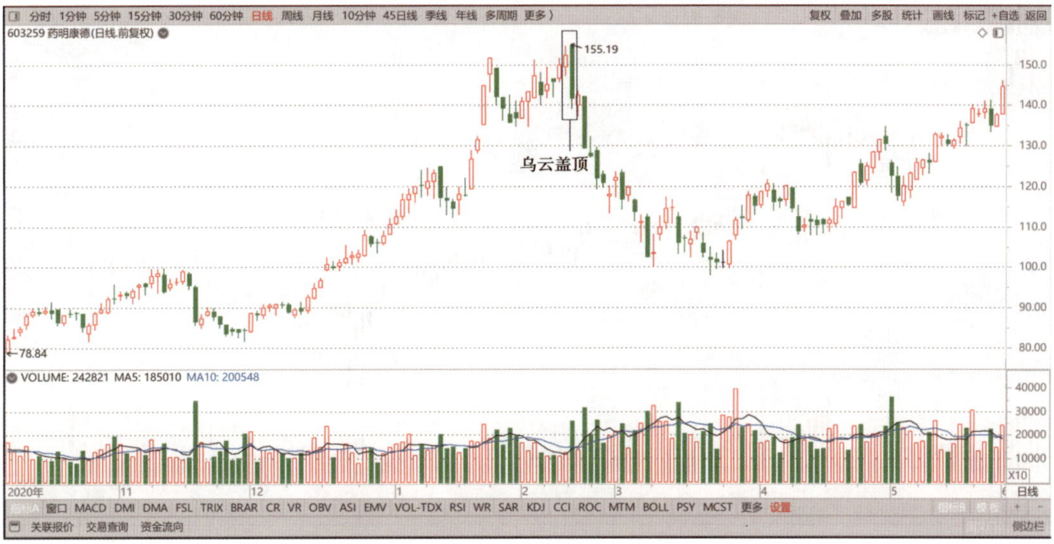

图4-12　K线组合中出现乌云盖顶形态

⊙ 曙光初现

熊途漫漫，总予人以在黑暗中艰难跋涉的凄苦之感。面对一个“一病不起”且长达数年的熊市，被套住的人心里日夜盼望的就是何日迎来“大救星”带领被套牢的投资者闹翻身。假如某一天你发现长阴之后，股市低开高走，拉出一根长阳线吞没昨日大部分阴线实体部分，你就可能算是熬到头了。

曙光初现形态与上面的乌云盖顶形态类似，不过它是出现在市场的底部。

关于曙光初现形态应关注以下几点：

（1）曙光初现基本形态与乌云盖顶形态相同，但应以相反方向分析和操作。

（2）第二根阳烛的实体部分愈长表示力度愈大。

（3）阳烛的实体部分超越阴烛实体部分一半以上才有意义。

如图4-13所示，康拓医疗（688314）2022年处于长期下跌趋势中，而4月27日其股价低开高走，将上一日的跌幅差不多全部抹去，一根长阳线深入阴线实体部分，该股果然在创下33.58元的近期低价之后便逐渐企稳回升，确认了曙光初现反转信号的成立。

图4-13　K线组合中出现曙光初现形态

⊙ 大阳烛

市场在下跌或者盘整之中常常孕育了难以估量的能量，就像沉寂多年的火山，突然迸发的能量是十分惊人的。大阳烛属于低开高走的格局，其本身已经具有强烈向好的意味。

大阳烛在接近全天的最低价开盘，然后一路狂奔，最终以全天的最高价或接近最高价收盘。一般大阳烛的上下影线都相当短，或者干脆没有上下影线。

大阳烛的分析意义：

（1）大阳烛出现在市场的底部，通常是出现在市场开始盘稳之后，往往会以强烈的冲击力突破某个长期压制价位上涨的阻力线。

（2）大阳烛吞没的日K线数量越多，说明反转的意义越大。

（3）大阳烛一般会带来成倍放大的成交量，市场能量的爆发让人感到涨势的势不可挡。

如图4–14所示，金刚玻璃（300093）在2022年1月下旬拉出第一根大阳烛，不仅确认了27.16元的近期最低位，而且还将近1周以来的跌幅1日抹去，显示出市场开始彻底摆脱底部的力量。相对应地，成交量突然放大1倍，市场中积累了1个月的做多能量终于得以爆发。出现第一根大阳烛之后，股价进一步确认了市场的底部，反转信号强烈。

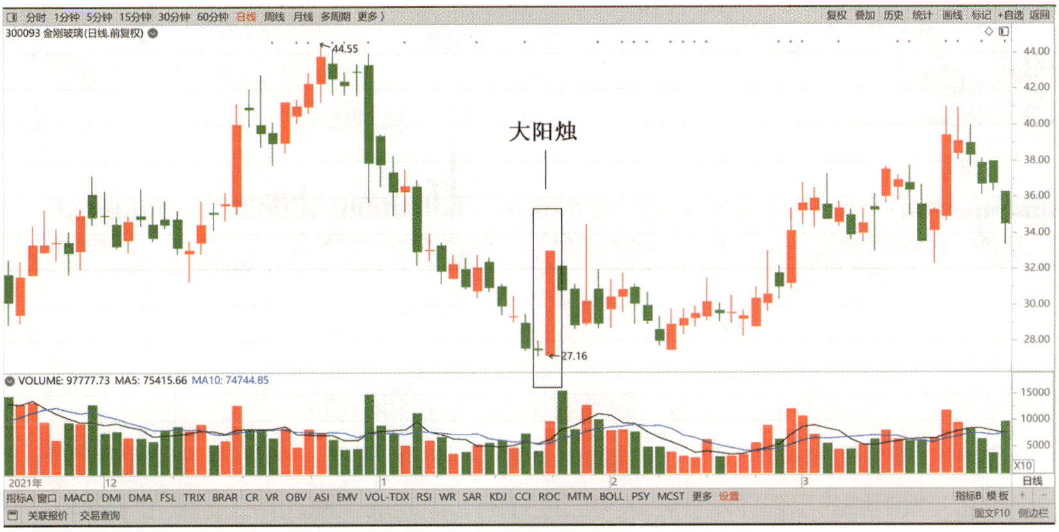

图4–14 K线组合中出现大阳烛形态

⊙ 大阴烛

市场上升受阻之后，往往会有一个停止下来寻找方向的短暂过程，当多方的力量不能推动股票价格进一步上涨时，走势便变得微妙起来。市场从来都是下跌比上涨快，而且下跌可以不需要成交量放大的配合，特别是价格处于历史高位，涨不上去就会跌下来似乎是条规律。而且不跌则已，一跌往往惊人，大阴烛常常对牛市构成极大的杀伤力，有当头棒喝的意味。

如图4–15所示，阿拉丁（688179）自2021年6月中旬走出一波震荡盘整的行情，随后便拉大阳线发力上攻，并创出112.68元的近期新高。但随后出现的一根巨阴线几乎将股价打回原出发地。市场做多的信心可能被彻底动摇，巨阴线的出现，为该股打开了下跌的空间。大阴线对市场做多的热情真是一种“当头棒喝”，其本身就是一种强烈看空的信号。

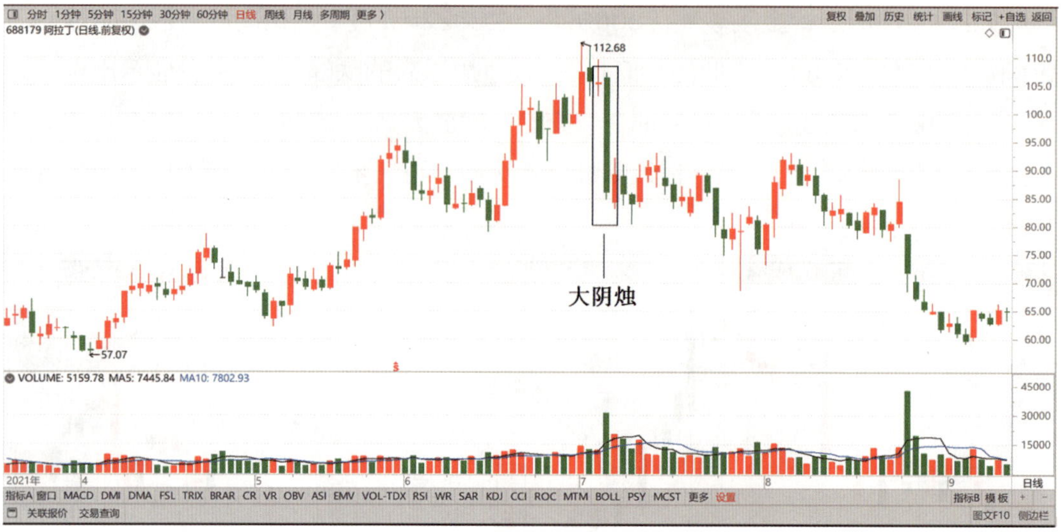

图4-15 K线组合中出现大阴烛形态

大阴烛的构成与大阳烛相似，只是它常出现在市场的顶部。

大阴烛的分析意义：

（1）大阴烛的出现显示一轮跌势已经开始，原有的上涨趋势已经发生了逆转。

（2）大阴烛出现光头光脚的标准形态时分析意义更大。下跌的力量与实体的长度成正比。

（3）大阴烛的出现常常会伴随放量，但成交量的放大与否与大阴烛的向空意义关系并不太大。跌势之中的成交量没有涨势之中的成交量对市场走势分析的指导意义大。

4.4 天父保佑

⊙ 十字胎

市场在上涨或下跌的过程中，在一根大阳线或大阴线之后，突然出现表示市场交易淡静的十字，由于十字的高低幅度处于前一根大阳线或大阴线之中，表示市场处于暂时的平衡状态，似乎预示既有趋势已难以为继，市场处于寻找新方向的节骨眼上。

既然市场朝原有方向发展的动力已经逐渐消失，大市便孕育转向的机会，以便打破市场既有的平衡状态。

如图4-16所示，科威尔（688551）在2021年10月中旬走出反弹行情，在11月9日以中阳线创下局部新高，紧接着该股走势中出现了一根带有短实体部分的小十字星，而且这根小阴线完全被包含在那根长阳线之中。股价在高位盘整了数周之后，下跌趋势便戏剧性地展开。十字胎孕育的是一种与市场原有趋势相反的新趋势，常见于市场的顶部和底部，所以这也是一种常见的转势信号。留意图中构成十字胎的两根K线，阳线部分的成交量是持续放大的，而十字星部分则又萎缩了差不多一半，阳线是完全包容那根细小的十字星的。

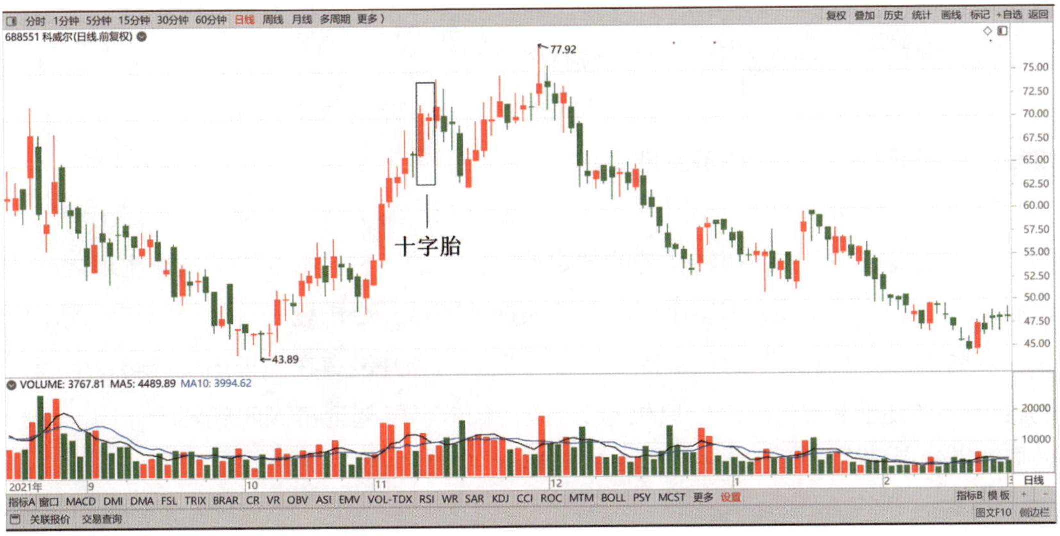

图4-16 K线组合中出现十字胎形态

十字胎的分析意义：

（1）十字胎只代表市场原来的趋势难以维持，市场因此处于暂时停顿，并不意味着市场即刻会发生反转。

（2）十字胎也可能是市场多空力量的暂时平衡点，若市场原有力量占主导，市场演变成盘整状态的可能性也很大。

（3）成交量极度萎缩，表明市场观望气氛较浓，因而等方向明朗之后再介入为妙。

⊙ 长十字

同十字星与十字胎不同，长十字是市场力量争持不下的典型形态。在连续的上涨之后，多空力量对后市的演变产生了重大的分歧，在走势上表现为多头猛烈推上去，但遭遇空方的强大抛压，股票价格便又回到开盘价附近，空头力量增强之后，价格被压下去远离开盘价，最后多空谁也说服不了谁，以开盘价为市场的平衡点，于是收盘价便与开盘价相同或者接近。

但这种平衡往往是短暂的，由于空方力量的渐渐增强，多头信心受损，稍有风吹草动，价格便有可能暴泻。长十字出现在底部时情形正好相反。

长十字的分析意义：

（1）长十字的出现是市场即将转势的强烈信号，说明在十字的影线部分，长线卖家或买家已开始建仓或出货，对此应有足够的警觉。

（2）长十字可能是多空力量恶斗的暂停，上下影线越长，意味着当日震荡的幅度越大，市场力量面临新的多空排序。

如图4–17所示，我们来分析一下优利德（688628）在2022年4月26日出现的那根长十字星线是如何充当扭转跌势的“定海神针”的。在这根长十字星线出现之前，该股一路下跌，并在长十字星出现的前几天加速下跌，令市场一片风声鹤唳。而出现长十字星当日，该股的跌势已被控制住了，虽然市场并没有在当天出现反转，但当天的收盘价被拉回来，与开盘价只相差2分钱，长十字星起到了探明底部的作用。该股随后的连续上扬，相信是以长十字星的底部特征为基础的。

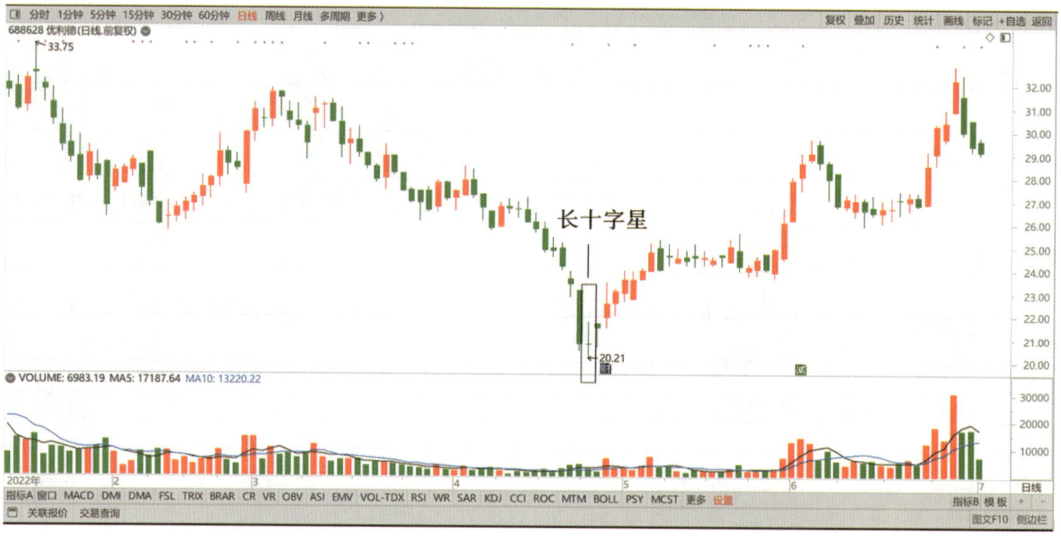

图4–17　K线组合中出现长十字形态

⊙ 垂死十字

在市场的顶部，常出现一种长上影线、短下影线的十字K线，有的甚至完全没有下影线（倒T形K线）。从形态上可以看出，市场仍有向上挑战新高的冲动，但无奈力不从心，每次冲高都被打压到当天的价格底部，与开盘价甚为接近，并常常出现下突的现象，说明涨势将尽，多头正在想办法脱身，现有趋势即将转向。

艾隆科技（688329）在2021年11月30日形成垂死十字星（图4-18）。它出现在该股反弹的过程中，其较长的上影线和短促的下影线，暗示交易者反弹走势可能出现了问题。随后股价一泻而下，该股继续上攻的趋势终遭重挫。如果我们多加留心就会发现，垂死十字星基本上是以“上升趋势终结者”的身份出现在股票市场中的。

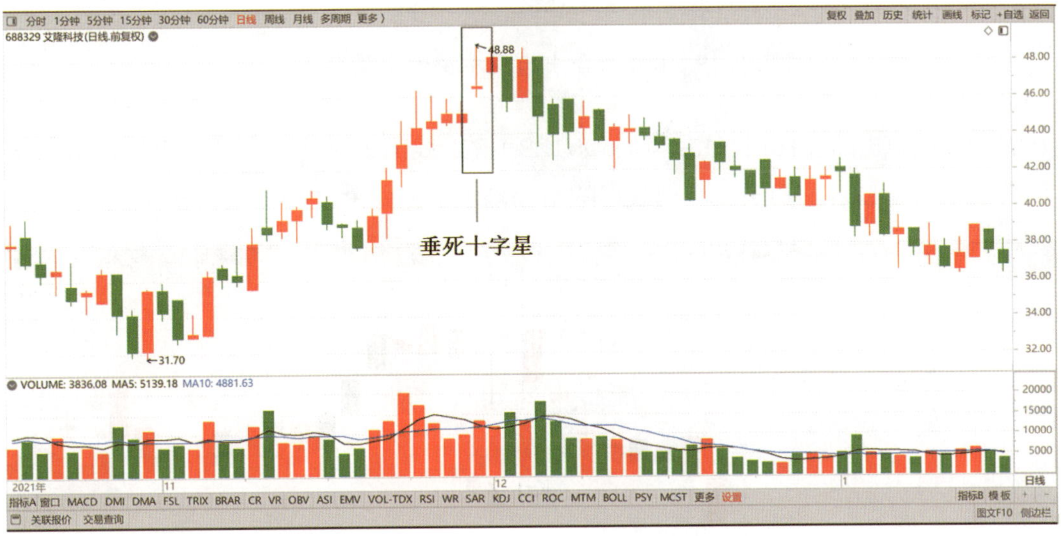

图4-18 K线组合中出现“垂死十字星”形态1

相对于顶部出现的垂死十字星，出现在佳沃食品（300268）K线上的这个底部十字星是否可以称之为希望十字星呢？注意该十字星出现之后，市场开始企稳、整固并步入涨势（图4-19）。

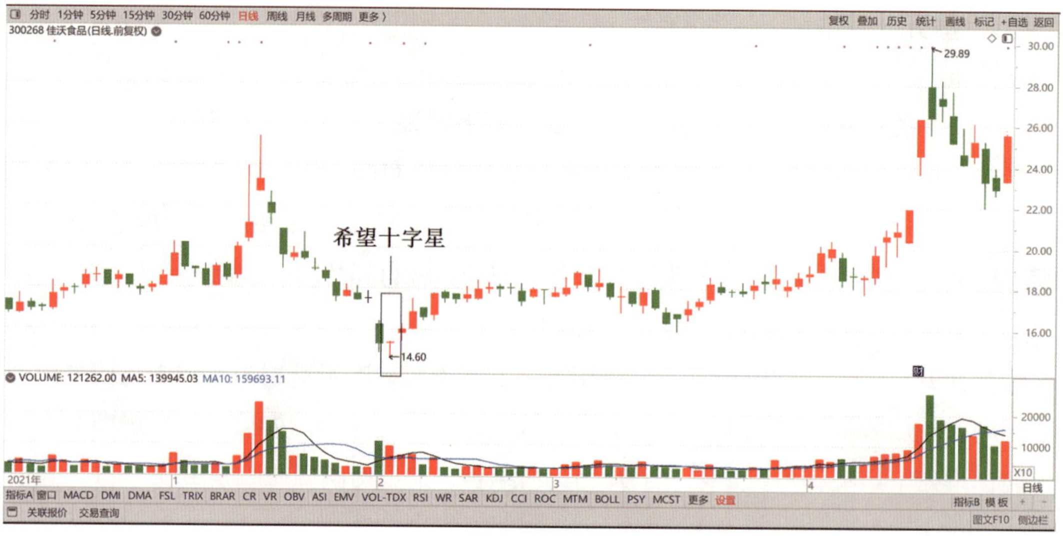

图4-19　K线组合中出现希望十字星形态2

如图4-20所示，在上海沿浦（605128）的K线图上，可以发现一个显著的长十字星（2021年12月24日）。其出现后的市场基本上无力再试50.57元的近期新高。

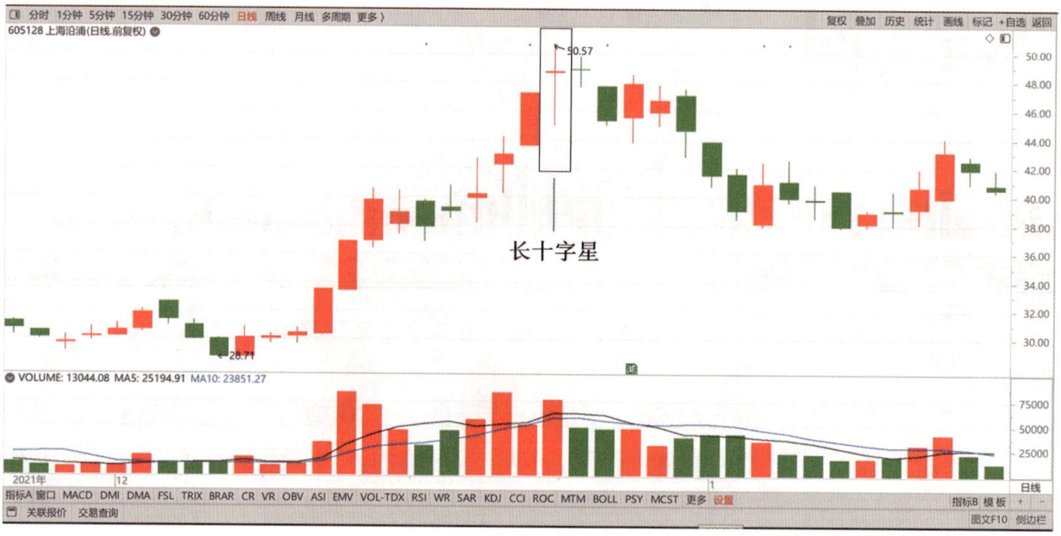

图4-20　K线组合中出现长十字星形态3

垂死十字的分析意义：

（1）垂死十字说明虽然涨势将尽，但多头困兽犹斗，因而对高位震荡与市势的反复应有思想准备，慎防垂而不死的走势出现。

（2）观察成交量我们便会发现，垂死十字星常伴随着急剧放量，上影线部分庄家出逃的意愿相当强烈，此时只可平仓离场，防止踏入多头陷阱。

⊙ 身怀六甲

在长阳线或长阴线之后，出现一根短小的K线，无论是阳烛还是阴烛，好像长K线怀中的胎儿，一般预示着市场上升或下跌的力量已趋衰竭，市场已有改变既有趋势的迹象。

身怀六甲分析要诀：

（1）在涨势与跌势的后期阶段留意长阳线或长阴线之后的变化，身怀六甲会让人以为是市场的暂时休整而不以为意，但转势也许就在眼前。

（2）分析出现身怀六甲时的成交量变化，我们能发现，在放量之后，成交量若突然大幅度萎缩，市场趋势改变的可能性甚大。

盛视科技（002990）在2021年12月下旬所形成的一个身怀六甲K线组合，也是出现在该股巨量上攻创下35.68元的最高价位之后。对蓬勃发展的上升趋势构成致命一击的是这条长阳线之后的那条鬼鬼祟祟的短实体阴线，它完全被包容在长阳线之中，而且成交量明显减少。正是这个身怀六甲的K线组合，我们才发现市场的上升趋势变得不可信了，该股随后逐浪走低，验证了身怀六甲K线组合的反转意义（图4–21）。

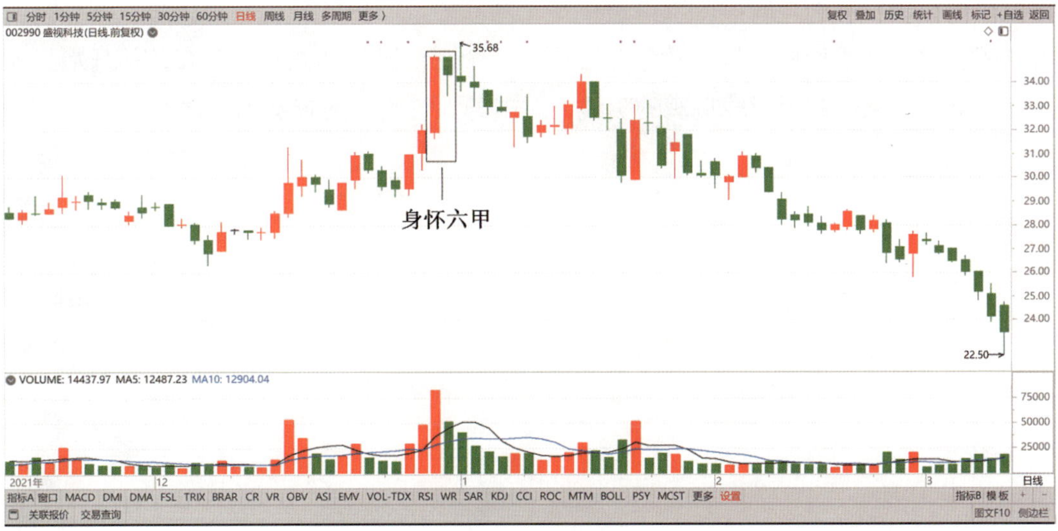

图4–21 K线组合中出现身怀六甲形态

4.5 “三”生万物

中国古代圣哲老子在《道德经》中说，“道生一，一生二，二生三，三生万物”。西方在论及奇异数字时，“三”是有判断价值的第一个奇异数字（虽然它的前面还有一和二）。道氏理论在论及市场趋势时，将趋势的规模划分为三种，大趋势可分为三个阶段，可见“三”是一个重要的数字。

在K线理论中，也能见到几种与“三”有关的典型图例。

⊙ 三只乌鸦

有一本关于华尔街的书中写道：“这里是成功者的天堂，失败者的地狱。每当有乌鸦在华尔街上空凄鸣时，一个破产者便沮丧地从大门走出来……”看来古今中外，人们视乌鸦为不祥之鸟是有一定的道理的。（当然，也有的国家说它是吉祥之鸟，就像在股市，大多数人看空时，也有人看多。）

三只乌鸦由三根阴线构成，是一种强烈向淡的转势形态，市场的阴影挥之不去。当市场还沉浸在一种盲目的乐观中时，一群乌鸦（一数正好三只）突然从头顶上飞过，还发出一阵令人恶心的叫声，这时你是否会有一种心头一紧的感觉？三只乌鸦的飞临，令人不寒而栗。

如图4–22所示，康辰药业（603590）在2022年1月中旬出现三只乌鸦形态。在这三只乌鸦出现之前，股价尚能维持盘整上升之势，但也许是“命中注定”的乌鸦成群飞来，之后的股价便一片狼藉，在短短的几个交易日里跌去12%左右，并开始步入下跌趋势。看来这三根形成乌鸦的阴线，对市场人气的打击应是相当之大。

图4-22 K线组合中出现三只乌鸦形态

三只乌鸦的分析要诀：

（1）三根阴线相连，且每天的收盘价均低于上一日的收盘价，表明多方已经体力不支，有大厦将倾的忧虑。

（2）每天的开盘价都在上一日K线的实体部分，但收盘价接近每日的最低价。下跌的节奏较为平和。

（3）成交量温和放大，市场的杀跌能量开始有节制地释放，表明市场随后可能有加速下滑之虞。

（4）出现三只乌鸦K线组合时，一般都有机会让投资者在第一时间平仓离场，因而暂时离场观望是上策。

⊙ 三个白武士（又称“红三兵”）

三个白武士由三根阳线组成，每日收盘价都高过前一天，武士勇往直前的精神跃然纸上，市场趋升的形势开始明朗化。

走势一蹶不振，行情千呼万唤不出来。在此情况下，三个白武士行侠仗义，欲救市势于水火，挽江山于既倒。虽然冰冻三尺非一日之寒，但三个白武士将市场的底部逐步抬高，市场见底回升的希望渐渐抬头。

如图4-23所示，福光股份（688010）在2022年4月下旬的走势中出现三个白武士。这三个白武士是在该股票持续下跌之后扭转趋势时出现的，在它们出现之前市场连续下跌，它们出现之后市场步步走高，说明三个白武士的确有力挽狂澜的使命感，在关键时刻“该出手时就出手”，武士之名可能寄托着交易者对市场护盘力量的期待。

图4-23　K线组合中出现三个白武士形态

三个白武士的分析要诀：

（1）三个白武士K线形态一般出现在市场见底回升的初期，因而升幅不大，动作缓慢，但升势相当稳定。此阶段逢低建仓可以来得相当从容，且风险不大。

（2）成交量方面也相当平稳，与前期缓慢下跌时的量差不多持平。但在随后的突破飙升阶段，成交量会成倍放大。三个白武士出现一般预示市场见底，并在稍后阶段产生井喷式上升的机会甚大。

⊙ 上升三部曲

在市场踏上升途之后，连续的上攀令市场疲态初现，但随后还有更长的山路要走，于是休息便十分必要。休息之后，体力得到恢复，市场再度活跃，下一轮涨势可能来得更加有力。

上升三部曲由三部分构成：市场存在既有的涨势，于是在一根长阳线之后，市场出现数根细小的阴线，表明市场进入小憩阶段，随后又是一根长阳线拔起，市场重归升途。

图4-24为现身于三安光电（600703）走势中的上升三部曲。注意上升三部曲有别于其他转势信号。它是市场中已存在一个明显的上升趋势，然后三天小幅回撤显示了涨势处于休整状态，接着再拉出阳线，让暂停的涨势再次得到了恢复。在上升三部曲中，我们可以明显观察到，第一根阳线带着明显的放量，小幅回撤三天期间的成交量处于萎缩状态，随后出现的阳线成交量又再次放大。

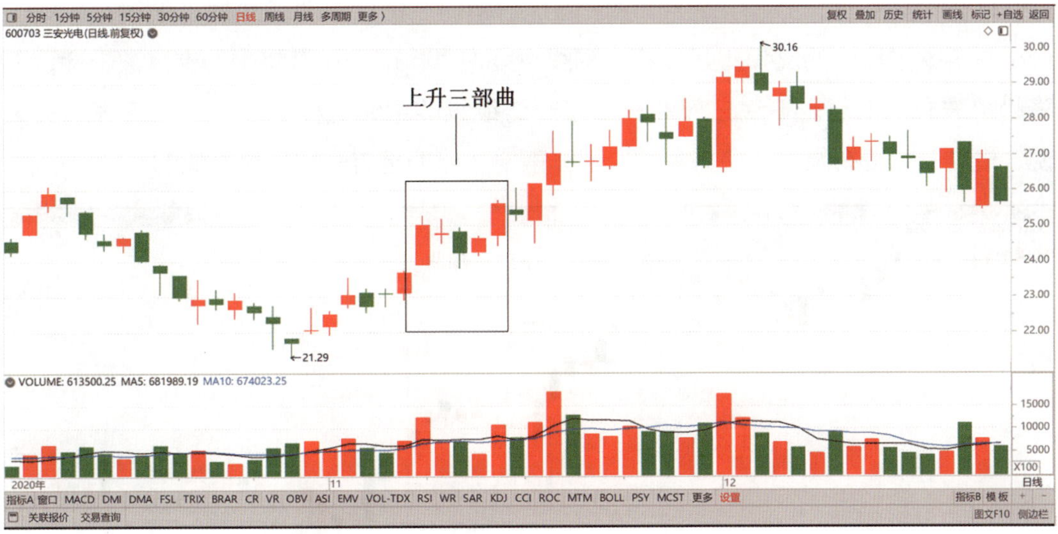

图4-24　K线组合中出现上升三部曲形态

上升三部曲的分析要诀：

（1）上升三部曲并不是一个转势信号，而是表明升势将继续的持续巩固信号，因而这是一个可以考虑建仓或者加码买进的阶段。

（2）在第一部分，成交量应较大，而第二部分的行情在休整时，成交量应萎缩，第三部分的成交量也要明显放大，否则应再加观察。

（3）第三部分应是对前两部分高点的突破，市场创出上升以来的新高。对于喜欢在市场突破时买入的交易者来说，机会不可错过。

⊙ 下跌三部曲

道氏理论认为大趋势有三个阶段，其精确地指出了市场的上升或下跌不可能是一条直线，而是经过相当多的反复才走到预定的目标。下跌三部曲只是下跌趋势中的一个休止符。与上升三部曲相似，它不是转势信号而只是持续巩固信号。

如图4–25所示，天禄科技（301045）在2022年4月形成了下跌三部曲的持续形态。2022年4月1日的大阴线，显示市场开始趋弱，然后出现了数根小阳线，构成了价格在下跌过程中的反弹，紧接着大阴线再度现身，市场在盘整中的支撑被击穿，下降趋势被有效恢复。下跌三部曲充当了趋势继续的中继过程，虽然对于下降趋势来说，成交量并没有像上升趋势中的量那样重要，但仍是有一定参考价值的。

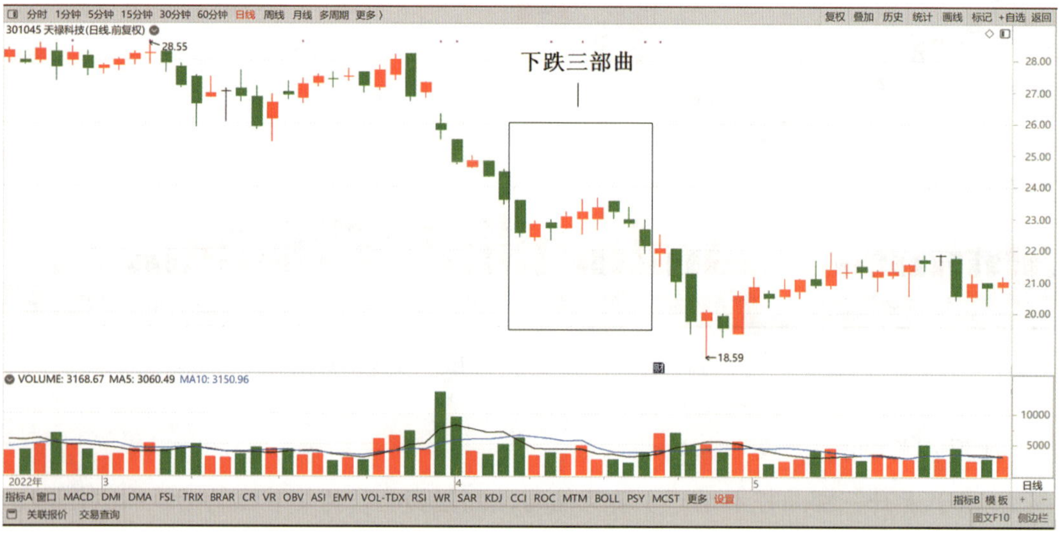

图4–25　K线组合中出现下跌三部曲形态

下跌三部曲的三个步骤：

（1）下跌中出现一根急跌长阴线。

（2）随后出现数根细小的反弹阳线，且都被包含在第一根阴线之内。

（3）又一根阴线破位而下，击穿市场多日形成的盘整巩固区间，市场重新纳入下跌的轨道。

下跌三部曲的分析要诀与上升三部曲相反。不过，下跌过程中对成交量的强调并不如上升三部曲那样突出，阴线的成交量可以比第二部分反弹出现的阳线的成交量小，即使是无量空跌的市场，其杀伤力也相当大。

4.6 天与地

⊙ 平顶与平底

在涨势中，市场创出新高予人以无限遐想，但接下来市场刚刚抵达昨日高位即被空头狙击而退，多头再创新高的热情遭遇挫折，随后市场对高位形成阻力达成共识。逆水行舟不进则退，多头视阻力为畏途，顶部特征更加明显，终致跌势就此展开。这就是多头市场的平顶形态。但在跌势中，一根阴线创下市场新低，第二天本预料有再创新低点的可能，然而跌势就此打住，第一天的低点即成为第二天的下跌支撑，市场开始回升，最终确认了平底的价格形态。

如图4–26所示，中国卫星（600118）的走势中出现一个阶段性的顶部。注意这个顶部局部两根K线的最高价完全一样.是什么原因令该股票会在两个交易日中受阻于同一价位？或许只是技术面上表现出来的一个较为重要的阻力。市场在两天冲击同一高位失败后，顶部形态就基本上确立。

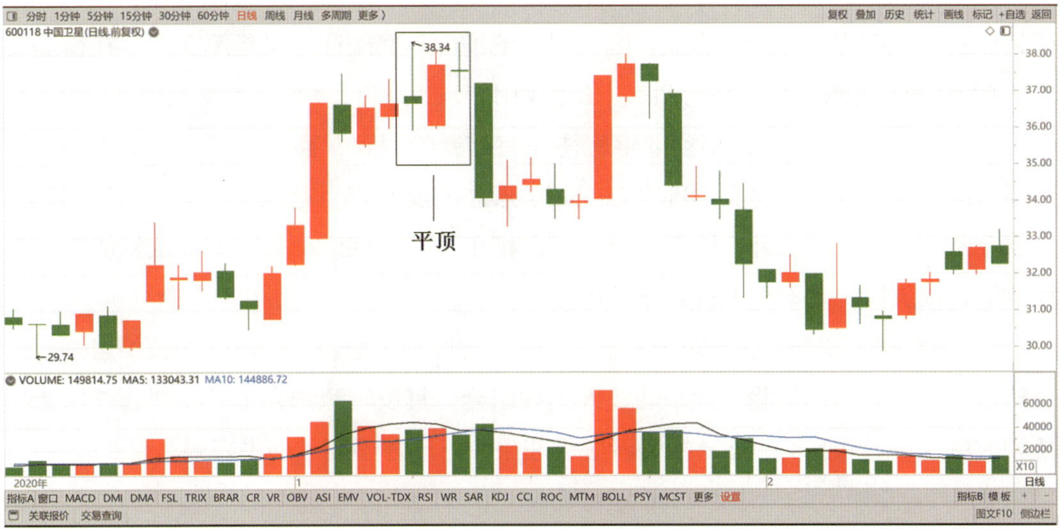

图4–26 K线组合中出现平顶形态

如图4–27所示，航天彩虹（002389）在2021年5月初出现过一个阶段性底部，这个底部同样是由数根最低价非常接近的K线构成，它们构成的底部过渡阶段比较平缓，其反转信号虽不如其他信号强烈，但仍然可以当作入市时的重要参考。该股在18.56元附近出现平底信号，考虑到18.56元的支撑位，应该是短线较佳的入货时机。

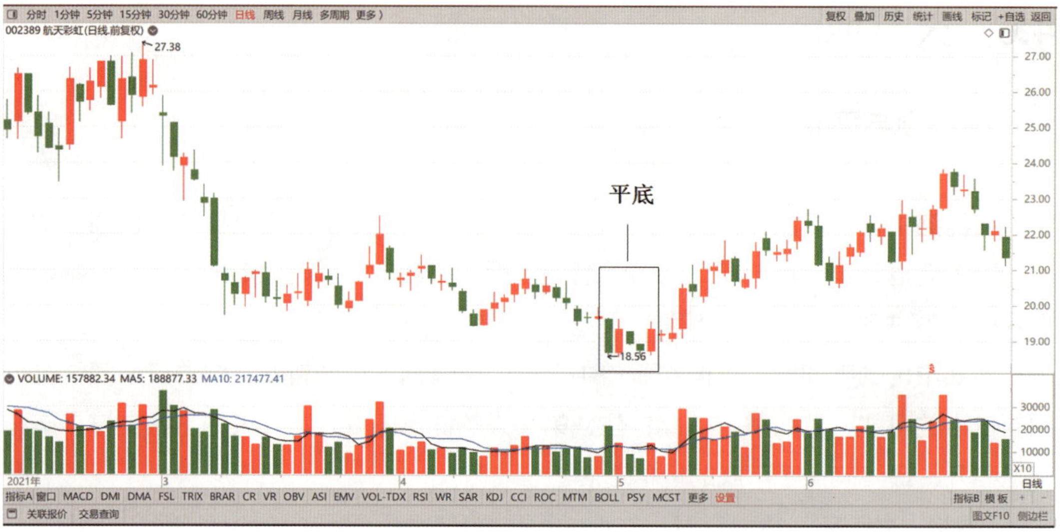

图4-27　K线组合中出现平底形态

平顶形态和平底形态分析要诀：

（1）平底与平顶属于比较温和的反转形态，不像其他单日反转形态那样疾风骤雨，但它们具有更大的分析意义，因为温和的顶部与底部往往又是厚实的，在行情发展的相当长时间内，都可以看见它们在起作用。

（2）在成交量方面，平顶或平底往往有缩量的倾向，喜欢以是否放量来确认市势反转的交易者往往对这类顶部形态或底部形态的反应相当迟钝，然而，随后的行情发展常常令他们大感意外。因而，至少可以把平顶或平底所形成的高位或低位看作近期的阻力或支撑，才不至于过分掉以轻心。

（3）有时平顶与平底形态与其他K线的反转形态相组合，也可以构成相当强烈的反转信号。例如与十字胎、大阳烛、大阴烛组合，其反转意味会相当浓烈，并可伴随急剧放量，一旦遇此类形态，投资者应迅速采取行动才不至于痛失好局。

⊙ 塔形顶

在涨势后期会出现塔形顶这种顶部形态，一般是由于市场向上动能逐渐衰弱，并未有新的因素促其马上下跌，价格在高位处于冲高回落的态势，但盘久必跌，致使高位部分形成了空中楼阁。一旦破位下跌，将会势如破竹，难以阻挡。

如图4–28所示，迦南智能（300880）的走势中出现塔形顶形态。该顶部形态是由多条K线共同构成的。注意2021年9月30日出现的那根长阳线，其成交量也验证了涨势的可靠性，但在次日出现的阴线中，价格上冲25.17元，形成了塔尖，随后的下跌步伐相对涨势要缓慢得多，整个顶部形态的塔形特征明显。从该股票在塔形顶之后的连日下跌情况看，塔形顶的看空意义相当大。

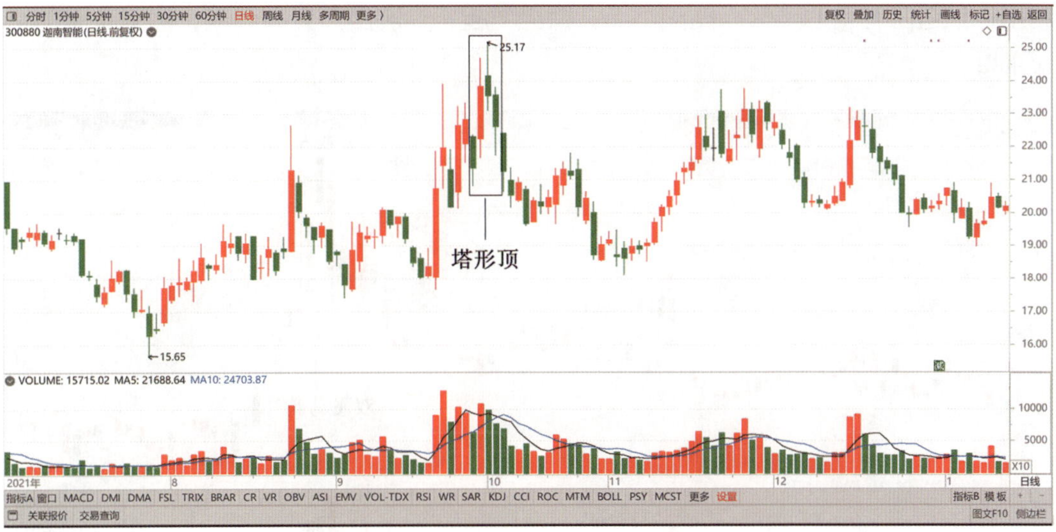

图4–28 K线组合中出现塔形顶形态

塔形顶的分析要诀：

（1）塔形顶基本上也是一种比较平稳过渡的转势形态。它表现在一轮涨势之后市场上升能量消耗过大，上升速度逐渐减弱，一直都处于攻无不克状态的多头主力萌生了退意，冲高回落常常是庄家出货的表现。因而塔形顶是一种杀伤力较大的顶部形态。

（2）塔形顶在成交量上不尽如人意，基本上以缩量为主，但在向下突破阶段，成交量会突然放大。一旦发生放量，即可认为反转走势已经扩大化。

⊙ 双飞乌鸦

在市场的高位，突然出现两根相连的阴线，它们就像两只乌鸦歇在摇摇欲坠的古树的枯枝上，让人感到市场的走势已近崩溃。乌鸦总是带来坏消息，两只乌鸦更是预示“祸不单行”，高位套牢者可能错过了第一次认赔出场的机会，第二天的下跌又令你难以下手，双飞乌鸦常常出乎意料地出现，令人猝不及防。

其构成为两根阴烛相连，分析要诀与三只乌鸦形态相似。

如图4–29所示，达安基金（002030）在2022年1月出现双飞乌鸦形态。在出现双飞乌鸦形态之前，该股的上冲动能不见衰竭迹象，第二天高开然后冲高，在创出22.76元的近期新高后，庄家逢高出货的痕迹已经明朗化，巨大的成交量为庄家的顺利出货创造了有利的条件。高潮之后，跌势乍起，乌鸦虽然只有两只，但其看空的意味十足。

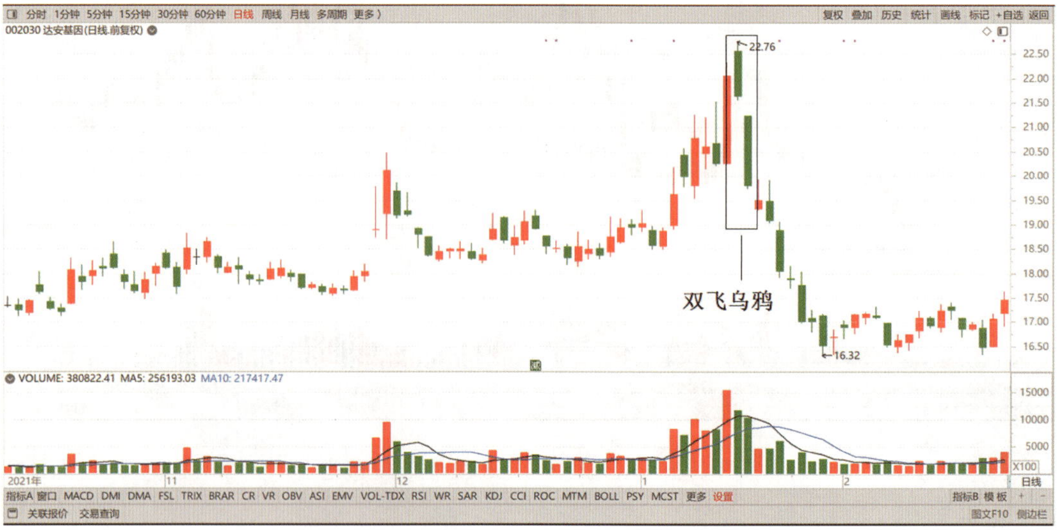

图4–29　K线组合中出现双飞乌鸦形态

小　结

走在反转前面

本章讨论了K线理论的一些典型的反转信号和几个常见的持续信号，对各种信号均给出了实战图例，并进行了分析要诀方面的归纳与总结。我认为这些典型信号基本上涵盖了股市K线图上可能出现的各种K线及其组合的分析意义，而其他的一些信号或者说法不过是在此基础上的延伸或发挥。记住，太多的似是而非的形态是无益的，不仅不利于实战操作，弄不好会把自己搞得越来越糊涂，因而有必要结合自己的实战操作情况，归纳一些定式化的K线组合，以帮助自己进行股票交易。

前面所论及的各种K线形态，其发出信号的可靠程度一般是不同的，也就是说，其指导价值是不一样的。如果一定要说哪几种是相对来说比较可靠的K线形态，我可以尝试为它们排位（图4–30）：

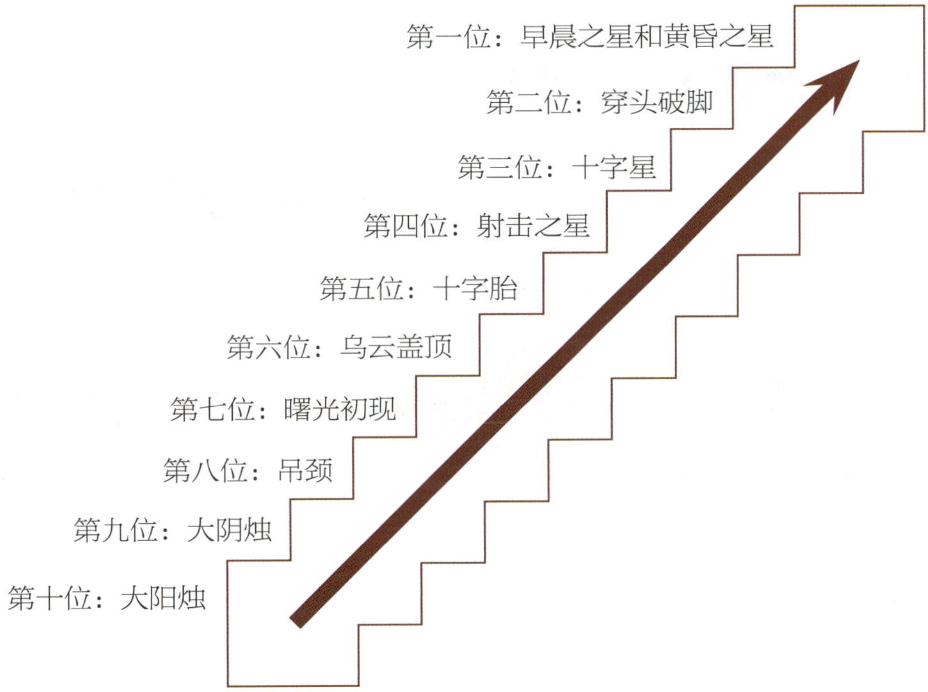

图4–30　K线形态可靠程度排名

其他形态也各有其分析的意义，但这十大信号似乎是K线理论的精髓。前三名都是被交易者广泛认同的反转信号，更是值得反复揣摩，以识其本来面目。

在中国股市中，由于没有做空机制，因而研究顶部转势信号的目的是赶在别人之前平仓离场，将纸上富贵变为落袋为安的真金白银。研究底部的见底信号显得更为重要，它指导你在什么时候行动，以达到买卖都快人一步的目的。

K线图在中国被广泛使用，所以在中国股市中分析K线中的奥妙，就显得更加重要了。

注意K线形态中的其他形态：好友反攻（图4–31）、跳空缺口（图4–32）、双顶（图4–33）、双底（图4–34）。

如图4–31所示，在跌势中，先出现一根阴K线，第二天股价以裂口形式低开，空头仍然张牙舞爪。但随后多头大举进场，好友大力反攻，终于促使股价大幅度反弹。注意市场在创下76.56元的新低价之后，多头突然发力，随后将股价推至95.57元的近期高位。好友反攻实际上是被空头逼得无处可躲时，多头好友的护盘自救行为。

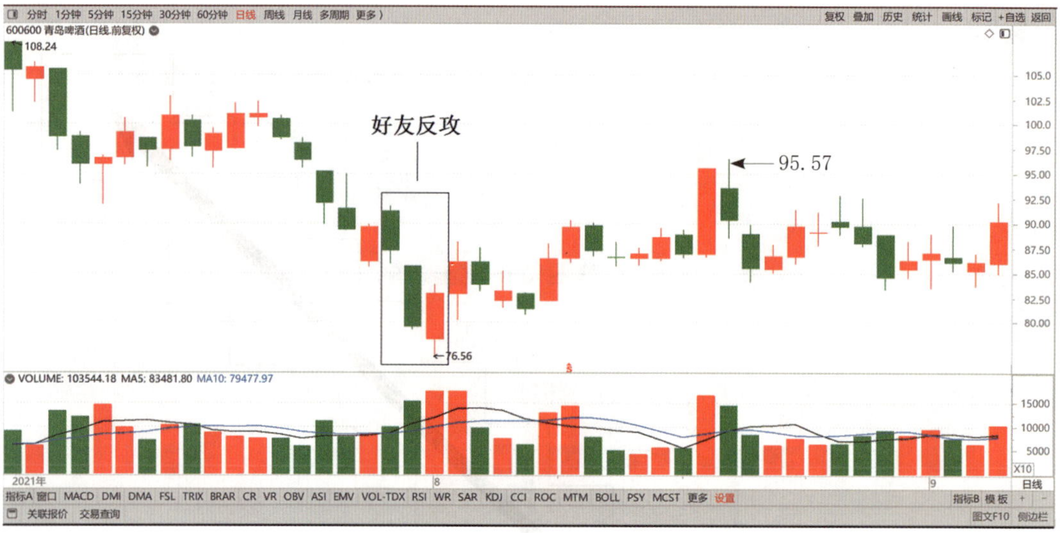

图4–31 青岛啤酒（600600）在2021年8月出现好友反攻形态

尽管我们在以后的章节中会详细讲到跳空缺口的分析意义，但在谈到K线理论时，缺口仍是一种相当重要的技术信号。图4–32中出现了三个跳空缺口，分别是突破缺口、中继缺口和衰竭缺口。

图4–32 上证指数（999999）2019年1月至4月K线图上出现的跳空缺口形态

在较短期的K线图上，我们发现一些时间跨度为1个月左右的价格形态仍属于K线理论的研究范畴。如图4-33所示，当股价放量创出19.50元的新高位之后，再次形成的波峰无力上破19.50元，在下破颈线时双顶形态完成。价格下跌的目标与双顶在颈线之上的规模是相对应的。

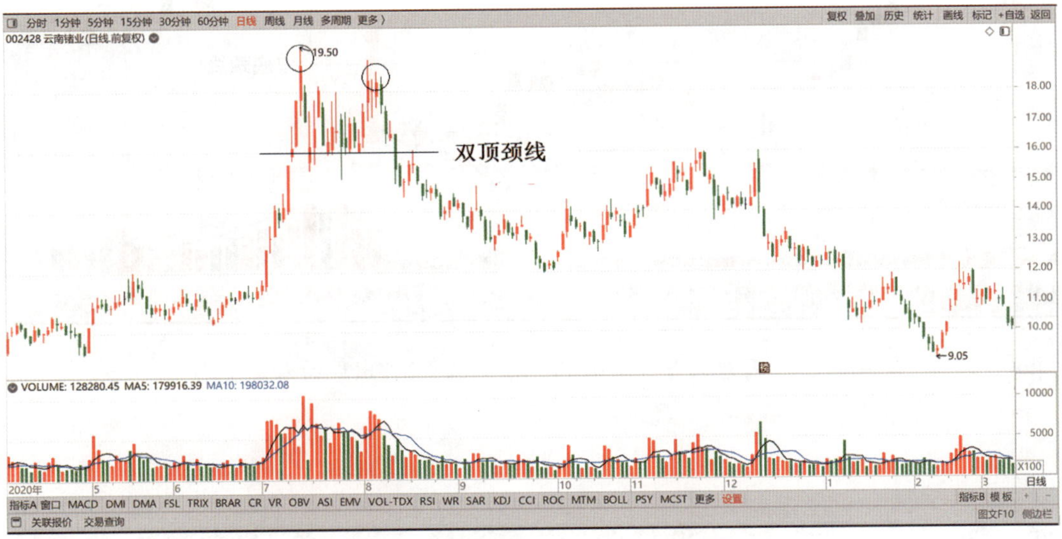

图4-33 云南锗业（002428）中出现的双顶形态

如图4-34所示，天喻信息（300205）在2021年2月出现双底形态。该形态形成的时间跨度很短，所以我们先放在K线理论中讨论一番。从成交量来分析，形态的最终完成依赖于成交量在颈线被突破时的相应扩张。从该股走势中，可以看到这种成交量放大的场面。价格在颈线之上所运行的幅度与双底形态的规模是基本相对应的。这种未经过长时间盘整所形成的短期转势形态，其重要程度与其时间跨度成正比。时间跨度越短，重要性就会越差。

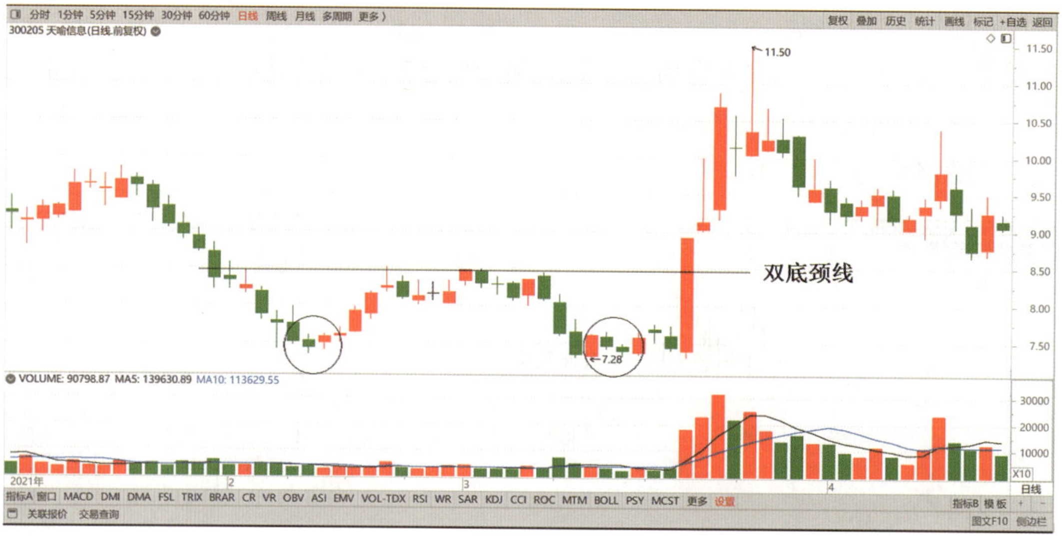

图4-34　天喻信息（300205）在2021年2月出现的双底形态

股事新编之四　搭顺风车的股民

交警在证券营业部的门口拦截了一辆中巴车，发现这部车竟然是由一只狗驾驶的。“你们是不是疯了？请一只狗当驾驶员！”交警向坐在车后座的几个男人吼道。

“这狗和车都不是我们的，我们只是搭顺风车来炒股的股民。”

第三部分

切线理论的窍门

别时时惦记着去战胜主力、战胜市场，在心理上先放下你的武器，彻底向趋势投降，因为这注定是一场打不赢的战争，就像堂•吉诃德与风车的搏斗。趋势就是我们必须顺应的，干吗非要跟市场过不去，除了过足“战胜”的嘴瘾和笔瘾的人之外，你见过谁真正打败过一场“龙卷风”或者把一场强烈的地震转嫁给了火星？放下武器，让我们与趋势讲和！

第5章 趋势就是一切

5.1 把握趋势

⊙ 趋势是核心概念

在技术分析这种市场分析方法中，趋势是绝对的核心概念。我们运用各种技术分析手段，从K线理论到价格形态，从波浪理论到指标分析，唯一的目的就是帮助我们认识市场的趋势，从而顺应趋势的方向买卖股票，或者识别既有趋势的转折信号，让我们把握最佳的买点与卖点。在证券市场，“顺势而为”“趋势是你的朋友”等市场理念实在已经是老生常谈了。在谈到道氏理论的时候，我们就已经提到了“趋势”这一概念，不过本章将详细地谈它。

我们知道，趋势就是市场运动的方向。在股票市场，我们已经看到，市场并不是一条直线地上涨或者下跌，就像胡同里赶猪——直来直去。市场运动的特征就是前进中的曲折迂回，它的运动轨迹就像一系列前赴后继的波浪，会出现明显的波峰与浪谷。如果要给趋势下一个简单而直观的定义，可以说趋势是由一系列的波峰与浪谷依次上升或下降连绵不断构成的。我们把一系列依次上升的峰和谷定义为上升趋势；而把一系列依次下降的峰和谷定义为下降趋势；把一系列波峰和浪谷依次横向排列的情形称为盘整趋势。

上升趋势中（图5–1），市场的高峰和低谷依次抬高，表现为一系列依次抬高的底部和逐步上升的顶部。

下降趋势中（图5–2），市场的高峰和低谷依次下降，表现为一系列逐步降低的顶部和不断创新低位的低谷。

盘整趋势（图5–3）常被人忽略，因为市场呈现没有趋势的状态，高峰与低谷依次呈水平方向伸展，并在横向方向形成平衡区域。

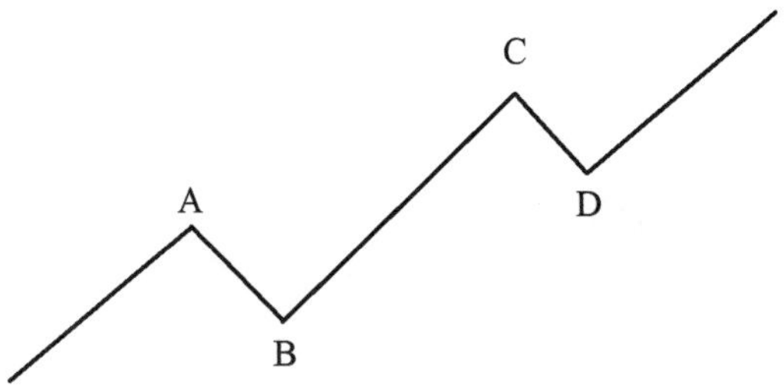

图5-1 上升趋势

如图5-1所示，市场出现依次上升的波峰和浪谷，其中波峰C点明显高于波峰A点，而浪谷D点也相应地高于浪谷B点，也就是常说的一波高过一波的情形。在经典的上升趋势中，不仅C点要高过A点，D点一般也要高于A点。

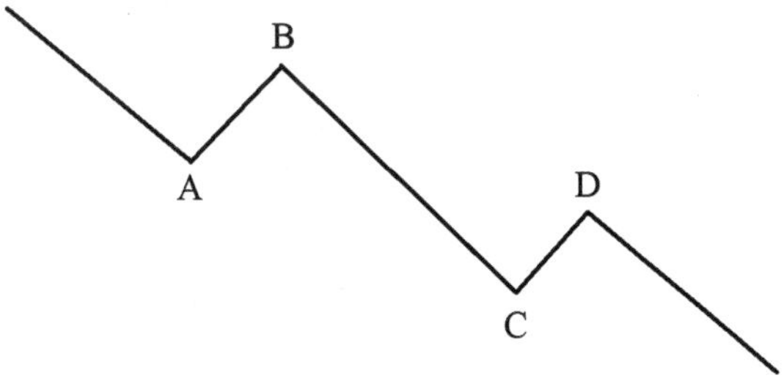

图5-2 下降趋势

观察图5-2，波峰和浪谷均依次递降。浪谷A点明显高过C点，而D点不仅低于前一个波峰B点，而且还低于前一个浪谷A点，构成一系列依次下降的波峰与浪谷，可以说是典型的下降趋势。

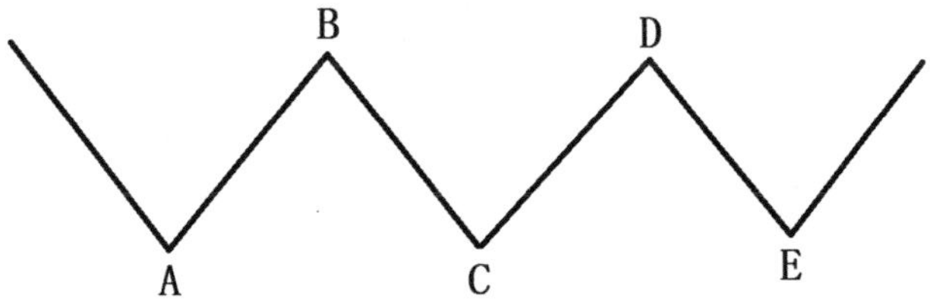

图5-3 盘整趋势

观察图5-3，波峰和浪谷均水平伸展。这类市场常常被称为无趋势市场。我们明显可看到波峰B点与D点处于同一价位水平，而浪谷A点、C点、E点三点也基本处于同一价位水平。市场的横向延伸趋势常被人忽视，但市场运动在相当长的时间内就处于这种无趋势状态，所以重视研究横向盘整趋势是必要的。

⊙ 趋势的三种方向

很多人习惯于认为市场要么上涨，要么下跌，即只有两个运动方向。但事实上市场具有三种运动方向：上涨、下跌以及横向盘整。其实，在市场运动中，显著地上涨及剧烈地下跌的时间，加起来可能都不及横盘的时间多，忽略盘整这种重要的市场运动是草率的，而且往往由于忽略它而带来一系列分析及操作上的错误。

各种分析工具都在预测市场运动趋势，不过一般都把市场运动仅仅分为上涨和下跌。因而一般市场进入横向盘整阶段时，这些以顺应趋势为原则的测市工具往往会表现得很拙劣。刚发出买入信号，市场却并没有上涨，往往又回到盘整区间里来；刚显示出卖出信号，价格却偏又从低位拉起。在盘整趋势中，交易者往往左右挨巴掌，处于极为被动的地步。

如果正视了市场的三种运动方向都具有分析价值，可以在市场明显处于上涨趋势时买进，在市场转变为下跌趋势时卖出。在相当长的时间内，市场盘整，那么袖手旁观是最明智的了。

偏偏认识到这一点的人不多，你在股票市场可以看到，无论市场处于怎样的盘整之中，都会有人急不可耐地在那里买进卖出，好像不进场买卖日子就无从打发一样。趋势的三种方向实际上暗示了，在市场里至少有1/3的时间，你是需作壁上观的。在市势横盘的时间里，调整自己的情绪，理顺前一波操作的思路，可以为下一次行情的到来做好充分的准备。中国有句古训是“有所为，有所不为”，我认为此处应改为“有所不为，才能有所为”，似乎更适合股市三种趋势下的三种策略及理念。

⊙ 趋势的三种规模

道氏理论已经非常明确地把趋势分为大趋势、中趋势、小趋势。但道氏理论分类的侧重点是市场的长期趋势，一般要长达1年的时间，即使是道氏理论所说的小趋势

（即大海的波纹），其时间跨度往往也要2～3个星期。

如图5–4所示，我们可以从泰坦科技（688133）2021年7月至2022年6月期间的走势中看到市场运动的三种趋势。该股从2021年7月见顶334.98元之后，形成了一系列依次下降的峰和谷，呈现典型的下降趋势的特征。从D点到E点的反弹可以看到一系列上升的小型波峰与浪谷，这是上升趋势所具有的特征。注意F点至H点之间，依次出现的3个波峰几乎处于同一水平线上，2个波谷低点也大致相当，我们可以看到市场在这期间所表现的横向盘整状态。

图5–4　股市三种趋势示例1

为了稍微有别于道氏理论的划分，我把股票市场的趋势规模划分为主要趋势、次要趋势和短暂趋势。

我们不能简单且绝对地将市场10年趋势称之为主要趋势，将1年以内的趋势称之为次要趋势，而顺理成章地将3个月以内的走势称为短暂趋势。事实上，每个投资者对市场趋势的划分都有不同的理解。美国股票市场的交易者甚至将美股50年的趋势称为主要趋势。因而有必要根据投资者的投资意识、投资策略以及对风险收益的偏好差异来确定市场趋势。对于市场中真正的战略投资者来说，也许5年的市场趋势才能称得上是主要趋势。但对市场中的短线交易者来说，3个月的趋势就是主要趋势了。我想主要、次要和短暂三种趋势的划分，应该适用于所有的时间尺度。如果可以的话，我们甚至可以把市场一天的走势也划分为主要、次要和短暂趋势。

图5–5是药明康德（603259）在2021年7月至2022年2月期间的走势。从A点到D点，我们可以看到股价一直处于下降趋势之中，从趋势的规模上划分，可以把这个下降趋势确定为主要趋势。但请注意，在这个主要的下降趋势中，却存在一系列的次要趋势，例如B点到C点的反弹，基本上是属于中等规模的调整走势，在B点与C点之间也出现了a–b、c–d横向盘整走势，这类则属于B–C反弹中的短暂趋势。

图5–5　股市三种趋势示例2

⊙ 长线、中线和短线

流行于中国股市的趋势规模概念是“长线”“中线”和“短线”，这是市场三种趋势规模的另类说法。但这三个概念完全要明确其时间的真正长度才能算是有意义的。市场分析人员有时会说长线看涨，短期趋于调整，问题在于这长线到底是指多长，10年、1年、6个月还是3个月？短线又指多短？1个月还是1个星期？每个分析人员及投资者可能有各自不同的理解。因而，当有人问我怎么看当下的市场趋势时，我倒常问他，指长期趋势还是短期趋势？你理解的长期、中期、短期趋势又是指多长时间？否则要回答这个问题是相当困难的，除非你是一个不负责任的证券分析师。

对于中国股市，我想把6个月至1年的走势当作主要趋势来判断是比较恰当的，新兴股市很难在2年以上的时间里处于同一趋势之中，因为不成熟，所以投机之风盛行，6个月到1年就让我们颇费思量了。至于次要趋势，时间段界定为3～6个月，而短暂趋势有时在1个月之内就可完成。当我们在分析与讨论市场真趋势的时候，特别要紧的是要弄清楚趋势的时间规模，确认大家所指的是否同一个趋势时间概念。

如图5-6所示，中矿资源（002738）从2020年9月到2021年1月之间有一个较为明显的上升趋势，波峰B点、D点、F点、H点依次走高，而浪谷C点、E点、G点也不断走高。我们可以把这段以上升为主的趋势称为主要趋势；但从D点到E点的下跌浪由于属上升趋势中的调整走势，所以只能划分为次要趋势。在D点与E点之间出现的a-b段和c-d段反弹走势，由于仅仅是较短时间中的价格运动，因而我们可以将它们确定为短暂趋势。

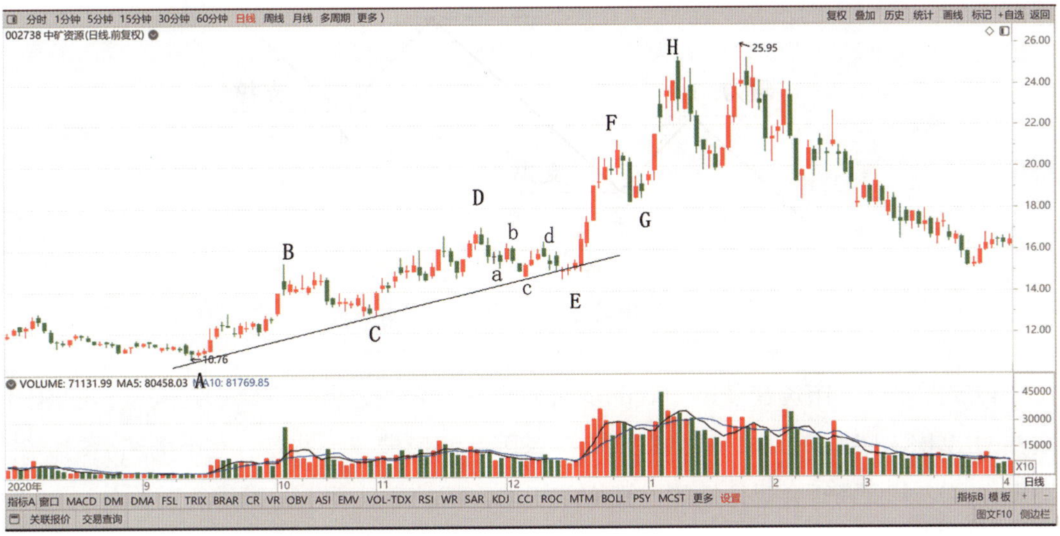

图5-6 股市三种趋势示例3

5.2 识别支撑与阻力

⊙ 支撑与阻力

我们知道趋势是由一系列依次上升或下降的波峰与浪谷组成的。我们可以把浪谷称为支撑而把波峰称为阻力。

市场运动形成的每一次浪谷，都是由于在谷底有足够强大的买盘力量，将价位拉起来，抵抗了卖方的沽空压力而出现的向上反弹低点。价格在浪谷底部拒绝继续下跌，支持了多头力量向上反攻。这样每次形成的浪谷都对市场的走向构成了向上的支撑力量。

图5–7表示上升趋势中依次上升的支撑和阻力水平。图中2和4为支撑水平，通常由过去的向上反弹低点形成，1和3为阻力水平，通常以过去的波峰为标志。价格从1转折向下后，调整到2，但从2开始的上升则受到1的压制，1是2的阻力，当股价突破阻力1涨至3开始转折向下时，1和2均构成支撑，所以价格在4处重新弹起。

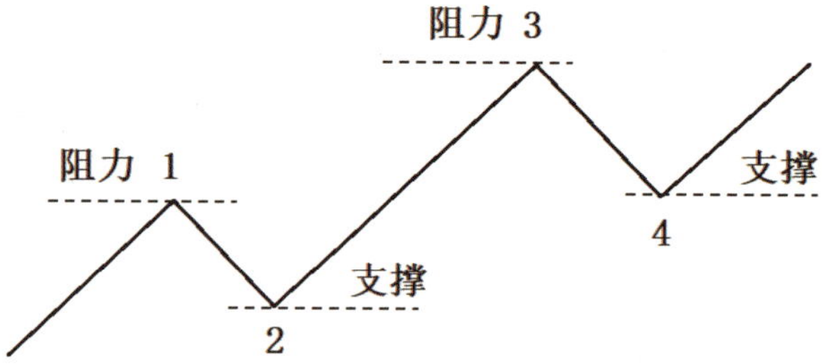

图5–7 上升趋势中的两个支撑水平示例

与支撑相反，市场在获得一定的多头力量推动之后，会上涨到一定高度，但这时空头力量慢慢加强，价格往往会调头向下，因此便形成一个波峰。在市场随后的行情发展中，这个波峰便会对行情的上涨构成压力，阻挡多头朝上方推进（图5–8）。

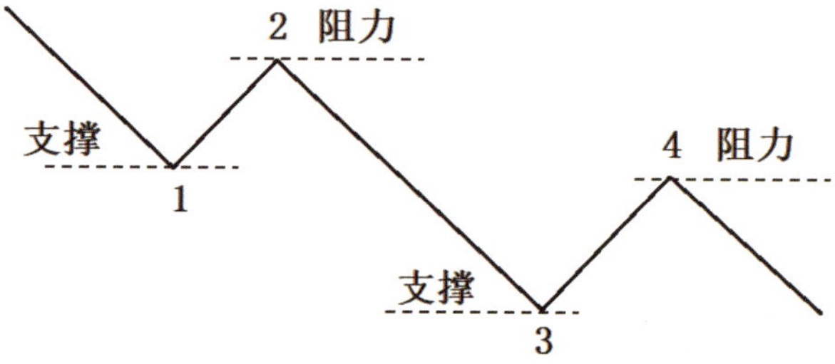

图5–8 下降趋势中的支撑和阻力水平示例

图5–8表示下降趋势中的支撑和阻力水平。波峰2与4扮演阻力的角色，而浪谷1和3扮演支撑的角色。1对2开始的下跌表现出承托的作用，并对从3开始的反弹构成了压制，同样从4开始的恢复性下跌也会遇到3的承托，只是这种承托的力度不足以挽救下跌的走势。

在上升趋势中，由于浪谷的底部依次抬高，即依次出现的低谷高过前一低谷，而依次出现的波峰也高于前一波峰，可见每一个支撑点对市场走势都构成了强有力的顶托，因而上升趋势也可以看作是支撑力量逐渐增强的市场运动。在支撑力的作用下，市场每一个峰位所构成的阻力都显得脆弱不堪，难以阻止行情向上进一步发展。

图5–9是湘佳股份（002982）日线图上的支撑和阻力示例。股价从O点处上升形成第一个波峰A点，随后股价回落，并在接近O点水平处获得强力支撑，从B点处转折向上。但此次上攻明显遭遇到了A点的压力，股价在C点处遇阻回调后横盘整理了2个星期。随后股价再次尝试突破A点阻力，但依然功亏一篑，从D点处回撤并在OB线延长线上E点处再次获得支撑。注意，当股价成功突破A点阻力，形成新的波峰F点后，A点的阻力随即转变为支撑，并使得股价在G点处再次转折上行。

图5–9 日线图支撑与阻力情况示例

在下跌趋势中，阻力水平则要起主导作用。由于依次出现的浪谷总比前一个浪谷低，而依次出现的波峰也比前一波峰低，所以市场运动很明显受到来自波峰之上的沽空力量的压制。当市场无力冲破这一阻力水平时，会回过头来击穿前一谷底所构成的支撑力量而创下新的低谷。

支撑与阻力在上升趋势和下降趋势中的意义是不一样的。在上升趋势中，阻力往往意味着上升势头将在这里“稍息”，但此后迟早会被强有力的买盘力量向上击穿。下降趋势中，支撑水平也难以长久地支撑市场的下跌，只是延缓了市场下跌的速度。

如图5–10所示，华统股份（002840）在2020年7月至2021年7月期间的走势呈现出下跌趋势。股价从波峰B点开始下跌后，在波谷A点处获得短暂的支撑，但市场下行压力太大，股价随后快速跌破支撑，并形成新的波谷C点。股价再次反弹时，也受到OB线的压制，形成了波峰D点。注意波峰O点、B点、D点的高度点位是不断降低的。

图5–10　支撑位延缓市场下跌速度

上升趋势需要不断地去改变新的阻力水平。为了让上升趋势持续下去，市场运动的每一个相继的高点就必须高过前一高点，而且每一相继的低点也要高于前一低点。如果一轮调整一直调整到前一个低点的水平，那么上升趋势行将结束的迹象就暴露出来了。如果这个支撑水平还能够撑住价格，市场演变为横盘走势的机会就相当大。当然，如果市场价格击穿了这个支撑位，那么上升趋势基本上就可以断定为“寿终正寝”了。

在K线理论中，我们可以看到，当一个长期的涨势受阻于某一阻力位时，上升趋势就会处于极为关键的时刻，一旦随后的走势无力克服前一阻力，就会演变成各种各样的反转形态或盘整巩固形态。在下跌趋势中，当市场无力击穿前一个浪谷所构成的支撑时，后市可能就会形成各种各样的反转形态或盘整巩固形态。这些形态的基石便是支撑与阻力水平。在形态理论中，我们可以看到典型的双顶形态、头肩顶形态就是市场在无力冲关时发生的反转形态。我们可以先看看这些形态的构成。

如图5-11所示，在峰点5处，价格无力向上超越过去的峰点3，然后又向下跌破了先前的低点4，这就构成了向下的趋势反转，此类形态称为“双重顶”，是价格形态理论中的重要反转形态，其看空意味相当浓烈。

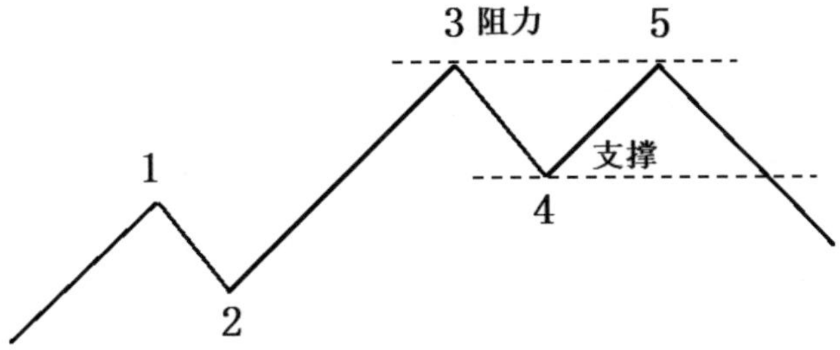

图5-11 趋势反转的示例

如图5-12所示，通常，形成底部形态的第一个征兆是价格在低点5能够维持在先前的低点3之上，而当价格向上穿越了先前的峰点4，这个底部形态就得到了验证，这又恰好构成了一个双重底的价格形态，是向好的重要反转形态。

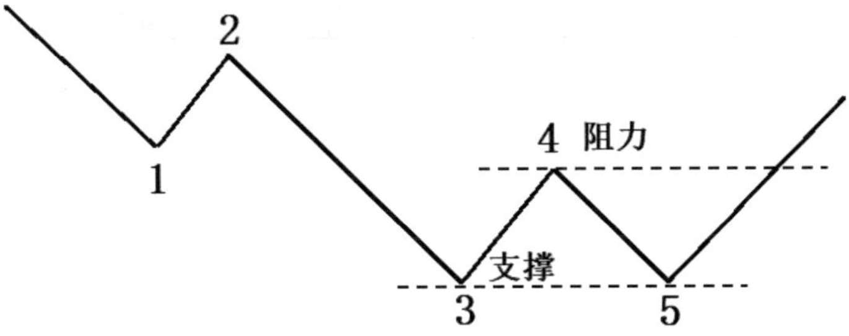

图5-12 底部反转形态的示例

⊙ 支撑与阻力的心理成因

股票市场的参与者一般可分为三种人：持有股票的、抛售股票的和场边观望的。多头是那些不断吸纳股票的交易者，他们不断地买进的原因当然是看好后市。而准备平仓者则看淡后市，想寻机离场。场边观望者则暂时看不清市势的发展，在买还是不买的激烈思想斗争下摇摆不定。

假如市场在某一个价格区域横向盘整了一段时间，某天突然发力上攻。持股看涨者在喜悦之余，又不禁为自己没有进足货而后悔，如果价格再回到盘整区间，必定会吸纳更多的筹码。那些准备抛空股票者，见到价格涨势猛烈，往往会产生惜售心理，他们希望价格涨得再高一点才抛。而观望的交易者本想在更低位进场，但市场根本没有给他们这样的机会，为了不至于踏空，观望者在支撑区必将积极入市。在这个支撑的价格区域，市场参与者几乎达成了共识：如果价格回到支撑区的底部，则是逢低建仓的天赐良机。在该支撑区发生的交易越频密，则意味着越来越多的交易者参与了在支撑区的交易。以此还可以推测市场主力持仓的成本价位，确定庄家在怎样的价位水平才有派发的可能性，可以将该支撑区看作是庄家的盈亏平衡区，其重要意义不言而喻。

如图5-13所示，从鸿远电子（603267）2021年8月至2022年3月的走势图上，我们可以看到支撑线在被击穿之后，市场如潮水涌动般抛盘，从而支撑线转变为阻力线。从形态上看，在颈线被击穿之后的反扑中，这条线上抛压力巨大，起到了阻挡价格向上反弹的作用。股价在下跌过程中，在阻力位置形成了双重顶。

图5-13　支撑区也是庄家的盈亏平衡区

在市场中，不同状态下的支撑区域，其作用及重要性是不同的。支撑或阻力区域的重要程度可以从以下三个方面进行评价：

（1）某个支撑或阻力区域的时间跨度越长，则该区域就越重要。中国股市有这样一种说法：“横起来有多长，竖起来就有多高。”对支撑或阻力区域来说，这是最形象的描述。时间跨度的长短与其重要性呈正相关关系。

（2）支撑或阻力区域的成交量越大，则说明其重要性越大。在支撑或阻力区域形成过程中，如果伴随有较大的成交量，则说明这个区域有大量的筹码换手，要么是市场主力在压低吸筹，要么是庄家在秘密派发，对后市的发展意义重大。

（3）支撑或阻力区域发生的时间距离当前的远近程度，决定了其重要程度。设想一下，某个去年支撑或阻力区域，对当前市势发展的影响肯定不如今年的某个支撑或阻力区域重要。

⊙ 正角和反角：支撑与阻力的角色互换

一个主要的上升或下降趋势中，如果支撑升势的重要价格水平被足够大的市场力量击穿，或者重要的阻力区域被多头向上突破，那么它们的角色就要相互转换了。换言之，原来扮演支撑水平的，现在成了阻力水平；而原来的阻力线，则摇身一变成了支撑线（图5–14、图5–15）。

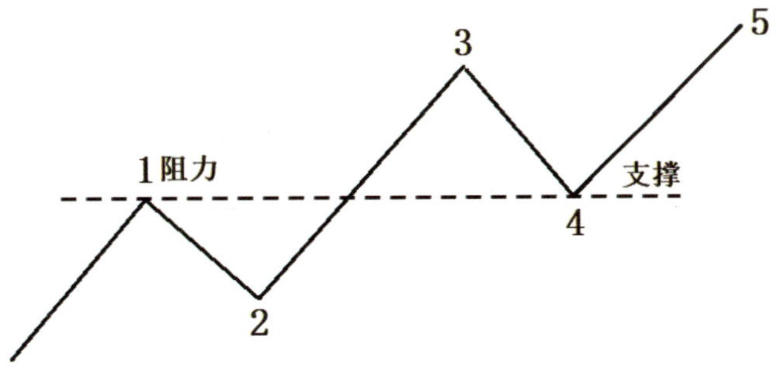

图5–14　上升趋势中阻力线变成了支撑线

在上升趋势中，当阻力水平被市场以足够大的幅度向上穿越后，就演变为支撑水平（图5–14）。注意，一旦点1的阻挡被击穿，它就在点4前成了支撑，先前的峰值在以后的市场调整中将起到支撑作用。上升趋势中，点4不仅高于点2，而且还要高于点1，这是上升势头强劲的表现。

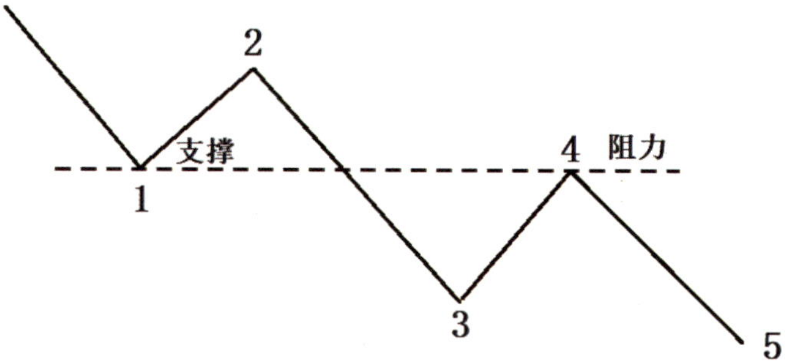

图5–15 下降趋势中支撑线变成了阻力线

在下降趋势中，如果支撑水平被跌破，则演化为阻力水平（图5–15）。请注意，点1过去是支撑，现在变成了点4的阻挡。所以，在下降趋势中，波峰点4不仅会比前一波峰2要低，而且还会低于前一波谷点1，这往往是下降趋势继续下去的重要条件之一。

在支撑和阻力水平中，只有当突破达到一定程度之后，这种角色的互换情况才会有意义。市场经常会发生支撑与阻力水平偶尔被突破的情形，一般被突破的程度都不大，而且在突破之后又回到原有的区域，这样在图表上就会形成一些“毛刺”。一般来说，只有当突破的程度达到一定幅度时，两者才会互换角色（图5–16、图5–17）。

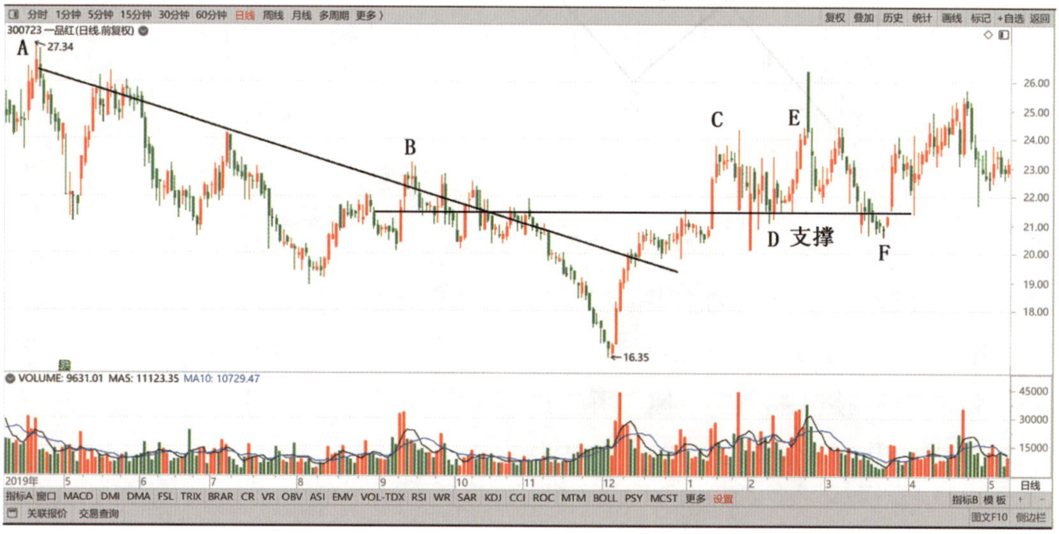

图5–16 互换角色的支撑线与阻力线

如图5–16所示，一品红（300723）在2019年4月初到2019年11月期间，行情明显处于A点与B点构成的重要压力线之下。但在2019年末，股价上升行情击穿这条重要的阻力线上冲至高位C点后，立即就变成了股价在随后的调整时的强有力支撑。D点获得支撑时的价格与B点受阻时的价格水平大致相当。D点获得支撑后再向上走了一波到达E点，此后，在F点同样价格附近再次获得支撑。说明这条从阻力线演变过来的支撑线对该股的价格构成了较大的支撑。

至于多大的幅度才能算有效突破，这个问题便包含了相当主观的色彩。有的分析人员认为应该达到10%，也有的说5%就算是有效突破。这方面见仁见智，每个人都有各自的判别标准。但可以肯定的是，当市场从支撑或阻力水平穿越得足够远时，市场中的交易者才会因发现自己的错误而匆忙转换对市场的态度。市场在突破支撑位或阻力位后走得越远，交易者对角色互换的态度才会越坚决。

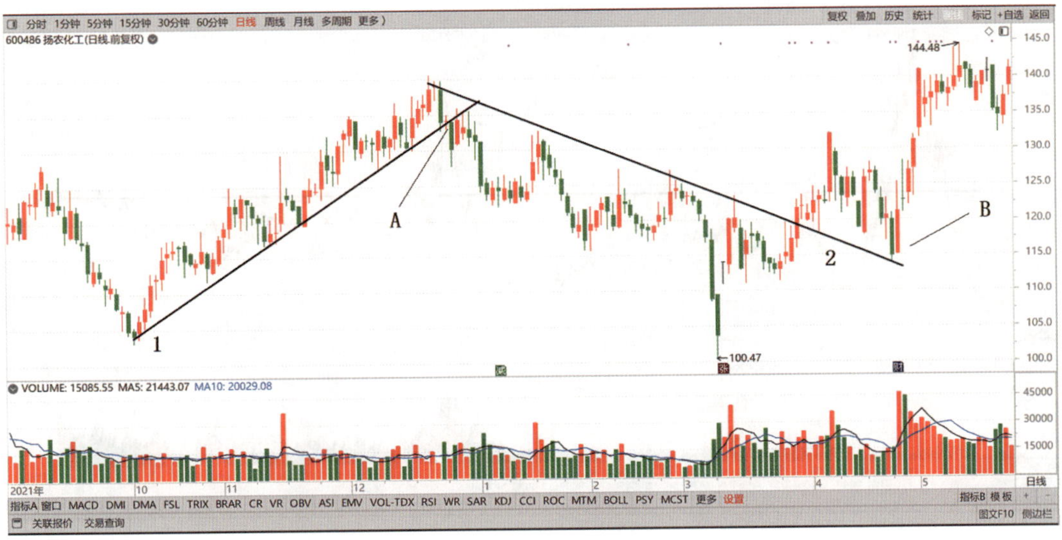

图5-17 支撑与阻力角色互换的经典例证

如图5-17所示，扬农化工（600486）在2021年10月到2022年5月间两次发生这种重要的角色转换。支撑线1在2021年12月底被跌穿之后，随即转换成价格运动的阻力线。注意观察A点处，股价上涨连日受阻于线条1的压制，并成为新一轮下跌趋势的起点。在图中，线条2的神奇之处也让人拍案叫绝，这是下跌趋势中的重要阻力线，不过它被穿越之后即成为一条支撑线。请看B点，在新的上涨趋势中，股价逐步回落，最终在线条2上打住，并快速反弹开启了新的上涨走势。

⊙ 天然屏障：习惯数值的支撑与阻力意义

市场喜欢在一些习惯数值位置获得支撑或遭遇阻力。这种对习惯数值的偏好似乎并没有什么实际依据，但就是这些习惯数值，常常莫名其妙地充当了支撑位或阻力位。

在中国股市，你会很容易发现一些习惯数值是如何发挥作用的。例如上证指数的3500点，在经历了2008年的巨幅下跌之后，2009年的反弹行情在3500点处戛然而止；在2015年7月的下跌走势中，上证指数在3500点处获得支撑，并横盘整理了1个月左右才将3500点击穿；而2016—2018年的慢牛行情最终也止步于3500点附近（图5–18）。

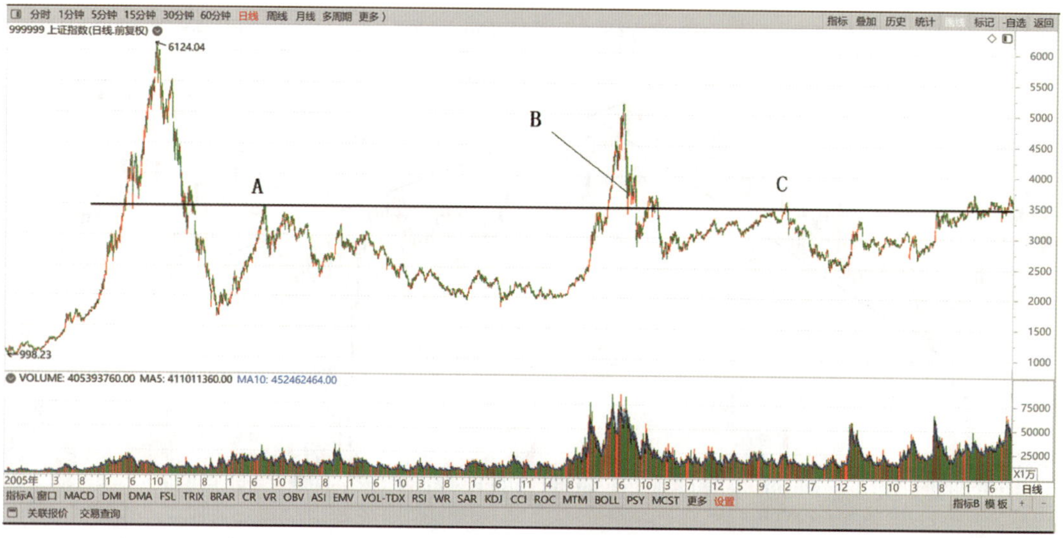

图5–18　上证指数2006年6月至2022年6月走势图

数次大行情中上证指数？3500点均提供了支撑或者阻力的作用，如图5–18所示，3500点在A点、B点、C点处分别扮演了阻力线、支撑线、阻力线的角色。

在个股方面，有些习惯数值真是威力无穷，10元、50元、100元都是十分常见的习惯数值。例如，某只股票要想在95元进军100元，往往也是一个历史性的时刻。

了解习惯数值的支撑或阻力意义，对于我们分析大势及操作个股都帮助甚大。大盘在接近某个习惯数值时，我们可以通过这些数值看看其支撑及阻力何在，以决定选择个股入市还是赶紧平仓离场。在买卖股票时，报价的设置往往也相当重要。例如，你看好A股票，其市价为10.10元，你打算在10元附近买进，那么到底是报9.99元好，还是报10.01元好？很显然后者较易成交。对卖出平仓者而言，是报9.99元卖出容易成交，还是报10.01元容易成交呢？当然是9.99元容易成交了。原因就是10元是一个习惯数，看涨的人把它当作一个重要支撑位，但看空者则认为它是一个阻力位。但有一点，它在市场中总有神奇的支撑或阻力意义。

图5–19是立讯精密（002475）在2021年4月至2022年4月的走势图。如图所示，A点处价格最高触及49.97元，距离50元关口仅有3分之差。B点处，股价再次冲击50元关口，显然这个重要整数值起到了绝对压制的效果，股价多次穿越50元便掉头向下，仅有1天收盘于50元上方。因为从交易者的心理方面考虑，股价达到50元与49.99元的意义是不一样的。习惯数值在股票交易中常起到心理压力或心理支撑的作用，是一种极特殊的支撑点或阻力点。

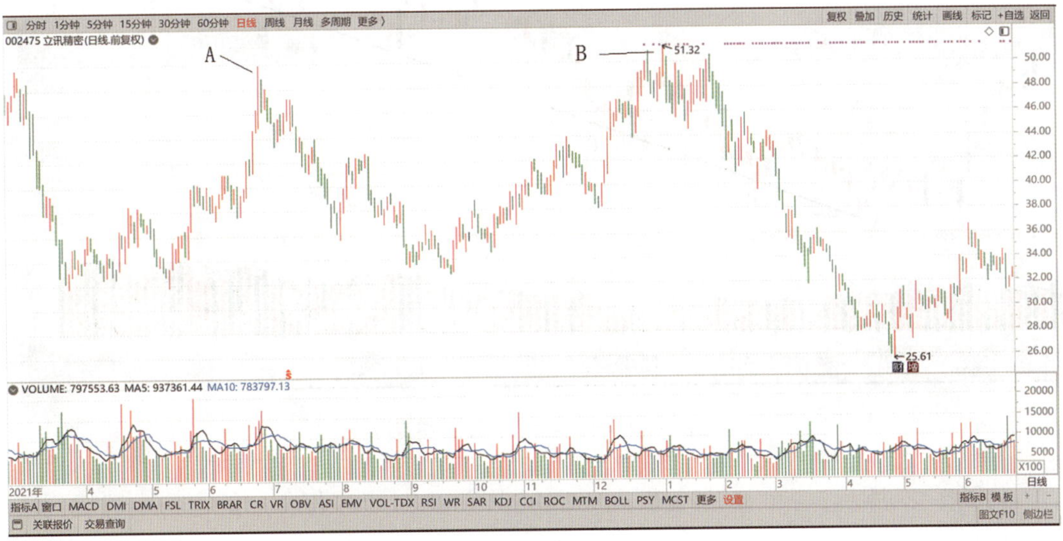

图5–19 习惯数值充当支撑位和阻力位的例子

5.3 趋势线的测市原理

⊙ 跟我学画趋势线

关于趋势的定义以及支撑与阻力，在上一节已讲得很充分，现在我们分析市场的技术工具又多了一样，那就是“价值连城”的趋势线了。

如果要给趋势线下个定义，这样说好了：将相继出现的调整低点连接成一条直线，即构成上升趋势线，它位于相应的价格曲线的下侧；将相继出现的明显波峰连接成一条直线，就是市场的下降趋势线，它一般位于相应的价格曲线的上侧（图5-20）。

有的交易者可能对怎样画趋势线这件事情嗤之以鼻，因为他们认为，不就是画条线吗，有什么必要去学。

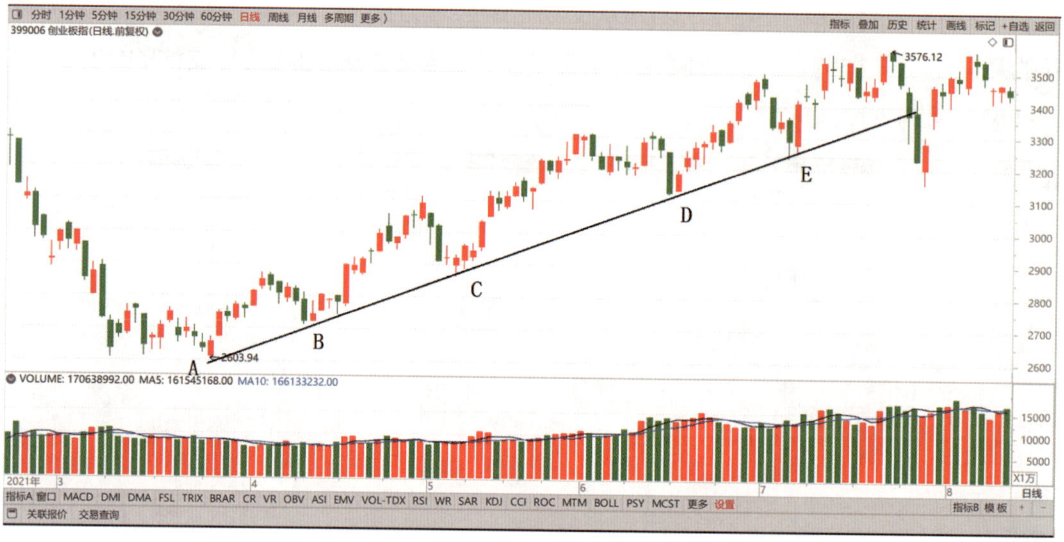

图5-20　趋势线的画法举例1

如图5-20所示，我们在创业板指（399006）2021年3月至8月的走势中寻找到了两个明显的低点，这就是A点和B点，连接这两个低点，然后向右边延伸，这就是一条上升趋势线。从该指数走势来看，好几个显著的低点落在这条趋势线的上方或不远处，明显是受到了这条支撑线的支撑。注意这条重要的支撑线是如何包容随后的几个价格低点的：C点、D点、E点均相当靠近这条重要的支撑线。在这半年多的时间里，这条支撑线一直扮演着十分重要的角色。

事实上，大部分的股市投资者和分析人员不能够恰当地画出趋势线，而建立在不恰当的趋势线基础上的技术分析就像建立在沙滩上的高楼大厦一样站立不稳。

正确地画出趋势线其实是门学问。通常，为了发现符合逻辑的趋势线，我们有必要尝试着去画好几条直线。有时，某条看起来正确但实际上经不起推敲的趋势线让我们不得不擦去重画。要正确地画出趋势线，有必要领悟到以下要领：

（1）必须找出现有的市场趋势。如果我们观察到市场依次出现的波峰和浪谷高于前一个波峰和浪谷，那么市场正处于上升趋势无疑。

（2）找出两个明显的低点（谷底），连成一条向上倾斜的直线，如果该直线不能包含某一趋势段中的所有价位，那么有必要再去寻找低点来尝试，直到包含了所有价位为止。

（3）最好用第三个低点来验证它的有效性。如果随后出现的调整低点出现在该趋势线的上方，则说明该趋势的有效性得到印证。

下降趋势线的画法与上升趋势线的画法刚好相反，前者寻找的是两个明显的高点（波峰），下降趋势线是向下倾斜的（图5-21）。

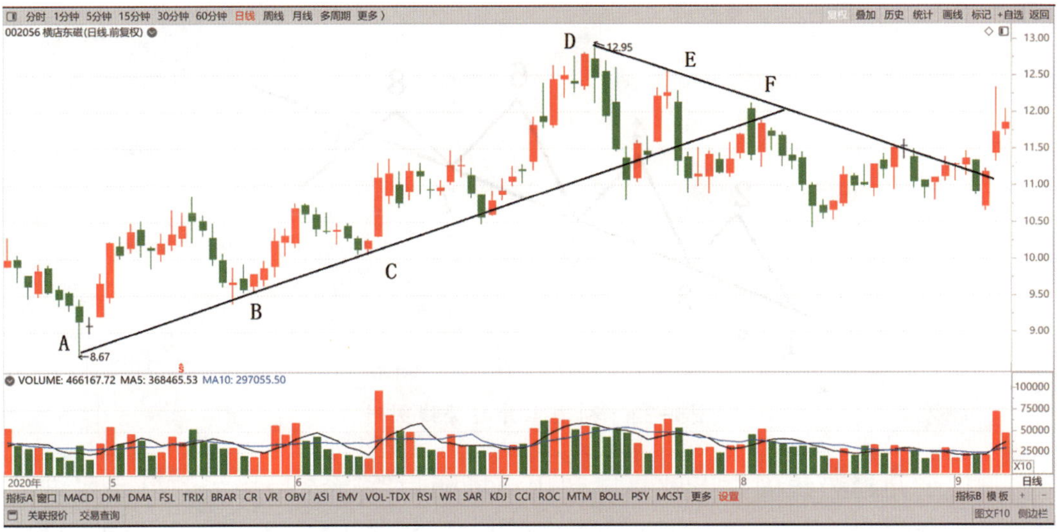

图5-21 趋势线的画法举例2

如图5-21所示，横店东磁（002056）从2020年4月至7月始终运行在一条向上倾斜的趋势线上，有多个显著的价格低点落在或者接近于落在这条重要的趋势线上。越多低点接近这条线，说明其重要性越高。从D点与E点连接而成的下降趋势线随后就得到了F点的验证，说明该股价格自跌破由A点、B点、C点连接成的重要上升趋势线之后，会在D点、E点、F点连接的阻力线之下逐步走低。

⊙ 如何确定趋势线的重要程度

经过反复试验之后，我们会得到一条有效趋势线，并且在今后的行情中进一步去验证这条趋势线的有效性。

我们知道，技术分析的一个重要前提是：价格是沿趋势运动的。那么通过一条重要的趋势线，我们就可以认为市场将会沿趋势线做惯性运动。趋势线可以确定市场调整阶段的谷底极限位置，同时可以显示在何种情况下原有趋势正在发生改变。懂得这个道理对我们是大有帮助的。

在上升趋势中，我们常常会碰到调整性的下跌，这种调整的最大限度应该是触及或非常接近上升趋势线的相应位置。对于打算顺势买进该只股票的投资者来说，这真是个不可多得的绝佳机会。但在下降趋势线中，反弹的极限高度将止于这条下降趋势线的相应部位，对于寻找反弹卖出机会的交易者来说，这又是一个天赐良机，正好可以胜利大逃亡（图5-22、图5-23）。

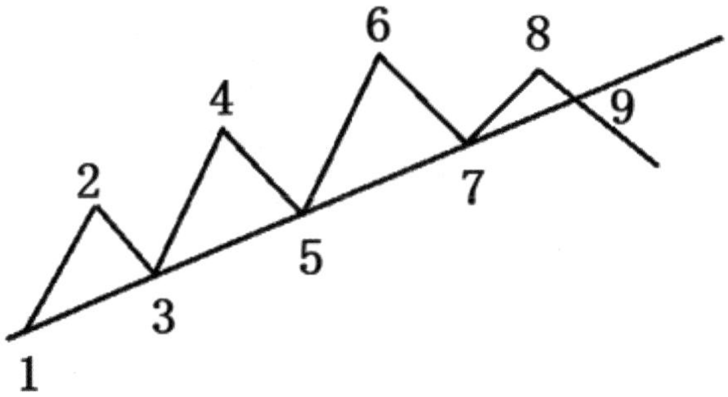

图5-22　利用上升趋势线买进

一旦上升趋势线确立，就可以利用市场随后跌近该趋势线的机会买进。图5-22中点5和点7就是开立新多头或增开多头头寸的好机会。当市场在点9处跌破趋势线后，就意味着趋势要向下反转，我们要平仓了结所有的多头头寸。注意，上升趋势线连接的低点越多，其重要性越高。

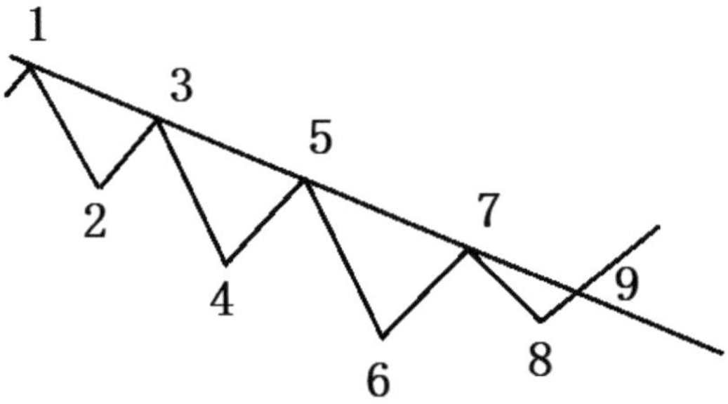

图5-23　利用下降趋势线卖出

如图5–23所示，点5和点7可以用作卖出区，而当市场在点9处突破下降趋势线后，就构成了向上的趋势反转信号。注意：这条下降趋势线连接的波峰越多，则其重要性越强，被突破之后的价格运动会更加猛烈，点9处的向上突破标志着一个重要的价格趋势刚刚确立。

上升趋势线还有一个用途——当交易者买入股票后，若市场跌破了这条重要的趋势线，即发出了止损平仓的信号，投资者可以依据这个信号在第一时间认赔出局，以免受被套牢之苦。

不同的市场趋势规模中，趋势线的重要程度会有所不同。那么趋势线的重要程度由什么来决定呢？

（1）趋势线受到的试探次数越多，则越重要。一条经受了8～10次价格回调试探最后成功地支撑住上升趋势的趋势线，当然比只经受了3次回调试探的趋势线的重要程度要高得多。

（2）趋势线持续的时间越长，那么其重要性就越强。假如一条上升趋势线在长达1年的时间里对市场有效，那么它就肯定比一条只在1个月时间里起作用的趋势线要重要（图5–24）。

图5–24 关于趋势线重要性的实例

如图5–24所示，在中铁工业（600528）2016年至2017年的走势中，有一条贯彻始终、作用重要的趋势线。该股创下9.07元的低位，随后从A点开始上攻后，股价回落到B点成为显著的低位，那么当由A点、B点连接而成的这条上升趋势线在C点成功支撑股价上升时，其重要性被验证。由A点、B点、C点三点连成的这条趋势线被击穿之后，市场的下跌趋势几乎就已经注定。注意D点，市场在局部整理后，向上冲高时又面临了A—B—C延伸线的阻挡。

⊙ 趋势线的测算

趋势线存在一个有效突破的问题。有时我们会发现市场日内价格运动一度刺穿趋势线，但收盘时价格又回到了原趋势线以内，事后证明市场原有趋势仍然有效。但在图上，原有趋势线被刺穿之后留下了“毛刺”，要不要重新画一条趋势线，就让人颇费思量。不过，当遇上这样的情况时，最好是保留原来的趋势线，同时根据“毛刺”再用虚线画一条辅助趋势线。

对趋势线的有效突破，市场人士有不同的意见。第一种意见认为要以每日收盘价是否突破趋势线作为衡量趋势是否被有效突破的标准，日内其他价格的突破被视作无效。但对趋势线的突破常常会存在“拉锯”现象，反复出现假突破的情况。

针对假突破现象，有的技术分析师设计了一些时间和空间“过滤器”。时间过滤器常见的有“两天原则”，即市场连续两天的收盘价都穿越了趋势线，否则有可能出现的是假突破。而空间过滤器要求对趋势线的突破必须达到一定的价格幅度和百分比，常见的标准有“5%”，即市场对趋势线的突破必须达到“5%”的幅度，否则视为假突破而不予以确认。

我认为在确认趋势线突破这个问题上，投资者应根据自己的爱好以及所分析股票的股性特征而加以灵活处理，做到具体股票具体分析，不能强行用“5%”原则或者“两天原则”硬套。假如用“3%”甚至“1%”原则也好用的话，那就根据具体情况采用。有的交易者可能完全不去理会假突破，有信号就跟进，也许出错概率高一点，但一旦方向正确，就可以在最佳的入市或出市机会采取行动，显得快人一步，这也未尝不可。

对重要趋势线的突破还是利用“过滤器”较为保险，特别是对中长线投资者来说，一个较为确定的信号总是比一个快捷但准确度不一定高的信号要重要得多。

市场的支撑线和阻力线在被击破之后就演变为各自的反面（图5–25、图5–26）。在趋势线突破中，这种情况同样会经常发生。

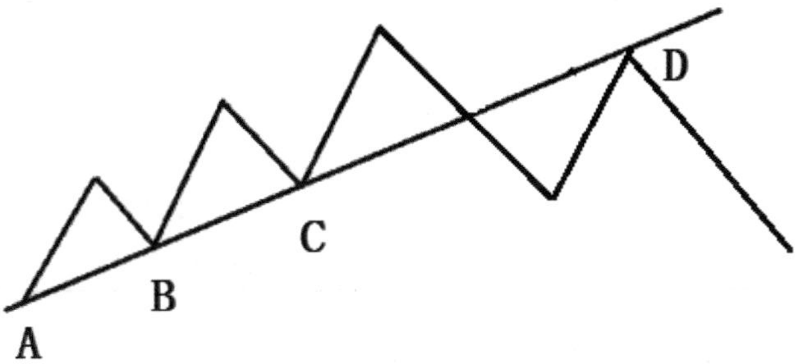

图5-25 支撑线被突破变为阻力线

图5-25表示上升的支撑线演化成了阻力线。通常，支撑线被跌破后，在之后的上冲中将起到阻挡作用。对照图5-25来看，支撑线A—B—C延伸的时间越长，那么其重要性越大，在其被击穿之后，演变成阻挡线的可能性也越大。图5-25几乎就是图5-24的翻版。

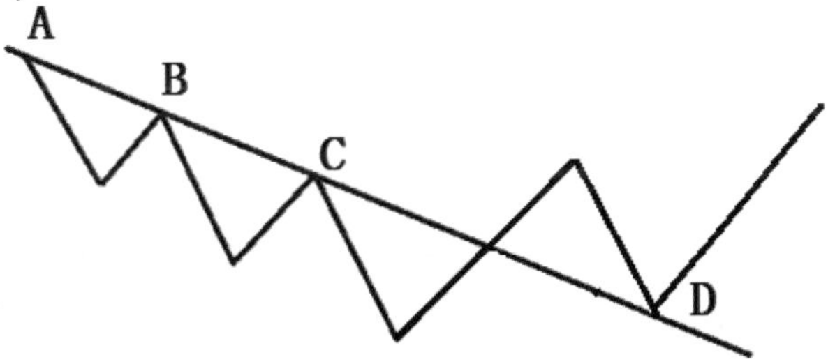

图5-26 阻力线被突破变为支撑线

如图5-26所示，阻力线被突破之后，常常会变成它的反面角色，即成为支撑线。A—B—C三点一线的下降趋势线，其重要性通常比两点连接而成的趋势线要强。阻力线遭遇到的考验越多，其反转之后成为支撑的力量似乎越强。注意，有时D点或许会创新低，然后又转身向上，这是股市常见的空头陷阱，要警惕这种假突破。

上升趋势线被突然击穿之后，在随后的行情中将演变为阻力线。下降趋势线在被决定性地向上突破之后，会成为未来行情的支撑线。在股票市场中，从大市到个股，我们可以经常见到这种令人拍案叫绝的角色互换。

在趋势线被有效突破之后，它能走多远？这是我们在讨论转势形态时常常碰到的一个问题。一般来说，新行情的发展与价格在旧的趋势线上的高度存在某种对称关系，价格从突破点算起，能走到的距离可以基本上等同价格在原趋势线上的最远距离（图5-27）。这个问题在形态理论中会详细谈到。

图5-27　趋势线被突破后的距离测算

趋势线被突破之后的距离测算也相当关键。它要回答的是股价会走到哪儿的问题。我们看看中储股份（600787）在2020年11月至2021年6月期间的走势图（图5-27）。股价在突破阻力线1之前的形态深度与线1之上的价格高度大致相同，它们之间存在某种对应关系；线1在被突破后成为价格运动的支撑线，价格形态在线1之上的高度，看来也会与被突破之后下跌的价格目标相近；线2显示的是一条较小规模的阻力线被突破的情形，注意，价格向上突破线2之后，其向上的运动距离大于线2以下的运动规模，一般来说，突破之后的价格目标不短于其原有的趋势高度，可能会以1：1、1：1.618、1：2.618等比例关系出现。

5.4　趋势线的应用调整

⊙ 趋势线的倾斜度

不同的趋势线往往在图表上表现为不同的倾斜度，而不同的倾斜度决定了这些趋势线具有不同的意义。就重要程度而言，市场普遍接受的一个评价标准是：45度倾斜度的趋势线最有价值。这种角度的趋势线反映出市场随着时间运动的速率，正好处于价格与时间的完美平衡之中。

趋势线的倾斜度过大，通常表明市场上升或下降的速度过快，市场要想一直保有这样的运动速度似乎是不可能的。如果描述这种暴涨或暴跌的趋势线被击穿了，并不能认为市场的既有趋势被破坏了，它只能意味着市场会放缓原有的激烈运动，并回到可能让多空力量处于暂时平衡的45度线附近。

如果趋势线过于平缓，即倾斜度过小，则说明市场的价格运动过于衰弱，难以准确描述市场运动的丰富变化，因而可靠程度也不高。

如图5-28所示，事实证明，原来的上升趋势线（线1）过于陡峭。当陡峭的趋势线被突破后，仅仅意味着市场将调整到一个较慢的、更持久的上升趋势线（线2）上。另外，过于陡峭的趋势线一般适用于对市场短期运动的分析，它反映市场运动的加速，但速度过快的涨势与跌势一般难以持久，而较平缓的趋势线对市场运动的反应虽然较为迟钝，但一般能揭示更长时间内的趋势方向。

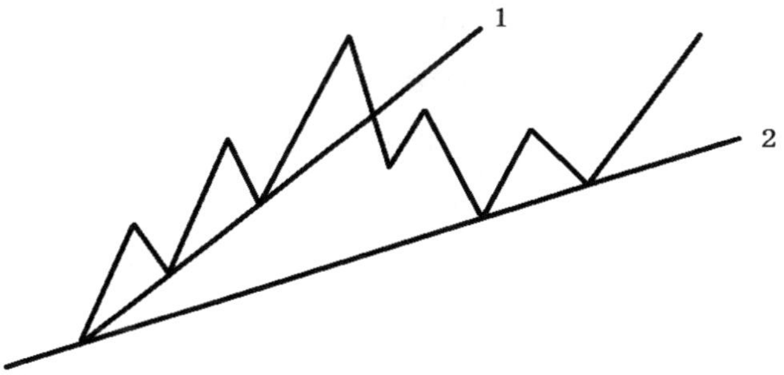

图5-28 趋势线过于陡峭的例子

如图5-29所示，当上升趋势加速后，线1显然过于平缓，在这种情况下，我们应当画出另一条更陡峭的趋势线（线2），以更紧凑地跟踪该上升趋势。对于短线爱好者来说，过于平缓的市场趋势线虽然能够指示大趋势的方向，但它不能敏感地将短期内的剧烈走势描述出来，因而有必要在保留原有平缓趋势线的前提下，用陡峭的趋势线跟踪这种局部走势。

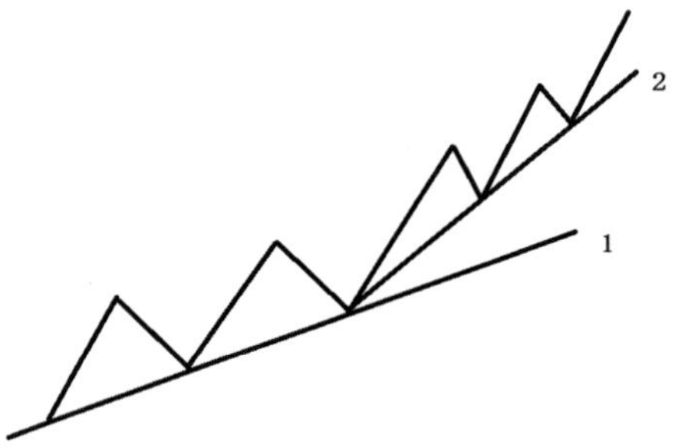

图5-29　上升趋势线过于平缓的例子

⊙ 趋势线的修正

市场价格运动具有3种规模，那么，针对不同的时间规模，应有相对应的趋势线，例如我们要描述市场的主要趋势，时间的跨度在1年以上，才可以直观地看到一个长期趋势。但在这个长期趋势中存在多个次要趋势，次要趋势中同样包含了一些短暂趋势。对于长线投资者来说，在选择出入市时机方面，仍需借助中短期趋势线。所以说，找出一条有效趋势线并不是研究趋势工作的全部，一劳永逸的事情是没有的。

我们采用各种不同的趋势线来描述不同等级的趋势。在图5-30中，线1是主要上升趋势线，定义了主要上升趋势。线2、线3和线4定义了中等的上升趋势。线5定义了处于最后一轮中等上升趋势之中的短暂的上升趋势。在一张图上，技术分析者往往同时采用许多种趋势线，对于不同的交易偏好者来说，每一种趋势线对其进行分析都有实用价值。对于追踪长期趋势的交易者来说，只要市场仍维持在线1之上，说明原有的趋势就没有问题。至于入市机会，市场每一次靠近线1时的低点都是最佳买入点；对于短线爱好者来说，价格靠近线2、线3和线4时的低点当然不容错过，就是在线5上的低点，或许也是抢入的机会。市场中折中的办法是：利用线1来确定买进时机，而利用线2、线3、线4甚至线5来确定卖出时机，这是个不错的主意。

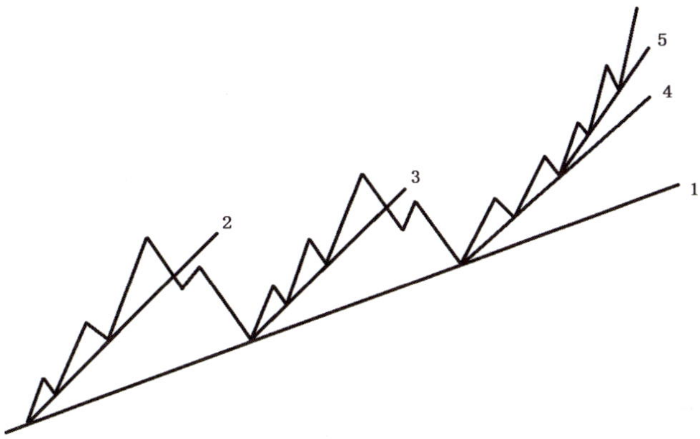

图5-30 不同等级的趋势

有时我们需要根据市场的各种变化对趋势线加以修正。在一条陡峭的趋势线被突破之后，我们有必要画出一条较为平缓的趋势线，以适应新的价格运动。如果一条过于平缓的趋势线不能逼真地描述目前过于激烈的市场运动，那么我们就有必要再画一条倾斜度较大的趋势线（图5-31、图5-32）。

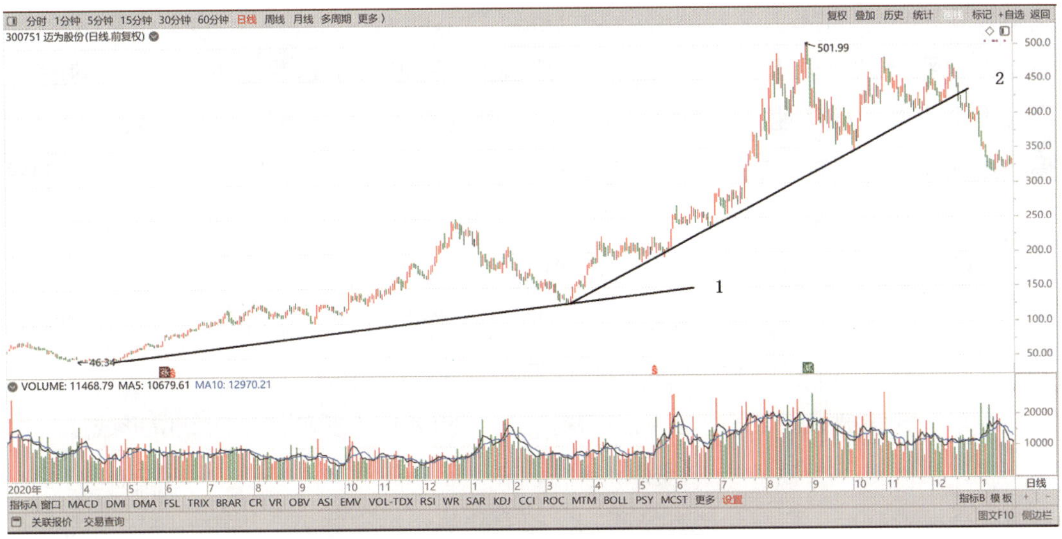

图5-31 趋势线的倾斜度实例1

如图5-31所示，在迈为股份（300751）2020年4月至2021年3月的走势中，我们可以观察到一条十分平缓的支撑线1，虽然它在描述市场大的方向方面比较准确，但对于市场出现的加速上扬行情，它就表现得过于迟钝。为了弥补趋势线1的这种缺憾，我们只好用一条相对陡峭的短期趋势线2来敏感地跟踪2021年3月至2021年12月那段加速上升的行情。

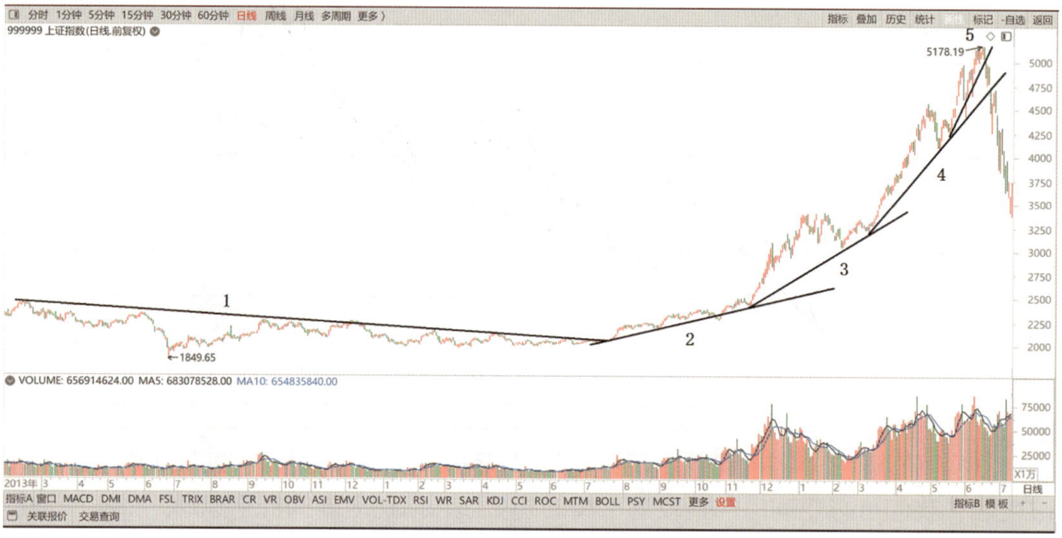

图5-32　趋势线的倾斜度实例2

如图5-32所示，在上证指数（999999）2014年7月到2015年6月的牛市走势中，我们可以清晰地看见上涨趋势的演变过程。当上证指数突破了下降趋势线1的压制后，可以观察到一条十分平缓的上涨趋势线2。在2014年11月至2015年3月期间，市场上涨开始逐渐加速，更加向上倾斜的趋势线3提供了有力的支撑。2015年3月之后，进入快速上升期，趋势线再次向上换档，更加倾斜的趋势线4出现了。你仔细看看，当市场转熊之后，趋势线4的末端呈现出了经典的“支撑—阻力”转换。另外，上涨走势是沿着极度陡峭却短暂的支撑线5走向剧终的。

市场在持续了一段平缓的走势之后，往往会有突然加速运动的情况，在这种情况下，就有必要依据不同的倾斜度画出好几条趋势线，以便帮助分析。

现有趋势线被突破之后，应观察市场在一个什么样的新高位或新低位形成了阻力或支撑，据此对市场趋势线进行重新评估，并试验新的有效趋势线。原有的趋势线也不要完全抛置脑后，根据角色互换原则，原有趋势线被突破后，将在市场运动的某个时候，以原有角色的反面发挥作用（图5-33）。

图5-33 趋势线的角色互换

图5-33是紫光国微（002049）2020年3月至2022年7月期间的走势图。在长达2年多的走势里，趋势线1始终是一条坚实的支撑线。尽管在2020年8月至2020年11月、2021年1月至2021年3月期间出现了局部下跌走势，并分别受到线2和线3的压制，但回调均止步于趋势线1附近。紧接着，从2021年4月开始，股价沿着趋势线5强劲上涨，并突破了阻力线4。然而突破发生后，股价随即小幅回落，再次回到线4后（点A），上涨行情一触即发，这也说明阻力线4被突破之后，其角色转变为支撑线，并且该支撑作用在2022年4月的下跌中也得到了体现。当趋势线5被跌破后，在局部反弹中转换为阻力角色（点B），但线6给予了强力支撑。股价在支撑线6之上横盘整理近半年，依旧跌破了支撑线6。尽管如此，下跌走势很快便止步于趋势线1（点C），完美展现出了趋势线的长期作用。仔细观察，线6发生了“支撑—阻力—支撑”的多重角色转换。

小 结

与趋势讲和

在股票市场求生存，首先要战胜的既不是主力，也不是市场，而是你自己。投机市场是人性的弱点最容易彻底暴露的地方，输得最惨的，往往是性格缺陷最明显的人，究其原因，完全是败在自己手里。古人说："亡我者我也，人不自亡，谁能亡之？"在这个风高浪急的市场里，一个健全的心智比所有的分析方法加起来还重要，而成功还是失败，关键往往在于交易者在市场中的心态及理念。

不怕错，就怕拖，这已经是投机市场中的重要铁律之一了。但交易者的最常见错误是死不认输，输不起钱只是一个很小的原因，最主要的还是输不起自尊心，做不到将自尊心与赚钱的欲望分开，明明自己在心里也认为自己跟错了市场的方向，但仍拒绝向市场屈服。其结果是泥足深陷，不能自拔，最后要么被深度套牢，要么输到惨烈时才离场。其实，在股市中看错大势或选错个股的情况在所难免，无论是呼风唤雨的庄家还是小打小闹的散户，都不可能不犯错误。但明智的做法是面对错误，要有及时投降的勇气，重新再来。很多在股市获得成功的投资高手，都把设置止损的工作作为保护资金安全的防守武器。要把握市场的主动权，不前进就要撤退，一句意味深长的格言是：撤退也是进攻的一种方式。

因一时冲动而胡乱买卖是股票投资的大忌。交易者往往会看到市场有小小的波动就按捺不住内心的冲动，将事先制定的交易策略完全抛诸脑后，结果乱了自己的阵脚。草率地入市常常带来盲目乱炒的被动局面，自己将自己推到危险的境地。任何投机气氛浓郁的市场都有相当高的风险，因而交易者应该有一种如临深渊、如履薄冰的心态，要事先制订好详细的交易计划并严格按计划行动，不要因蝇头小利而频繁地入市，在看到利润的同时，也要看到市场有巨大风险的一面。在这里耐心是必不可少的心理要素，不仅要有等待最佳入市时机的耐心，还要有等待最佳出市时机的耐心。要做到这点，需要有意志坚定、独立而又能够远离羊群的心态，而大多数的交易者做不到这一点，因而大部分人在股市中都是赔钱的。

成功后的过度自信和失败后的过分自卑，是交易者最容易犯的错误。有的交易者一次赚了钱之后，就飘飘然不可一世，以为自己真的具备了战胜市场的能力。很多人把赢利的偶然性看成了必然性。一次得手，就放松了警惕，结果为下一次的惨痛失败埋下了隐患。有调查显示，赚钱之后，人的警觉性最低，这时往往会犯一些致命的错误。一些交易者在遭到失败之后，难以从被挫败的阴影中摆脱出来，对输赢过于耿耿于怀，这当然很容易影响将来继续作战的决心，或者产生对市场的抗拒心理。与趋势为敌，无异于自取灭亡。这属于心理脆弱的外在表现，是一种不健全的心理。

昨日之事，何足介怀？每日都是新的起点，都有新的机会，何必去为打翻的牛奶哭泣？交易不尽如人意的时候，绝不应埋首沙滩，以鸵鸟的心态做白日梦，而应该积极投入对股市的分析研究之中，以一颗平常心来对待投机市场中的得失，这样往往更容易获得成功。

优柔寡断、不守纪律容易导致投机失败。性格决定命运，没有计划的交易者一般不守操作纪律，而一个不守纪律的人永远不可能在市场中取胜。在对市场做出分析、判断之后，制定完善的交易策略，一切按计划行事，可以使自己进退有序、攻防有据，何时进场、何时出市，都要心中有数。但很多交易者在该按计划进场的时候却没有了胆略，抱着再看看的心态，结果时机稍纵即逝，令人徒呼奈何。没到出场时机就已迫不及待地平仓离场了，本应大赚，结果只赚了个手续费，得了“赚一杯茶，亏一栋楼”的股市流行病。严格的自律，加上永远地顺应市场的趋势采取行动，是在股市中取胜的秘诀。

股票市场从来打的就是一场心理战。性格即命运，这句古老的谚语同样验证着市场内外的芸芸众生。每一个人都是自己的敌人，要决胜于投机市场，就要锤炼你的品德，考验你的人性，折磨你的意志，就要克服性格上的弱点。先立品，后求财。

别时时惦记着去战胜庄家、战胜市场、战胜熊市，在心理上先放下你的武器，彻底向趋势投降，因为这注定是一场打不赢的战争，就像堂·吉诃德与风车的搏斗。趋势就是我们要发现的一切，就像阿里巴巴发现了四十大盗的藏宝山洞，把金币尽可能多地放进自己的口袋。干吗要跟市场过不去，除了过足“战胜”的“嘴瘾”和“笔瘾”之外，你见过谁真正打败过一场“龙卷风”或者把一场强烈的地震转嫁给了火星。

与趋势讲和，是我们研究趋势的根本原因之一。

股事新编之五　不放在眼里

一个人气势汹汹地找到职业介绍所的总经理：

“你把一个极不负责任的男人介绍给我们公司做保安，昨天有贼溜进我的办公室偷走了2000元钱还顺手抱走了一台电脑，他连看都不看那贼一眼。”

“老板，”总经理说，“这个人以前是在股市中呼风唤雨的超级大户。这么点儿钱对他来说当然是不会放在眼里的了。”

第6章 切线理论的家族成员

6.1 黄金走廊——趋势通道线

市场运动常常表现出某些令人惊叹的走势特征，通道线就是其中的一种。在市场中我们发现，价格趋势经常行走在两条平行线之间，构成一条美妙的走势通道。在这两条线中，一条是基本的趋势线，而另一条就是通道线。通道线也是切线理论中的重要工具，颇有实用价值。

通道线的画法比较简单。在上升趋势中，我们先画出市场的上升趋势线，然后从第一个显著的高点出发，用虚线画出一条趋势线的平行线，两条线共同构成一条上升通道。在随后的行情发展中，如果价格在抵达该条通道线时受阻而回落，那么便说明通道线在起作用，如果回落的低点正好在趋势线上受到支撑，那么这条通道的有效性便基本上得到了验证（图6–1、图6–2）。

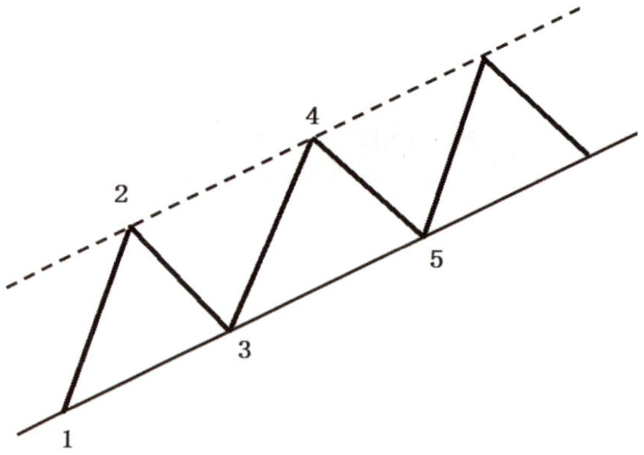

图6–1 上升趋势中的趋势通道

如图6–1所示，一旦画出了基本的上升趋势线（通过点1和点3），我们就可以通过点2处的第一个峰引出其平行线（用虚线表示），这就是通道线。从上升趋势通道中，不仅能看到价格运动的方向，还能知道价格运动的大致范围。

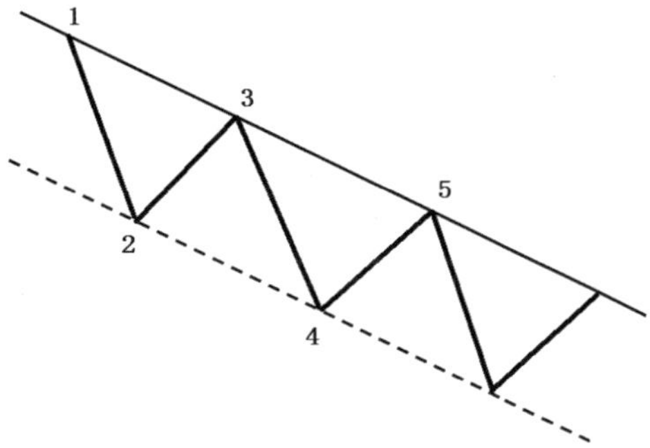

图6-2 下降趋势中的趋势通道

如图6-2所示，图中的通道线从点2处的第一个低点出发，平行于基本的下降趋势线（通过点1和点3）。价格经常维持在这样的趋势通道中，市场的下跌运动就这样顺势展开。

在下降趋势中，先画出下降趋势线，然后从第一个明显的低点引出一条平行线。在随后的价格趋势中，该通道线起到短暂的支撑作用，促使价格向压力线反弹。然后进一步验证该条下降通道的有效性。

识别通道线的价值在于，即使在一个持续的上升或下跌趋势中，市场仍会因遭遇阻力或受到支撑呈现短暂的回落或反弹。这便为我们确定建仓或平仓的精确价位提供了参考依据。在一个确定的上升通道中，价格回落到趋势线的时候，便是建仓的极佳时机，而价格攀升到通道的上轨，即上升通道线时，便是短线平仓获利的机会。在下降通道中，我们可以预测价格反弹的高度，以便为止损离场预设好准确的价位（图6-3）。

对于通道线的重要程度验证，仍可以参照趋势线的标准，即通道线未被触及的时间跨度越长，被价格试探成功的次数越多，那么这条通道线便显得越重要。

当通道线被市场击穿后，并不意味着现有趋势发生了改变，而是表明目前的市场运动开始加速。对于那些分阶段逐步建仓的交易者来说，上升通道的上轨被突破后，应是加码建仓的好机会，轻仓或空仓者也可以据此入手筹码。但下降通道的下轨被突破后，恰好说明市场从温和盘跌转变为疯狂的价格跳水，理智的交易者应该果断砍仓离场，以减少损失。

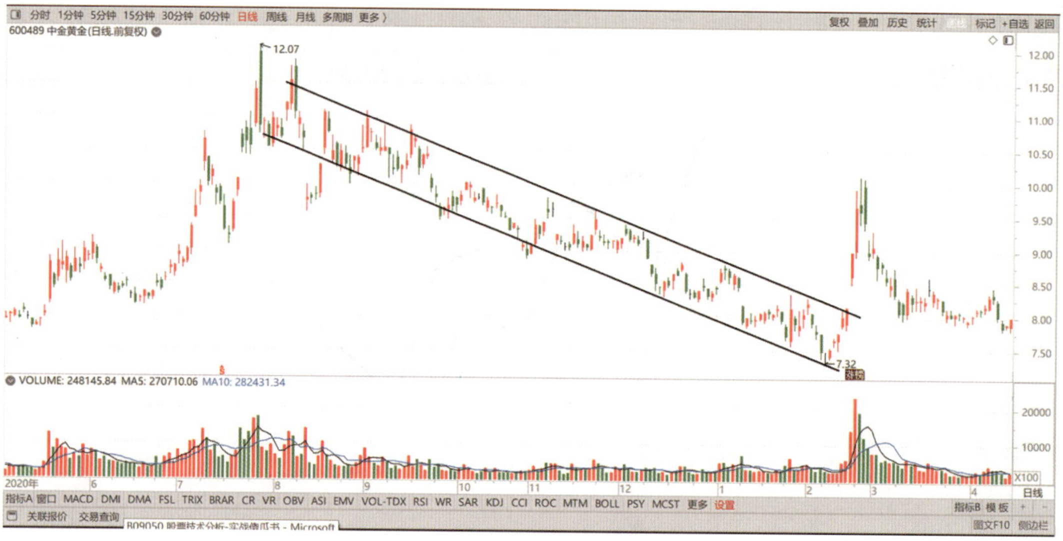

图6-3　趋势通道的绝好例证

如图6-3所示，中金黄金（600489）2020年8月至2021年2月的走势中，便出现了一个几乎完美的下降趋势通道，令该股票的下跌过程完全受到这个通道的“管束”而变得中规中矩。在下降趋势通道中，每当股价触及通道上边界（下降趋势线）时，反弹便戛然而止，而每当股价跌至通道下边界（下降趋势线平行线）时，又再次获得反弹支撑力。

⊙ 利用通道线来发现市场趋势的力度

当价格一直不敢试探通道线时，我们可以判断为既有趋势的力度在减弱。在上升趋势中，如果价格在远离通道线时便形成转折，那么应该警觉现有的上升趋势可能会发生改变。一般来说，在一个比较标准的上升通道或下降通道中，如果价格无力抵达通道的上轨，那么下轨被突破的可能性便会加大；如果价格拒绝向下轨靠拢，那么上轨被突破的可能性加大（图6-4）。

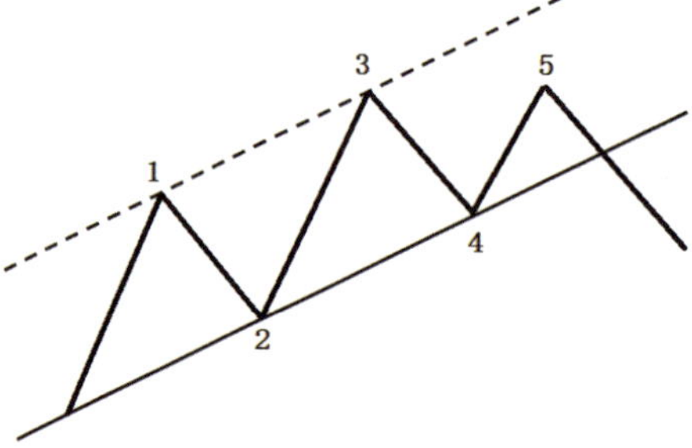

图6-4　下轨被突破的通道线

如果市场无力抵达上侧的通道线，则经常构成警示信号，说明下侧的通道线将被跌破。如图6–5所示，精工钢构（600496）2021年1月至2021年3月的走势中出现了上升通道。由趋势线2—4及通道线1—3所构成的这个上升通道包容了这段上升趋势中的所有价格运动的收盘价格的高低点。但从点4开始的一波上涨的收盘价竟然无力抵达通道的上轨，说明该股票继续维持这种沿通道上升的价格运动已经显得力不从心，那么转折向下便是可能的选择。果然，在点6处，当市场运动击穿趋势线时，上升通道便基本上被破坏了。

图6–5 行情跌破通道线下轨

⊙ 通道线的动态修正

要让市场运动完全局限于某一通道之中是不现实的。事实上，市场运动具有其内在的规律，它在一定的条件下总是要冲破通道的“樊篱”而“红杏出墙”的，所以有必要根据趋势的不断变化来修正通道线（图6–6、图6–7）。

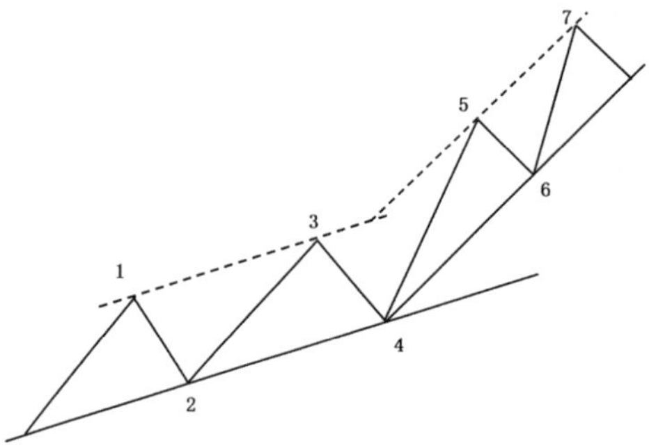

图6-6　通道线上轨被突破

当上方的通道线被突破后（如图6-6中点5所示），因为上升趋势正在加速，所以顺理成章，基本的上升趋势线也应做相应的调整：根据突破后的趋势画出更陡峭的趋势线，然后通过点5画线4—6的平行线则为新的上升通道线。过于平缓的通道对市场出现的阶段性快速上升的趋势追踪得不够灵敏，我们用更为陡峭的上升通道线就可以更贴近地观察到该段趋势的运行情况。

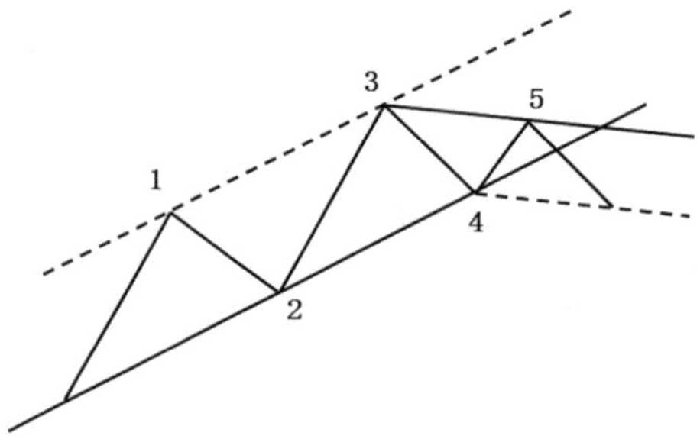

图6-7　通道线下轨被突破

当价格无力抵达上侧通道线时，我们可以从两个相继降低的峰点画出下降趋势线（图6-7中线3—5），然后，通过点4，平行于线3—5，就可以画出尝试性的通道线。下侧这条通道线有时预示着可能出现新的支撑的大概位置。原有的上升趋势已发生反转，旧的上升通道可以暂时搁置一边，让我们全神贯注地观察股价是如何沿新的趋势通道下滑的。

图6-8 通道发生转折的例证

如图6-8所示，新国脉（600640）2021年2月至2021年10月的走势中出现的通道有两个。在股价上升阶段，一个较典型的上升通道划定了价格运动的基本范围，但当股价最后一次向通道的上轨进发时，短暂越过后却无力维持涨势，股价的转折便开始了。上升趋势线虽然提供了支撑作用，但股价在盘整之后开始加速下跌。将下跌走势中的两个反弹波峰相连接，便得到了一条下降趋势线，以一个波谷引出平行线，便构成了新的下降通道。那么，旧的通道至此也就失效了。

⊙ 通道线对价格目标的预测意义

通道线不仅可以让我们预测到市场波动的大概区间，还可以用来预测一旦市场运动打破了原有的走势通道之后能走多远。对于一个上升通道来说，如果市场加速上行并突破了通道的上轨，那么从突破处算起，其上涨的高度应该与通道的宽度相等同，因而可以从突破口向上画一条标示高度的线条，其长短与通道的宽高相同，用来对后市上涨幅度做简单预测。同样的方法，当市场突破了通道的下轨时，那么走势的目标定位也可以用通道的宽度衡量（图6-9）。

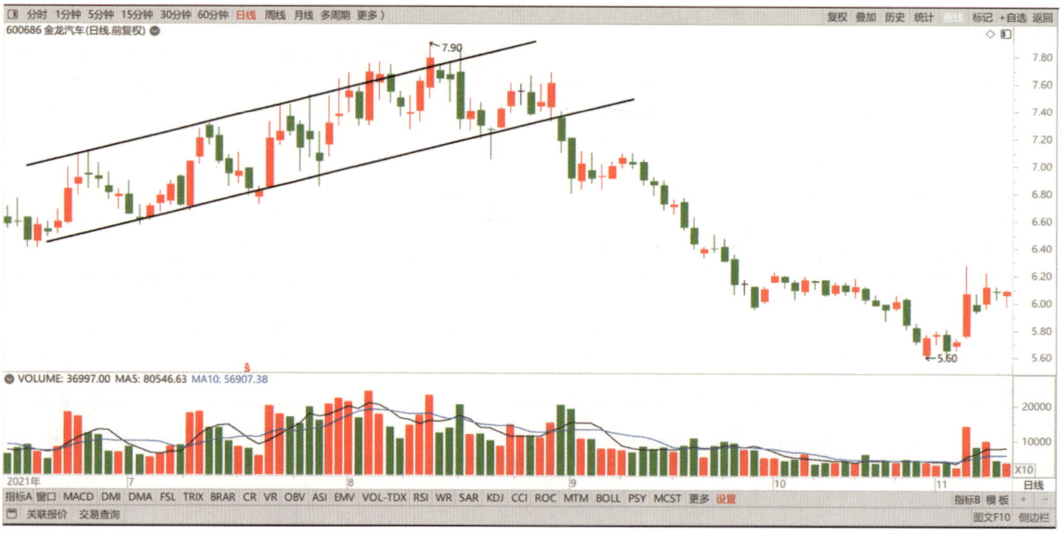

图6-9　发现趋势通道被突破之后的价格目标举例

图6-9为金龙汽车（600686）2021年6月至2021年11月的走势图，我们可以从中看到一个清晰的上升通道。2021年8月下旬，股价反弹上攻乏力，甚至都无法触达通道上边界，随后迅速跌破上涨趋势线。当上升通道被跌破后，上涨走势已然被逆转，下跌深度的最小的价格目标就是该通道的宽度。而该股股价在突破上升趋势线之后，其下跌的实际距离远远超过了上升通道的宽度。

通道线是我们进行技术分析时常用到的工具之一。根据通道线的原理，很多分析人士和交易者都有自己寻找走势通道的心得，但需要说明的是，市场走势的根本仍是趋势线，通道线应迁就于趋势线，而不是由趋势线去服从于市场的走势通道。发现市场运动的通道特征，归根结底，还是为了辅助我们对趋势发展做进一步认识与判断。离开趋势去谈通道，就会陷于舍本趋末的误区之中。

6.2　黄金分割线的魔力

我们在运用其他切线工具时，会发现它们有一个共同特点——都是倾斜的。支撑线一般向上倾斜，压力线一般向下倾斜。市场中同样存在一些水平的支撑线和阻力线，黄金分割线就是其中一种（图6-10、图6-11）。

⊙ 黄金分割的魔力

在证券市场中，黄金分割率及其相关数值的妙用几乎横贯整个技术分析领域，是交易者与市场分析人士习惯引用的一组数字。

图6-10 黄金分割线的应用举例

图6-10是海尔智家（600690）2020年2月至2022年1月的走势图。该股在2020年3月创下阶段新低13.06元之后，步入上涨趋势，于2021年2月18日股价达到35.58元的新高，但随后出现调整。从35.58元开始的这波调整将会回到一个什么样的价格水平才能获得支撑呢？我们在13.06～35.58元这个上涨的区间，分别以在0.382、0.5、0.618这几个分割点画出3条黄金分割线。我们看到股价下调的步伐很快就在0.618这条线（A点）上打住了，价格又开始弹升，可惜上涨乏力，随后股价在0.5线上方获得支撑（B点），并在0.5线上方盘整了数月之久。注意0.5线和0.618线在市场运动中的支撑作用，其精确度之高，让人惊叹不已。

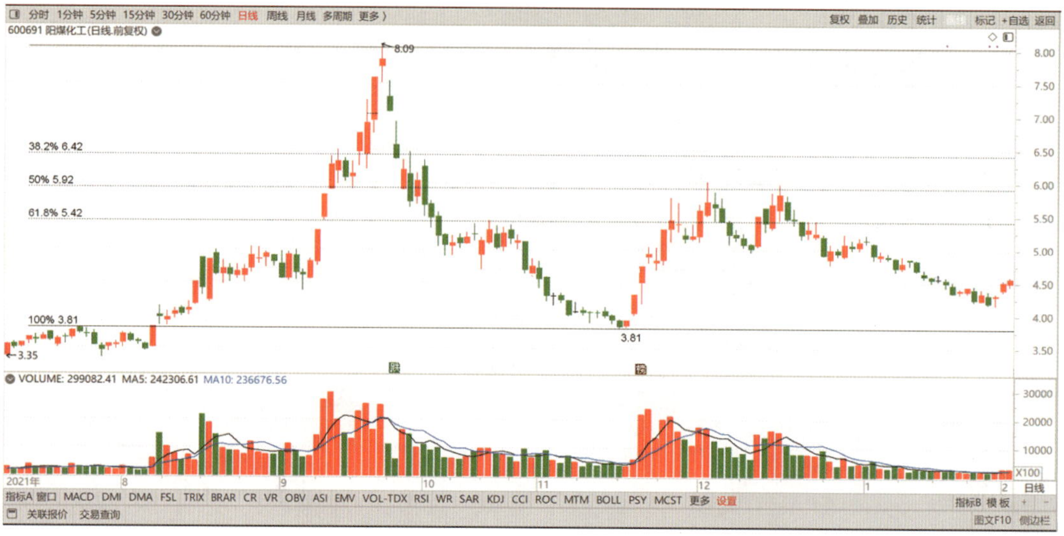

图6-11　黄金分割线充当阻力线

如图6-11所示，在阳煤化工（600691）的走势图上，我们将2021年9月开始的这一波下跌的垂直高度（从8.09元跌至3.81元）进行黄金分割，同样采用0.382、0.5和0.618的比例画出分割线。可以看到，反弹行情中价格碰到0.5线受阻回落，然后再次上攻又受阻于0.5线。从图6-11中可以看出，这几条黄金分割线对该股票的上涨构成了极大的压力。

那么，这组魅力四射的数字是如何得来的呢？我们将在波浪理论中对此进行详细讨论，这里大家只要记住它们，并知道如何得到黄金分割线就行了。

股价极容易在0.382、0.618、1.382、1.618黄金分割线处获得支撑和阻力。这是被市场用大量事实证明了的一种现象，我们依据“历史总有惊人相似的一幕”的技术分析前提，找到并分析市场在这些水平切线上的表现，那么就对下一步的股票买卖有了指导意义。

⊙ 运用黄金分割线预测趋势的幅度

第一步我们已经找到了黄金分割的四个最重要的数字，第二步需要找到某段行情的起始点与终结点。在一个上升行情中，该波段的上升行情总是从某一个明显低点开始，然后经过快速攀升，在某一个价格高点受阻而调头向下。所以，判断这波下跌大概会跌至何处便显得极为重要。运用黄金分割线可以判断，价格回档的第一个目标便是该上升段高度的0.618处，若价格回调至0.618处之后便又展开新一轮的上升，那么市场处于上升趋势中的强势整理状态。价格回落的第二个目标一般来说是0.5处，0.5属于黄金分割数字，因而应被划入黄金分割系列，而且0.5处还是市场一处非常重要的回档支撑位。上涨回调的最大幅度是0.382处黄金分割线，这是黄金分割线中最重要的一条，它不仅显示了上涨回调的极限位置，还决定回调是属上涨中的调整性质还是新的下跌趋势的开始性质。若0.382黄金分割线无法阻止市场下跌的步伐，那么这轮回调的性质就会因此而改变，原有的上涨趋势可能就不复存在了，取而代之的是价格的横盘或下跌。可见0.382线的重要程度了。

在一波下跌浪之中，如果下跌的主浪已经走完，市场也会出现向上反弹的动作。那么判断反弹的高度是多少，仍需应用黄金分割线，最重要的仍是0.382处的那条黄金分割线。如果反弹的高度超过了0.382线，那么可以认为市场的下跌趋势已经告一段落，市场将进入横盘或者上涨的新趋势之中。

⊙ 黄金分割线的实战价值

认识到黄金分割线对操盘的指导意义相当大之后，我们可以依据黄金分割线的位置以及市场在这些位置所表现出的力度强弱，来决定是否买进或者卖出，以便做到进退有序，计划了然于心（图6–12）。

图6–12 黄金分割线的典型范例

图6-12是三安光电（600703）2021年3月至2022年5月的走势图。2021年3月，该股股价触及阶段新低22.51元，在经过短期的整理后，股价上涨至44.82元。随后股价开始回落，当股价下跌至本轮上涨幅度的0.382线时，开始企稳反弹。而股价反弹至下跌幅度的0.5线时便上攻遇阻，并且此处0.5线显示出了强大的阻力效果，股价多次触及此线却无力突破。多次冲击无效后，股价调头向下，开始了一轮新的下跌。这个案例再一次说明了黄金分割线真的具有不可思议的神奇力量，黄金分割线值得朋友们在实战分析时认真对待。

6.3 百分比线

市场运动是曲折的，谁见过一段长直线式的上升或者下跌趋势呢？除非在极短的时间尺度之中，否则市场的走势在剧烈的情形下仍然是由一系列的峰和谷构成的。

⊙ 市场运动的回档幅度

在前面我们讨论过黄金分割线的作用及测市意义，这里我们所谈论的百分比线也属于水平切线的一种。百分比线需要揭示的仍然是重大的市场运动在回撤时的幅度问题。一个处于市场运动特定比例的水平切线对既有趋势可能产生意想不到的支撑或阻挡作用。在所有的百分比线中，50%处的回撤线也许是最重要的，它比较符合市场运动休整时的习惯。在上升趋势中，一个升幅较大的波段往往有回撤到50%处然后再度上冲的倾向，而且这种倾向在个股与大盘之间频繁地重现。我们不仅在市场的主要趋势中可以找到按这种比例回撤的市场习性，而且在次要趋势和短暂趋势中也有它的踪迹可寻。在几乎任何的时间尺度之中，百分比回撤的特征都很明显，因而了解百分比线将丰富我们的技术分析工具箱。

⊙ 市场运动调整的普遍倾向

我们认为50%回档是市场运动的一个相当普遍的倾向，但市场运动可能会超过这个比例或者达不到这个比例，这是由市场原有趋势的力度决定的。在一个强烈的市场运动中，价格的上升或下跌都十分猛烈，那么它的趋势回撤一般倾向于这个波段的1/3。认识到这一点很重要，对于那些想在涨势的回档中买进股票的人来说，1/3～1/2处都是有利的时机。但对于一个趋势力度较弱的市场运动来说，回撤的幅度便会超过1/2的位置，我们发现这个最大的回撤比例与黄金分割线的最大回撤比例相当接近，位于趋势某主要波段的2/3处。如果这一幅度都不能阻止趋势进一步回撤的步伐，那么趋势反转的可能性便会大于单纯的调整，市场可能从哪里来又回到哪里去，至少会回到这波行情发动的起点，甚至可能展开相反的行情。

最重要的百分比线就是上面谈到的3条，它们分别对应33%（约1/3）、50%（1/2）及66%（约2/3）（图6-13）。

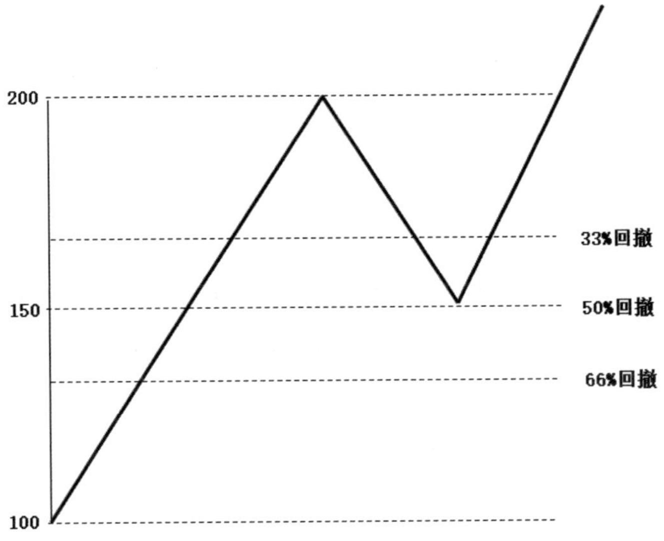

图6-13　重要的百分比线

价格在恢复到原来的趋势之前，常常要回撤到原来的趋势幅度的一半而最小回撤为1/3，最大回撤为2/3。最常见的50%回撤是股票价格运动相对习惯到达的调整水平，因而也是最值得重点关注的百分比线。33%回撤、66%回撤分别与黄金分割线中的0.618线、0.382线有某种相互验证的联动效应。我们不妨把0.618线（注：回撤至0.618线时，回撤幅度为38.2%）与33%之间的区域确定为一个最小的回撤区域，而把

0.382线（注：回撤至0.382线时，回撤幅度为61.8%）与66%之间的区域当作一个最大的回撤区域来对待。只要价格回到它们之间的区域，我想都可以当作能够接受的回撤比例。

我们可以看出，33%线与0.618线相当接近，而66%线与0.382线也相距不远。

有些技术分析者习惯于把百分比线与黄金分割线相结合，得出两个回撤区域，即33%～38%为最小的回撤区域，而62%～66%为最大的回撤区域。有些交易者宁愿将这两组数字简化为40%和60%，以便在分析时简便易行，能够在行情激烈演化中用目测法大概推算出回撤幅度（图6–14、图6–15）。只要在运用的时候适应自己的分析习惯，并且经过反复试验，发现的确好用，就未尝不可。

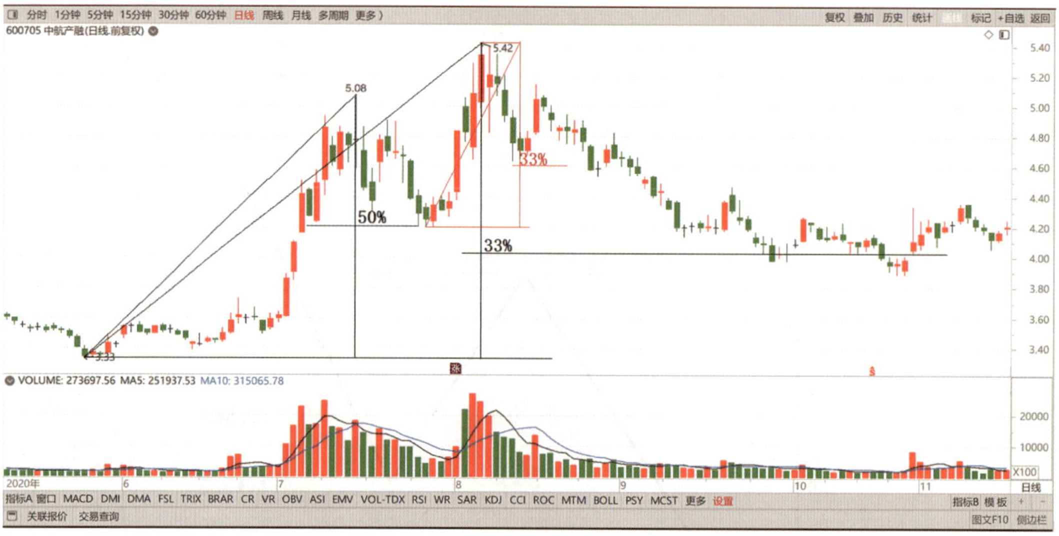

图6–14　百分比线的实例分析1

在图6–14中，我们可以看到，2020年5月下旬中航产融（600705）股价从3.33元快速上涨到5.08元，当月股价创下局部高点后收了一颗长十字星，市场力量开始向空方倾斜。50%百分比线在随后的股票价格运动中扮演了重要的支撑角色。注意，从5.08元开始见顶回落的股价在50%线附近4.2元价位处获得支撑，并且开始恢复原有的上升趋势。股价创下5.42元价格高点之后再次回落，我们画出4.20～5.42元区间垂直高度的百分比线后可以发现，33%百分比线提供了短暂的支撑作用。本轮下跌走势最终终止于所有涨幅的33%线处。

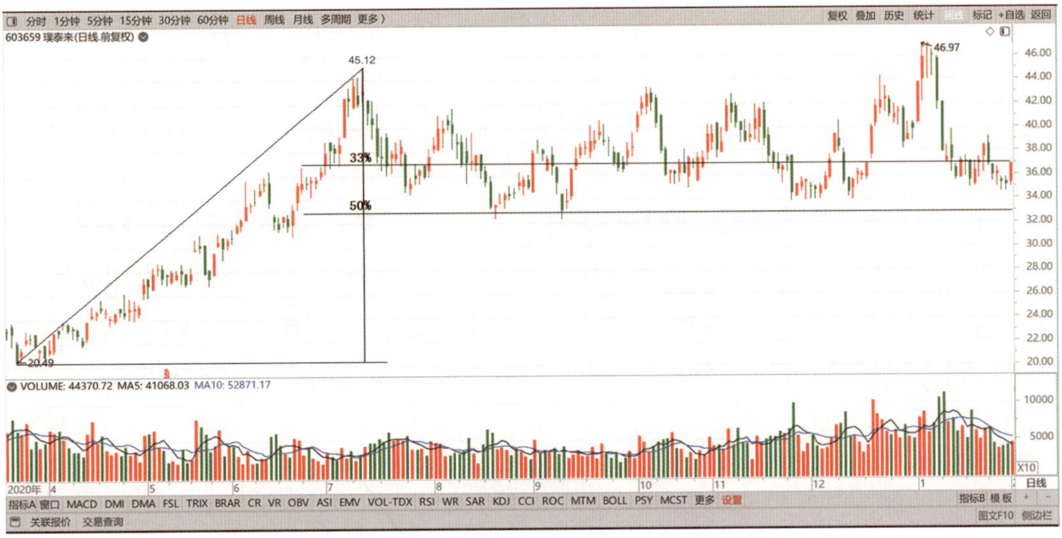

图6-15 百分比线的实例分析2

图6-15为璞泰来（603659）在2020年3月至2021年2月期间的走势图。该股从3月下旬由最低价20.49元稳健上涨，至7月中旬达到阶段最高价45.12元。我们在这段区间涨幅的垂直高度上分别画出33%和50%这两条百分比线。从图中可以清楚看到股价在调整的过程中始终受到50%线的支撑，最终在此线上方横盘整理了4个月左右的时间，并在50%线附近形成了多重底形态。另外，仔细观察33%线，在横盘整理的局部短期下跌走势中33%线也多次表现出了支撑作用。需要注意的是，从百分比线及黄金分割的角度来看，50%线均有极大的分析价值。

6.4 速度线

⊙ 市场运动就像不同性能的汽车行驶

我们已经掌握了一些分析市场运动幅度方面的技术工具，但是，市场有点儿像不同性能的汽车行驶，有的跑起来像开飞机一样，有的只能如蜗牛一般慢慢爬行，有好事者根据沪深股票各自的股性，将个股分成了“牛”股、“熊”股、“猴”股和

“蜗”股，倒也通俗形象。所以我们不仅想知道股票能跑多远，还想知道它们能跑多快。

速度线有点儿像汽车的速度表，只不过它测量的是股票运动的速度而不是汽车行驶的速度。

速度线的画法是这样的：首先，找到一个完整的趋势的最高点和最低点；然后，将高点和低点的距离三等分；接着是从低点（在上升趋势中）到1/3分界点和2/3分界点各画1条直线，于是得到了上升趋势中的2条速度线（图6–16）。

我们把连接低点和1/3分界点、2/3分界点的直线分别称为1/3速度线和2/3速度线。

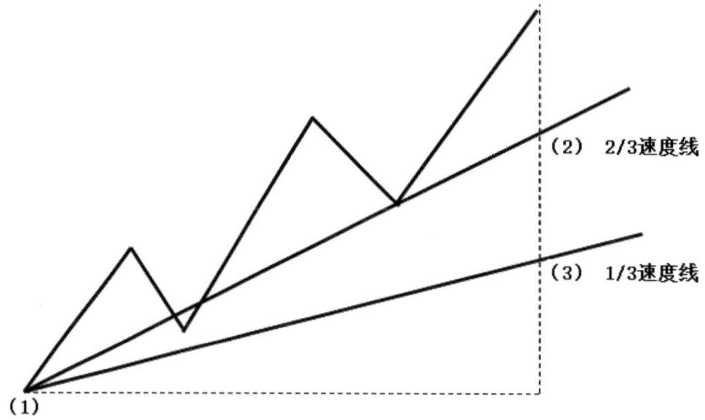

图6–16 上升趋势中的速度线

如图6–16所示，从顶峰到趋势起点的垂直距离被三等分。从（1）出发，通过（2）和（3）画出了两条趋势线。上方的直线为2/3速度线，下方的直线为1/3速度线。在市场的调整过程中，这两条线应起到支撑作用。当它们被突破后，就变成了阻挡线。有时，这些速度线从价格变化的区间中穿过，但不影响分析效果。

与上升趋势中的速度线画法相似，在下跌趋势中，我们将价格的最低位到最高位之间的垂直距离三等分，用上面的方法同样可以得到1/3速度线和2/3速度线。这两条速度线将起到阻挡价格反弹的作用（图6–17）。

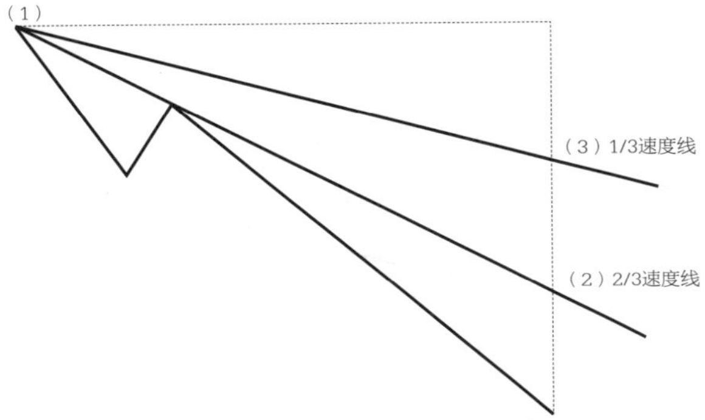

图6-17 下降趋势中的速度线

在上升趋势中：如果2/3速度线被市场的回落击穿了，那么价格运动的第二条支撑线便是1/3支撑线；如果回落的速度过快，连1/3速度线也阻止不了潮水般下涌的跌势，那么对整个上升趋势就有必要重新加以评价了。

在下跌趋势中：如果2/3速度线被市场下跌之中的反弹所打破，那么反弹将继续向上方的1/3速度线挑战；如果1/3速度线也无法再对下降趋势形成压制，那么下降趋势就会发生根本性的改变，市场有可能弹回到跌势的起点，最终扭转这种跌势。

⊙ 速度线的角色转换

正如趋势线在被突破之后角色会反转一样，速度线也具有这样的市场特征。在上升趋势中，2/3速度线被行情调整击穿之后，将对价格再次回到2/3速度线以上构成压力。假如1/3速度线也被击穿，那么市场将会回到涨势的起点，1/3速度线将在今后的市场运动中充当一条阻力线。

当行情创新高或创新低时，都有必要根据市场形成的新高点或新低点重新画出速度线（图6-18、图6-19）。

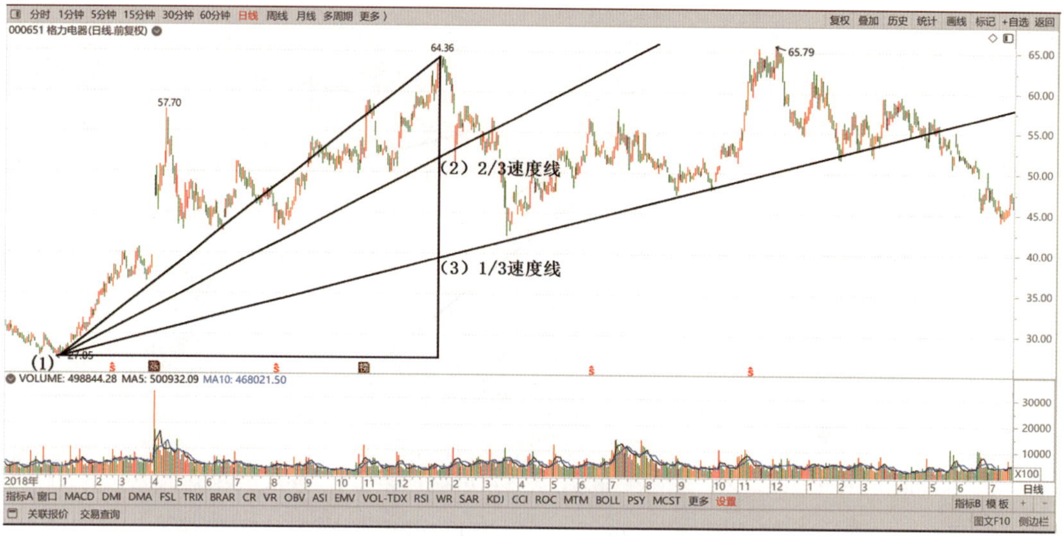

图6-18　上升趋势中的速度线应用

图6-18是格力电器（000651）在2018年12月至2021年6月期间的走势图。2018年末，股价从最低点27.05元上涨至57.70元高位后，经过3个月的休整，再次上涨，并创下64.36元的新高。我们将27.05元～64.36元价差的垂直高度三等分，得到（2）和（3）两个价格水平点，从最低点（1）出发，连接（1）和（2）即为2/3速度线，连接（1）和（3）即为1/3速度线。我们可以观察到，2/3速度线从价格变化的区间穿过，但在创下64.36元新高之前的时间，这条速度线对股价有一定的支撑作用。而1/3速度线对股价支撑的作用也非常凸显，股价从64.36元高位回落后在1/3速度线处企稳反弹，随后的上涨走势在1/3速度线上多次获得支撑，并最终再次创下65.79元的价格新高。当1/3速度线被跌破后，格力电器进入了下跌趋势。从高位回调过程中，2/3速度线和1/3速度线对股价的支撑作用可以通过该股票价格运动在速度线上方的盘整时间长度来验证。

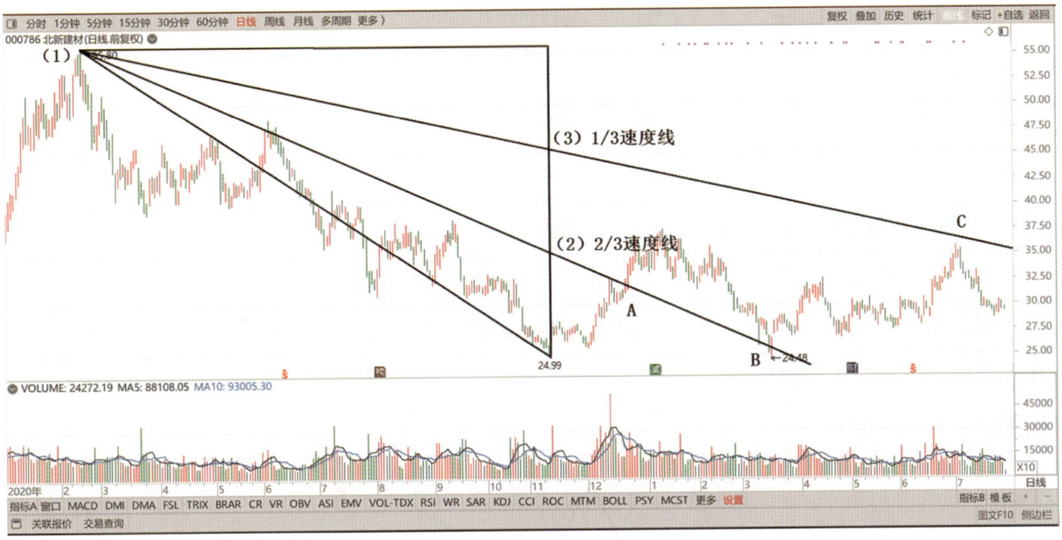

图6-19　下降趋势中的速度线应用

如图6-19所示，北建新材（000786）从最高点55.80元到最低点24.99元之间，将垂直高度三等分，并从（1）处分别引线，便可以得到1/3速度线和2/3速度线。注意，2/3速度线从2021年2月至2021年12月期间，一直起到了压制股价反弹的作用，是一条明显的重要阻力线。当2/3速度线在A点被突破后，转变成为支撑线，此后股价回落到2/3线的下方B点位置即获得支撑，于是又从低位弹起。然而，1/3速度线依然存在强力的压制效果，股价还未触及1/3速度线便在C点转身向下。

6.5　扇形线

扇形线看起来就像经过不断调整后的趋势线，它用多次试验的方式，最终验证市场既有趋势的反转，由于它依次连接了市场出现的3个波峰和3个浪谷，看起来就像一把被打开的折扇，因而得名。

⊙ 扇形线的画法

在上升趋势中，先找出两个明显的低点，用直线连接之后，即得出第一条上涨趋势线。如果市场运动跌破了第一条趋势线，则以新出现的低点与第一个低点连接，得出第二条上升趋势线。如果第二条趋势线也被跌破了，则以市场新的低点与最初的低点连接成第三条趋势线。中国有句俗话，叫作“事不过三”。前两次突破趋势线我们看作市场的正常回档，那么第三条支撑线又被突破，既有趋势发生转折的信号已经相当明显了。对于下降趋势中的扇形线的画法，与上升趋势相同，只是正好方向相反（图6–20、图6–21）。

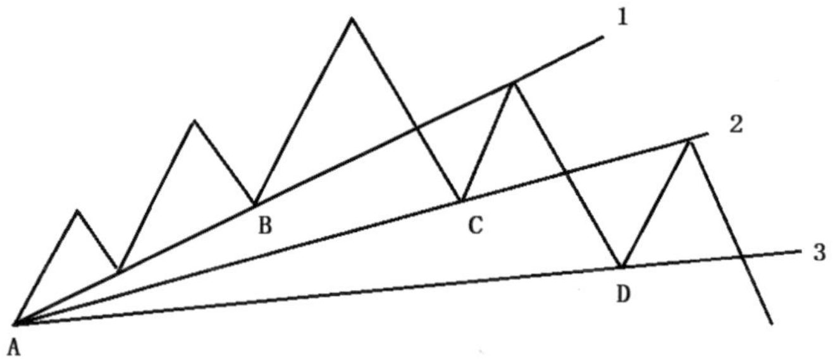

图6–20　上升趋势中的扇形线画法举例

如图6–20所示，在上升趋势中，先找到两个明显的低点A点和B点，这就是一条上升趋势线，我们称之为第一条扇形线；当趋势线被跌破后，以新的低点C点和A点相连接成线2；用同样方法可以得到线3。线3被跌穿，一般意味着上升趋势的结束。注意，线1与线2被跌穿后，即成了股价反弹的阻挡线。

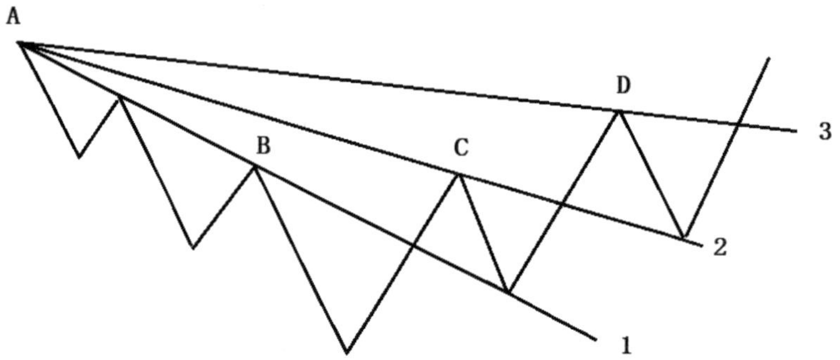

图6–21　下降趋势中的扇形线画法举例

如图6–21所示，市场运动击破线1之后，更习惯于向线1展开反扑，这时线1从阻力线演变成了支撑线。这种角色互换的情形在下降趋势的扇形线中更为常见。行情突破线3一般意味着下降趋势暂告一个段落，上升趋势有望正式展开。

⊙ 扇形线的分析意义

利用扇形线进行走势分析时，应注意以下几个方面：

（1）扇形线给出的是趋势反转的信号，而不是市场局部短暂反弹或回档的信号。

（2）三条扇形线在被突破之后，与趋势线被突破之后会发生角色转换一样，都会成为以前角色的反面，即原来的支撑线被突破后，就会成为行情发展的阻力线，反过来也是一样。

（3）扇形线依据的是三次突破的原则，应切记，第三条扇形线被突破是趋势反转的有效信号。

（4）扇形线只是从一个特殊的角度来考虑反转问题，在实际应用时，应与其他技术分析工具配合起来，以达到更理想的效果。

如图6-22所示，三七互娱（002555）从显著低点15.35元画出一条向上的扇形线1，这条扇形线在该股创下27.99元局部新高之后开始回落，击穿线1；以依次出现的一个波谷画出第二条扇形线（即线2），注意，价格在线2之上获得支撑，反弹后再次创下29.87元的新高；线2最终被跌破，以再次出现的低点与最低点连接而成第三条扇形线（线3）。线3也被击穿之后，股价快速下跌，上涨趋势已经彻底瓦解了。

图6-22 在上升趋势中出现扇形线的实例

图6-23是兴业银行（601166）2021年2月至2022年2月的走势情况。从一个显著的高点A点出发，找到下一个波峰B点，我们便得到了下降阶段的第一条扇形线（线1）；当线1被反弹击穿之后，依次出现了第二个反弹高点C点，连接A点和C点并延长便是第二条扇形线（线2）；线2被反弹再次击穿，用上述方法便得到第三条扇形线（线3），股价同样出现了对线2的冲击，但在线2上方获得了强劲买盘的支撑。股价首次突破线3时遇阻，但稍作休整便成功突破，下降趋势终于被上升趋势所取代。

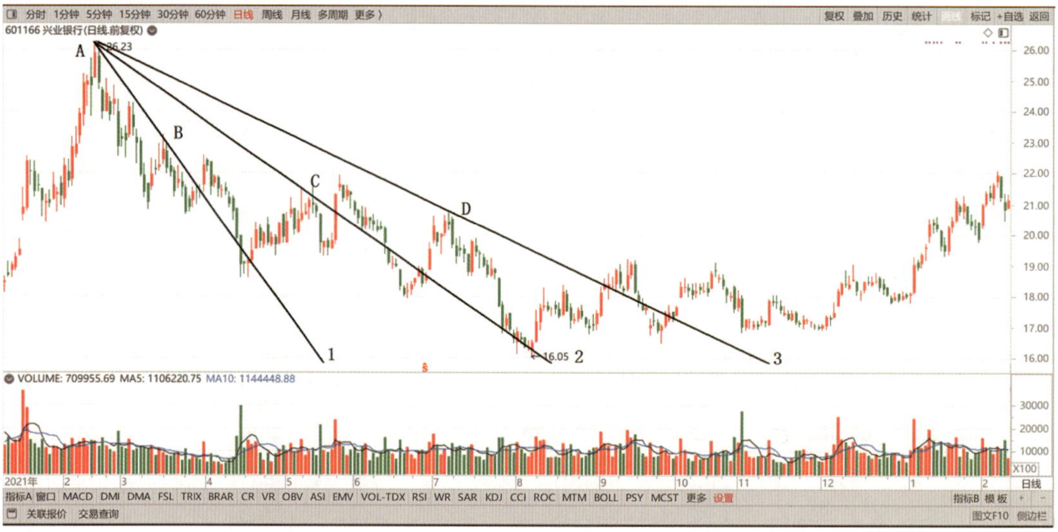

图6-23　在下降趋势中出现扇形线的实例

小　结

一把量尺闯天下

我把切线理论的几位重要的家族成员介绍给了大家。我想对于许多交易者来说，仅仅掌握这些看起来十分简单的技术分析工具，在心底里是不会满足的。因为许多人对简单的工具总是有一种不屑一顾的轻蔑感，而对于那些复杂的难以掌握的技术分析方法却盲目推崇。越是不懂的，越是感到深奥、学问大，而不考虑它们到底有多大的分析价值。

在交易软件已经十分普及的中国证券市场，我们可以借助其强大功能随心所欲地进行图表分析。但还是有些分析人员喜欢自己在图表纸上画那些看似简单的线条，因为那样可以找到更多的灵感，就像很多食品都可以通过工厂的流水线成批生产出来的今天，我们仍执着地热爱着手工做出来的小笼包子一样。我也喜欢在最传统的图表纸上画图，并进行分析，效果总是特别好。

我们在图表上画几条线就可以推测股票市场的未来，最简单的线条之中包含了最深刻的道理，曾经有海外的技术分析师不无自得地说，真正的股市高手往往只需要一把量尺。一把量尺在手，犹如一把千年宝剑在剑侠的手中，目不斜视，手起剑落，一段英雄传奇便留在了山之崖、水之滨。

股市中的好手，一条通道线便能测出市场的活动范围，几条黄金分割线就知市场将在何处逗留。趋势，你来自何方，你情归何处，都逃不过技术分析师的眼睛。而所有的武器加起来，可以简化为一把量尺。

如果这里的分析工具适合你，那么请多在此停留。也请你不妨在自己的股票买卖之中做一个试验，就用这些简单的工具指导自己的操作，看看它们的效果是否真的比不上别的技术工具。

股事新编之六 不谋而合

两个印第安人问巫师：“今年冬天会不会冷？”

“一定会，”巫师回答说，“你们最好多准备些木柴。”

一连好几个星期，巫师都这样回答向他求教的印第安人。一天，他终于心虚了，私下打电话去问气象台。

气象台的一位专家说：“今年冬天一定会冷，你看，那些印第安人在疯狂地收集木柴呢。”

★如果这位巫师肯来中国谋生，想必也可以当个职业股评家，至于气象台的那个专家，我看去做个经济学教授还是够资格的。

第7章　甘氏角度线

7.1　巨匠的法宝

⊙ 金盆洗手之后的传世之作

威廉·甘恩（William D.Gann）是20世纪传奇式的股票和期货交易巨匠，他在长达数十年的投资生涯中，创立了一套独特的分析理论。他把数学以及几何原理糅合在一起，制定了一整套的买卖方法，并将这套方法运用在自己的买卖活动之中，结果获得了极为罕见的成功。在赚得盆满钵满之后，他对得来全不费工夫的金钱渐生倦意，最终“金盆洗手”，并开始为自己的理论著书立说，将赚钱秘诀公之于众。甘氏理论在20世纪中叶名声赫赫，甘恩死后多年，人们发现甘氏理论之中蕴藏着丰富的尚未充分发掘的宝藏，于是在20世纪80年代的股票和期货市场均掀起了研究甘氏理论的热潮，以至于在几乎所有的技术分析教程与著作里，都不能没有甘氏理论。

⊙ 独门暗器

甘氏理论十分复杂且晦涩难懂，以至于甘氏理论的追随者必须花好几年的时间才能研究完其所使用的图表及各类文字，以力图破译这位传奇人物的各种思路。

甘恩非常重视历史的高点与低点，并指出这些高点或低点对市场运动的支撑或阻力具有巨大价值。他也认同支撑与阻力在被突破之后的角色反转，即阻力被突破后变为支撑，支撑被击穿后变为阻力。

甘恩相信市场运动是曲折向前的，因而他认为50%的回撤是最重要的回撤幅度，这与前面对百分比线的分析基本一致。

甘恩纵横股市与期市数十年，靠的当然就是他发明的独门武器，归纳起来有所谓的方阵图、时间均衡表以及几何角度线等。

甘氏理论中的方阵图和时间均衡表对大多数股票交易者来说，简直就像天书一般，不花相当的功夫难以深入其中。所以在目前具有相当高的实用价值的甘氏分析工具中，甘氏角度线无疑是最有价值的一种分析工具。

7.2 运用甘氏理论获利的前提

在讨论甘氏角度线之前，我们先听听这部“赚钱机器”的买卖理论前提。

甘恩认为，在股市中获利最重要的原则就是顺势而为，永远跟随市场运动的方向，踩准价格波动的鼓点。他认为并不是最聪明的人才能在市场中获利。事实上，只要跟随事先制定好的买卖规则，严格自律，任何人都可以在投机市场中获利。

甘氏理论认为有五个最基本的先决条件决定着交易者的买卖成绩。

⊙ 知识

甘氏理论认为知识是赢利的第一大条件，但知识不仅包括了理论知识，还包括了在实战中不断地加以总结的实战知识。知识有利于我们对市场趋势进行分析判断，帮助我们制订严密的买卖规则和交易计划。当然，知识不会自动地带来金钱，需要我们在交易的过程中时时总结，学以致用，让自己站在知识的山峦之上，看得更远、更清晰。

⊙ 百忍成金

投机市场虽然时时令人血脉偾张，但有一颗太过容易激动的心总是于成功不利的。在股票市场，耐心不仅是一种美德，更是获得好的交易成绩的关键。当我们制订了入市计划而市场还没有到达计划中的入货价位时，不要蠢蠢欲动，还是要耐心地等待机会的到来。买入股票之后，市场并没有出现需要止损出场的不利情况，那么要耐心地等待平仓的时机。在股市里，耐心地观望也是一种成功的素养，一个按捺不住冲动的交易者是无法在股市中获利的。

⊙ 狮子般的果断

我们在耐心地等待市场中出现的机会，就如同一头狮子在草丛中等待猎物的到来。但当机会真的出现在自己的眼前时，你能否像狮子般扑过去，咬住这个机会不放呢？在交易中，胆识同样起到举足轻重的作用，入市机会来临，要有果断入市的勇气；当市场正在朝自己预计的方向直奔而去时，要有“有风驶尽帆”的胆识，否则过早平仓，痛失继续获利的良机，岂不令人痛惜？

⊙ 健康的心态

在投机市场中，过于计较一时一股的得失成败，往往是继续败走麦城的心理成因。甘氏理论将健康列入获利的前提，我想并不是指人身体的健康这样简单。事实上，心理健康可以说是健康的最高境界。欲在投机市场中生存，健康的心态是不可或缺的条件。

⊙ 足够的本钱

在股市中有多少钱才能算得上有足够的本钱呢？也许每个人的答案不同。但有一点，在股市中沉浮，本钱不足是相当被动的。那些把自己仅存的一点儿生活费拿去买卖股票的做法是相当危险的，一旦失手，便可能再无翻身的机会，还可能会影响到日常的生活，所以许多投机老手都劝诫人们不要把那些并非闲置的资金拿来炒股。没有一定的经济实力，还是选择一些低风险的投资比较稳妥。

甘氏理论的以上五个获利前提可谓精辟独到，点出了在投机市场获利的关键之处。看似简单，但真要落到实处，还真得进一步修炼才行。

7.3 甘氏角度线的妙用

⊙ 一个点加一个几何角度等于趋势

甘氏理论用一个点加一个几何角度，就可以画出一条揭示市场运动方向的趋势线，改变了分析师们需要至少两个点才能画出趋势线的思维定式。由此可见甘恩的独具匠心。甘氏角度线的分析价值，被市场普遍推崇，可以说，不谈甘氏角度线，就是不完整的技术分析著作。

甘氏角度线是从市场的明显高峰或波谷，按照一定的角度引出的一组趋势线。这些角度由价格与时间的相互关系所决定。在这些趋势线中，45度线是最重要的。其画法是：在上升趋势中，从市场底部的那个明显波谷按45度的倾斜度画出一条直线；而在下降趋势中，则从市场顶部的明显高峰向右下方引出倾斜角为45度的一条直线。沿着这条直线，时间与价格的变化关系正好处于1∶1的均衡状态（图7–1）。

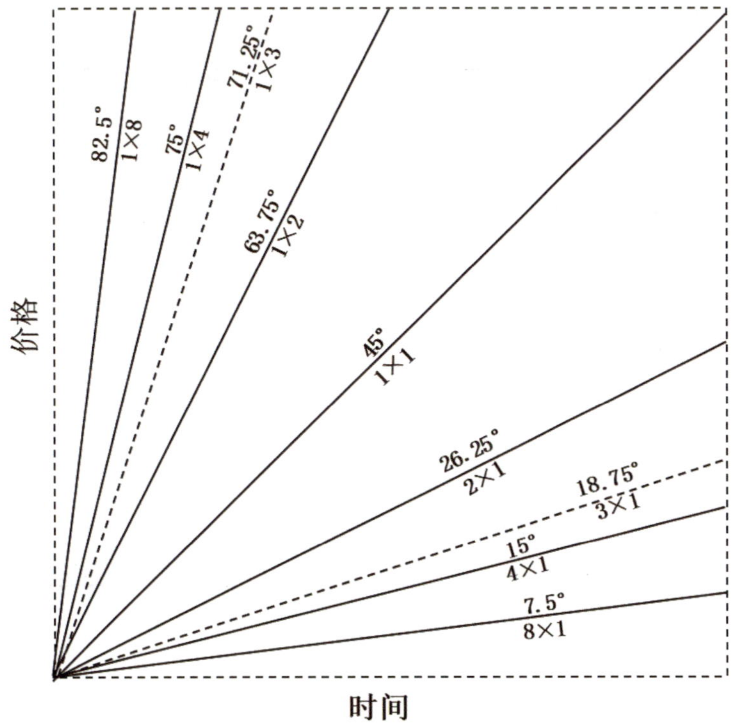

图7–1 甘氏角度线中时间与价格形成的几何角度

在甘氏角度线中，45度直线是最重要的趋势线，表明时间和价格的进程恰好处于均衡之中。当45度线达到了右上角后，时间和价格“相等”，故称为“均衡”状态。这里常常标志着趋势的变化。这些趋势线是用来显示支撑和阻挡水平的。当一条线被价格突破后，价格便将走向下一条直线。这些直线都是自市场的底部出发的，也可以自市场的顶部来引出几何角度趋势线。在重要的市场顶部和底部，甘氏理论也指出以与零线呈45度角的方向向右上方引出45度线。最常用的甘氏角度线是1×1线、2×1线和1×2线，其余几条甘氏角度线只有与重要支撑线和阻力线相重叠时才会显示其分析价值。

如图7–2所示，震裕科技（300953）上市后，股价快速下跌，并创下59.73元的最低点，从此低点出发画出甘氏角度线。股价从最低点分别沿着1×8线、1×4线快速反弹，再次快速反弹的过程中1×3线是重要的支撑线。2021年12月13日，股价于1×1线处密集盘整后，创下新高168.02元，这也代表了这一期间股票价格在时间与空间所达成的均衡状态。当1×1线被击穿后，股价下跌的过程中2×1线、3×1线、4×1线与8×1线均给予了支撑作用。

图7–2　甘氏角度线的应用实例

⊙ 最重要的角度线

45度线是甘氏理论体系中最重要的上升或下降趋势线，可以用它来判断市场运动的既有趋势会继续还是发生逆转。在上升趋势中，只要价格维持在上升1×1线的上方，说明上升趋势仍可继续。而在下降趋势中，只要价格维持在1×1线的下方，就表明下降趋势仍将继续。如果市场运动突破了这条重要的1×1线，那么趋势的逆转就有可能发生。

在1×1线的上方，如果价格处于加速上扬的状态，那么可以认为在每一个时间单位中，价格的增长大于一个单位，这样便打破了价格与时间在1×1线时的均衡状态。我们认为，每一个时间单位中价格的增长为两个单位的那条角度线也较重要，因而我们称之为1×2线。

在1×1线的下方，有一个趋于平缓的角度线，当价格的增长为1时，时间单位为2，那么我们可以称之为2×1线。

我们依据同样的道理，可以得出一系列的角度线，以及与之对应的角度值：

1×1对应45度，1×2对应63.75度，1×3对应71.25度，1×4对应75度，1×8对应82.5度，2×1对应26.25度，3×1对应18.75度，4×1对应15度，8×1对应7.5度。

⊙ 甘氏角度线的分析要诀

在运用甘氏角度线时，我们认为最重要的是1×1线，其次便是1×2线及2×1线。其余各线可以结合其他技术工具加以分析，重点是可以把甘氏角度线与百分比线、黄金分割线、扇形线结合起来分析、使用。甘氏角度线的使用要诀有：

（1）如果甘氏角度线与其他切线分析工具中的支撑与阻力线相重叠，那么可以验证这条甘氏角度线的可靠程度。

（2）甘氏角度线的支撑与阻力作用与趋势线相近，即在上升趋势中，它们是支撑线；在下降趋势中，它们是阻力线。在上升趋势中，若市场跌破其中一条角度线，就意味着将跌向依次出现的下一条角度线。在下降趋势中，若向上突破某条角度线，就意味着市场将向依次出现的上一条角度线靠拢。

（3）甘氏角度线在被市场突破后，也会发生角色反转的情况，即原来起支撑作用的角度线一旦被突破就会变成阻力线；反之，则成为支撑线（图7–3）。

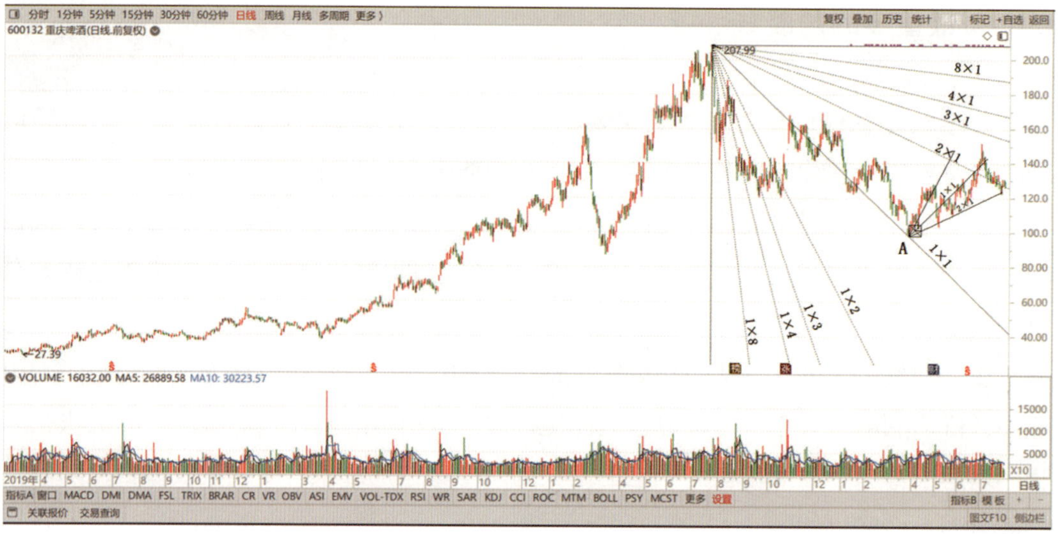

图7-3　甘氏角度线的应用分析

如图7–3所示，重庆啤酒（600132）该股价格一路上涨至207.99元，从这个高点出发，向下画出甘氏角度线。注意股价在初期下跌的反弹过程中，在1×3线、1×2线与1×1线上所受到的阻力，而当股价穿越1×1线之后，1×1线转变成了重要的支撑线。另外，我们从股价局部低点A点再画出新的甘氏角度线，在新一轮的反弹走势中可以发现，1×1线在被击穿之后转变成了重要的阻力线，而2×1线是重要的支撑线。

在利用甘氏角度线进行个股分析时，可以先运用几条重要的角度线。我不认为同时在图表上画上8条角度线会更有利于趋势的分析。

有人将甘氏角度线与波浪理论结合起来使用，以寻找更为精确的入市与平仓点位，效果也很不错。读者诸君若对这方面感兴趣，可以将甘氏角度线与各种分析工具结合起来研究，或许有更重大的发现呢！

关于甘氏理论体系中其他过于复杂的分析工具，在没有完全弄懂之前，切勿滥用。如果仅仅是因为图个新鲜而选择一些过分晦涩的工具，那么所带来的后果可能是灾难性的。在技术分析之中，最简单的往往能收到相当不错的效果。

小 结

分享大师的智慧

在股票或者期货的技术分析领域，我们一再感受到了甘恩的超人智慧。虽然时间相隔遥远，但我们仍然能看见他睿智的目光穿越图表上的曲线指向未来。

在这里我们学习一下甘恩制定的28条详细的买卖规则，虽然有部分规则针对的是期货市场，但对股票的买卖同样深具指导意义：

（1）将投入股市的资金等额地分为10份，每次买卖的损失不能超过资金的1/10。这听起来是否特别耳熟？因为几乎所有关于风险管理的专家都会以10%为每笔买卖冒风险的极限比例。

（2）小心设置止损计划，减少每次买卖错误时可能造成的损失。能否在买卖出现错误时果断认赔是衡量一个交易者是否成熟的基本条件之一。可惜在股票市场，有太多的投资者是没有止损这一概念的，从短线的投资失败而被迫转化为长期投资的投资者所占的比例极高。

（3）不可过量买卖。这就是在资金管理上的理性要求。无论市场处于什么样的趋势之中，总有人喜欢满仓杀入，结果全仓被套。因而经常性地保持一些现金在手是十分必要的，半仓就是一些投资者常用的比例。

（4）避免反胜为败。在账面上有丰厚利润之时，应逐步平仓，落袋为安。在股票价格急冲一段时间后，应警惕价格会大幅回调，尽快将纸上富贵变为真金白银，免得最后“竹篮打水一场空”。

（5）顺势而为。市势不明朗之时，退出观望也是理智的策略。甘恩对趋势的重要性非常重视，认为顺应趋势是在股市中取胜的重要前提。另外，在市势不明朗时能坚持在场外观望，对一般人而言也是不容易做到的。

（6）犹疑不决时，不宜入市。一旦出现看准的时机，应一跃而起，果断地抓住，但当自己都犹疑不决是否入市时，说明入市的时机并不成熟。

（7）成交稀疏、走势呆滞的市场，不宜介入。在股票市场，对于那些乏人问津、股性不活跃的个股，还是少碰为好。

（8）买卖的个股数量要适宜。买进的股票数量太多太杂，难以深入研究，可能会产生顾此失彼的情况；买进的股票数量太少，风险过于集中，不符合分散投资的原则，也不值得提倡。

（9）避免用限价指令买卖，否则会因小失大。在决定入市买进或平仓离场时，应尽量选择即时成交。有人喜欢在一分钱、两分钱上斤斤计较，从而错过了行情，导致越追越远。因而下单应即时价报入，争取马上成交。

（10）买入之后，不可随心所欲地平仓。在市场并没有达到自己设置的止损位时，应耐心地持股。即使在市场上涨、有利润时也应依据趋势的运行状态，决定何时平仓。

（11）买卖顺手。积累的利润可观时，应考虑将部分资金提走，以备不时之需。因为人总是有“有多少钱买多少股票”的冲动，所以当赚到手的钱较多时，提走一部分，等于对自己满仓的不良习惯来了个釜底抽薪。

（12）不可为蝇头小利而随便入市买卖。股市中常见到一些短线炒手为了2%的利润在那里杀进杀出，除掉交易成本，最后便所剩无几。

（13）不能加死码。第一次买入便出现亏损，表示入市错误，此时应果断止损。如果再强行加码买入，试图“摊平成本”，就可能积小错而成大错，是十分不明智的交易方法。

（14）买入股票之后，不可因缺乏耐心而草率地平仓卖出。在买进之前应耐心等待时机，但一旦入市，如未证明自己看错，就不应随便平仓，应相信自己的判断。

（15）切戒胜少负多的买卖方式。在股市中，有的投资者输得起却赢不起，被套再深，也无动于衷，但赢了少许，便急不可耐，这种买卖方式，直接导致输的永远比赢的多。

（16）入市之后，不可随便取消制订的止损计划。何处买进，何处止损平仓，应该是事前就计划好了的，但有的交易者买进股票之后，全然不记得当初的止损计划，这种买卖方式等于没有任何计划。

（17）买卖次数不宜过于频繁。由于市场大部分时间处于盘整状态，那么观望的时间应该比买卖的时间多才行。过于频繁地进场，一则做多错多，二来交易成本（印花税及手续费）会很高。

（18）顺势买卖。在适当的情况下，顺势抛空可能获利更多。但目前中国股市还没有做空机制，因而这一点暂时还做不到。

（19）不可因为股票价格低而买入，也不可因为股票价格高而抛空，一切应以趋势而定。股票价格的高低不能看它的绝对价格，应根据其价值来定。在趋势看跌时，低价之后还有低价，而在一个看涨的市场中，高价之后往往还会有高价。

（20）在适当的时候可以用金字塔加码的方式增加持有股票的数量。当价格突破阻力位时，常常是增加筹码的机会。

（21）选择升势明显的股票作为买入并持有的对象，避开股性呆滞的股票。

（22）要敢于认错，发现买入错误后应即时了结，不要以任何借口拖延时间。

（23）不可一会儿看涨，一会儿又看跌，对市场趋势的判断应经过详细的研究，确定市场在一定时间内的主要趋势。

（24）买卖得心应手的时候，不要随便增加入市的资金。在顺手的时候，最容易因麻痹大意而出错。

（25）不要轻言市势的顶部或底部，这一切应由市场自行决定。牛市不言顶与熊市不言底，说的正是市场的顶或底都是经过市场反复确认才形成的。

（26）不可轻信他人的意见，除非你确信此人的市场知识和操作技巧比你更高明，值得你学习。中国股市的一个重要现象，就是很多投资者是依靠股评人士的意见进行买卖的，相信自己的分析与判断的交易者总是不多。

（27）交易出现亏损时，减少入市资金。切勿因急于挽回亏损而满仓杀进杀出，理智的做法应是以少量资金进行试探性建仓。

（28）入市正确而出市错误与入市错误而出市也错误一样，都是要小心避免的。买对了股票但平错了仓，常常令人捶胸顿足，痛惜不已。

以上的这些买卖规则，是甘恩经过数十年投资买卖而领悟出的投资智慧结晶，经过近半个世纪的实战检验，被几代股票技术分析师和交易者奉为圭臬。

甘恩曾经建议投资者在买卖出现亏损的时候逐条检阅，看看自己违背了其中的哪一条规则，并铭心刻骨地记住它，以免再犯相同的错误。

甘恩不仅为股票与期货市场贡献了一整套行之有效的分析武器，而且他的经验和投资的思想同样启迪了后人。甘氏理论不朽！

股事新编之七　模仿巴菲特

3年前，老王就开始模仿巴菲特：喝可乐，吃汉堡，坚持简单的生活，坚持每天阅读，坚持价值投资，选股票侧重基本面，重仓长期持有，去上班的路上都想跳着踢踏舞。现在的老王，除了股票被深度套牢外，一切都像巴菲特了。

第四部分

遭遇走势形态

我们经常会与形形色色的价格走势形态不期而遇，并且会竭力破解这些五花八门的价格轨迹暗藏的密码。令我们为难的是，市场运动的趋势并不是始终如一的。一个活跃的市场运动，就像一个朝三暮四的花花公子，你见过“用情专一”的牛市或熊市吗？如果有，那也只是大学经济系的学生模拟出来的。

第8章 主要反转形态

8.1 识别反转形态的技巧

⊙ 趋势的第三种方向

我们知道，市场趋势是由一系列的波峰与浪谷构成的。当市场运动中依次出现的波峰与浪谷高过前一个波峰与浪谷时，我们说市场处于升势。相反，依次出现的波峰与浪谷低于前一个波峰与浪谷时，说明市场处于下降趋势。市场运动不会永远只朝一个方向飞奔而去，它也有精疲力竭的时候，这就会出现市场走势中的盘整形态。尽管盘整形态在市场中出现的机会与持续时间达到1/3以上，但它还是常常会被交易者所忽略，交易者只习惯于市场要么上涨，要么下跌，好像压根儿不存在那个极为关键的过渡阶段。

由于市场在1/3以上的时间里是处于盘整走势的，那么对走势形态的研究其实就是对市场在盘整之中的运行特点进行研究。市场在出现大的价格运动之前几乎都要酝酿一段时间，在做出将要去向何方的决定之前，在形态中会形成各种有特定含义的特征。研究市场价格运动在盘整阶段的这种特征，能帮助我们寻找到市场行情是上涨还是下跌、是维持原有走势还是掉头另寻出路等种种玄妙，并采取相应的对策。

我们根据市场在结束盘整之后是维持其原有趋势，还是反转走向原有趋势的相反方向这一点，将市场运动的形态分为反转形态和持续形态。

反转形态是市场经过了一番上涨或下跌之后，由于动能的衰退进入横盘阶段，经过盘整之后，市场无力再继续原来的走势，因而出现与原有趋势相反的走势。反转形态一般意味着市场原有趋势被破坏，市场走向了相反方向，因而投资者不得不根据新的价格运动采取相对应的策略。新的趋势可能会出现新的机会，因而分析反转形态的意义巨大。

反转形态的模样是多姿多彩的，其分析价值也各不相同，但它们的出现一般都宣告了既有趋势的终结，因而它们也有共同的基本特征。在深入研究各个反转形态之前，就有必要识别这些共同特征。

⊙ 反转形态的共同特征

（1）所有反转形态出现之前，市场运动存在明显趋势。市场只有存在明显的上涨或下跌趋势，才谈得上反转。如果事前市场并无明显趋势存在，那么就不会有反转形态。认识到这一点是有意义的，在分析价格形态之前，我们就必须分析市场处于一个什么样的趋势之中。

（2）重要的趋势线被突破是既有趋势即将反转的第一个信号，但这并不意味着趋势将立即走向它的反面，一般它会走出横向整理的形态，等待事态的进一步发展。但在许多情况下，趋势线的突破与价格形态的完成是同步实现的，这是由于标志着价格形态完成的颈线往往与趋势线相同或相近。

（3）形态的规模越大，那么形态完成后的市场运动的规模越大。形态的高度和宽度（经历的时间）与形态完成后的市场运动的长度是相对应的。如果一个出现在顶部的价格形态波动幅度大，形成的时间长，那么一旦该形态形成，市场下跌的幅度就与该形态的高度相对等，并与时间的长短呈正相关。这也是我们可以通过研究价格形态的高度和宽度来推测反转发生之后，市场能走多远的依据。

（4）构成顶部的反转形态通常经历的时间较底部形态短，但价格的波动幅度大，而且更为剧烈。因为下跌的速度总是比上涨的速度要快，就像飞机一样，上升需要巨大的动力，但下跌似乎只要引擎出了毛病就可能发生。

（5）出现在底部的反转形态通常波动幅度不大，但经历的时间较长。价格跌下来似乎不需要太多的理由，但要让价格升上去，总是要多费点力气，所以市场底部经历的酝酿阶段的时间要比顶部转势阶段的长。

⊙ 成交量在反转形态中扮演重要角色

一般来说，市场在做某个方向的运动时，如果成交量也相应地增长，那么这个趋势的有效性可以得到较好的印证。不过，在一个下跌趋势中，即使成交量并没有大的增长，但市场下跌的有效性也不值得过分怀疑，因为市场即使无量也可以下跌。早在一个苹果掉在牛顿的头上时，这个道理就被发现了。然而对于上涨趋势来说，若没有足够大的成交量作为推动力，这个涨势的可持续性就值得怀疑。我们在讨论成交量的时候，就谈到了这个问题。对于底部转势形态来说，若价格取得突破上行时，没有发现成交量的相应扩张，那么这个转势形态的可靠性就要大打折扣了。

把握转势形态的这些共同特征之后，我们就可以更全面地讨论各个具体的转势形态了。

8.2 反转形态的头号主角

⊙ 最著名的反转形态

在市场运动中如果出现头肩顶或头肩底，既有趋势已经开始反转的可能性几乎可以得到肯定。它们是市场走势中最经典的价格形态，其他绝大多数反转形态仅仅是头肩形的变体。

让我们先来看看头肩顶是怎样形成的：在上涨趋势中，一系列依次出现并高于前一波峰与浪谷的波峰与浪谷将上升趋势继续推进，但是，当价格从低点被推向高位之后，一般会出现上涨势头逐渐放慢的情形，随后上涨趋势开始停顿。这个时候说明多方与空方的力量对比处于相对均衡的状态之中，市场暂时进入盘整状态。盘整一旦结束，逐渐占据上风的空头力量就会推动市场击穿横向盘整区间的底部支撑位，从而彻底打破市场多空力量的平衡，确立新的下降趋势，反转形态就此形成。市场将出现一系列依次降低的波峰与浪谷，下跌之势“恰似一江春水向东流”（图8–1）。

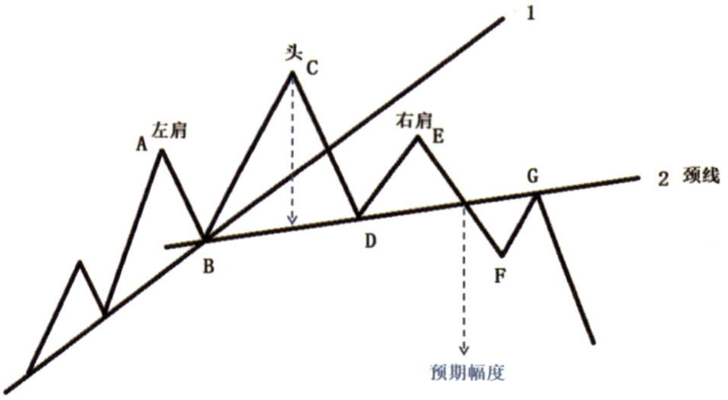

图8–1 头肩顶的形态

如图8-1所示，左肩和右肩（A和E）的高度差不多，头（C）比两肩高。当收盘价居于颈线（线2）之下时，形态形成。测算其最近目标的办法是，自颈线上的突破点起，向下投射从头部到颈线的垂直距离。行情突破颈线后，常常出现反向颈线的反扑现象，但它不应再返回颈线的另一边，如果成交量在行情反扑时急剧膨胀，并且重新回到颈线之上，这说明头肩顶反转信号是伪信号，市场仍未改变其原有的上升趋势。另外，我们所说的“突破”，应该是指收盘价的突破。

如图8-2所示，在中微公司（688012）2020年4月至2021年1月期间的走势中，我们可以发现一个比较标准的头肩顶形态。该股票价格在2020年4月间放量上行，价格推动出第一个明显的波峰A点，随后，在成交量的逐步萎缩之下，价格回落到B点后快速反弹，并创出298.00元的新高，形成了头部（C点）；股价从最高点298.00元回落到D点，并再次反弹冲高至E点形成右肩。注意，价格在F点处跌破颈线后多次反扑，但并没有回到颈线B—D之上。

图8-2 头肩顶反转形态的实例

现在再对走势的表现做个说明：上涨趋势中，市场在巨大的惯性之中冲高，看起来涨势依旧，未见市场有反转的迹象。交易量在价格的上升过程中相应地扩张，市场情况正常。随后市场在创出高位（A点处）后的回档过程中，显现缩量调整的特征，也符合涨势回调的正常现象。但市场在冲破前一个高点并再创新高之时（C点处），交易量却不增反减。虽然这个变化本身并不具有特别重大的意义，但交易者的头脑中应该出现一个巨大的问号：市场怎么了？趋势还能不能继续走下去？

市场果然在创出新高之后大幅下挫，本来它不应低于前一个波峰的（即A点，因前一波峰被突破之后，它事实上已经成为后续趋势的支撑位），但过于猛烈的调整几乎削去了市场在创出新高时的大部分涨幅，并回到前一个浪谷的附近，这说明上升趋势已经出现了问题，市场处于令人困惑的状态之中。

市场似乎仍有冲击高位的欲望，但这一次，上涨势头第一次出现了依次下降的波峰（E点），至此，我们已经有一半的理由相信上升趋势行将死亡，取而代之的将是滚滚而下的新趋势。

相信新趋势即将揭幕的理由还在于，市场至此已经跌破了主要的上升趋势线，从趋势分析的角度来看，下跌的警讯越来越强烈。即使跌势不会立即展开，但至少说明市场已经从上涨演化成横向盘整了。如果手头仍持有股票，那么此时应该有足够的理由平掉仓位。

但好戏至此只完成了一半，市场在三次冲高过程中形成的两个低点连接而成的颈线构成了最后一道防线，它是多方在此时此刻能抓住的唯一救命稻草。

⊙ 形成头肩顶形态的决定性因素

头肩顶转势形态形成的决定性因素是市场击穿了颈线，而且收盘价必须保持在颈线的位置之下。反转宣告完成，新的一轮下降趋势就此确立。

市场在重要的支撑或阻力位被突破之后，一般都会出现反扑现象，试图夺回已经丢失的阵地。在头肩顶形态中，当颈线位置被突破后，市场通常会出现向颈线反扑的现象。当然，反扑现象并不一定会发生，或者反扑的规模与力度都相当小，它们会被颈线构成的巨大压力扼制住（因为原来为支撑位的颈线一旦被击穿，马上就改弦易辙成了阻力线）。我们应该留意颈线被突破时市场成交量的变化。尽管市场突破颈线时成交量是否相应扩张并不是至关重要的因素，但突破时的成交量急剧放大可以说明市场存在极大的抛售压力，在这种情况下，反扑的幅度便相当有限。相反，若破位时的成交量较小，那么市场向颈线反扑的机会就会增大。不过，市场反扑因为是属于急跌之中的反弹，所以会呈现缩量反弹的特征。

⊙ 百分比穿越和双日原则的过滤技术

需要说明的是，在确认头肩顶反转形态形成之时，可以用价格过滤器（即突破

3%或5%才确认突破的技术分析方法）和双日原则（连续两天的收盘价收于颈线之下）作为辅助验证的手段，这对于那些长线投资者而言，显得特别重要。

很多分析者在看到市场走势形成了左肩及头部之后，便开始认为市场会形成头肩顶转势形态，这种预测往往言之过早。即使市场在随后的价格运动中形成了右肩，但在突破颈线之前都不能认为头肩顶已经得到了验证。如果市场试探颈线而获得强大支撑，随后向上再创新高恢复了原有趋势，这种情况也是时有发生的。

⊙ 重视成交量扮演的角色

在头肩顶形成的过程中，成交量扮演了很重要的角色。我们在探讨大多数技术分析工具时，都谈过成交量的重要性，在其他的走势形态中，成交量的作用也是不能被低估的。

在头肩顶形态中，首先是成交量泄露了趋势生变的天机：在价格冲高形成头部时，相对应的成交量比前一波峰（即左肩）时少，显示市场上攻的动能不足了，强烈地预示了一直超过空方力量的多头在高位的买盘力量已经不济，精明的投资者开始警惕市场趋势可能生变。在市场形成第三个峰（即右肩）时，成交量进一步萎缩，这是成交量发出的趋势可能生变的重要信号。

当市场以巨大的能量击穿颈线时，成交量会急剧扩张，显示来自颈线上方的抛盘压力沉重。而当市场反扑之时，慑于颈线的压力，成交量会萎缩。反扑结束后，市场再次归于下降趋势，成交量通常会再次放大（图8-3、图8-4）。

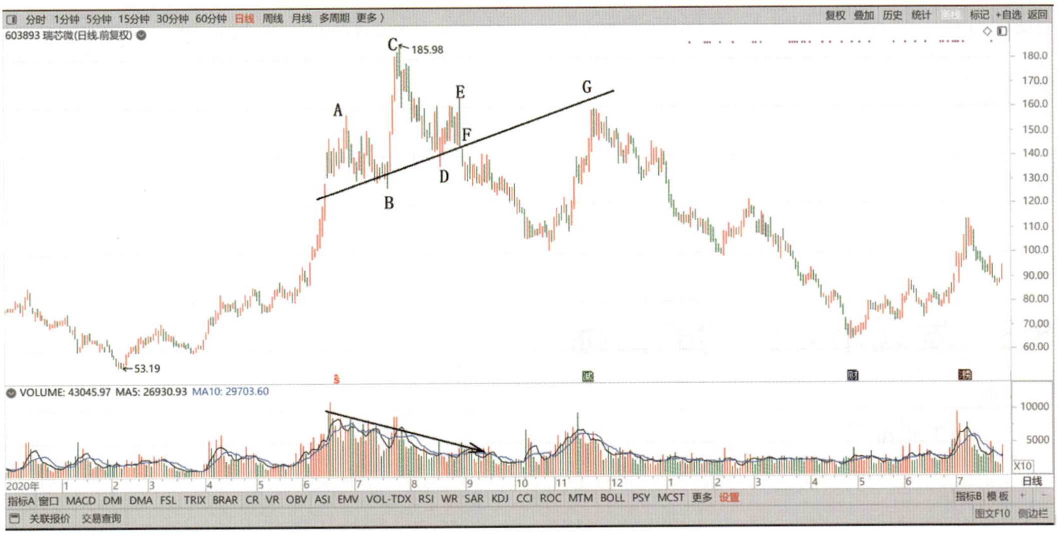

图8-3 头肩顶的实例

如图8–3所示，瑞芯微（603893）在2020年12月至2022年7月期间的走势中出现头肩顶反转形态。注意成交量的变化，左肩A点形成时成交量急剧放大，虽然股价在资金的推动下创下新高形成头部C点，但成交量仍不及左肩的规模，上升趋势令人生疑。虽然成交量不断萎靡，但股价在F点处跌破颈线时，成交量突然放大。虽然股价在此后反弹中不断放量，但还未触及颈线时成交量便开始锐减（G点），最终上攻失败，股价一泻千里，开始了持续下跌的过程。

图8–4 头肩顶的反转形态

我们不仅在个股上能见到头肩顶的反转形态，而且在大盘指数上，也能发现它的影子。请看深证成指（399001）2012—2022年的周线走势图（图8–4），2020年5月至2021年12月期间的头肩顶形态清晰可见。注意，头部C点形成时，成交量显著低于左肩A处。

8.3 发现市场运动的目标

⊙ 行情能走多远

在股票市场中我们经常遇到一个问题：这只股票能够走多远？在研究市场的走势

形态时，我们不仅要发现行情运动的方向，即行情将上涨、下跌还是进入横盘，更重要的是，还要发现行情将沿着这个方向走多远。

我们一般利用形态的高度来测量市场运动的下一个目标。例如在头肩顶中，我们想要知道行情在突破颈线之后能跌到哪儿去，可采用这样的简单方法：先测出头部到颈线的垂直高度，然后从颈线上被突破点出发向下投射相同的距离（图8–5）。

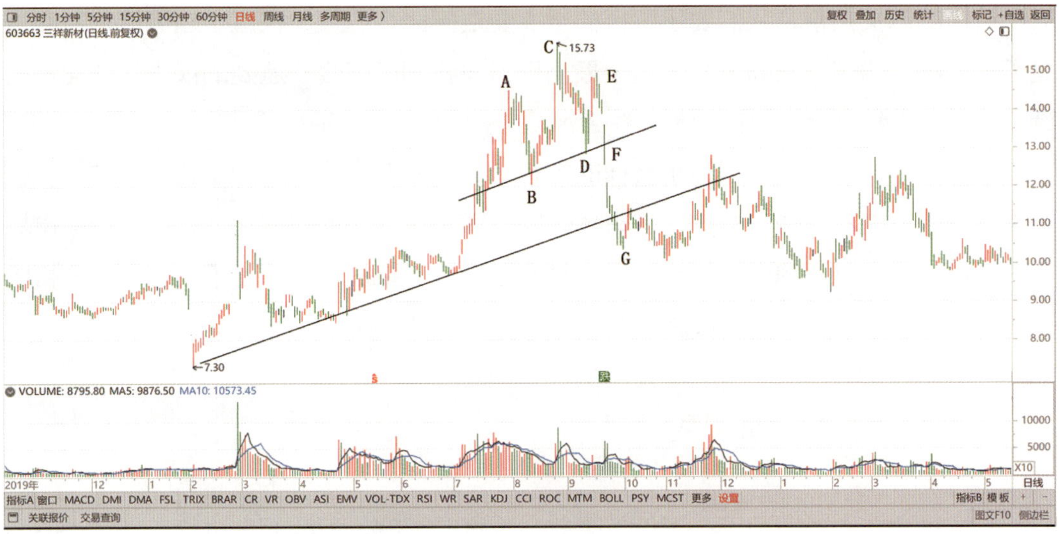

图8–5 发现价格目标的实例说明

如图8–5所示，三祥新材（603663）在2019年11月至2021年5月期间的走势中出现头肩顶形态。我们注意到头部C点到颈线B—D之间的垂直距离与颈线突破F点到下面的一条长期支撑线的距离是相当接近的。在预测这个头肩顶突破之后的价格目标时，不仅要看颈线之上的形态规模（即C点到颈线B—D的垂直距离），而且还应该与一些重要的支撑线与阻力线结合起来看。我们发现F点与之后的价格目标G点的距离，与C点到B—D线的距离是相近的，当然这只是最小的目标（第一目标）。在实际情况中，股价运动也可能比预测的走得更远。

也有的交易者喜欢用头部的边线长度作为突破之后的目标，实际上道理是一样的。在关于趋势线的章节中，我们曾经讨论过，一旦趋势线被突破之后，市场的目标与原趋势的形态规模的大小呈正相关。在我们将要讨论到的绝大多数市场形态之中，测算市场运动目标的方法与以上方法基本上是一样的。

⊙ 最小目标与最大目标

请注意，我们所说的市场运动的目标，只是它的最小目标。但市场运动的强烈程度不一样，所以能走多远的距离也因市势而定。事实上我们常常看到行情在突破一个重要的支撑位或阻力位之后，最终走出的最远距离可以是最小目标的好几倍。但确定最小目标的意义在于，我们要了解行情至少要走到什么位置，在这个趋势展开时跟进是否有足够大的获利空间。如果这个最小目标与我们可能会遭遇到的损失不成比例的话，那么，显然这个入市计划是不符合风险—报酬率比例的。

那么会不会也有达不到最小目标的市场运动情形呢？答案是肯定的，事实上我们会常常碰到一些不符合“标准”的市场走势，那么在这样的情形之下，可以参考市场当时的情形，还可以综合市场走势中的其他走势特征来加以分析，不要把技术分析中的一些东西当作教条来用。放之四海而皆准的理论是不存在的。

⊙ 市场目标的相机调整

市场运动在许多情况下并不仅仅受单一因素的影响，而我们在讨论市场运动的最小目标时，常常忽略了市场中的其他因素。至少要把有关支撑与阻力的因素以及百分比线、黄金分割线这些相关的分析技术一起运用到对目标的测算之中。我们通过价格形态的规模来测算市场的目标，常常会碰到这样一个问题：目标与某个习惯数值靠得很近，但数字又不一致。例如，我们测算出某头肩顶下破颈线之后的目标为99元，但很显然100是一个重要的习惯数值，那么我们就有必要将最小下跌目标确定为100元而不是99元。如果我们还发现102是一个重要的黄金分割线经过处，把这个因素也加以考虑的话，那么将最小目标确定为102元显然更有分析价值。

在确定市场运动的最小目标时，除了根据形态的高度来推测外，我们还可以综合多种工具进行分析，把推测出的数字与其他技术工具所显示的一些重要位置加以比较，找出与最多分析工具所显示结果相近的那个数值。

8.4 头肩底及其他形态

⊙ 头肩底并不是头肩顶的简单倒影

从形态上看，头肩底有三个明显的浪谷，中间那个被称为头部的谷底一般比左右两个谷底要低（图8-6）。头肩底反转形态的形成也需要市场对颈线的最终突破。预测市场突破颈线之后的价格目标的方法与头肩顶形态相同。

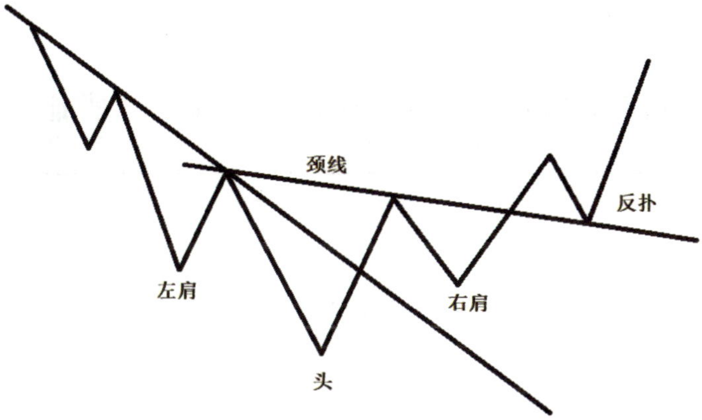

图8-6 头肩底形态

头肩顶形态的底部形式是顶部形式的镜像，其中最重要的区别是在形态后半部分的成交量上。行情在底部时，自头部弹起的上冲，应当具有较大的成交量，而当颈线被突破时，交易活动应更具有迸发性的扩张。回向颈线的反扑在底部中也更多见，反扑时成交量会相应地缩小，否则跌回颈线之下的可能性就会加大。

图8-7是保隆科技（603197）在2021年12月至2022年7月期间的日线图，我们可以看见一个典型的头肩底反转形态。原有的下跌趋势先冲出左肩A点，随后反弹至B点。从B点开始，行情再次下探并创出新低点26.96元形成了头部。从右肩E点开始的上升趋势，因为有成交量的疯狂放大而显得力度强劲，突破颈线B—D之后，一轮大幅上涨的行情便拉开了序幕。

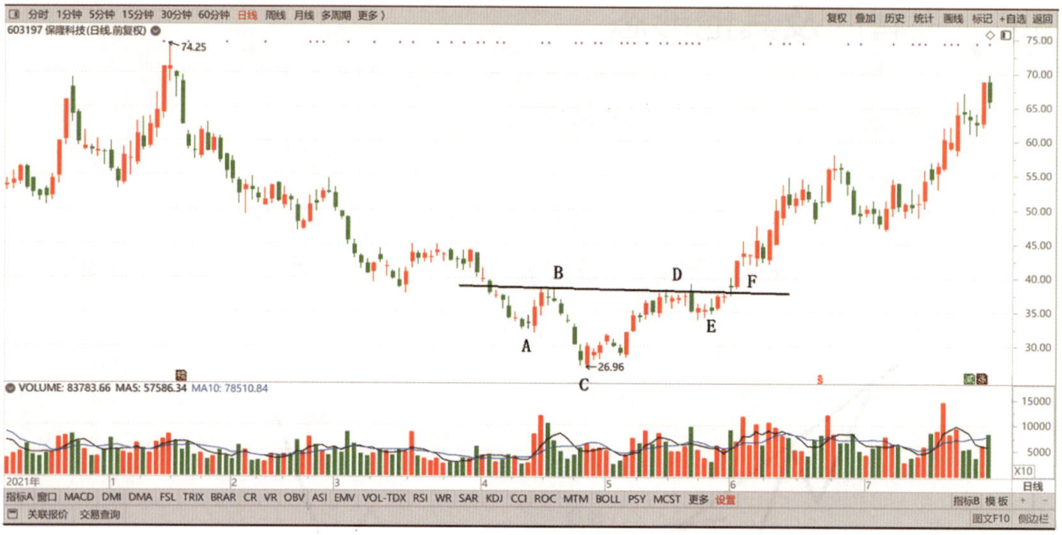

图8-7 头肩底的实例

成交量在头肩底形成过程中的作用比在头肩顶中更为重要。头肩顶在突破颈线的下跌过程中，成交量的放大与否并不影响市场形态的最终形成。但在头肩底的形成过程中，成交量起到更为关键的验证作用。特别是当颈线被突破时，如果不伴随着成交量的急剧膨胀，那么走势反转的有效性就值得怀疑。

在讨论成交量的意义时，我们多次谈到过成交量在上涨过程中的分析价值比在下跌时要大得多。市场的下跌可以不需要多大的成交量去配合，但在上涨趋势中，这种成交量的相应扩张几乎是必需的。道理其实再简单不过，举个例子，由于万有引力的存在，我们把重物举起来会颇费力气，但将重物抛下来只需一松手就可以，市场的价格运动看起来并不比一个苹果更能抗拒“万有引力”的作用。

头肩底形态在颈线被突破之后，市场更习惯进行反扑，但反扑时的成交量应该相应萎缩，在颈线的支撑作用下，市场会在较大的成交量作用下重拾升势。底部形态被完全摆脱，市场开始沿新的趋势攀升。

头肩底的颈线，绝大多数是向下倾斜的，如果出现颈线向上倾斜的情形，那么说明市场已经探明底部的可能性加大，表明下跌的力度已经相当微弱，市场中买盘的推动力已经超过了卖盘。在头肩顶中，颈线通常是向上倾斜或者呈水平状态的，如果发现颈线向下倾斜了，可能意味着市场本身就疲弱不堪，反转的机会也更大。不过，这样一来，市场突破颈线的时间可能会被推后，那么发出卖出信号的时间可能也比正常情况要晚。

图8-8是泸州老窖（000568）在2021年2月至2022年7月期间的日线图，在图上我们可以看到两个头肩底形态。其中第一个头肩底形态的颈线B_1—D_1基本是水平的，而第二个头肩底形态的颈线B_2—D_2则向上倾斜，这与头肩底形态颈线向下倾斜的惯例有些不符，但这样的形态也预示着随后开展的上涨行情会有较大的力度。

图8-8 头肩底反转形态的实例

⊙ 失败的头肩形

在典型的头肩顶或头肩底中，形态的最终形成是依靠对颈线的有效突破来确认的，一旦颈线被突破，那么价格一般不会再回到颈线被突破前的一边。市场在经过复杂的运行之后形成了头肩顶或头肩底，在突破颈线后，如果某一天的收盘价突然又返回到颈线的另一边，这说明头肩形的突破信号是无效的，突破也就成了“假突破”。从整个价格形态的角度看，这就是失败的头肩形，类似一场遭到反革命血腥镇压的革命起义，市场将恢复原来的趋势，轰轰烈烈的头肩形反转运动宣告失败。

既然一个看起来相当典型的头肩形反转都有可能失败，那么说明在市场运动中并没有真正放之四海而皆准的绝对真理。有些技术分析工具在绝大部分的行情中是适用的，但这并不说明它们永远不会出错。我们在运用技术分析进行股票买卖时，应把最坏的结果也设想好，并同时设计好技术分析出错时的应对策略。要知道，市场永远是对的，不存在分析是正确的而市场出现错误的说法。

⊙ 在头肩形转势形态中的交易策略

颈线被突破时，头肩顶与头肩底形态都会发出强烈的卖出与买进信号，这个时候由于市场运动十分剧烈，经常会出现操作跟不上趋势运动节奏的情形。等到头肩顶的颈线被突破时，才跟进做卖出动作，这时市价可能已经一步到位跌得很低了，卖还是不卖，令人颇费思量。在头肩底的颈线被突破时，也有因价格急升而“踏空”的事情，如果硬要去追高，可能成交价已是天价了。

解决这个问题的策略主要是分阶段买入或者分阶段卖出。在头肩顶形态中，只要市场跌破了原有趋势线，即使头肩形态尚未形成，那么也可以先抛出一部分筹码，而当颈线被决定性地击穿时，再抛出剩余筹码，市场向上出现反扑是抛空的最后时机。

在头肩底形态中，只要市场已突破了原有阻力线，即可视作买进第一批筹码的好时机；市场在突破颈线时，可以再次买入部分筹码；由于头肩底有经常性的反扑现象出现，所以当市场再度反扑到颈线位置时，可视作第三个最佳买入的时机。

在运用头肩形态指导操作时，同样要重视市场趋势线的支撑与阻力作用，由于头肩形的孕育需要一段时间，那么可以利用其对重要趋势的突破时机，完成部分建仓或出货计划。不要等到那个最重要的时机到来时才不顾一切地买入或卖出，要知道当所有的交易者都在等待时，这个最重要的机会往往难以抓住。在市场中，我们对买卖时机的出现稍微提前点准备是有必要的。

如图8–9所示，右肩（E点）高处还在形成过程中，很多技术型交易者就开始建立多头头寸了。当股价从C点涨至D点后再次回落到0.382或0.5黄金分割位的时候、当价格跌向近期的支撑位或出现向上突破跳空的时候、当价格跌到与左肩A点水平差不多的时候、当短暂的下降趋势线（线1）被向上突破的时候，统统是早期的入市机会。当颈线被突破后，或者事后发生回向颈线的反扑时，可以追加更多的头寸。对于比较激进的交易者，颈线未被突破之前可能就已经建立了大部分头寸。对于比较保守的交易者，在头肩底的形成过程中采取分批建仓的策略也是比较安全的。

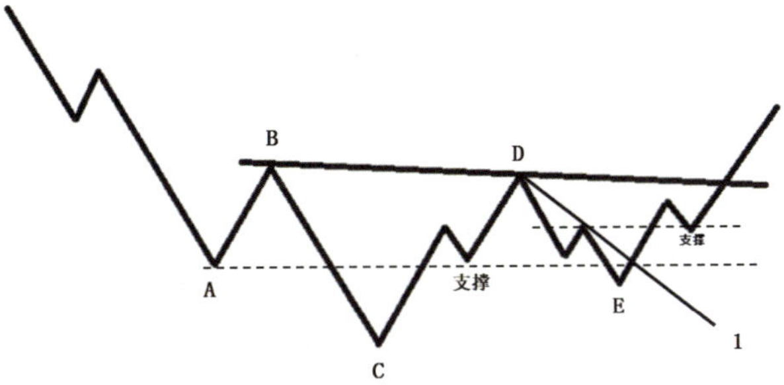

图8-9　趋势线的支撑与阻力作用

8.5　三重顶与三重底

⊙ 比较少见的转势形态

三重顶是一种比较少见的转势形态，其形成过程与头肩顶相似，只是其中三个波峰都处于同价格水平，每个上冲形成波峰的过程，都伴随了成交量的萎缩。三重顶只有两个浪谷连接而成的支撑位被击穿后，才得以最终形成。由于三重顶基本上属于头肩顶的变形，因此在测算它的价格目标时，也可以采用头肩顶的价格目标测算办法，即从三重顶到两个浪谷连接而成的那条支撑线的垂直高度，就是市场向下突破后的最小运动目标（图8–10）。

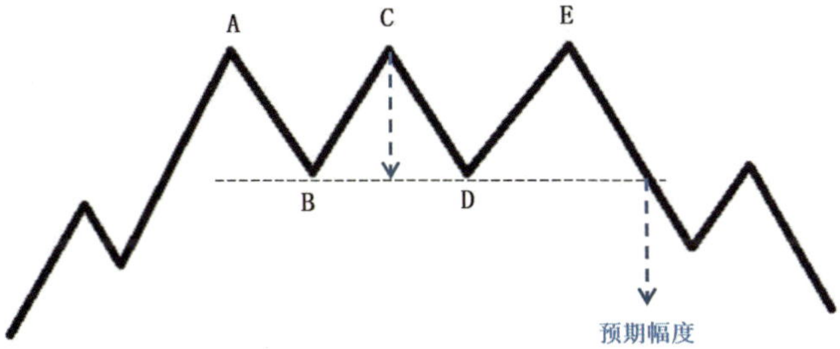

图8–10　三重顶形态

如图8–10所示，三重顶与头肩顶类似，只是其中三个峰都处在同一水平。每个上冲峰的成交量相应减少。当其中两个浪谷被市场以较大的成交量向下跌破后，本形态形成。其测算技术是，自突破点起，向下投射出与形态的高度相等的距离。在突破发生后，回向下方直线的反扑现象也不少见。我们同样将其中的两个波谷B点和D点的连线称为颈线，其在三重顶中的重要程度与头肩顶中颈线的重要程度相同。

如图8–11所示，我们可以看到科博达（603786）有明显的三重顶的反转形态。在前一个三重顶中，我们应该注意到颈线被突破之后的反扑，股价围绕颈线争执不下。C点略高于A点与E点，以最高点C到B—D线的垂直高度作为价格在突破颈线之后的预期下跌空间。在该股的实际走势中，在跌破三重顶的颈线后下跌距离远远大于预期距离。

图8–11　三重顶的实例

三重底形态与头肩底相似，形成过程也与头肩底相似。市场价格运动在三次向下冲击时，都遇到同一价格水平的支撑作用，可见该支撑位的力量相当强劲，市场转身向上寻求新的运动空间，转势便不可阻挡。

与头肩底形态中成交量的要求一样，三重底对成交量也相当看重。市场的三次下探，应伴随着较小的成交量，而市场冲破两个波峰连接的阻力时，成交量需要相应地放大，否则该突破的可信度将大打折扣。对于市场的这种特点，相信在多种转势形态中可以看到。

⊙ 突破与反扑

在三重底中，市场同样会面临习惯性的反扑现象，这种反扑应以低位两个波峰连接的直线为支撑线（注意，这条连线在三重底尚未完成前是一条阻力线，被突破后存在角色互换的情形，遂成支撑线）。随后市场会在这条支撑线的作用力下，再次放量上冲，一个新的上升趋势就基本上形成了（图8–12）。

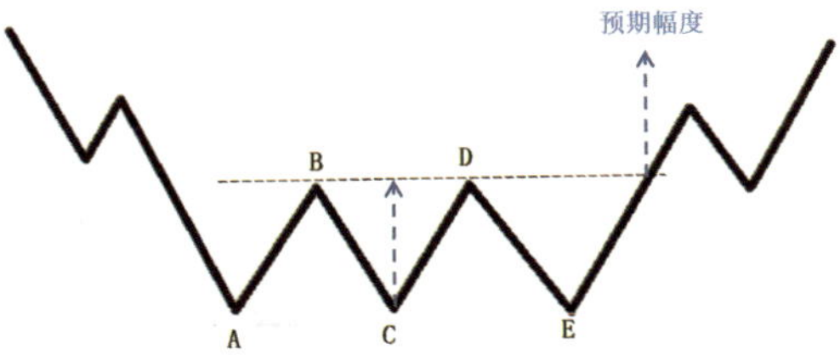

图8–12 三重底的形态

如图8–12所示，三重底与头肩底类似，只是其中每个低点均处于同一个价格水平上。它是三重顶的镜像，不过对于向上突破来说，成交量因素更重要。注意，在实际应用过程中，并不要求三个低点完全是同一价格水平。我们把三个低点基本上相近的形态也纳入三重底的范围，其分析方法并没有什么太大的变化。

图8–13是万泰生物（603392）在2020年6月至2021年3月期间的日线图，在这期间出现了三重底形态。这三个价格低点几乎同处一条水平线上。形态中股价多次冲高，相对应的成交量放大，而三个浪底出现时，所对应的成交量却在萎缩。当股价最终反转向上时，成交量相应放大。在三重底形态中，成交量是否配合，决定了股票价格能否真正摆脱底部而反转向上。而在三重顶的突破中，成交量的作用反而显得不是那么重要。

图8-13　三重底的应用实例

⊙ 注意形态的规模

我们还要注意三重底的形态规模，因为它直接关系到三重底反转形态形成之后的市场上升空间。测量的方法也可以参照头肩底形态：从突破点算起，它至少要走出与底部高度相等的距离。

8.6　双重顶与双重底

⊙ 常见面的老朋友

在股票市场，我们见得比较多的，除了头肩顶与头肩底之外，就是双重顶与双重底了。市场人士给这种出现于走势图中的“常客”取了五花八门的昵称：“M”头、“W”底，双顶、双底。与头肩顶和头肩底相比，双重顶与双重底只有两个波峰和一个浪谷，但形成的过程与发现价格目标的方法却是大同小异的（图8-14、图8-15）。

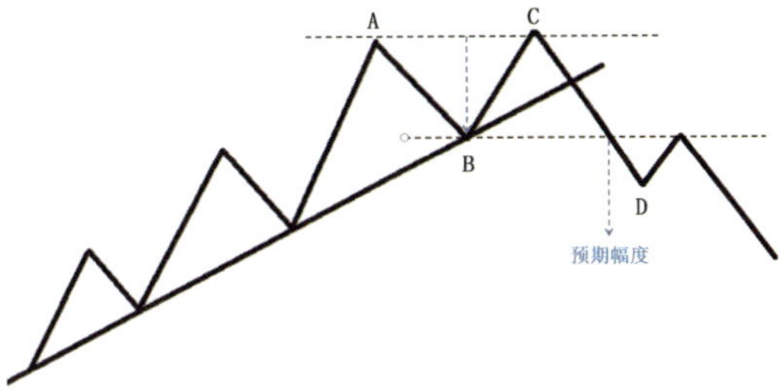

图8-14 双重顶的形态

如图8-14所示，双重顶有两个峰（A点和C点），处在大致相同的水平。当其中的低谷（B点）被收盘价跌破后，本形态形成。通常，在第二个峰（C点）成交量较小，而在向下突破（D点）时，成交量有所增加。而随后向颈线反扑的现象并不罕见。最小测算目标是，从突破点起，向下投射出与形态高度相等的距离。仿照头肩顶中的说法，我们通常也将穿过B点的那条水平直线称为颈线，只有当颈线被收盘价有效穿破时，才可以称之为双顶形态，否则仍然只能以涨势中的调整来看待。不可在市场的调整过程中滥用双顶这个概念。

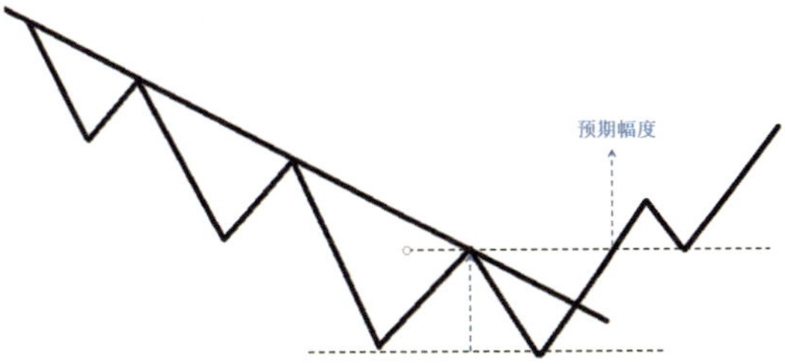

图8-15 双重底的形态

如图8-15所示，双重底是双重顶的镜像。对这里的向上突破来说，成交量因素更有分量。在底部形态中，向颈线反扑现象较多见。在双底形态的形成阶段，从股票价格突破一条重要的阻力线开始，积极的交易者就开始建仓，当双重底的颈线被最终突破时，则加码买进。这种操作思路实际上依据的是阻力线被突破的信号和双重底被突破的信号。

在一个连续的上涨趋势中，市场在冲高回落时形成第一个新波峰，然后在多头平仓盘或新买盘跟进不足的因素打击下，市场回落整理并形成一个低谷。由于市场至此并没有足够的理由说明上涨趋势即将结束，在惯性的作用下市场又展开新一轮上攻，然而，这次上攻并不能超越前面形成的波峰，接着价格便开始回落，并逼近这两个波峰之间的浪谷，一个潜在的双重顶便呼之欲出了。当然，要最终确认这个双重顶反转形态正式形成，还要等到市场决定性地跌破这个浪谷形成的支撑，我们也习惯上把这个水平支撑位称为颈线，并且在市场的收盘价位于这个颈线之下时，一场反转走势才宣告完成。

我们还是有必要追踪一下成交量在双重顶形态之中的变化。市场在冲击第一个波峰时，成交量应与前边上涨时的情形相当，随后的回调应该是缩量整理，但在形成第二个波峰时，成交量应明显减少。而市场跌破颈线时，成交量会相应放大。成交量的这种变化，反映了市场走势中多空力量对比的变化，因而别具深意。

关于双重顶的测算方法，与其他反转形态并没有太大的差别。量出从双重顶的两个波峰到浪谷的垂直距离，就是市场反转之后的最小价格目标（图8–16、图8–17）。

图8–16 双重顶的实例分析1

图8–16是同力日升（605286）在2021年7月至2022年7月期间的日线图，我们可以看到一个典型的双重顶反转形态。该股从16.66元附近起步强势上涨至44.71元，形成一个波峰A点，然后回落到B点，再从B点开展上攻，上升至C点。随后股价跌破B点，展开大幅度的下跌。以C点至B点的垂直距离计算，下跌价格目标最短会达到这一距离。

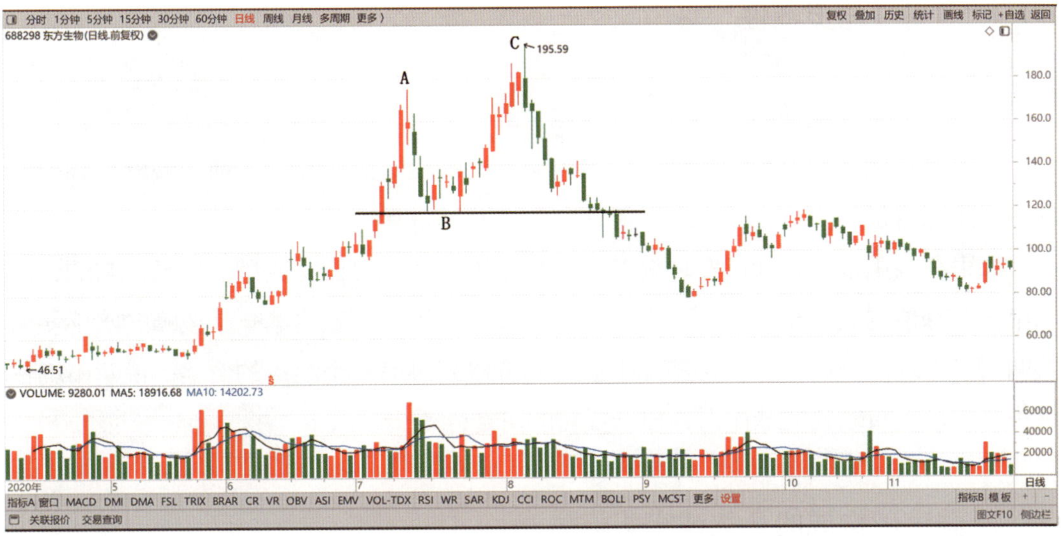

图8-17　双重顶的实例分析2

图8-17是东方生物（688298）在2020年4月至2020年11月期间的日线图。该股票从46.51元起步，带量上攻至A点，形成一个波峰，股价调整到B点时，成交量明显萎缩；从B点反弹起，成交量略有放大，上行创下新高195.59元，形成另一个波峰C。注意，双重顶中，一般是右边波峰的高度低于左边波峰的高度，但在此双重顶中，右峰C高于左峰A，形成突破态势，但这次突破最后被验证为假动作，股价没能持续上攻反而掉头猛跌。这类假突破的案例在股市中非常常见，在操作时要特别小心，可以借助百分比穿越（只有价格突破达到一定百分比，例如3%才确认突破有效）或者双日原则对价格突破阻力位的信号进行过滤。

双重底的形成过程和双重顶的形成过程基本上相同，只是方向相反，但二者仍有较大的不同。表现在成交量上，双重底更注重成交量的配合与否，特别是市场突破两个低谷中间的那个波峰时，应出现成交量成倍放大的情形。如果缺少成交量的配合，这种突破能不能够发生首先就是个疑问，突破之后如果缺乏足够的成交量推动，市场也难以展开上攻走势。所以说，在对双底形态的分析之中，成交量是最关键的验证工具。

另外，在双重底形态形成之后，市场也习惯于进行反扑，这种反扑在双重顶中会发生，不过，在双重底中似乎更为常见。

⊙ 原则性与灵活性

在我们谈到双重顶与双重底时，理想中的标准模型就是两个波峰或者两个谷底的价格水平是一致的。但我们在现实中遇到的形态却没有这么规范，两个波峰一高一低的情形比比皆是。

如果在双重顶中，我们发现第二个波峰比第一个波峰低，这种情况是正常的，说明第一个峰位构成了相当大的压力，以至于股价根本无力到达第一个波峰的水平便扭头向下了。在双重底中，如果第二个浪谷的价格高过第一个浪谷的价格，说明市场在第一个浪谷处有较强的承托力，显示反转的可能性更大。

⊙ 假突破构成的多头或空头陷阱

双重顶中，第二个波峰高于第一个波峰的情形也是有的。它在价格的第二次冲锋时，越过了第一个峰位的阻力，造成第二个峰的高度与第一个峰的高度不相等，且第二个峰高过第一个峰，但就在市场正预期它会将上升趋势进行到底的时候，趋势却出人意料地发生了逆转。这就是我们常说的“多头陷阱”，在中国股市中的一些著名庄股中，这种多头陷阱的双顶形态相当常见（图8–18）。

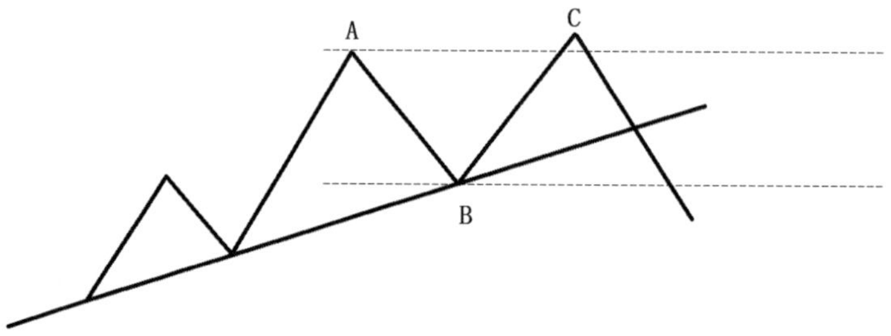

图8–18 假突破信号的例子

如图8–18所示，这种情形常常称为“多头陷阱”。有时，在接近主要上升趋势的尾声时，价格先是向上超越先前的波峰，而后却溃不成军。技术分析师可以借助时间和价格过滤器来避开此类拉锯现象，最常见的过滤器为百分比穿越和双日原则。

在双重底的形态构成中，也可见这种假突破的情形。当第一个波谷形成后，市场向上缩量反弹，然后再次下跌，并且击穿第一个波谷。正当市场预期继续下跌时，却被力挽狂澜的多头主力逆势拉起，形成第二个低谷低于第一个低谷的双重底形态。这就是“空头陷阱”（图8–19）。

图8–19　双重底形态的实例分析

图8–19是嘉澳环保（603822）2020年9月至2021年9月期间的日线图。在图中的一个双重底形态中，先是股价下跌至15.75元（A点），然后又反弹至B点，而从B点开始的下跌甚至跌破了前一浪底A点，创下新低价格14.73元（C点）。注意，一般第二个浪底比第一个浪底要高，但这里C点却比A点要低，可以用“空头陷阱”来解释。从C点出发，一轮井喷式的上涨行情不仅击破了B点的阻力，而且展开了一轮较大幅度的上升行情。

在出现多头陷阱或空头陷阱的市场中，交易者应根据这种突破的有效性来识别出它们。有的技术分析人士利用百分比穿越原则（常见的是3%或5%）或双日原则来判断，有一定的效果。不过，还有一种十分简便易行的过滤方法，那就是依据收盘价是否仍然构成了突破来分析，如果仅仅是日内价格突破了前一支撑或阻力，但收盘价仍处于支撑之上或者阻力之下，那么这样的突破信号是可以忽略不计的。

⊙ 双重顶与双重底的分析要诀

（1）只有当市场真正跌破了前一个反弹低点才表明双重顶反转形态成立；当市场真正突破前一个反弹高点时，说明双重底的有效性初步被认定。

（2）大多数潜在的双重顶与双重底都只是市场原有趋势的调整形态，它们只是一些看起来像是要发生突破的所谓潜在形态，如果不击穿颈线，市场仍会回到既有的趋势中去。因而不能看见在市场高位出现了两个波峰或在市场低位出现了两个低谷就提早下结论是双重顶或双重底转势形态（图8–20、图8–21）。

（3）市场在双峰或双谷之间徘徊的时间越长、形态的高度越高，那么反转发生的潜力越大，反转发生时的规模越大，走势也越猛烈。

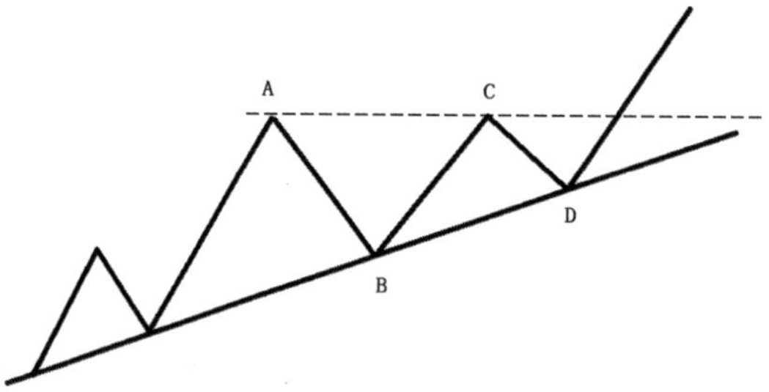

图8–20 趋势的调整

如图8–20所示，在上升趋势中，股票价格恢复上涨之前，先从过去的峰位正常回调，这属于正常的市场行为，切不可与双重顶混为一谈。仅当B点的支撑被跌破后，双重顶才能成立。在股市中，常常有人会在市场出现A点和C点时就预言一个潜在的双顶正在形成，但事实上这种所谓的潜在双顶属上升趋势调整形态的可能性很大，切不可滥用“双顶”的概念。

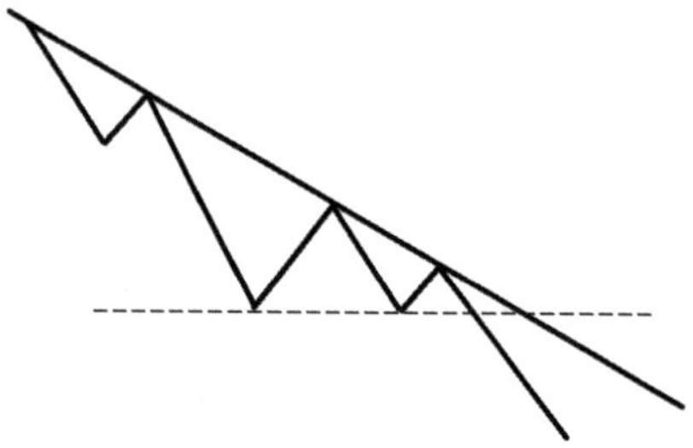

图8–21 从低点正常反弹

图8–21所示的也属于正常的市场行为，切不可与双重底混淆。在正常情况下，价格在达到先前的低点时，至少总要反弹一次。这种正常现象可能诱使一些朋友犯了过早预测双重底形成的错误。因轻言双重底而入市抄底的交易者会发现双重底之下还会有双重底出现。至少要等待下降趋势线被突破之后再入市，这才是安全的策略。

8.7 圆顶与圆底

⊙ 温和的市场运动的产物

圆顶与圆底是市场在温和的运动中完成反转的两种形态，也有不少的昵称。它们出现在市场的顶部或底部时，需要缓慢地、潜移默化地完成趋势的反转（图8-22、图8-23）。

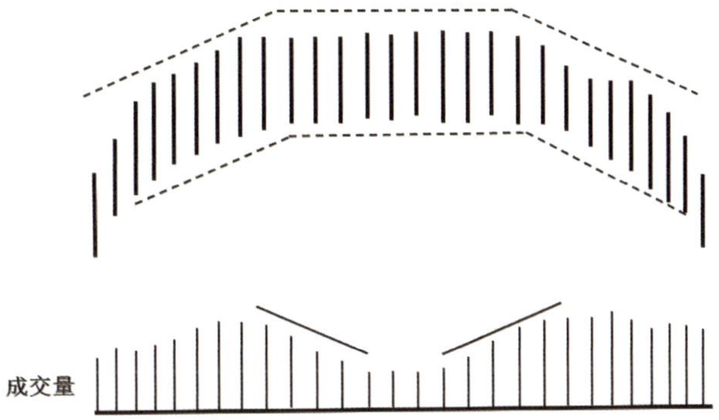

图8-22 圆顶

如图8-22所示，上涨趋势逐步丧失上升的动力，慢慢地转化为新的下跌趋势。注意，与之对应的成交量往往也形成了自己的圆形形态。这种顶部形态又称“倒扣碗形”。圆顶形态在实际应用中不常见到，但这种形态的反转意义却是相当大的，它与圆底形态一样，是属于成功率相对比较高的一类反转形态。圆顶反转的特点是，可以令股票价格回到前一轮上涨的起点。

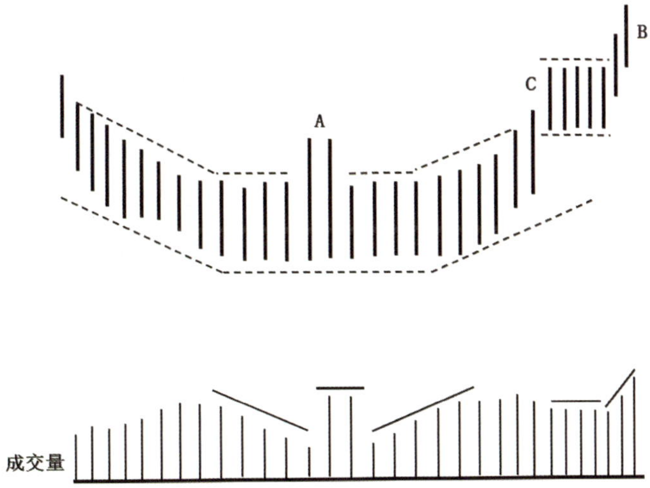

图8-23 圆底

如图8–23所示，注意成交量的圆形形态。有时候，在底部形态的中点稍后，交易活动会突然增加。在右侧，常常形成平台，此类形态在底部比在顶部更多见。底部形态的完结既可以以A点的峰被向上突破为标志，也可以以向上突破平台（B点）为标志。圆底形态的反转信号相当可靠，市场在底部积蓄了巨大的能量，一旦爆发出来，很可能像是火山的岩浆一样，上涨之势难以阻挡。

市场在经过一轮暴涨之后，上涨趋势演变成横向走势，在横盘的过程中，它既不像头肩顶那样剧烈震荡，也不像双重顶那样左冲右突。市场走到这里时忽然变得波澜不兴，买方力量与卖方力量处于恰到好处的平衡状态，而且谁都不想马上打破这种相安无事的胶着局面，成交量也日见减少。尽管市场在不温不火地推高，但成交量对此好像视而不见。因而在市场价格形态走出了一个巨大的拱形时，相对应的成交量则呈现出一个巨大的盆形。交易者在这种难以忍耐的寂寞中，开始转移注意力，谁还愿意把时间和精力浪费在这种呆滞的市场之中呢？

但在这种看似平静的走势后面，却是一座即将爆发的“火山”。市场开始一点一点地突破盘整区的下档支撑，终于在某一天支撑不住了，市场便如同雪崩一样地垮下来。一场对原有上升趋势“密谋”已久的“颠覆”活动便出人意料地结束了。对于那些始终留意它的市场分析师来说，这就像是两个重量级的拳手在索然寡味地对峙了10个回合之后，突然有一方被重拳击倒爬不起来。在圆顶形的反转中，突施重手的当然不会是拳王泰森了，多头主力可以作证。

伴随着市场的加速下滑，成交量又开始增加，这无疑证实了这个反转的有效性。市场有可能重新回到前一轮涨势的起点。在测算圆顶形态的市场目标时，基本上可以参照市场在上一轮上涨时进入圆顶盘整区间之前的幅度。当然也可以参照其他的分析工具，例如支撑和阻力水平、百分比回撤、中长期趋势线就是不错的寻找价格目标的分析工具。

圆底形态形成的时间可能更加漫长，一旦这种形态形成并开始向上突破之后，往往标志着一个规模宏大的上升趋势的开始。圆形底只要出现，那么其可靠性相当高。尽管市场在底部缩量调整的时间太长，而且市场气氛令人感到沉闷，甚至让人窒息，但关注这样的市场状态是有价值的。在沪深股市，许多市场主力在吸筹阶段都是表现得相当克制的，一个不被人关注的市场底部，说不定正潜伏着一条嗜血的大鳄呢。

⊙ 形态的目标价格测算

圆底形态的目标价格测算，多以圆底在形成的过程中所耗费的时间来估计。不过，中国有句老话，“横起来有多长，竖起来就有多高”，我想，用它来测算圆底在反转确定、开始攀升之后的市场目标，或许也是可行的（图8-24、图8-25）。

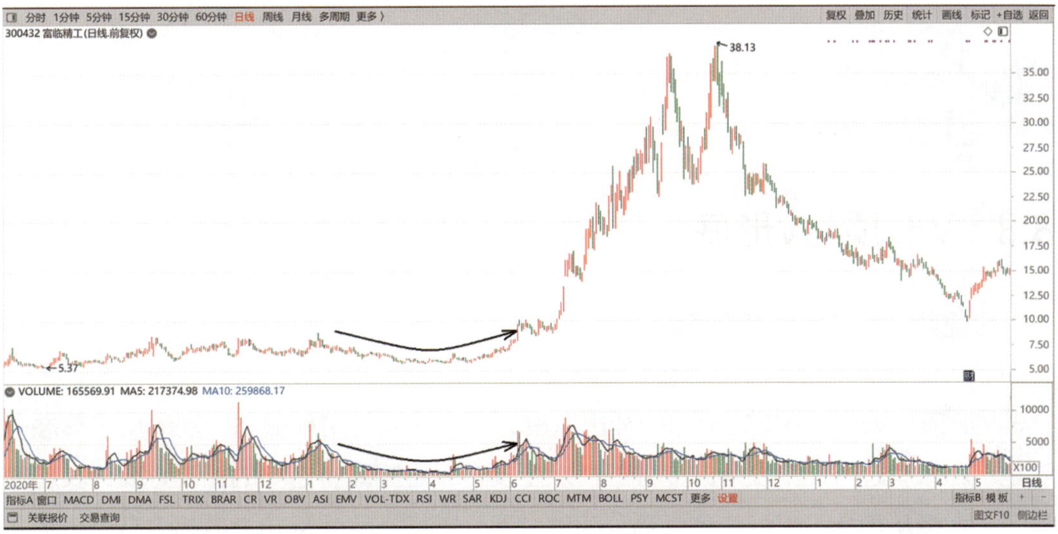

图8-24 圆底形态的实例

图8-24是富临精工（300432）在2020年6月至2022年5月期间的日线图。该股在2021年1月至2021年6月形成了一个颇为标准的圆底形态。K线的圆底形态和成交量形成的图形何其相似。

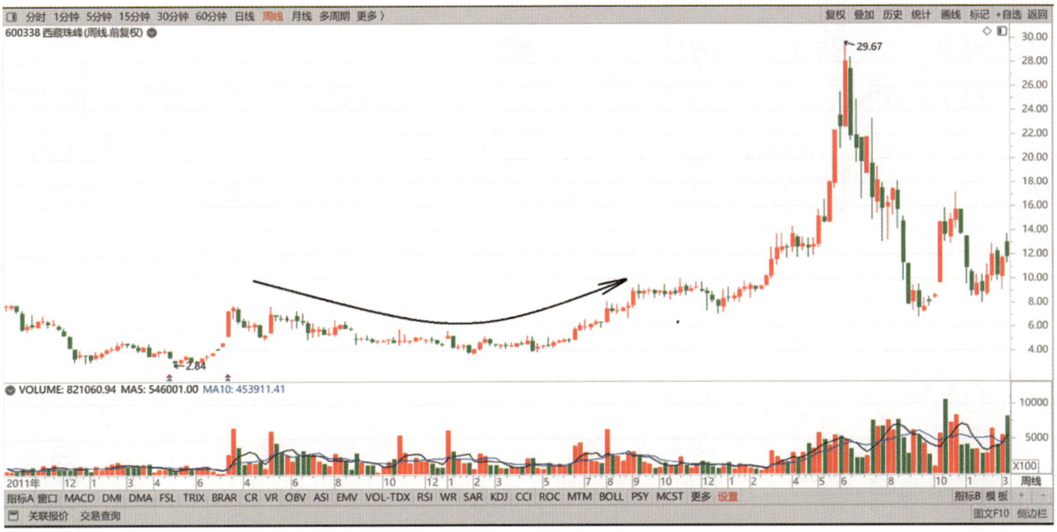

图8-25 圆底形态的应用

图8-25是西藏珠峰（600338）2011—2016年的周线图。请注意，该股在2013年4月至2014年9月间出现了一个巨大圆底形态。请看，2015年2月末该股突破底部阻力加速上升的过程伴随着成交量的剧烈膨胀。从该股摆脱底部后的上升空间看，“横起来有多长，竖起来就有多高”。请注意，该股在圆底右侧形成了一个价格平台，如果结合阻力线来看，该平台被突破也可以看作圆底反转向上的转势信号。

8.8 V形顶与V形底

⊙ 剧烈的市场趋势反转

V形顶与V形底是反转形态中神出鬼没、难以捉摸的两种形态。别的反转形态一般是市场原有趋势逐渐发生改变并最终发生反转，走到原有趋势的相反方向，表现的是多空力量从相持不下渐变到强弱分明的过程，市场在发生反转之前都会有一个缓冲阶段。

但显然V形顶和V形底却与市场逐步改变方向的习惯大异其趣，它们不能忍受“润物细无声”的悄悄改变，只接受“海雨天风独往来”的轰轰烈烈。所以你看见它们时，要么跳上了天堂，要么跌进了地狱。这种常见的剧烈反转形态常常把我们搞得措手不及。如何预知这种形态即将发生，并在它们实际发生的时候及时地识别出来，以便为采取行动构思相适应的交易计划是个难题。

如图8-26所示，此类形态通常出现在失控的牛市环境中，事前市场向上伸展得太过分了。转折点通常在关键反转日或者以岛形反转的形式发生。届时市场陡然反转，突然掉头，令人措手不及，这种反转形态应与其他技术指标综合起来看，才能达到分析效果。

图8–26 V形顶（或称长钉形顶）的例子

如图8–27所示，下跌趋势极快地反转为上涨趋势，事先毫无征兆，中间也没有转换阶段。这可能是最难以识别和交易的价格形态。我们可以结合趋势线的支撑或阻力位置来确认形态的反转信号，以赶在反转之前下手买进，避免因反转过急而出现踏空情况。

图8–27 V形底（或称长钉形底）的例子

如图8–28所示，在市场发生转折后，行情马上形成了一个小平台。通常，它稍稍地斜向新趋势的相反方向。当平台被突破时，趋势的反转也就完成了。底部扩展V形反转的形态与此类似，但上下正好倒过来。扩展形态的V形顶和V形底都是正常V形顶或底的变体，当出现平台突破信号时，A点是最佳的卖出时机。

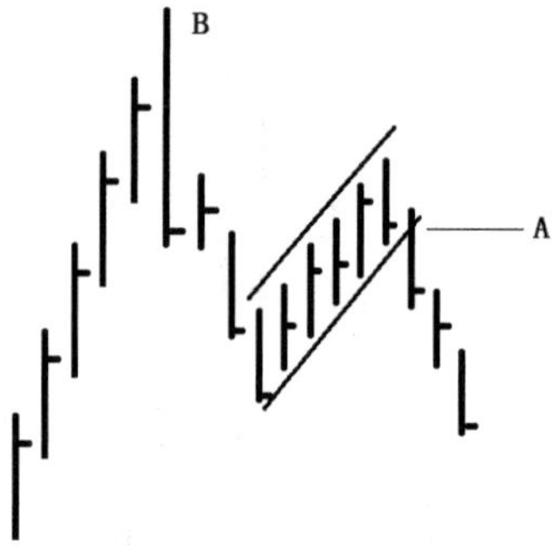

图8-28 右侧扩展V形顶的例子

如图8-29所示，这类形态相当少见，它与正常的扩展V形一样，只是其平台超前于市场的转折点。平台的部分可以看作一个下降旗形的形态，那么这个下降旗形被突破，仍是看涨的信号，因而突破A点，仍可看作买入的时机。市场真正的反转是从B点开始的。

图8-29 左侧扩展V形顶的例子

V形顶与V形底出现在市场暴涨及暴跌之中。在市场经过近似于直线的火箭式攀升之后，由于上涨过程未经像样的调整，市场出现了过度投机的现象，并因此产生了严重的泡沫。因而市场在这种狂热的氛围下不可能理性地自我调整，那么本来就已经走过头了的市场便选择了用暴风骤雨般的方式展开回调，而这种回调常常会回到涨幅的50%附近。

⊙ 抢购高潮与恐慌性抛售

V形底往往是由于市场受突发因素的影响而出现恐慌性抛售而形成的。恐慌性抛售可能令市场跌到一个偏离股票价值过远的低位，由于抛售的狂热盲目地压制了价格，当交易者突然醒悟过来时，市场便如被压得过低的弹簧，一下子就蹿了上来。

分析要诀：

（1）V形顶由于位于市场的顶部，一旦形成，比V形底的反转要来得剧烈得多。

（2）识别V形顶时，可以借助K线理论中提到的反转信号来帮忙，由于V形顶与底均发生在较短的时间内，所以这些短暂时间内出现的反转信号便派上了用场。

图8–30是天华超净（300390）在2021年1月至2022年5月期间的日线图。从2021年5月起步的一波快速涨势将该股价格推至137.10元（B点），由于涨势速度过快，市场中的累积获利盘没有得到消化，因而当获利盘大规模了结时，价格高台跳水，形成了V形顶。注意，股价在快速下跌后，短暂反弹，形成了扩展平台，当扩展平台（A点）被突破之时，应当卖出离场。

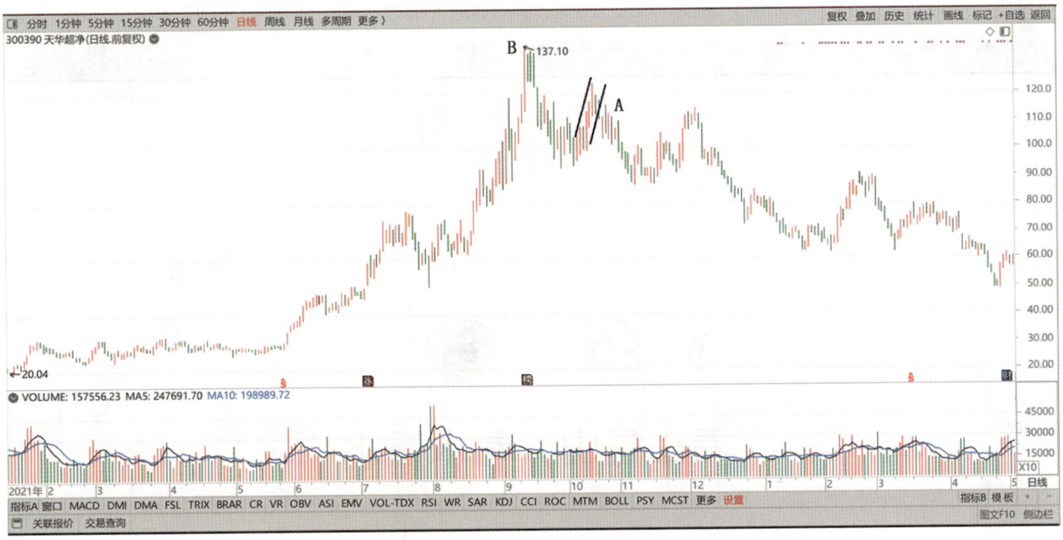

图8–30 V形顶的实例

图8-31是盾安环境（002011）2021年2月至2022年7月的日线图。股价从B点开始，一路下跌至A点，但该股价格在低点并没有维持多长时间，就在突然膨胀的成交量配合下一路狂飙至C点。股价从B点跌至A点是一种恐慌性下跌，反映了市场杀跌动能的最后一次大释放。当买盘趁低杀入时，股价就会以比下跌时更快的速度向上推进。V形底的反转有时令人意想不到，事实上能在A点处买进的人也是少之又少的。

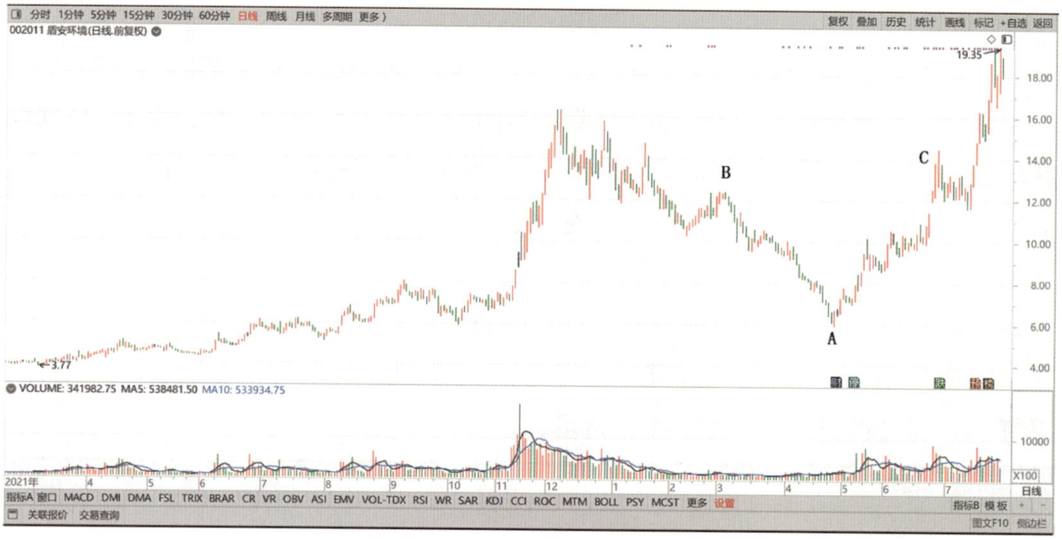

图8-31　V形底反转形态的实例

小　结

看山是山，看水是水

这一章我们研究了几种极为重要的反转形态，这些形态我们在进行图表分析时会经常碰到，因而不可忽视。

主要的反转形态的重要性自然是不言而喻的，我们在一个持续运动的市场中，失去一次跟进买入的机会，或者因过早平仓而少赚了一些利润，这都不是最致命的。当一个既有的市场趋势正在或者即将发生转折时，我们不采取行动，就会陷于被动的泥沼中难以自拔。假如我们自己手中持有某只股票，若既有趋势仍在继续，我们当然不用去管它了，但如果某个重要的反转信号被忽略，错过了一次绝佳的平仓出逃的机会，那么很可能将我们好长时间积累起来的浮动盈利一笔抹去，弄不好还会出现亏损，这就挺不值了。实际上反转形态不但对于我们持仓还是平仓有重要意义，而且对于我们在何时进场买进，也深具分析作用。

在这些主要的反转形态中，最有效的首推头肩顶和头肩底，其反转信号强烈，市场运动规模大，是捕捉买进或卖出时机的有效工具；双重顶与双重底形态也是最常见的反转形态之一，它们一般出现在市场的重要底部和顶部，发出既有趋势即将生变的信号。V形顶和V形底出现在剧烈的价格运动之中，其反转信号难以捕捉，经常是来也匆匆，去也匆匆；三重顶与三重底的分析意义和分析方法与头肩顶底一样；圆底和圆顶形态较少出现，不过一旦出现这种情形，其反转的走势规模会相当大，值得警惕。

还有一种角色变化的情形出现：一向是转势形态的头肩底和头肩顶偶尔充当了持续形态的角色，而一向作为持续形态的三角形形态也会充当市场的顶部或底部，导致原有市场趋势发生转折，发挥了转势形态的功能。但请注意，头肩顶无论是出现在市场的顶部作为转势形态还是充当持续形态出现在趋势的中间，都具有看跌的意义；头肩底作为反转或持续形态时，都具有看涨的意义。其测算方法也与反转形态的头肩底或头肩顶相同。

对于刚入门的股市新手来说，应该简单地对待反转形态，没有必要把形态的分析意义过于复杂化。也就是常说的“看山是山，看水是水”，这样出错的机会反而少些。有些分析者常常考虑过多，一个已经发生突破的头肩顶，暂时可以先当作成功的头肩顶转势信号（看跌信号）来看待——切忌多疑，倘若疑心是什么失败形态，或者对它的价格目标表示怀疑，这样一想，就会错过机会。有时一个重要的反转形态的开始，如果我们不能在第一时间采取行动，往往追悔莫及。即使是失败信号的可能性很大，也应考虑先行离场，观望后再做决定。在平仓这个问题上，有时是需要果断和勇气的。

经验不老到的分析者，经常在一个反转形态尚未真正完成之时，就先做出某种形态的预测。最容易犯的错误就是常将股价在前一个波峰附近回调看成是双顶形态，市场在突破前一个阻力位时，都会习惯回落整理，然后突围而出，过早下结论常常导致决策失误。V形顶和V形底也有类似的倾向，一个延伸得太过分的市场，其调整也会相当急促，并不能一见到市场快速回调就认为是V形反转形态出现，急速调整的市场，恢复既有趋势的机会很大。

总之，在反转形态的分析与判断之中，首先要搞清楚形态是否形成，如头肩顶和头肩底是否突破了颈线；双顶与双底是否克服了相反方向的低谷或者波峰而形成真正的反转；V形反转是快速回调还是彻底变向，都要老老实实地等待市场显露出相关的特征后再做出判断。其次对待形态发生角色转换或者反转失败的情形，也要等待信号确定之后，才制定相应的对策。例如头肩顶的颈线被击穿之后，市场会有向颈线的反扑，盘中或许会有个别价格回到颈线的上边，但在收盘时又大幅回落到颈线下方，这就不能算作是头肩顶作为反转形态而反转失败了的情形。

股事新编之八　认错

过于自信而从不认错的某股评家当众宣布，他有一回真的错了。这使股民们惊讶不已。

“您错了？”在场的一个人惊叫道，“这不可能！”

“对，”股评家回答说，“有一次我以为自己看错了行情，犯下了错误，但是事实证明我认为自己犯了错的想法是错误的，那只股票的走势与我分析的真是一点都不差！”

第9章 主要持续形态

9.1 与三角形正面交锋

⊙ 形态分析的必经之路

在分析主要的反转形态时，我们需要把握的是市场运动的既有趋势在何时会发生根本性的改变，而研究持续形态时，这个问题似乎显得较次要。谢天谢地，我们不用去担心市场会在什么时候“翻脸不认人”，我们只是要搞清楚，市场在经过一番休整之后，会沿原来的趋势再走多远。

主要的反转形态揭示的是市场运动从根本上改变了方向的情形，我们可以说这是市场运动的质变，而主要的持续形态透露的则是市场运动量变的信息。一般来说，事物的质变过程总是要花费相当长一段时间才完成，而量变所需时间则相对短一些。所以市场价格走势的反转形态都会颇费一番周折才能完成，而持续形态则多数属于中等形态，甚至属于短暂形态的类型。尽管本该为持续形态的价格走势也可能偶尔会“客串”一下反转形态的角色，不辞辛苦地充当了市场的顶部或者底部，但我们还是应该注重研究它们惯常扮演的角色，而把它们偶尔“客串”顶与底的行为视作“不务正业”。

即使是在三角形形态这种常见的持续形态中，我们还是可以看到它千姿百态的变体：对称三角形、上升三角形和下降三角形形态。而在我们实际碰到的价格走势形态中，完全符合标准形态的三角形形态是不常见到的。我敢说绝大多数三角形形态都不是标准的图形，但这并不妨碍我们去分析它们的意义（图9–1、图9–2、图9–3）。

⊙ 对称三角形

市场在经过一番上涨或者下跌之后，进入横盘整理，价格在两条逐渐聚拢的趋势线中越来越窄，呈现典型的缩量盘整的特征。但随后市场恢复原来的趋势，盘整区间被市场抛在后头。

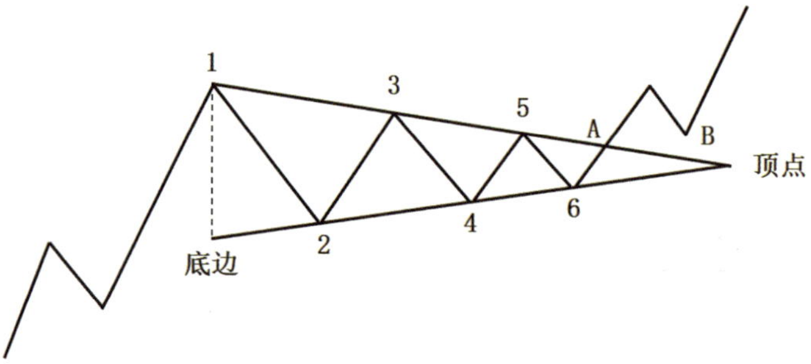

图9–1　看涨对称三角形的例子

图9–1中的两根趋势线是相互聚拢的。无论收盘价格超出哪一根趋势线，形态均告形成。左侧的垂直线段是它的底边线，右侧的两线交点为顶点。在看涨的对称三角形中，我们可以找到两次入市买入的机会：第一次是当从点6开始的上升浪击穿了三角形的上边线（突破A点）时，可以及时入市买入；第二次是当价格反抽到三角形上边线附近（B点）时，也应及时跟进。

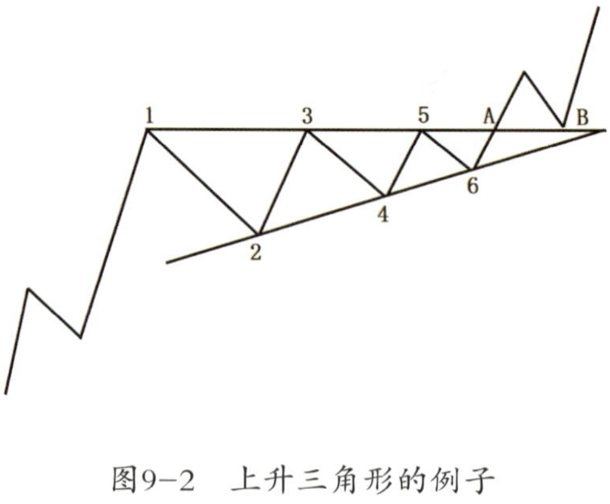

图9–2　上升三角形的例子

图9–2中上边线呈水平状态，而下边线上斜。一般来说，它属于看涨形态。三角形上边线被突破时，A点处应是买入的最佳时机，但反扑时的B点处也是再次入货的好时机。一个过于强烈的突破有时不一定会出现反扑现象，因而抓住最佳买入时机是

十分关键的。

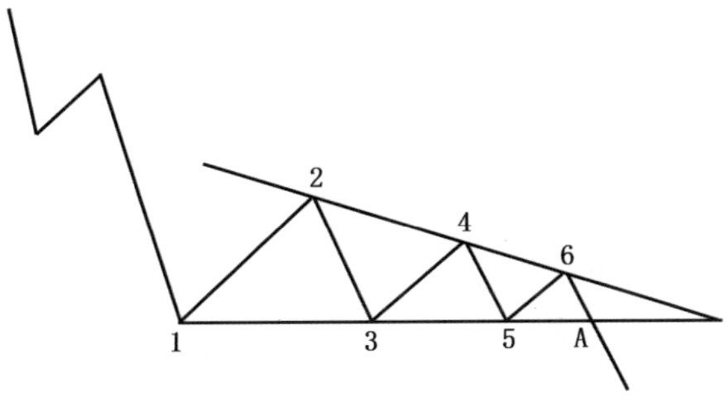

图9-3 下降三角形的例子

图9-3中下边线呈水平状态，上边线下斜，一般属于看跌形态。下降三角形也具有明显的5浪结构，当该种形态的下边线被突破时，应该是及时平仓的好机会。如果不幸错过，当突破之后的反扑出现时，第二次卖出机会出现，应敏锐地抓住它。

对称三角形既可能出现在涨势之中，也可能出现在跌势之中。在上涨趋势中，价格会在三角形的支撑与阻力中间左冲右突，但最终仍将冲破三角形的上档边线，令上升趋势继续前进。

在下跌趋势中，价格在淡静的交易气氛之中有气无力地做对称三角形盘整，喘过气来之后，市场呈现的很可能还是一边倒的跌势。所以在见到这类三角形形态出现在下跌途中时，最好不要心存幻想，认为市场已经跌不下去了。

在三角形盘整形态中，我们至少要找出两个波峰与两个谷底才能画出它们的上档边线与下档边线。简单地说，我们需要四个短暂的转折点才能画出那两条聚拢的趋势线。但市场往往有5浪上升或下跌的倾向，在三角形内，仍习惯呈现5浪特征。

⊙ 三角形的突破

我们通过找出市场盘整走势中出现的两个峰和两个谷，画出了一个作为持续形态的三角形，在这个三角形没有被突破之前，我们可以预期市场仍将在这个三角形中做窄幅盘整。问题是这个盘整总会有一个结束的时间，它会打破那个我们画出的三角形的边线，寻找它的出路。

那么，市场会在什么时间打破这个沉闷的局面呢？有丰富经验的技术分析师可以找出市场突破的大致区间，这个区间为三角形横向宽度的1/2～3/4之间。市场会在飘出三角形的尖端之前做出突破的选择，并恢复原来的趋势（图9–4、图9–5）。

图9–4 对称三角形的应用实例

从图9–4上我们可以看到一个相对标准的对称三角形形态。该股票从4.23元起步上涨，但在2021年1月至2021年4月间横盘整理。注意，这个盘整区间的上边线与下边线相聚拢而合成一个对称三角形的持续形态。从6开始的恢复的上涨走势形成了上楔形形态，形态终结后，股价在对称三角形的上边线延长线上获得支撑（B点），并重新开启新一轮涨势。

当然，也有的行情在三角形盘整的区间内迷失了方向，并超出了横向宽度3/4的范围，直到走出三角形的尖端之外仍处于这种横盘走势。这说明市场在这里已经丧失了维持既有趋势的动能，需要更多的时间去积累继续前进的动力。于是这个三角形对市场而言就不再具有分析意义。

三角形的突破常常是以击穿某条趋势线为开端的，当然这条趋势线可能就是三角形的上边线或下边线。市场可能在某个交易日中发生了这种突破，但要确认这种突破的有效性，还是先由“收盘价是否发生了突破”来验证。如果市场只是在盘中刺穿了这条趋势线，看起来三角形突破好像已经发生，但如果收盘价又回到了三角形之内，则说明市场仍处于这个三角形盘整之中，突破无效。就像足球比赛中，越位在先，即使进了球也是不算数的。

在三角形突破这个问题上，我们还要警惕市场有可能来一个假动作骗人。例如在一个上升趋势中的三角形形态中，按习惯它应是朝上边突破，并且再续升势“未了情”的。但突然市场来了个向下突破，令市场人士大跌眼镜，都以为三角形充当了转势形态，叹息之余，有的交易者会斩仓出局，但就在市场一片风声鹤唳之时，突然云开雾散，价格闪电般地向上弹跳，仿佛“超人”驾到，市场仍然回到了上升的轨道中。这种假突破的动作多是由市场庄家做出来的，目的是通过震荡洗盘摆脱散户跟风盘，之后市场往往会有惊人的涨幅。

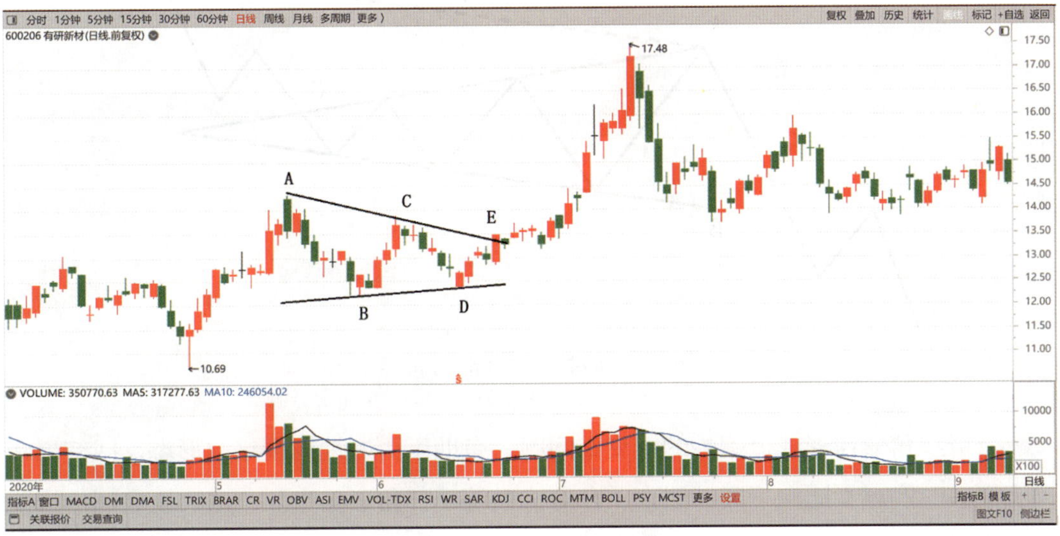

图9-5　三角形的实例

图9-5是有研新材（600206）在2020年4月至2020年9月期间的日线图。我们可以看到一个不是十分标准的对称三角形的例子，它的两条边线不太对称，又不具其他三角形的特征。我们在实际操作过程中常遇到这类既非对称三角形，又不是上升或下降三角形的形态，但我想还是将其纳入三角形的分析视野为好。这类三角形形态尽管不是十分标准，但仍然具有极好的分析效果。

⊙ 三角形的价格目标发现

在三角形发生突破时，市场仍然有反扑的现象发生。这个问题在转势形态中经常见到，但持续形态的突破中也会偶尔见到这种情形。只不过反转形态中的反扑现象是经常发生的，而持续形态中的反扑则相对较少，且这两种反扑的规模和激烈程度也不可同日而语。

以图9–6为例，测算对称三角形的价格目标有两种方法：其一，先量出底边（AB）的高度，然后从突破点C点起，投射出与这个高度相等的垂直距离；其二，从底边的上端点（A点）引出一条平行于三角形下边线的平行线。大多数股票市场分析师倾向于采取第一种方法。实践中，这种方法也比第二种方法更好用。

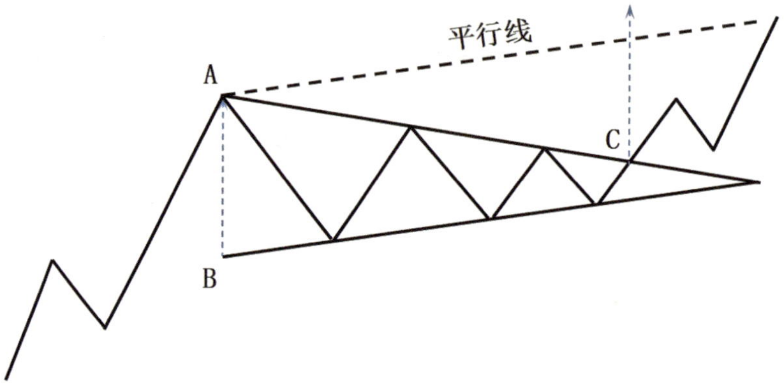

图9–6　测算对称三角形的价格目标

分析三角形在形成过程中的成交量问题，有助于更好地把握这类形态。成交量在向上突破时的意义比向下突破时大，在价格盘整于三角形之中时，成交量会随价格波幅的收窄而减少，但市场一旦恢复了原来的走势，则会呈现出成交量放大的情况，这一点在上升趋势中表现得尤为突出（图9–7、图9–8、图9–9）。

图9–7　三角形充当顶部形态的实例

从图9–7的走势曲线上看，我们发现一个对称三角形形态。不过，这次它充当的不是持续形态，而是一个重要的顶部转势形态，价格从该形态下边线突破，令有望再冲一波的该股票走势完全反转走熊。三角形的这种顶部形态并不少见，在日线上和其他短期图形上均有反映，只不过它一旦出现在股票走势的周线图上，其反转信号就更加强烈。

图9-8 三角形的顶部形态

图9-8是丽珠集团（000513）在2020年12月至2022年1月期间的日线图。请注意，该股价格创54.95元新高之后形成一个对称三角形，最后股价突破该三角形的下边线而成为转势形态。

图9-9 下降三角形充当顶部形态

图9-9是热景生物（688068）在2021年2月至2021年11月期间的日线图。该股价格也是在创出157.01元的年内新高位之后，高位盘整形成一个较为标准的下降三角形。最后股价突破三角形的下边线，发出了上升趋势生变的早期警讯。在充当持续形态时，下降三角形具有看跌的意义，甚至在充当顶部形态时，该三角形都未改变其看空的性质。

9.2 上升三角形与下降三角形

⊙ 三角形家族中的重要成员

上升三角形与下降三角形都是三角形的变体，但它们却具有不同的分析意义（图9-10、图9-11）。

上升三角形属于看涨的走势形态，由于市场中的买方力量仍居于主导地位，卖方基本上处于守势，所以在形态上，这种三角形的上边线是呈水平状态的，下边线向上倾斜，暗示了即使在横向盘整的市场运动中，买盘仍然处于主动状态。

下降三角形是看跌的走势形态，从市场走势可以看到，空头主动积极，而多头消极抵抗，图形上这类三角形的下边线是呈水平状态的，而上边线则向下倾斜，反映了市场中空头咄咄逼人的气势。

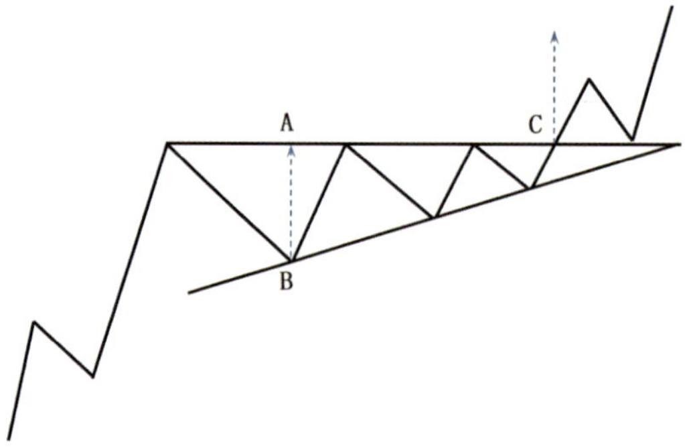

图9-10　上升三角形

如图9–10所示，当收盘价格决定性地超出上边线后，本形态就完结了。突破发生时，成交量应急剧放大。突破后，这条上边线（阻挡线）将在之后的下跌中起到支撑作用。上升三角形最小价格目标的测算方法是，先测出三角形的高度（AB），然后从突破点C点起，向上投射出相等的垂直距离。上升三角形一般出现在上升趋势之中，它预示着市场趋势具有强烈的向好特征，该三角形的上边线一旦被突破，上升趋势就会得到恢复。

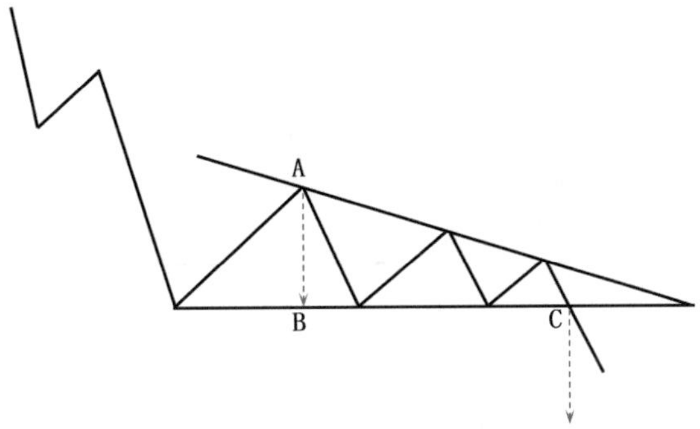

图9–11　下降三角形

如图9–11所示，当收盘价格决定性地跌过下边水平线后，该看跌形态形成。下降三角形最小价格目标的测算方法是，自C点起向下投射三角形高度（AB）。下降三角形在下跌趋势中，本身就具有强烈的向淡意味，一旦该三角形的下边线被突破，跌势会加速。有无成交量的相应放大，在下降三角形中并不是十分重要的。

上升三角形与下降三角形具有明显不同的形态与特征，因而它们无论出现在趋势结构中的哪一部分，都有其明显的倾向性。上升三角形出现在上升趋势中，我们一眼就可以看出市场将会继续演绎上涨行情，而出现下降三角形时我们也可以从形态上轻易地识别出其看空的特征。

上升三角形与下降三角形在形态的倾向性方面具有与对称三角形明显不同的区别（图9–12，图9–13）。对称三角形单从形态看，并没有看涨或看跌的意味，它没有先天性的偏向，出现在上升趋势中，我们可以认为它是一个看涨的持续形态；出现在下降趋势中，其看跌的意义也就注定了。

图9-12　下降三角形的实例

如图9-12所示，请注意三一重工（600031）价格见顶49.25元后的下跌趋势，在2021年7月至2021年10月间，该股价曲线呈现下降三角形的盘整持续形态，该三角形下边线呈水平状态，上边线下倾，具有看跌的意义。该下降三角形下边线被突破之后，股价随之下跌了一个台阶。注意下降三角形下边线在形态突破前后所发生的支撑与阻力的角色转换情况。

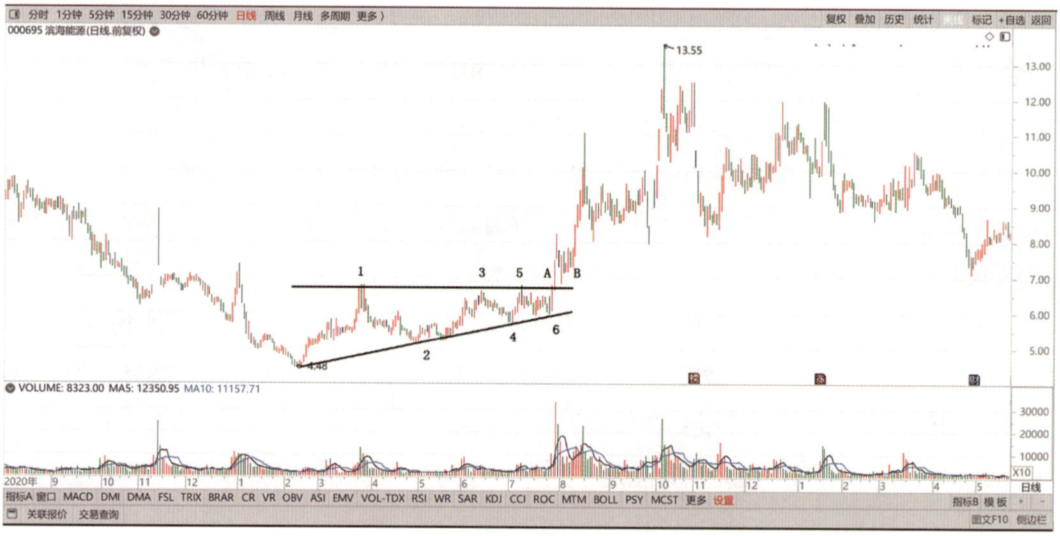

图9-13　上升三角形的实例

图9-13是滨海能源（000695）在2020年8月至2022年5月期间的日线图。该股在

2021年2月至7月间形成了一个上升三角形形态（注意该三角形呈水平状的上边线和向上倾斜的下边线）。该形态也具备了5浪特征，价格突破上边线时突然放出巨量。

⊙ 三角形的测算技术

上升三角形的测算分析要诀：

（1）上升三角形属于看涨形态，但形态的形成应是市场收盘价突破该三角形的上边线，并且随着价格的决定性突破，成交量相应放大。

（2）我们可以先量出上升三角形最宽处的垂直高度，然后从突破点起，向上投影相等距离以此测算出价格目标，这种方法我们在其他的走势形态中也运用过。

（3）上升三角形有时也会以底部形态出现，不过在这种情况下它不是持续形态，而是充当了转势形态的角色，但它仍具有看涨的含义。

下降三角形的测算分析要诀：

（1）下降三角形可以看作是上升三角形的倒影，具有明显的看空意义，显示着市场正由空方执掌。趋势在形态突破之后得到恢复，而突破的有效性必须依赖于收盘价成功穿越下边线。

（2）下降三角形的价格目标测算，也是先测出三角形的最宽处高度，然后从突破点向下投影相同的距离。这种测算方法与上升三角形完全相同。

（3）在下降三角形的形成过程中，成交量在市场发生突破前是逐步萎缩的。

（4）尽管下降三角形属于持续形态，但它偶尔也会出现在市场的顶部，充当了市场反转的指示信号。当下降三角形的下边线被突破时，顶部形态应该说已相当明显了。

（5）我们最好把三角形形态看成中等形态，一般其盘整时间在1～3个月。如果其盘整时间尺度少于1个月，那么它就属于短暂形态中的三角旗形了（图9–14、图9–15）。

图9-14　下降三角形的应用实例1

图9-14是百川股份（002455）在2021年7月至2022年7月期间的日线图。该股在2021年10月至2021年12月间形成了一个下降三角形形态。注意这个三角形具有呈水平状态的下边线和向下倾斜的上边线，其本身具有看跌的意义。从价格目标的测量角度来观察，突破下边线之后的下跌空间与三角形的最宽处垂直距离相近。该案例中，股价向下突破下降三角形后，实际下跌距离远大于预测的下跌距离。

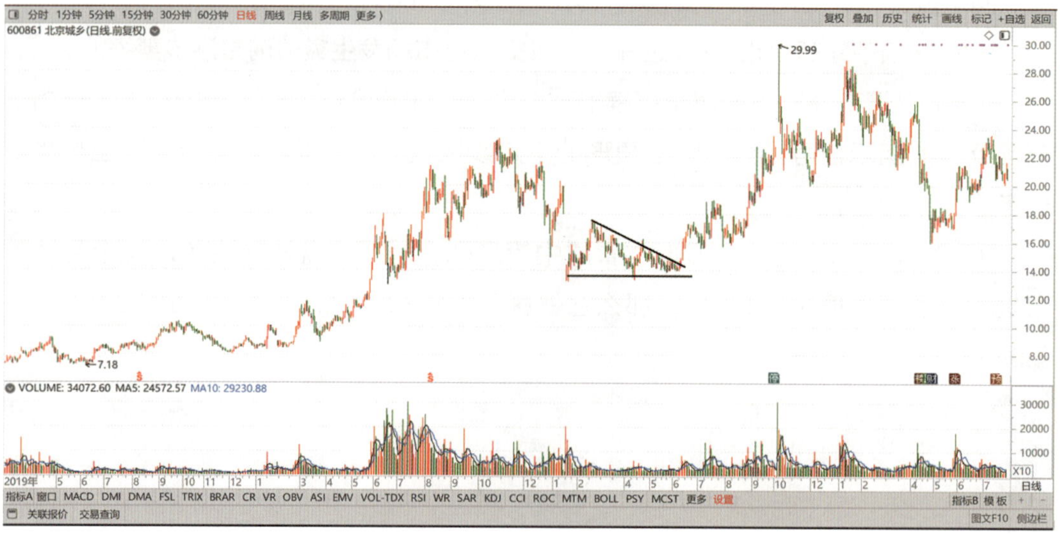

图9-15　下降三角形的实例2

如图9-15所示，在2021年1月至2021年6月之间，北京城乡（600861）走出一个下降三角形形态，但随后却展开了向上拉升的行情。下降三角形在一个上升趋势中充当了持续形态，被赋予了看涨的意义，这在我国股市中相当常见。从假突破制造空头陷阱，到构筑一个具有看跌意义的下降三角形，最后却反其道而行之，这常常是庄股的典型特征。

9.3 喇叭形与钻石形

⊙ 喇叭形是三角形的特殊变体（扩大三角形）

在三角形形态中，我们总是可以看到两条逐渐靠近的趋势线，显示市场正处于风平浪静的横向盘整之中；与市场价格运动越盘越窄的情况相对应，成交量也日见萎缩。

喇叭形不一样，它有两条逐渐分开的趋势线，看起来像一个高音喇叭。它是市场激烈震荡的表现，价格上蹿下跳，猴性十足，而且随着时间的推移，这种宽幅波动的范围会越来越大，不同寻常的是伴随着走势的大幅波动，成交量也在日益放大。

喇叭形是市场多空力量尖锐对立的表现，它的出现说明市场的气氛已经非常浮躁，对立双方各不相让，而且急于将市场导向有利于自己的方向。在股票市场中，这种喇叭形走势常常是庄家出货的表现，因而这种形态具有市场即将反转下跌的特征。

喇叭形的形成过程是耐人寻味的：市场走势会出现一个波峰高过前一个波峰的情形，但它依次出现的浪谷也比前一个浪谷要低。如果我们利用趋势分析的技术指导操作的话，可能会左右挨巴掌。在市场走势中，一个上升行情突破前一个浪峰构成的阻力，发出买入信号，但不久之后市场又在空头的冲击下，转折向下，并且跌破前一个谷底构成的支撑，又发出卖出信号，不久又转折向上，并超越前一峰位，发出买入信号……如此这般来几个回合，交易者就像是坐在过山车上一样，会找不到方向并且不知所措。这期间出现的突破都是假突破，一系列的多空陷阱必将令市场中的散户频繁遭受失败（图9–16、图9–17）。

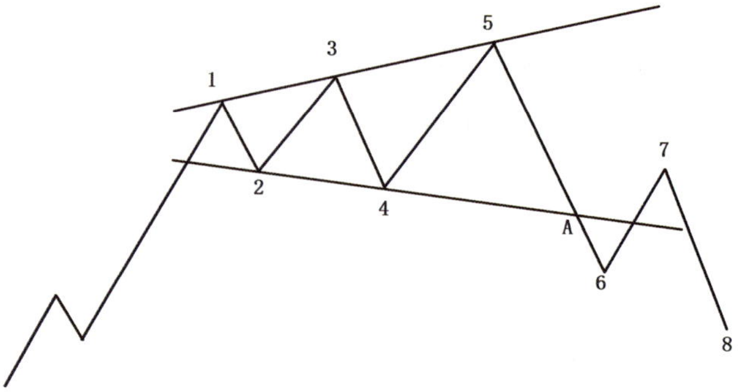

图9-16　喇叭形

如图9–16所示，这类喇叭形形态通常发生在主要顶部形成过程中，其中显示出三个依次上升的峰，以及两个依次下降的谷。当第二个谷被向下穿越后，形态形成。在这种形态中，通常较难进行交易，不过，相对来说它们比较少见。注意市场下跌过程中的卖出信号，当第5小浪穿过点2和点4构成的支撑线时，卖出的机会出现了，可以将A点视作卖出机会。

图9–17　喇叭形的实例分析

图9–17是英联股份（002846）在2020年12月至2021年9月期间的日线图。请注意，它有两条逐渐分开的线，一条是上边线，一条是下边线，显示市场上涨势头在渐渐减速。由于其形状恰似一个倒过来的三角形形态，故喇叭形也被称为扩大三角形。

喇叭形一般会出现在市场的顶部，应注意其向下突破的信号。一般来说，它有三个波峰和两个浪谷，当喇叭形的下边线被击穿时，跌势有可能随即展开。

喇叭形向下突破之后，常常会出现向上的反扑现象。它往往给人以错觉，以为市场仍处于宽幅震荡之中，但随后便下跌，一去不回头。

⊙ 钻石形比钻石还罕见

在一个持续的上升趋势中，市场运动开始出现喇叭形的走势形态，然后又出现对称三角形的走势形态，两种走势形态拼接而成一个特殊的价格形态，这便是钻石形态（图9–18、图9–19）。

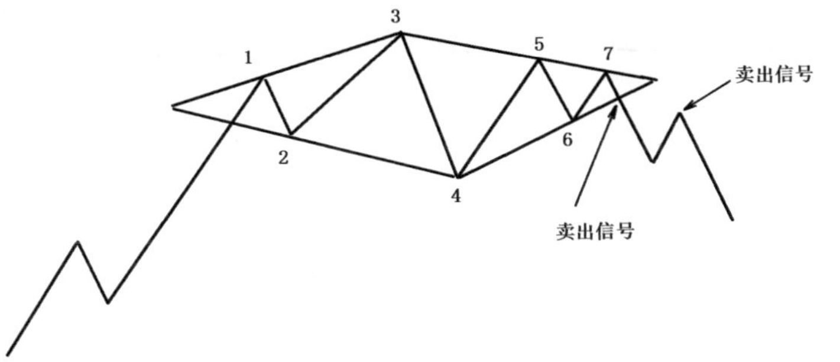

图9–18 钻石形的例子

如图9–18所示，钻石形通常代表顶部反转。它的前半部分类似于喇叭形，后半部分类似于对称三角形。当下侧的上倾趋势线被向下突破后，本形态形成。其测算方法是，从其最宽处量出该形态的高度，然后从突破点起，向下投射出相等距离。当突破信号出现后，市场的反转已经完成，因而应抓住突破信号，及时将手中的股票抛出。如果未能及时在第一时间平仓，那么当反扑出现时，应是最后的卖出良机了。

钻石形是一种较为罕见的走势形态，一般出现在市场的顶部，也有的交易者称它为“菱形”。它在走势上较为怪异，先是宽幅波动，并且伴随有成交量的逐渐放大，显示了喇叭形的走势特征；但就在价格运动的最高潮处，市场忽然又收窄了波动的范围，呈现出对称三角形的基本特征，成交量相应地缩小，直至市场突破下边的支撑线，成交量又再次放大。

图9-19 钻石形态的应用实例

图9-19是京运通（601908）在2020年7月至2022年7月期间的日线图。该股在2021年7月至11月间形成了一个典型的钻石形转势形态，起步于7.06元的一波巨大的上升浪终于见顶于13.50元的波峰价位，之后该股逐浪走低，令前一波涨势的升幅被抹去大半。钻石形的突破可以结合上升趋势线的突破信号来进行综合研判。从图中可以看到，当股价突破一条长期支撑线时，形态的反转也几乎同时完成。该股在突破之后所走出的下跌幅度比钻石形最宽处的高度要大，这一点也符合钻石形突破后的价格目标测算范围。

市场在突破之时成交量会放大，随后有可能出现反扑现象，但反扑时的成交量相对较小，接下来新的下跌趋势中又会得到恢复。市场有可能重新回到上一轮涨势的起点。

9.4 旗形和三角旗形

⊙ 股市中常见的短暂形态

市场运动过于猛烈时，往往会出现近乎直线式的上涨或下跌，在这种走势中，市场也需要短暂的休息，以便接下来继续走其未完的趋势。

在大市或者个股的上涨或下跌过程中，我们常见到旗形和三角旗形形态的影子，越是在活跃的走势中，这种旗形或三角旗形的盘整形态越是常见。据观察，这是两种很可靠的持续形态，极少见到它们充当市场的顶部或底部。

旗形与三角旗形在结构上有点差异。旗形是由两条相互平行的趋势线构成的一个向既有趋势相反方向倾斜的长方形。在上升趋势中，旗形是向下飘着的，而在下降趋势中，旗形则是呈上飘的状态。我们把这两种方向的旗形又称作“下飘旗形”和“上飘旗形”，它们代表的市场方向恰好相反。

三角旗形由两条相互聚拢的趋势线构成，具有明显的对称特征，就像一个小的对称三角形，可以出现在一个剧烈上升的市场运动中，也能在一个快速下滑的市场运动中发现它的倩影。

如图9–20所示，旗形通常发生在市场急剧运动之后，代表着趋势的短暂休整。它应当倾斜向趋势的相反方向。在其形成过程中，成交量表现为日益萎缩。当突破发生时，成交量再度扩张。旗形也会出现在下降趋势中，其倾斜的方向向上，称为“上飘旗形”，这种旗形是看跌的，正如在上升趋势中出现的“下降旗形”具有看涨的分析意义一样。旗形测量相对简单，我们测得旗杆的长度A—B，那么若D点发生突破后，从D点开始上升的距离加上C—D的距离与A—B的距离是相近的。

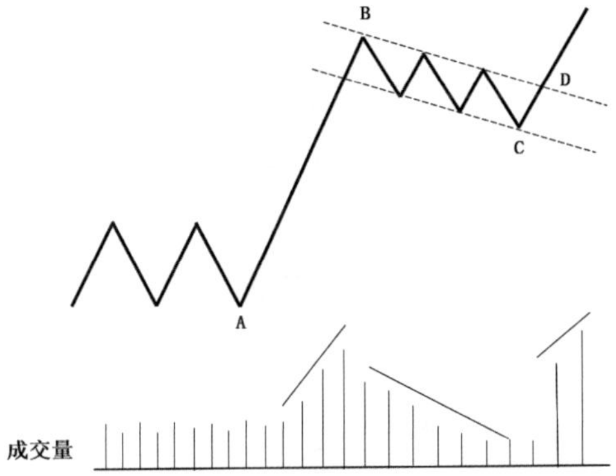

图9–20　看涨旗形的例子

旗形和三角旗形均属于市场运动中的短暂形态，一般会在1～3个星期内形成。而在上升趋势中，耗费的时间要相对长一些；在下降趋势中，市场往往只会在旗形或三角旗形的范围之内停留1个星期左右的时间，称得上昙花一现。

如图9–21所示，三角旗形就像一个小的对称三角形，但通常其持续时间不超过3周。在其形成过程中，成交量逐渐减少。在三角旗形形态完结后，市场会恢复之前的趋势。三角旗形常常也具备5浪的特征，其突破之后的价格目标从C点算起，与旗杆长度A—B的垂直高度应相近。三角旗形也可以出现在下降趋势中，其分析意义与在上升趋势时相仿，但其成交量的重要性不如看涨的三角旗形大。

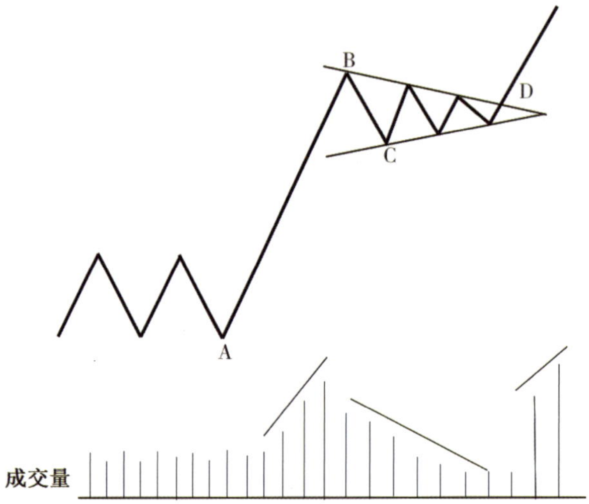

图9–21 看涨的三角旗形

图9–22是宝新能源（000690）在2020年4月至2021年1月间的日线图。该股从4.31元上涨到7.75元的过程中，出现了多个旗形形态。注意观察，这些旗形形态形成过程中的成交量都大幅度萎缩。旗形盘整为随后的上升积蓄了能量，上升的力度大小一般与旗形盘整时间的长短有关。

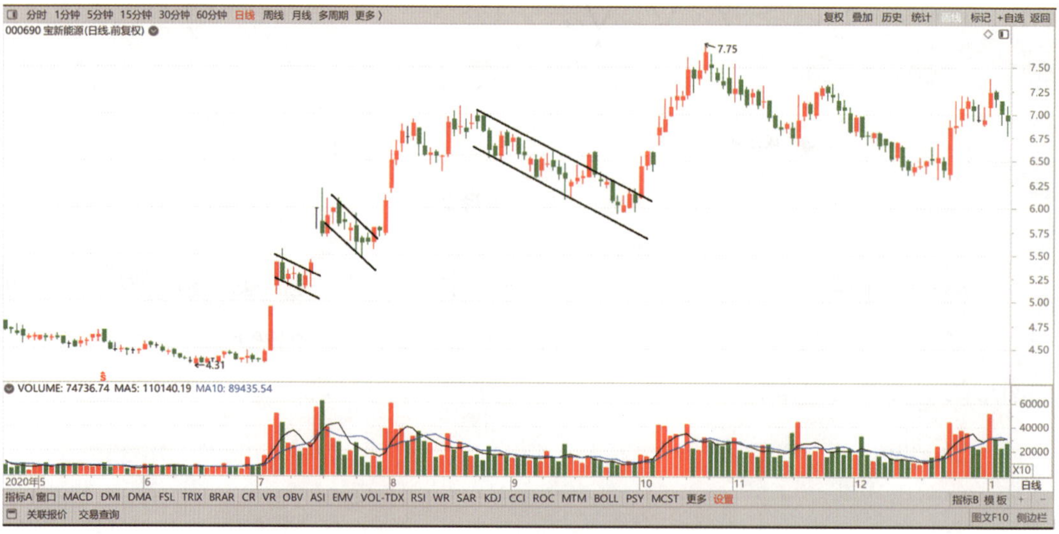

图9–22 上升趋势中的旗形实例

图9–23是中信建投（601066）2018年11月至2020年11月期间的日线图。在这轮上涨走势中，股价从7.65元上涨至59.77元，在2020年3月至2021年8月期间股价呈现对称三角形形态，当股价突破该形态继续上攻，走势出现三角旗形持续形态。注意，三角旗形被突破之后的价格目标，与三角旗形最宽处的高度是几乎相等的。

图9–23　上升趋势中的三角旗形实例

这两种形态的向上突破以形态上边线被股票收盘价击穿为标志；同样，向下突破需要跌穿形态的下边线。

在两种形态的形成过程中，成交量会逐渐萎缩；但在形态被突破时，成交量会加倍放大。在向上突破的过程中，这种表现会更加明显。成交量可以验证市场会继续横盘抑或向上突破。

旗形和三角旗形在测算价格目标上的意义是相同的。我们常观察到，旗形和三角旗形一般出现在市场运动的中间位置。认识到这一点是有意义的，在一个被直线拉起的上升趋势中，旗形或三角旗形出现的高度，代表了市场上升目标的一半距离。换言之，市场经过旗形或三角旗形盘整之后，从向上突破点算起，它还有相当于前一段直线上升高度等距的上涨空间。同样道理，我们认为在下降趋势中，市场突破旗形或三角旗形之后的价格目标约等于它之前直线下坠时的距离。

旗形与三角旗形形态的分析要诀：

（1）市场在形成旗形和三角旗形之前存在剧烈的市场运动，价格呈近似直线上升或直线下跌的状态。在这个阶段成交量相应急剧放大。

（2）旗形与三角旗形属于短暂的市场价格形态，其在下降趋势中维持的时间比上升趋势中更短。

（3）这两种形态是很可靠的持续形态，它们充当市场顶部或底部的机会甚微。

（4）这两种形态一般会出现在市场运动的中间位置，价格目标测算可以用形态出现之前市场近似直线上升或下跌的距离作为参照，因为它们存在对等的关系（图9–24、图9–25、图9–26）。

图9–24 下降旗形的实例分析

如图9–24所示，中科曙光（603019）在2020年3月至2020年5月期间，该股价格呈对称三角形整理，当股价向上突破该形态后，出现了一个下降旗形。注意，在出现下降旗形形态之前，市场曾经出现过暴涨。也就是说，该旗形是在股价剧烈运动之后出现的一个持续形态，从旗杆的高度测量价格突破上轨时上涨的高度，它们有某种对称关系。区分对称三角形与三角旗形的主要依据为形态规模，旗形为短期形态。

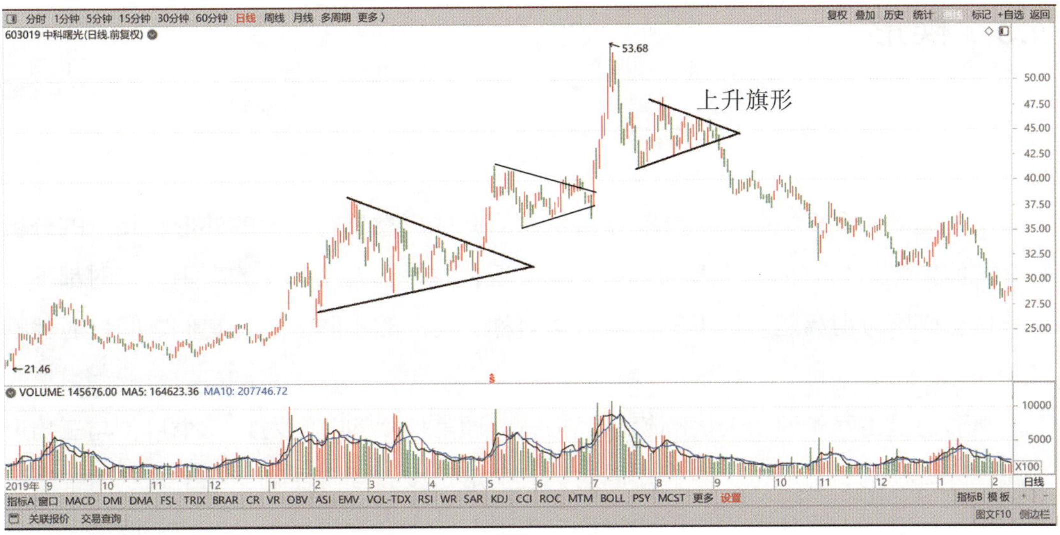

图9-25 上升旗形的实例分析

图9-25是中科曙光（603019）在2019年8月至2021年2月期间的日线图。当股价触及53.68元后便开始回撤，并形成上升三角旗形形态，与此前的下降旗形的角色一样，这两个形态都是充当持续形态的角色。

图9-26 旗形与三角旗形的实例分析

如图9-26所示，中海油服（601808）在2019年3月至2020年1月期间，从8.34元上涨至20.72元，在上涨的过程中我们可以清楚地看到多个下飘旗形。而该股在2020年11月至2021年3月的上涨走势中出现了一个三角旗形。

9.5 楔形

⊙ 关注楔形的倾斜度

市场运动中会形成各种各样的走势形态，有些形态具有相似的外形及相近的分析意义。例如楔形与对称三角形的外形比较接近，就是那些股市中的高手，有时都不一定能把它们区分得清楚。楔形的倾斜度与对称三角形的不同，这是它们之间最显著的区别。

楔形也是由两条逐渐聚拢的趋势线构成，通常持续的时间为1～3个月，与三角形同属中等规模的走势形态。我们知道对称三角形是没有倾向性的，在上升趋势中出现的对称三角形和下降趋势中出现的对称三角形在外观与规模上并无二致。但楔形则具有明显的倾向性，在上升趋势中出现的楔形是朝下倾斜的，而朝上倾斜的楔形具有看跌的意味，在这一点上它与旗形具有相似之处（图9–27、图9–28）。

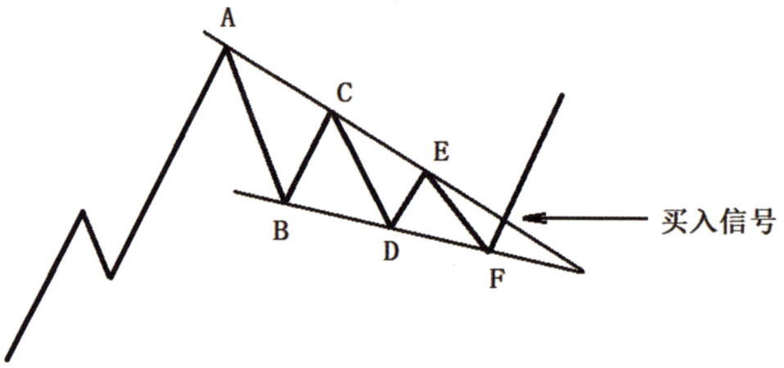

图9–27 看涨下倾楔形的例子

如图9–27所示，楔形形态具有两条相互聚拢的趋势线，但它们均倾斜向当前趋势的相反方向。下倾楔形通常是看涨的。注意，楔形也具有5浪倾向，从F点开始的反弹冲破形态的上边线之后，上升趋势得到恢复，突破点处为最佳买进时机。

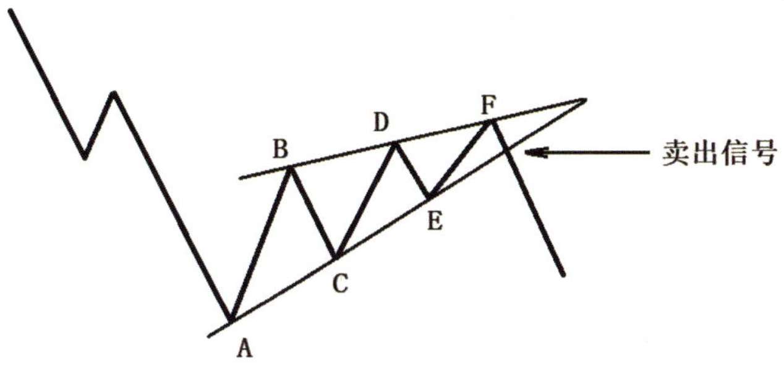

图9-28 看跌上倾楔形的例子

注意图9-28的看跌楔形的角度是向上倾斜的，当从F点开始的下跌浪冲破楔形的下边线时，下降趋势得到恢复。注意，下边线被突破的一刻，卖出信号立即发出。

与三角形的突破近似，楔形的突破一般也发生在其横向长度2/3～3/4处，也有直到楔形尖端才发生突破的情形。楔形更倾向于在接近形态尖端部分才发生突破。

从成交量上看，楔形在形成过程中具有明显的缩量整理的特征，但在楔形发生突破之时，成交量往往开始急速放大。特别是在下降楔形的上边线被突破时，成交量的放大显得更为重要。

⊙ 上倾楔形与下倾楔形

我们一般把在涨势中出现的向下倾斜的楔形称为“下倾楔形”，它具有看涨的意义；而在跌势中出现的向上倾斜的楔形称作“上倾楔形”，它具有看跌的意义。但当我们在一个持续了较长时间的上升趋势之中发现了上倾楔形时，其同样具有看跌的意义，这常常是市场见顶的表现；同样，如果在市场的底部出现了下倾楔形，那么市场反转向上的时间就不会太久，在这里下倾楔形仍然是看涨的。

楔形的价格目标测量办法与旗形及三角旗形的测量办法是一致的，即市场在出现楔形前出现的急升或急跌幅度作为楔形突破之后的上涨或下跌幅度（图9-29）。

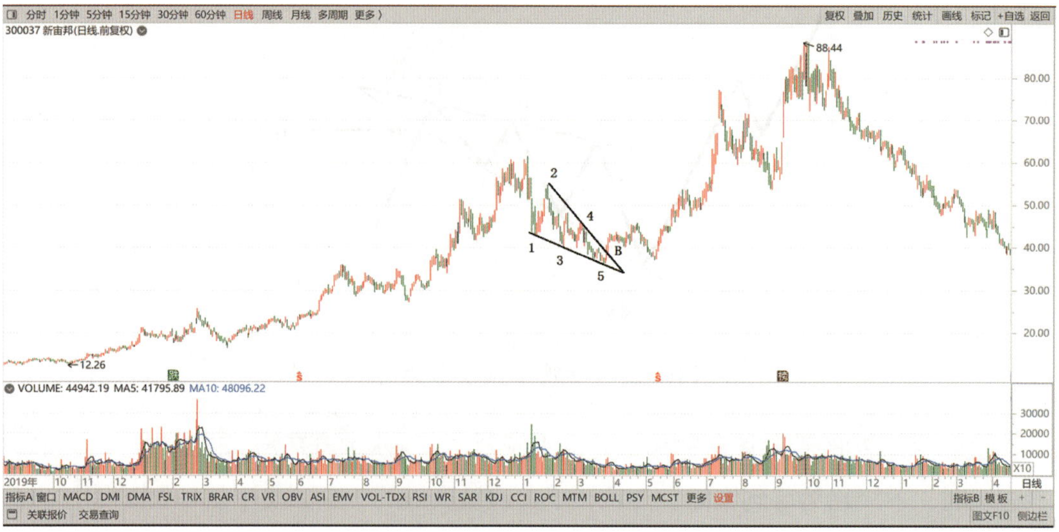

图9-29 下倾楔形的实例

如图9-29所示，新宙邦（300037）价格在2021年1月至2021年3月的回撤走势中出现了一个标准的下楔形。它具有清晰的5浪结构：向下倾斜的角度，以及朝原有趋势方向突破之后，上升趋势得到恢复等方面的特征。从这个形态被突破之后的价格目标来看，前一轮上升高度与从突破点B起算的价格目标比较接近。

9.6 矩形

市场在横向盘整期间往往会受制于一个箱体之中，这个箱体是由两条相互平行的水平直线构成的，我们将这种形态称为“矩形”。

⊙ 典型的盘整走势

矩形是典型的盘整走势，表明了多空力量在某一个价格区间里达到了相对势均力敌的平衡。大家谁也说服不了谁，市场便在休整之中再寻方向。不过，矩形形态仍然是一种常见的持续形态（图9-30、图9-31）。

矩形是市场在某一段时间中的成交密集区，当市场处于一种近似于“冬眠”的状态之中时，市场趋势的恢复有赖于盘整区间被突破。那么在上升趋势中，当市场收盘价决定性地突破了矩形的上边线，通常也意味着市场一条重要的阻力线被击溃，买盘将蜂拥而至，新一轮的上涨开始；在下降趋势中，仍需要市场以收盘价决定性地突破矩形的下边线，这往往也标志着市场中某条重要的支撑线被穿越，股价下跌的洪流将滚滚而下。

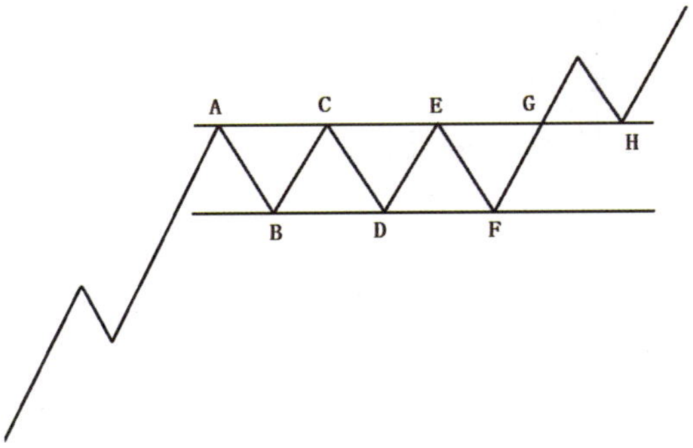

图9-30 上升趋势中看涨矩形的例子

矩形形态也被称为“交易区间”，价格在两条水平趋势线之间波动，这个区间也被称为“成交密集区”。如图9-30所示，矩形的突破以盘整区间的上边线被突破为标志。在上升趋势中，突破点G点为第一次买入时机，当市场发生反抽时，在上边线上，H点也是入市良机。矩形的价格目标与矩形的高度（即A点到B—D的垂直高度）相近。

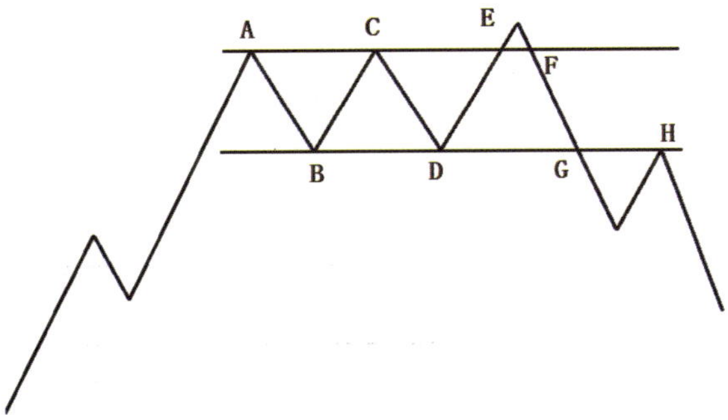

图9-31 看跌矩形的例子

尽管矩形形态通常属于持续形态，但是我们必须始终提防它演变成反转形态的蛛丝马迹，比如演化成三重底。当这种下跌中的矩形一旦突破了上边线，则应以反转形态对待它。但当它决定性地跌破了下边线时，应视为下降趋势的恢复，如图9-31所示，突破点G及反扑点H均为卖出平仓的最佳时机。

矩形分析要诀：

（1）矩形在没有发生突破时常常具有转势形态的外部特征，例如箱体中出现三个等高的波峰或浪谷，那么一旦市场朝交易者预期的反方向飞奔而去，我们可能会得到一个三重顶或三重底的转势形态。

（2）从成交量来确定矩形充当持续形态的可能性有多大。以上升趋势中的矩形为例，如果价格在上冲时成交量较大，那么充当持续形态的机会较大；如果上冲时成交量较小，但下跌时成交量较大，就要警惕有顶部形态出现的可能。在下降趋势中，这种分析方法相同，但方向相反。

（3）当市场在矩形之中上下震荡时，可以利用这种上有阻力、下有支撑的情况做短线，但一旦矩形出现了突破，不利于自己时应尽快止损离场。

（4）矩形被突破之后的价格目标等于矩形盘整区的高度。

（5）矩形盘整时间通常为1～3个月。

图9–32是越博动力（300742）在2021年5月至2022年1月期间的日线图。图中该股价格从11.67元开始稳步上升，并在2021年8月至2021年11月期间形成了矩形，股价一直在15～19元之间来回震荡。此后，股价向上突破，并快速上升至30.44元。这说明该矩形区域充当了上涨趋势中的持续形态，以其横盘时间来推测上涨目标，应该有较大的上涨空间。

图9–32　矩形的分析实例1

图9-33是祖名股份（003030）在2021年1月至2022年7月期间的日线图。请注意，该股在2021年7月至2022年1月间形成了一个矩形形态，这个外形极像上飘旗形的形态，与旗形的区别在于其具有更长的盘整时间。在实际的股价形态分析中，我们并不要求这个矩形的上下边线处于水平状态。

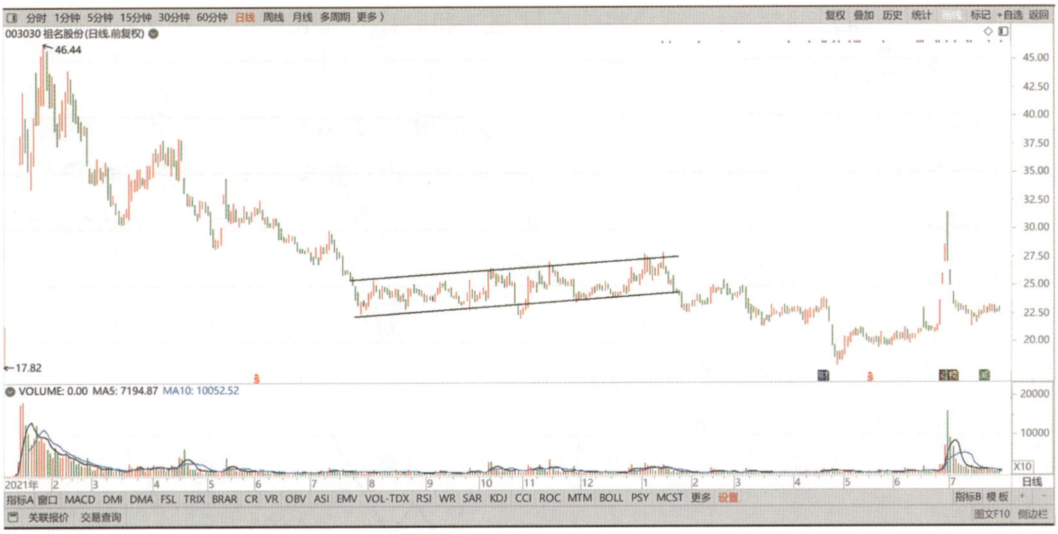

图9-33 矩形的分析实例2

图9-34是众望布艺（605003）在2020年9月至2022年7月期间的日线图。在图中我们可以看到两个向上倾斜的矩形形态，从时间跨度看，它们并非短暂的调整形态。我们同样可以把这些时间跨度较长且箱体部分稍有倾斜的走势形态也纳入矩形形态的分析范围。

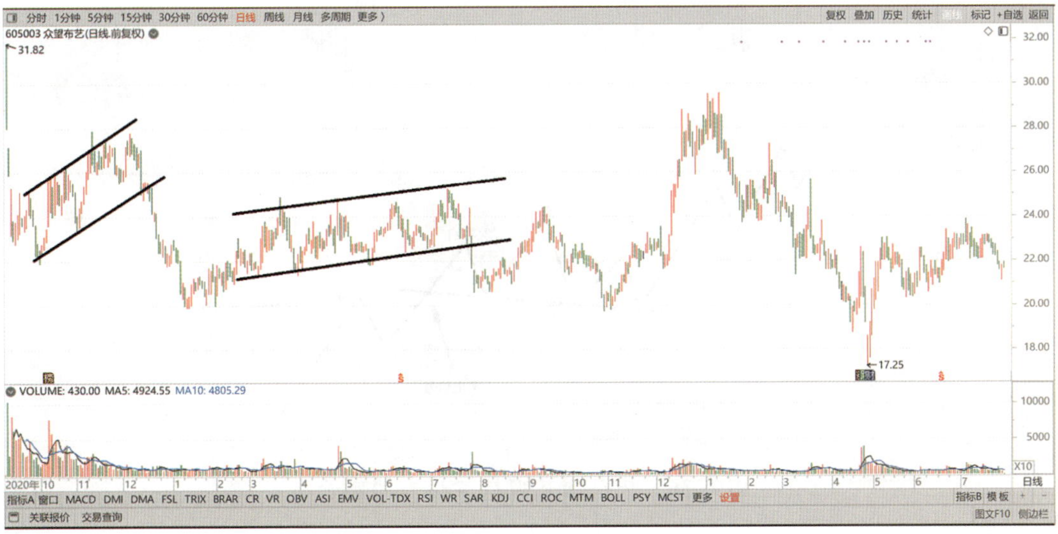

图9-34 矩形的分析实例3

9.7 作为持续形态的头肩形

⊙ 著名的转势形态客串持续形态

我们在讨论转势形态时，曾经将头肩顶与头肩底称为著名的反转形态，其常见性与可靠性都堪称转势形态的头号主角。

但世事无绝对，我们已经见过多种不同性质的市场形态偶尔有角色反转的偏好。在这里我们还是要指出，即使是最顽固的反转形态，也有充当持续形态的可能。

如图9-35所示，头肩底本来属于底部转势形态，当它出现在上升趋势的中途时，就演变成了一个看涨的持续形态。即使是作为持续形态，头肩底还是以颈线的突破作为其看涨的信号，这一点与头肩底充当转势形态时是一致的，甚至其突破后的价格目标测算方法也与头肩底的测算方法相同。

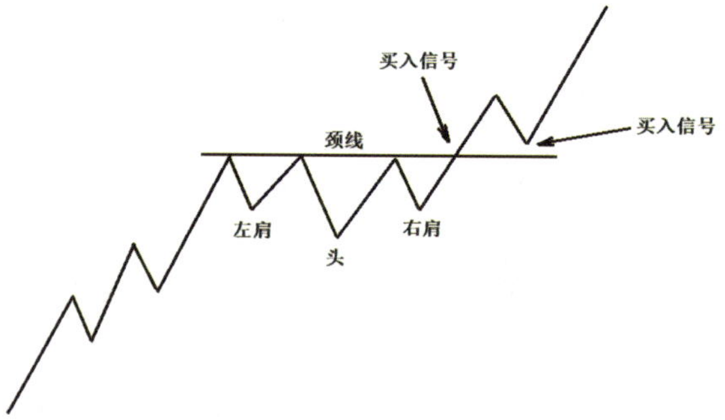

图9-35　头肩底充当持续形态的例子

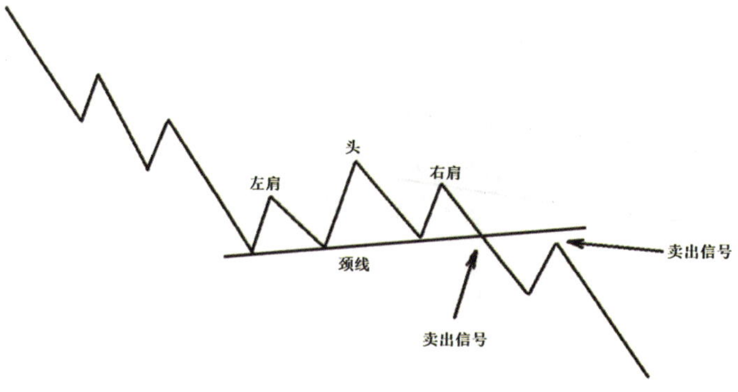

图9-36　头肩顶充当持续形态的例子

在一个持续的上升趋势中，价格在较小的成交量背景下，先形成一个波谷（我们称它为左肩），然后放量上攻，形成第一个波峰，市场再次下滑，且跌破前一个波谷（即左肩）形成头部，从头部转折向上后，市场又受阻于前一波峰构成的阻力，再次下跌，形成高于头部的低谷即为右肩。市场在向上突破上档构成阻力的颈线之后，头肩底作为持续形态的任务便宣告完成（图9–35）。与反转头肩底的突破一样，持续头肩底仍需以收盘价突破，并且伴随有成交量放大的情形。持续头肩底的价格目标测算意义不如反转头肩底那样大，对成交量的要求也不如反转头肩底严格。如果要对突破颈线之后的市场运动目标做一个测算的话，那么可以按头部至颈线的垂直距离来推测从突破点起算的价格目标。这个方法我们应不会感到陌生。

在下跌趋势中，我们可以看到作为持续形态的头肩顶，它形成的过程与持续头肩底相同，但方向相反（图9–36）。持续头肩顶也具有看跌的特征，其突破的情形及成交量的变化从表面上看与反转头肩顶并无太大的差别，但其分析意义与测算目标的可靠程度则与反转头肩顶相去甚远。

如图9–36所示，头肩顶出现在下降趋势的中途，当颈线被击穿时，下降趋势得以恢复。注意，即使是作为持续形态，头肩顶也具有看跌的意义，这与头肩顶出现在市场顶部充当反转形态时的看跌含义相似。价格目标的测算方法也是相近的。注意颈线被突破和价格反扑时出现的卖出时机。

⊙ 看涨与看跌的意义不变

让技术分析师们稍感安慰的是，即使是作为持续形态，头肩顶仍是看跌的，而头肩底仍看涨，头肩形所具有的倾向性并不因为它们所处的市场位置而改变（图9–37、图9–38、图9–39）。

图9-37 作为持续形态的头肩底实例

图9-37是创兴资源（600193）在2020年10月至2021年8月期间的日线图。该股在2021年4月至2021年5月的走势中出现了一个头肩底形态，请注意，该头肩底并没有像往常那样出现在股价曲线的底部，而处于股价持续扬升之后的一个调整区间内。当随后的价格上涨突破了颈线B—D之后，股价上升达到10.50元。

图9-38 作为持续形态的头肩顶实例

如图9-38所示，在股价见顶9.13元之后的调整过程中，我们可以发现一个头肩顶形态。当股价跌穿颈线B—D时，市场价格运动的规模与颈线之上的价格规模具有明显的对称关系。

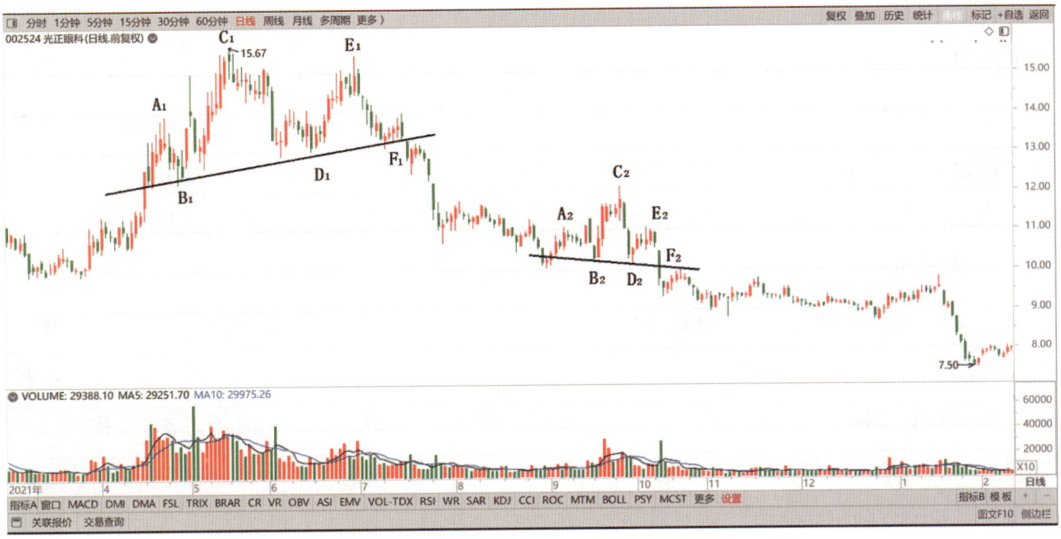

图9-39 头肩顶分别充当反转形态和持续形态的实例

图9-39是光正眼科（002524）在2021年3月至2022年2月期间的日线图，从图中我们可以发现两个头肩顶形态。在2021年4月至2021年7月之间出现的头肩顶，很显然是一个反转下跌的转势形态；而在2021年9月至2021年10月间形成的这个头肩顶却有鲜明的看空意味。

小 结

价格形态的共性与个性

我们研究了主要的几种转势形态之后，也花费了相当的篇幅来讨论主要的持续形态。从某种意义上说，对于市场运动中常见的一些价格走势形态，我们都已经有了相当程度的了解。这不免会让一些较易满足的朋友感到飘飘然，就此产生股市发财如同探囊取物一样简单的幻觉。但是我还是想泼点冷水：且慢开香槟庆祝。

我们研究的这些价格走势形态显示的是价格形态的概况，是它们的普遍规律，即共性。但市场是千姿百态的，即使在一个相对较短的时间里，也可能会出现成千上万种变化，也可以说我们面对的是个性化的市场。

在我国股票市场，大盘在沪市及深市的表现就具有差异性。在一段时间里，沪市与深市的活跃程度不同，成交量可能相差较大，那么在图表上表现出的形态也存在各自的特征。从走势的强弱程度上看，不同板块之间的表现可能有天壤之别，更遑论个股之间的走势了。在沪深股市之间、不同行业之间、不同板块之间、不同个股之间，我们会发现这样的一种现象，有些股票的走势会呈现出技术分析上的鲜明特征，市场上涨、下跌所出现的信号准确性相当高。而有些股票则会出现大量的走势陷阱，发出大量的错误信号“误导”投资者。因而有必要对自己准备涉足的板块和个股做各种技术工具适用性的研究。找一找它惯常出现的走势形态是哪一些、转势形态客串持续形态的情况多不多、哪些技术工具显示的买入卖出信号最准确、哪一些在它的身上经常出错，从而做到心中有数，对症下药。在决定主要采用哪种工具去指导操作时，要求它以往在该板块或个股上成功的概率至少达到70%。由于在我国股市中，某只个股的技术走势可能会受制于庄家，通过对该个股历史走势形态的研究，我们可以掌握庄家在市场中最喜欢“做”什么样的价格形态，且这种形态的特定含义与它的惯常含义有何不同，以便及早识别出庄家设计的陷阱，从火坑边跳开。

在个性化的市场中，我们还会遇到一个问题，有些情况适用于多种技术分析工具。在价格形态的分析中，我们会看见一些重要的支撑线和阻力线也包含在价格形态的形成、突破以及价格目标的发现之中。还有百分比线、甘氏线、K线理论的入市或出市信号也与价格形态分析的各种结论相互验证或者相互背离。

在运用价格走势形态指导股票的买卖时，应当参考其他各种技术工具所发出的信号，看看这些技术工具有哪一些是支持这种信号的，哪一些恰好相反，这一点很重要。我们发现的信号被越多的技术工具所验证，那么这种信号的可靠程度就越高，越值得我们信赖，可以进一步采取行动；若只有少数的技术工具能够验证，而其他较多的技术工具做出了相反的指示，那么就会有另一种市场运动方向出现的可能性。背离信号一般可视作市场既有趋势的反转信号，它也可以从侧面印证市场的转势形态。

我们只讨论了在日线情况下的价格形态，事实上价格走势形态是适用任何时间尺度的。我们可以从大盘或者个股的周线、月线上发现价格形态，并且从更高的层面了解市场目前所处的形态位置。当然，我们也可以从小时图、30分钟图、15分钟图甚至5分钟图上看到形形色色的走势形态，并且从较低的层面分析市场在短期中的变化。我们把更长的时间尺度和更短的时间尺度的技术工具拿来与日线的形态或技术工具进行比较，从而验证或者否决日线发出的买卖信号。

在大盘、行业、板块、个股之间，我们也可以进行相互验证或者背离的分析。个股的买卖信号如果能与所在板块的走势甚至大盘走势的技术面状态相互验证，那么说明这个信号的可靠程度更高。与大势逆向而动，毕竟是相当困难的。这表现在沪深股市中，即使是一些强庄股一般也不敢逆势走得太远。

我们把握技术分析工具的共性时，还是要对不同情况的市场现实进行具体分析。就技术分析而言，并不存在教条式的所谓“操作定式”，一切真理的价值都是由实践来检验的。

股事新编之九　观点

有位画家画了一幅画摆在街头一角，请行人在他们自己觉得不满意的地方做上记号，结果，画面上被涂满了记号。

过了几天，这位画家又将同一内容的一幅画放到街头的另一角，请人将他们自己感到满意的地方做上记号，结果，画面上又被涂满了记号。

★股票的每一个成交价都意味着有人看涨而买入，同时有人看跌而卖出。有一万个人，恐怕就会有一万种对市场的观点。

第10章　跳不过的“缺口”

10.1　市场运动中的反转“事故”

我们分析市场运动的主要目的，首先在于找出市场价格的运动轨迹，然后采取相应的对策，以达到赚钱的投资效果。

问题是，市场运动的趋势并不是始终如一的，一个活跃的市场运动，也许是一个“朝三暮四”的花花公子。你看见过“用情专一”的牛市或熊市吗？如果有，那也只是大学经济系的学生模拟出来的。

因此我们要意识到，趋势也会出现反转。趋势发生反转的那一天，我们便称之为反转日。反转日可能跟许许多多普通的交易日一样，只是市场在创下新高之后，突然体力不支，又退了下来，因此当日收盘价比前一天的收盘价还要低。这种情况我们在K线理论的众多反转形态中做过极详细的介绍，如果在价格创新高后当日收盘价反而低于前一日收盘价，应留意成交量是否也出现了异常的情况。成交量突然大规模地放大可能是顶部“抢购高潮”的证明。价格波动的幅度越大，这种“抢购”活动的激烈程度就越高，反转日出现的机会就相当大。

反转也可以出现在市场的底部，当市场下跌的趋势持续了相当一段时间之后，被熊市欺负得沉不住气了的交易者开始斩仓出逃，于是成交量大增，在这种情况下，市场下跌的动能一下子释放出来了。之后市场反而没有卖压，形成了卖压真空。在这个“抛售高潮”结束之后，场外观望的交易者终于涌进了市场，于是价格重新节节上升，熊市的阴影被牛市的阳光彻底地赶出了股市。

⊙ 关键的反转

在所有当日出现的反转之中，只有少数几个反转具有“划时代”的意义，其余的反转都只是市场的一些稀松平常的反转。关键反转的出现可能标志着一个长期的趋势被终结，市场开始走向其反面，而且也是长期的。

有些反转完成的时间可能要稍长些。在两天时间里完成的反转我们称之为双日反转。在K线理论中，有好几种转势信号的出现是需要两天或两天以上的时间才能完成的。它在成交量上，同样是需要相互配合的。

⊙ 形态分析适用于任何时间尺度

在讨论一些重要的反转形态时，我们都习惯于在日线的时间尺度中去研究。其实反转形态或反转信号同样可以发生在周线、月线这些较长时间跨度的价格图表上。当然，在60分钟、30分钟，甚至15分钟图上，我们也能发现这些反转信号的影子。为了将它们与单日反转、双日反转相对比，我们不妨将它们称为月反转、周反转、小时反转、30分钟反转、15分钟反转等。时间尺度越大的反转，我们认为其重要性越强。因而月反转便比周反转重要，而周反转就比日反转（包括单日和双日）重要。小时反转、30分钟反转、15分钟反转是用来做超级短线分析的，因而重要性就要差一些。

10.2 股票图表上出现的缺口

市场运动在其剧烈演绎之时，就顾不得保持价位的连贯性了。跳空，是市场行情猛烈的见证，就像在阵地战中留下的弹坑一般。反映在走势图上，就是许多未发生交易的区间，这便是缺口。

缺口在日线图上最为常见，但在周线图和月线图上，我们也能见到。在周线图和月线图上出现的缺口，其意义要大于日线图上的缺口（图10–1、图10–2）。

在30分钟、15分钟图上，缺口就十分常见了，有些短线客喜欢对这些短期图表上出现的缺口加以悉心揣摩，有其实用之处。

俗话说，“戏法人人会变，巧妙各有不同”。缺口在市场运动中随时都有可能出现，看似相同的价格缺口，其实有各自不同的分析意义。

⊙ 普通缺口

普通缺口一般出现在交易极为平淡的市场中，价格漫无目的，一会儿跳上，一会儿跳下。由于成交量少，价格成交就不可能连贯进行。这类缺口一般没有什么分析意义，有些技术分析师拒绝把这类缺口纳入缺口分析的范围之内。在市场运动中，这类缺口常常被快速填回。

图10-1　日线图上出现的跳空缺口

图10-1是中国中免（601888）在2021年8月至2022年7月期间的日线图。从图中可以发现该股票在2021年11月初连续2天低开，构成了2个相当大的缺口。这样的缺口常见于日线图上，属于市场运动猛烈的价格跳空情形。较为重要的跳空形成的缺口一般不会被马上补回。我们从图中还可以观察到数个中小型缺口。

图10–2 周线图上出现的跳空缺口

图10–2是中鼎股份（000887）在2013—2018年期间的周线图。我们在图中可以看到两个明显的跳空缺口。缺口1所表现的是股价爆发式上涨的一次跳跃，而缺口2所表现的是下跌趋势的突然加速，说明市场陷入极度恐慌的状态。

⊙ 突破缺口

突破缺口是市场剧烈运动所造成的价格跳空，它常常出现在一个重要的转势形态的突破阶段，也可能发生在一个重要的市场运动完成之后。我们在讨论转势形态和持续形态时，它们都有一个关键时刻，那就是突破一条重要的支撑线或阻力线，让市场因盘整而被压制的激情如火山般突然迸发。

市场突破这些位置时，由于都伴随着成交量的急剧放大，因而难以做到温和地、渐进式地突破这些重要关口，跳跃便成了它们惯常的方式。

我们应该记得头肩底的突破形式，那就是以急剧放大的成交量突破颈线，当颈线被突破时，跳空现象便极容易发生。这些重要关口出现的跳空缺口，一般是不会被完全填回的，即使是出现了市场反扑的情形，最多也就填补缺口的一部分。成交量在这里扮演重要角色，突破发生时，成交量越大，那么缺口被补回的机会就越小。反过来说，若缺口被补回了，说明市场对重要关口的突破是无效的，因此这往往也意味着发生突破当天的收盘价并没有决定性地收在被突破的那一边。

在重要关口出现的突破性跳空，对市场的反扑有一种阻挡作用。如果头肩底的颈线是以跳空的形式被突破的，那么这个缺口对市场今后的价格运动就有一种支撑作用。如果市场以跳空的方式向下突破某条重要的支撑线，那么这个缺口在以后的市场运动中便扮演了阻力的角色（图10–3）。

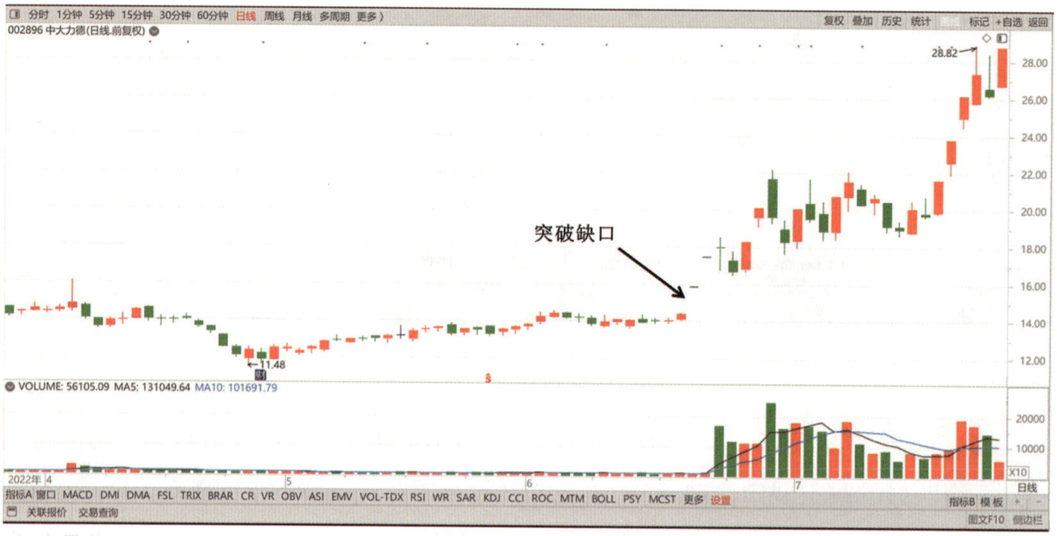

图10–3　突破性缺口的实例分析

图10–3是中大力德（002896）在2022年3月至2022年7月期间的日线图。在2022年4月，该股票创下11.48元的新低之后，便开启了企稳盘整之路。当股价突破盘整阻力位时，采取的是跳空的形式，并且在该阻力区域留下了一个明显的缺口。在这个缺口之后，该股持续上升，股价不断创下新高，说明该缺口是该股票价格摆脱底部踏上牛途的重要突破信号。股价以跳空方式突破重要的阻力位置，一般是极为重要的价格运动即将开始的早期信号，应该在这个时候果断入市买进。

⊙ 中继缺口

在市场产生重要的价格形态突破后，新的趋势即时展开，市场正朝这个方向稳步推进。有时市场再次发生价格跳空，形成跳跃式前进的势头，那么在这个阶段出现的缺口被称作中继缺口。我们一般认为，出现这种缺口之后市场还有一半的路要走，即中继缺口被认为出现在一个既有趋势的中途，因此中继缺口也被称作是量度缺口。

在上升趋势中出现中继缺口，表明市场坚挺，涨势仍可继续；而在下跌趋势中出现，则说明市场相当疲弱，跌势一时还难以终结。

中继缺口一般不会被完全补回，在涨势中，它起到支撑作用；在跌势中，它便是阻力。但一旦中继缺口被市场补回，则说明市场会朝相反方向前进一段距离。

⊙ 衰竭缺口

在市场经历了较长一段距离的上升或者下跌之后，继续前进的动力已显不足。在涨势的最后阶段，已是强弩之末的上升趋势突然回光返照地跳上一截，然后便一路下滑，一扫昔日的强劲走势，最后形成的这个跳空缺口，随后便会被市场填补回来。在跌势的最后阶段，市场也会出现恐慌性的最后一跌，形成熊途中的最后一个缺口，随后这个缺口便被卷土重来的多头完全补回，涨势也从填满这个缺口的地方悄然起锚（图10–4、图10–5、图10–6）。

图10–4 衰竭缺口的实例分析

图10–4是帝科股份（300842）在2021年4月至2022年7月期间的日线图。2021年5月，该股价格从最低点40.66元开始，一路上涨至135.44元。在这轮涨势的尾端，我们可以清晰地看到一个衰竭缺口（缺口1），不久该股进入了漫漫熊途。经历了半年左右的下跌，该股人气低迷，股价不见起色。2022年4月25日，持续走低的股价再一次跳空低开，形成了衰竭缺口（缺口2），这个缺口迅速被多头补回，也铺就了新一轮的上涨行情。

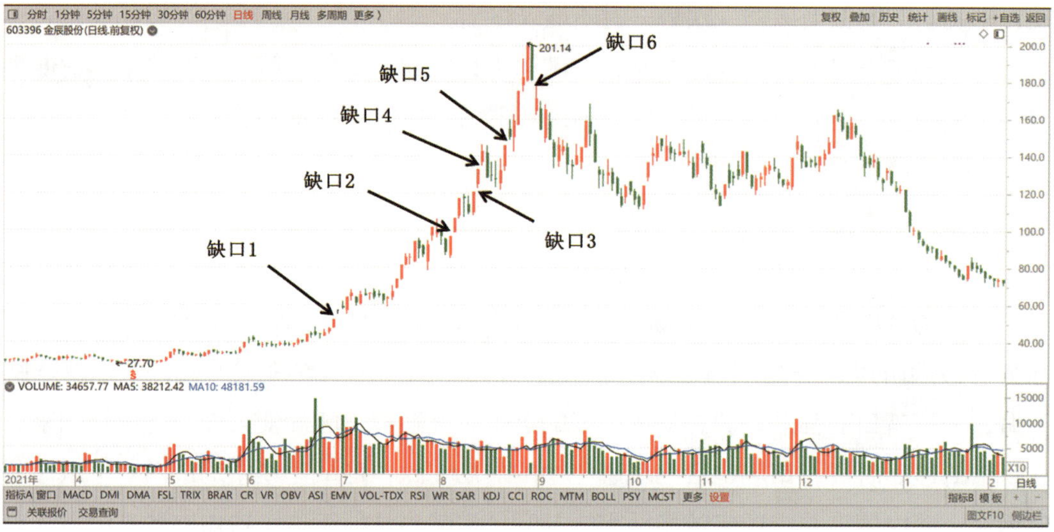

图10-5　三种重要的跳空缺口的实例分析

图10-5是金辰股份（603396）在2021年3月至2022年3月期间的日线图，在股价上涨的走势中我们可以发现多处缺口。缺口1为突破性缺口，为该股票结束熊市转入牛市的重要转势信号；缺口2、缺口3、缺口4均为中继缺口，表示上升趋势尚处于中间阶段，后市仍有相当可观的上涨空间；缺口5为衰竭缺口，说明主升阶段已近尾声，市场面临转势的危险。缺口5出现之后，该股价创出新高后即掉头向下，一波强劲涨势暂告一段落。而缺口6是突破下跌走势的突破性缺口，这个缺口似乎就是决定从牛转熊的关键性一跳。

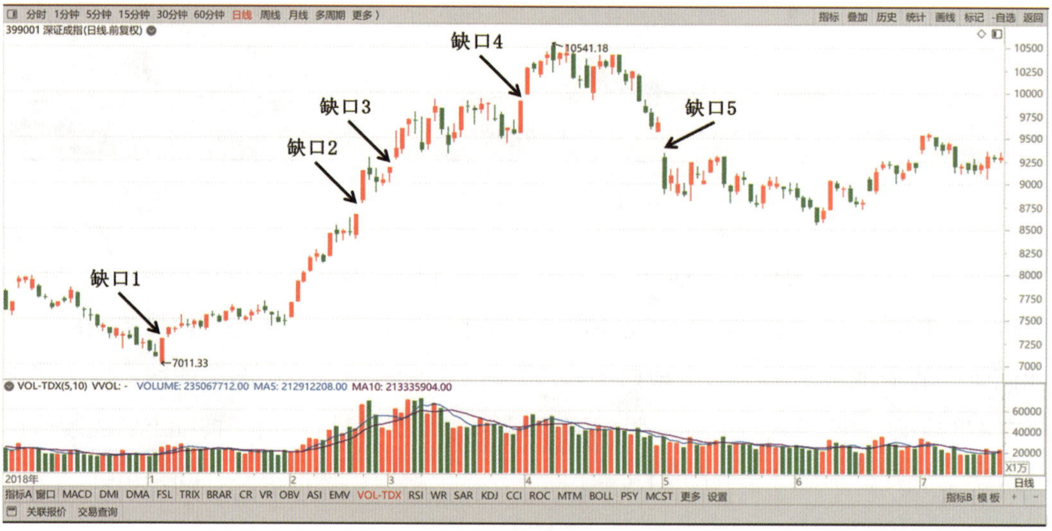

图10-6　指数上的三种重要缺口

图10–6是深证成指（399001）在2018年11月至2019年7月期间的日线图。图上也出现了三种主要价格跳空形成的缺口。缺口1很显然是突破性缺口，从该缺口上升之后，股价便踏上攀升路；可以将缺口2和缺口3看作中继缺口；缺口4是深证成指在这段涨势中拼尽全力的最后一跳，要想再上一层楼已经力不从心，于是缺口5便构成了市场转变为下降趋势的突破性信号。

10.3 岛形反转

岛形反转可能是我们在股票市场走势形态中能见到的最剧烈的反转形态之一。

设想一下，在茫茫大海之中，一座荒无人烟的孤岛，海水隔断了它与外界的联系，真有一种“前不见古人，后不见来者”的凄凉。

既然前路渺茫，当然就只好打道回府了，难道真要让人“念天地之悠悠，独怆然而涕下”不成？市场在选择返航的方式时，颇为激烈，那就是跳空。既然是跳空上来的，当然也要跳空回去了。

⊙ 岛形反转的形成原因

岛形反转的形态一般是这样形成的：在牛市的晚期，本来已是“廉颇老矣”的上涨行情，仍然要耗尽最后一分力气来一次油尽灯枯式的跳跃，然后在缺口上方的窄小地域盘桓数日乃至一个星期，眼看无力再上新台阶，于是便再次跳空向下，一大批跟进的投资者被遗弃在孤岛上。砍仓自救的套牢者纷纷不计成本地卖出，于是进一步加大了市场下跌的步伐（图10–7、图10–8）。

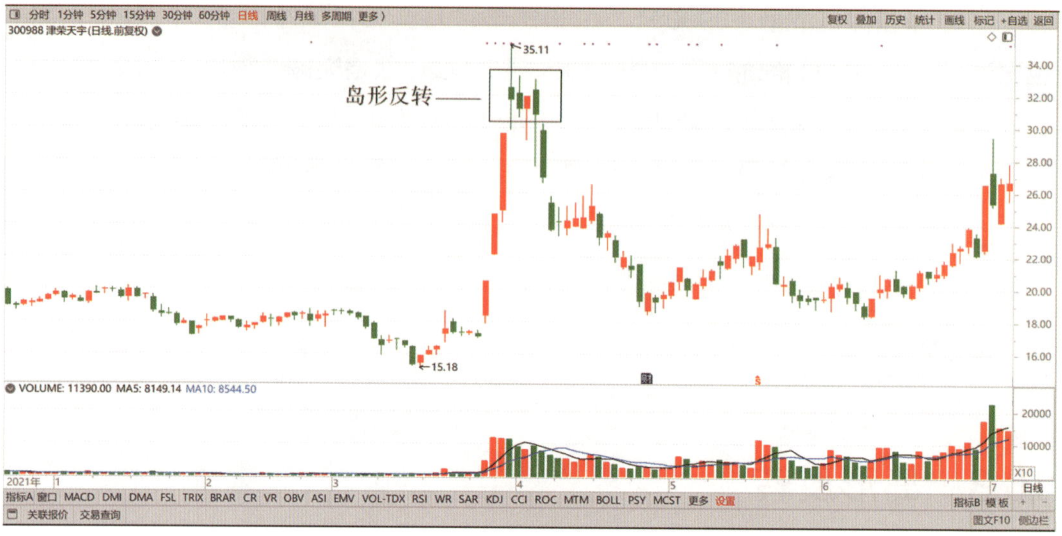

图10-7　岛形反转的实例分析

图10-7是津荣天宇（300988）2021年12月至2022年6月的日线图。图中出现了岛形反转顶部形态。注意该股在创下35.11元的年内新高价时，与上一交易周的价格走势之间形成了明显的跳空缺口，反映了当日股价的强劲势头，但创新高后不久又形成一个向下的跳空缺口。由于创新高当天换手率相当高，估计在“岛”内接下最后一棒的买入者已全线被套牢。部分斩仓盘涌出，加快了该股的下跌步伐。岛形反转由于事发突然，常常令人猝不及防。但从成交量上看，构成岛形的当天，成交量异乎寻常的放大有可能构成“胀爆”现象。“天量天价”的陈词滥调不幸一再被应验。

⊙ 令人惊喜的底部岛形反转

岛形反转出现在市场的底部可能更让人惊喜。它一般是在熊市的后期出现的。价格来了最后一次跳空，丧失信心的交易者在这最黑暗的时刻平仓出逃了，没能坚持到黎明。但当市场沽空的力量耗尽之后，价格反而跌不下去了。于是买盘疯狂涌入，价格像芝麻开花般节节高升。这真是一个令人悲喜交加的时刻，斩仓者跳进了空头陷阱，而且由于市场上升的闪电般迅速，连补回仓位都来不及了。持仓者终于可以开怀一笑，新趋势的隆隆上行，让他们看到钞票像雪花一样铺天盖地。

图10-8 底部岛形反转的实例图

图10-8是许继电气（000400）在2021年9月至2022年7月期间的日线图。该股在2022年4月至2022年5月间形成一个岛形反转的形态。

⊙ 成交量是识别岛形反转的重要依据

识别岛形反转的主要方法是看成交量。有的投资者可能会问，你怎么能知道这就是市场的最后一次跳空呢？可能会有其他的方法，但最有把握的，还是看跳空时及跳空后的成交量了。当市场以正常的成交量朝既有趋势推进之时，你不会觉察到趋势会生变，关键是衰竭跳空发生时，成交量会令人纳闷地萎缩，随后在缺口上边的窄幅盘桓期间，成交量仍是萎缩之势。然后市场却朝原有趋势相反的方向跳空，而这次跳空却伴随了成交量的相应放大，一个典型的反转形态便突然完成，快得如同一道闪电从空中划过。

同样是看成交量，不过对于市场底部发生的岛形反转，成交量的急剧放大几乎是形态形成必不可少的条件。在顶部的岛形反转，成交量便没有在底部时那样重要，这个道理我们反复多次地讲过（图10-9、图10-10）。

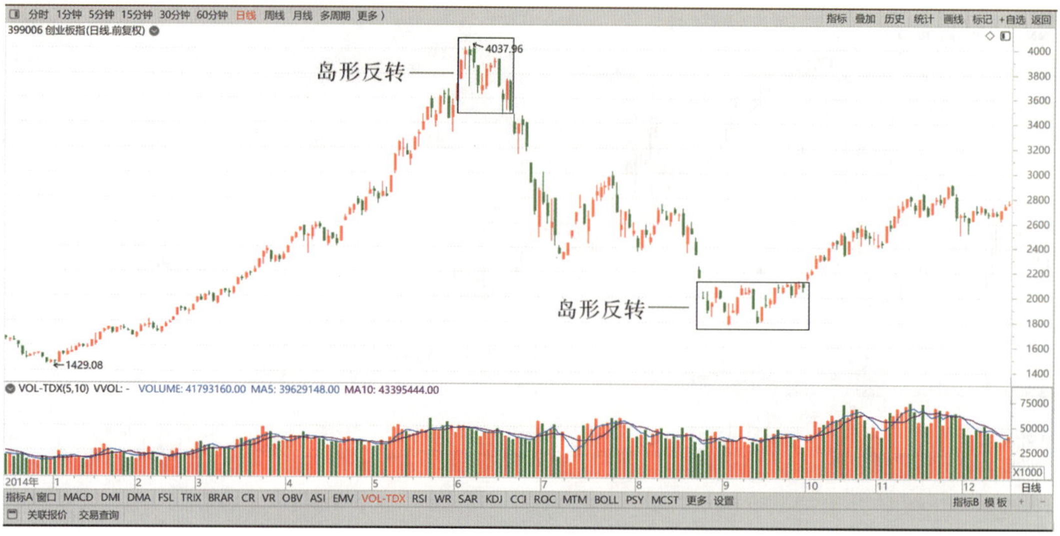

图10-9　在市场顶部及底部出现的岛形反转

在股票价格指数图表上，可以发现岛形反转的影子，这种岛形反转比个股中出现的该种形态规模要大，影响更为深远。因为它反映的是整个板块发生趋势改变的强烈信号。图10-9是创业板指（399006）在2014年12月至2015年12月期间的日线图。从图中我们可以看到作为顶部形态的岛形反转和作为底部形态的岛形反转，它们在预示趋势转变的作用方面是同样的重要。从成交量的角度来看，底部的岛形反转需要更大的成交量的配合。从图中可以看到，成交量在底部的急速放大是该岛形反转完成的重要条件。

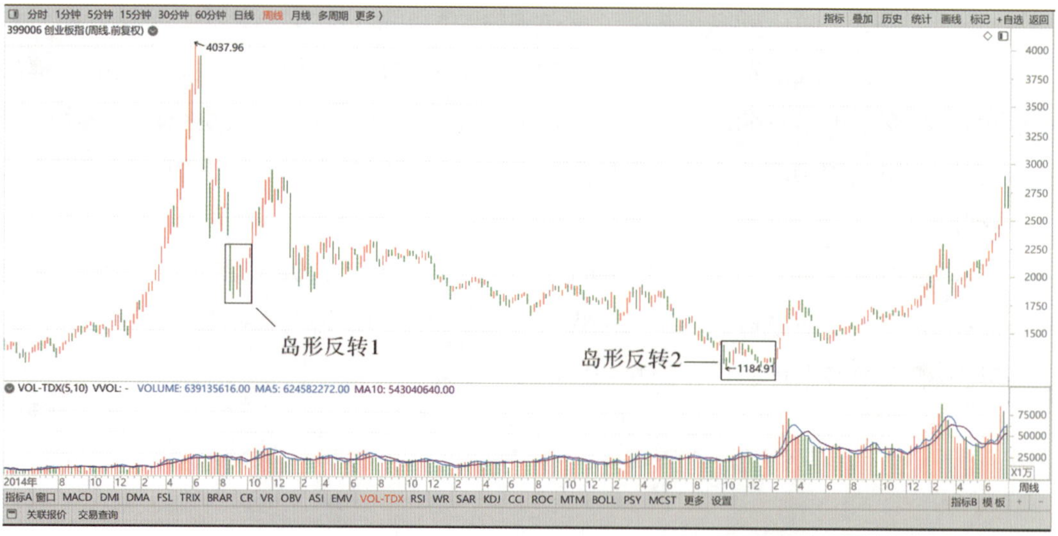

图10-10　周线图上出现的岛形反转

从图10-10我们可以找出两个岛形反转的例子。这是创业板指（399006）在2014年8月至2020年8月期间的周线图。岛型反转1出现在2015年8月至10月期间，而岛型反转2出现在2018年末至2019年初，注意，在岛形的区域里，它们的成交量处于明显由高到低的排列状态，而当股价跳空发生底部的岛型反转时，成交量急剧放大，经典的底部形态便形成了。周线图上出现的岛形反转值得我们认真研究。

小 结

缺口的含金量

缺口虽然只是一种市场现象，但缺口的分析价值，在前面已经详细谈到，的确可以称得上是一种极富价值的价格轨迹。

识别不同的缺口，就如我们找寻不同品位的矿藏。很显然，普通缺口的含金量就不高，不用说市场中出现的除权缺口、交易稀疏时出现的“散兵坑”、日内交易中出现的普通价格跳空，就算是在激烈的价格运动中出现的“涨停板缺口”。“跌停板缺口”也未必个个都是“宝”。普通缺口之所以意义不大，还在于其发生的偶然性、随意性，不是市场内部发生了某种“裂变”的强烈表现。

突破性缺口的分析价值最大，因为市场突破是新的价格运动趋势正式展开的标志，市场以缺口的形式完成趋势的反转，说明新趋势是相当猛烈的，它不仅给出了趋势反转的转势信号，还显示了反转的强度和新趋势可能伸展的规模，因而意义格外不同。

中继缺口是一个量度趋势长度的工具标志，它会提醒我们，这个展开的趋势还有多长的道路走到终点，如果我们持有的股票正好在一个涨势之中，中继缺口的出现，基本上可以预估我们还有多大的获利空间，从而可以制订一个预先的平仓计划。

衰竭缺口出现后，市场未必会立即反转，但提醒了我们，现有的趋势可能要发生改变了。认识到这一点，作为交易者就能做到心中有数。当上升趋势中的衰竭缺口出现后，持有股票的交易者，会决定在最后的疯狂中抢先平仓。当下跌趋势处于最后阶段，等待抄底机会的交易者，就可以逢低买入了。衰竭缺口的指示作用值得我们重视。

在本章中我们还论及“岛形反转”。这的确是一种相当强烈的转势信号，岛形反转的分析意义，不亚于几种主要的转势形态。它在反转方面的价值，不仅在于发出了反转的信号，而且在于反转发生的强度大。一般来说，岛形反转发生在一些重要的市场顶部或底部。该反转形态一旦成立，那么新的趋势的强度就会相当大，市场沿新趋势运行的时间也会相当长。从岛形的构成上可以看到，它包括了一个“衰竭缺口”和一个“突破性缺口”，很有破旧立新的味道。而且由于岛形反转在岛形之内会有相当大的套牢盘，使得该价位成为天然的阻力区或支撑区。岛形反转的突破会十分剧烈，因此在突破发生之时应果断做出决定。机会稍纵即逝，以免令人扼腕叹息。

股事新编之十　大牛市何时会来？

小二黑是某大型证券基金总经理牛总的小车司机，深得牛总信任，因而每次朋友见到他都想打听一些“内幕消息”，他们总是问：“牛总怎么说，股市何时再现大牛市风采？”

有一天小二黑终于宣布：“牛总跟我说了。”所有人立刻安静下来全神贯注地听他说。“牛总说，‘二黑，依你看，大牛市何日会重来呢？’”，小二黑接着说到。

第五部分

波浪理论的玄机

查尔斯·H. 道那惊天动地的发现充满了富有想象力的诗情画意，自此，股市便与海结下了不解之缘。艾略特波浪理论更是像海一样博大精深，多少年来，那些在投机市场搏杀的大鳄和小虾，一打开电脑，眼睛就被行情显示屏上价格的海洋占据，而耳朵里则塞满了海浪的涛音。与其说波浪理论是一种技术分析理论，不如说是一门技术分析艺术，因为股票价格看起来像是在波浪上跳舞……

第11章　波浪上的神奇舞蹈

11.1　打开财富之门的神奇钥匙

接触过波浪理论的人大多数都会产生这样的感觉，用两个字来表达，就是“神奇”。它确实是我们所见过的技术分析方法中最为神奇的。使用波浪理论测市时，刚开始我们总是有怀疑，但市场却不可思议地会应验它的预测。这实在是个让人叹为观止的技术工具，不仅仅是它神奇的测市能力，还因为它从诞生起就一直被笼罩在一层神秘的光环之中。

⊙ 艾略特的惊世发现

波浪理论的全称应为艾略特波浪理论（Elliott Wave Theory），是以美国人拉尔夫·纳尔逊·艾略特的名字命名的一种技术分析理论。它的形成经历了一段神秘而复杂的过程。

艾略特原来是位会计，曾供职于餐馆和铁路公司。他在因病退休之后，细细揣摩出了股票市场价格运动的一些规律，并从道氏理论中吸取了灵感，创立了“惊天动地”的股票技术分析新理论，这就是在股市分析领域长盛不衰的波浪理论。

但在艾略特活着的时候，他的理论并没有形成完整的体系，因而也没有得到社会的广泛认可。直到1978年，查尔斯·T. 柯林斯以艾略特的原著为基础完成并发表了他的专论《波浪理论》之后，波浪理论才正式登堂入室，成为倾倒众生的股市分析宝典，至今仍是众多分析师手中的致命武器。

⊙ 倾倒众生的股市分析宝典

艾略特最初创立波浪理论时，是受到股价不断上涨下跌的现象启发，透过这种简单重复的价格运动现象，找出了一些普遍性的规律。当然，艾略特的理论与道氏理论有着惊人的相似之处，但艾略特的理论在道氏理论的基础上向前迈进了一大步，对市场价格运动有了全方位的透视能力，具有更深刻精细的预测意义。因此可以说，波浪理论其实并不是许多人想象的那样玄妙难懂，一旦了解了它的理论基础，我们也会发现它简单的一面。

当然，就该理论体系而言，要彻底剖析它是相当复杂的工作。有的技术分析师毕生致力于波浪理论的研究，并在该理论的基础上发明了更多更实用的分析技巧。这是将波浪理论发扬光大的重要推动力量，有些人甚至因此而成为波浪理论大师，据说美国人罗伯特·普莱切特（Robert Prechter）就因此而扬名世界技术分析界。

在这里我想做两点说明：其一，我们不打算对波浪理论的整个体系面面俱到地分析，那样反而会让我们不知从何入手。我们只谈最实用的、最核心的部分，务求直奔主题、一针见血。其二，我国股票市场是一个新兴市场，与西方成熟市场相比，历史较短，资料较少。而波浪理论的优势在于对长期趋势的研判，因而在一些短期预测方面，较受局限。

⊙ 像海一样博大精深

波浪理论仍然是目前运用最广泛的技术分析工具之一，它能在成千上万种预测理论中鹤立鸡群达几十年之久，经历了股票市场风风雨雨的洗礼，并且历久常新，可见其卓尔不群的分析能力。掌握了波浪理论精髓的交易者，好比是拿到了一把打开财富之门的金钥匙。

11.2　掀起它的盖头来

⊙ 波浪理论三要素

波浪理论具有三个重要的因素，依照重要性依次为：①波浪的形态；②浪与浪之间的比例；③完成某个形态需要的时间。

在三个要素之中，波浪的形态是最重要的，它是波浪的形状和构造，是波浪理论赖以生存的前提与基础；浪与浪之间的比例，需要通过测算各个波浪之间的相互关系来确定回撤点和价格目标；波浪形态中每个浪的完成时间之间存在一定的联系，但要准确预测波浪的形成时间是相当不容易的。

⊙ 波浪的结构与级别

艾略特的波浪理论体系最早应用在主要股票指数走势的分析上，他认为股票市场应该遵循一定的周期周而复始地向前发展。股票价格的上涨下跌不是随机性的，它们的运动是按照某种规律进行的。通过多年实践，艾略特认为一个完整的周期包含8个浪——5浪上升，3浪下跌。这8个浪结束了，一个大的市场运动也就完成了（图11–1）。

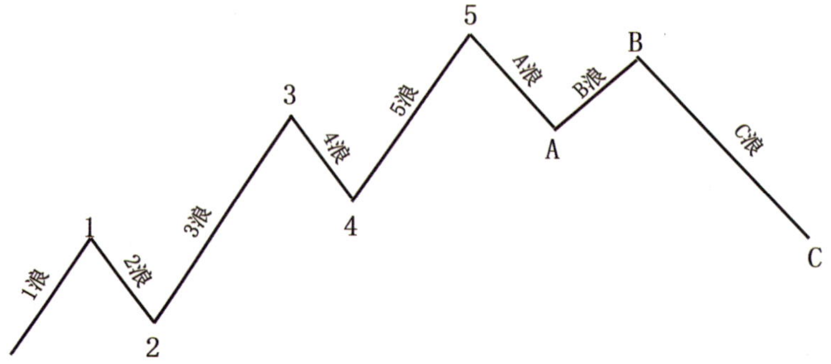

图11–1　波浪的基本形态

艾略特波浪理论认为，一个标准的上升循环包含着8个浪，其中顺流5个浪，逆流3个浪。当这8个浪结束之后，市场运动将进入更高一级的8浪循环中去，低一级的8浪将成为高一级的8浪的一部分。

以上升循环为例说明一下这8个浪的过程（图11–1）：第1浪、第3浪和第5浪是上升浪，我们称之为主浪或推动浪；而第2浪和第4浪则是对第1浪和第3浪的调整，故称之为调整浪。当上述5个浪完成之后，市场将会出现3个下跌浪，分别是从第5浪的浪顶至A点的A浪、从A点到B点的B浪、从B点到C点的C浪。

在研究波浪本身的结构问题时，必须把趋势的规模也考虑进去。对趋势的规模层次有不同的描述方式，艾略特在波浪理论中把趋势的规模划分成了9个层次，最大的规模覆盖了200年的时间，而最小的规模可能仅仅延续几小时的时间。但无论是200年以上的超级趋势，还是几小时的细微趋势，基本的8浪结构是不变的。

每一规模层次的浪都可以向下一层次划分出小浪，而小浪同样可以进一步向更下一层次划分出更小的浪。反过来说，每一个浪都是它的上一层次波浪的一个组成部分（图11-2）。

最高级别的两个浪可以细分为8个小浪，而对这8个小浪再细分可以得到34个子浪。按照这样的细分方法，可以把最高级别的8个浪细分为144个子浪。

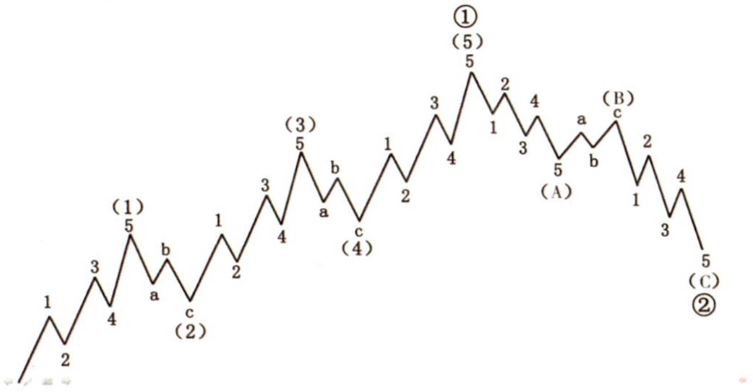

图11-2 波浪形态的层次划分

一个基本的8浪循环形态完成之后，便构成了更高级别的8浪循环的第（1）浪和第（2）浪；而当这个级别的8浪循环结束之后，它们又构成再高一个级别的8浪循环的第①浪和第②浪。可见每一个浪都是它的上一层次循环浪的组成部分，每一个浪也可以向下一层次循环浪划分出若干个小浪。

⊙ 识别3浪结构和5浪结构

在将波浪进行细分时，我们会遇到一个问题，就是将一个较高级别的浪是分成5个较小的浪，还是分成3个较小的浪呢?

这个问题需要将该高级别的浪所处的趋势考虑在内，同时也需要考虑更高级别浪的趋势，然后再决定这个高级别浪是细分成3个浪还是5个浪。要把握这个问题有如下要诀：

（1）本高级别浪是上升浪，更高级别浪也是上升浪，那么本大浪应细分为5浪。

（2）本高级别浪是上升浪，更高级别浪是下降浪，那么本大浪应细分为3浪。

（3）本高级别浪是下降浪，更高级别浪也是下降浪，那么本大浪应细分为5浪。

（4）本高级别浪是下降浪，更高级别浪是上升浪，那么本大浪应细分为3浪。

我们可以从中归纳出这样一种规律：如果本高级别浪的方向与更高级别浪的方向一致，那么本高级别浪应细分为5浪；如果本高级别浪的方向与更高级别浪的方向相反，那么本高级别浪应细分为3浪。

识别3浪结构和5浪结构，显然对分析市场所处趋势意义重大。3浪结构与5浪结构本身就具有不同的预测意义。一个5浪结构常常意味着更高级别的同方向大浪仅仅完成了一部分。市场中的调整一般不会以5浪结构的形式出现。在上升趋势中，如果我们发现了一个5浪结构的下跌浪，那么这个下跌浪就不仅仅是一个调整浪了，一个更大的下跌趋势或许刚刚开始。在下跌趋势中，一个3浪结构的上升浪出现后，可以判断这个上升浪仅仅是个反弹，市场在不久之后将恢复下跌的趋势。假如你发现这个上升浪呈5浪结构，其本身或许就是新的上升趋势的第1浪呢（图11–3）。

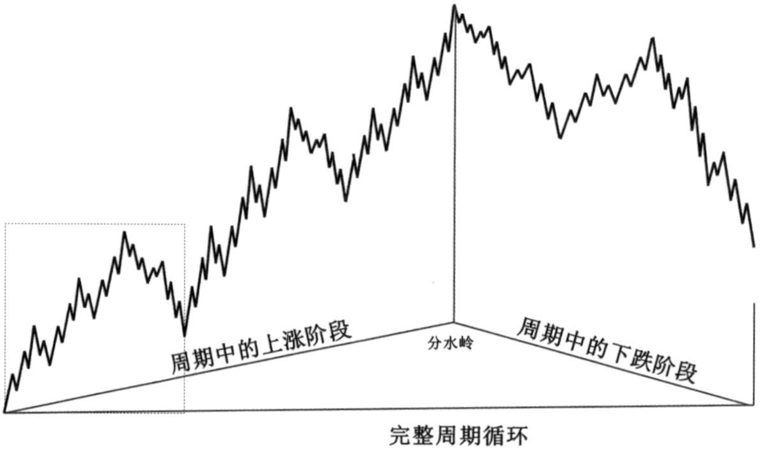

图11–3 一个完整的市场周期

高级别的2个浪（虚线框中）可以细分为8个小浪，而这8个小浪由34个子浪组成，按这样的方法，可以将一个完整的市场周期循环浪细分为144个子浪。与高一级别浪方向一致时，低一级别浪可以分为5个小浪或5个子浪，而与高一级别浪方向相反时，低一级别浪则由3个浪构成。识别波浪的这一特性，有利于把握市场运动的方向。

11.3 玩味奇异数字

艾略特在他的《艾略特波浪理论——自然法则》中，说明了波浪理论的数学基础就是13世纪的数学家莱昂·纳多·斐波那契发现的一组数列，即人们常说的“斐波那契数列”。

⊙ 兔子繁殖的数学问题

斐波那契数列第一次出现时，是作为兔子繁殖的数学问题的解答而写出来的。这组神奇的数字便是1，2，3，5，8，13，21，34，55，89，144，…

这组数字有许多有趣的联系，先看看这些特征：

（1）任意相邻的2个数字之和，等于两者之后的那个数字。例如5+8=13，13+21=34，等等。

（2）除了最初的四个数字外，任意一个数字与相邻的后一个数字之比，都接近于0.618，越往后，这种关系越是明显。

（3）除第一个数字外，任意一个数字与其相邻的前一个数字之比值都趋向于1.618。

（4）间隔一个数字的两个数字的后一个数字与前一个数字的比值约等于2.618。

这组数字还有许多有趣的关系，以上是其中著名的、很重要的几点。

⊙ 斐波那契数列的奥妙

事实上，在斐波那契发现这组数字之前，古希腊和埃及的数学家们早就知道了0.618这个重要的比值了，这就是著名的黄金分割律。它那神奇的、不可思议的比例渗透到了音乐、舞蹈、建筑甚至生物学中。希腊的巴特农神殿、埃及金字塔，还有达·芬奇那不朽的绘画中，到处可见黄金分割律的影子。在生物学上，养生经验中，据说人要4分静6分动，吃饭要吃到六成饱最易长寿……其中的奥妙实在太多。在人类的活动中，黄金分割律有着相当大的影响。那么，在股票交易这样一种大规模人群活动当中，有没有黄金分割律的踪迹呢？

根据大量的观察统计和分析，股票市场同样服从大自然的这种规律。我们已经知道了波浪理论的三个重要的因素：波浪的形态、浪与浪之间的比例以及完成某个形态需要的时间。我们在波浪的分析之中，几乎到处都会与奇异数字不期而遇。

我们知道，一个完整的周期包含了8个浪，其中5浪上升，3浪下跌。而3、5、8都是斐波那契数列中的数字。我们可以将一个更高级别浪中的第1浪和第2浪细分为34个浪，而一个完整的高级别浪甚至可以细分为144个子浪。这些也都是奇异数字。

⊙ 黄金分割律与波浪比例

奇异数字的妙用还表现在浪与浪之间的比例这个波浪理论的重要因素上：

（1）第3浪的价格目标约为第1浪的1.618倍。我们可以把第1浪的长度乘以1.618，然后从第2浪的浪底起算，预测出第3浪的长度。

（2）把第1浪的长度乘以3.235（1.618的2倍），然后从第1浪的浪底起算，可以推测出第5浪的最小目标；如果从第1浪的浪顶算起，就是第5浪的最大目标。

（3）假如第1浪和第3浪的长度相等，那么我们就可以推测第5浪可能会延伸。第5浪的价格目标即为从第4浪浪底起算的第1浪浪底到第3浪浪顶的1.618倍的距离。

（4）在调整浪中，C浪的长度经常达到或超过A浪的1.618倍。

（5）在三角形调整中，每个后续浪都约等于前一浪的0.618倍。

……

以上只是斐波那契数列中的数字在波浪理论中的部分常见的应用。很多股票分析师或者交易者都有运用黄金分割律及奇异数字进行价格目标发现的独门经验。在实际的市场分析与操作中，常用的黄金分割比例是0.618、1.618、0.382。

⊙ 股市中悄然打开的时间之窗

在波浪理论中关于时间分析方面，斐波那契数列也有妙用，即发现市场转折点的时间之窗。有些分析者从重要的市场转折点出发，向后数到13、21、34、55、89个交易日，往往发现市场在这些交易日发生转折的机会也相当大。我们还可以把奇异数字运用在周线图、月线图，甚至年线图上，探寻市场在出现重要的顶部或者底部之后，在第5、第8、第13、第21周（或者月）这些数字的时间上是否会发生转折，结果证明也是行之有效的。

在斐波那契数列的运用上，最好是多种奇异数字在波浪的形态、浪与浪之间的比例以及形成某个形态需要的时间等三个方面出现相互验证的情形。在时间之窗分析中，如果各种尺度的时间之窗相互重叠在一起，那么这种时间之窗内发生重要转折的机会就会加大。例如从某一个重要的转折点起算，今天正好是第13周，而再前一个转折点到今天正好又是第34周，那么我们就有相当充足的理由认为，市场新的重要转折点很可能会出现在今天或者明天。

斐波那契数列在经济周期预测、移动平均线的参数设立以及时间周期理论等许多分析工具中，都有令人惊讶的应用价值。我们还可以把它运用到其他分析工具中去试验一下，看看还有哪些分析工具适合与斐波那契数列协同作战。

11.4 把握波浪的性格

⊙ 对大海的崇拜和敬畏

股票技术分析中最有影响力的两大经典理论——道氏理论与波浪理论，似乎都从大海那里得到了神灵的指点。查尔斯·H. 道把市场走势运动分为三种规模，并且分别以大海的潮汐、波涛和波纹来形容它们。艾略特则走得更远，他把市场的任何变化都与大海联系起来，甚至把自己的理论思想干脆命名为“波浪理论”，可见他对大海怀着怎样的崇拜与敬畏了。

如果我们运用波浪理论来透视股票市场的价格运动，一个动感十足的词语就会不由自主地闯入心灵深处，那就是“风浪之中的舞蹈”——惊险、刺激又狂野不羁。这真是对投机市场最为生动形象的写照。

艾略特和他的分析理论本身也像海一样的博大精深。很多人对波浪理论的认识并不比对沙滩深刻多少，即使皓首穷经一生，也许才刚刚被海浪打湿了脚背。要想探究海中的奇特景观，要做的只有沉潜下去，别站在岸上。

⊙ 各具特色的波浪性格

波浪理论描述了一个完整的市场周期是由8个浪构成的。虽然每一个波浪的水声都差不多，但它们有着各具特色的性格。

（1）第1浪。当第1浪开始运行的时候，常常难以辨认它到底是上升浪的开始还是下降趋势中一个小的反弹浪。它差不多有一半是处于市场的底部，通常来得很短促。

当市场出现由3个波浪组成的调整浪之后，如果出现第1浪，则可以证明市场向下的调整已经结束，新的上升循环有望展开。

识别第1浪时，可以尝试着将它细分为低一级的5个浪。如果低一级的5个浪构成一个上升势头，则可以认定市场迎来了上升的春天（图11–4）。

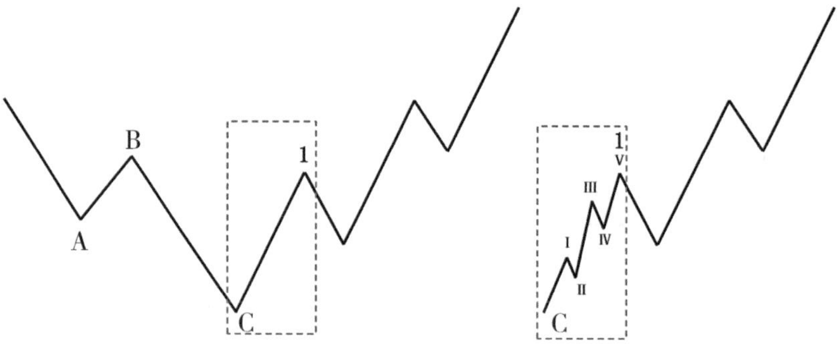

图11–4 第1浪示意图

第1浪一般出现在调整浪之后，其特有的性格决定了原有趋势将发生较大改变，新的上升循环周期呼之欲出。注意，第1浪具有低级别的5浪结构，说明它具有了上升推动浪的特有形态。

（2）第2浪。第1浪走完5个小浪之后，一般会出现回调，回调的幅度为0.382或0.618水平，也可能出现极为剧烈的调整浪，回到第1浪的浪底才打住。

第2浪一般为3浪结构的调整浪，形态上呈之字形的较为常见，也会有其他复杂形态的情形。由于第2浪削去了第1浪的大部分升幅，常令人困惑新的上升趋势是否会夭折。特别是调整幅度过大时，经常给人以错觉，以为第1浪的浪底会被击穿。

第2浪的回调幅度超过0.618比例时，会在传统的图表上构成许多走势形态，如双重底、三重底或头肩底等（图11–5）。

（3）第3浪。在推动浪之中，第3浪最具爆发力。它通常是最长的，也是最猛烈的一浪。当市场突破了第1浪的浪顶之时，图表上会发出多种突破信号，几乎所有的技术分析工具都在这一刻指示交易者赶快买进。价格往往会以连续跳空的方式迅速推进。

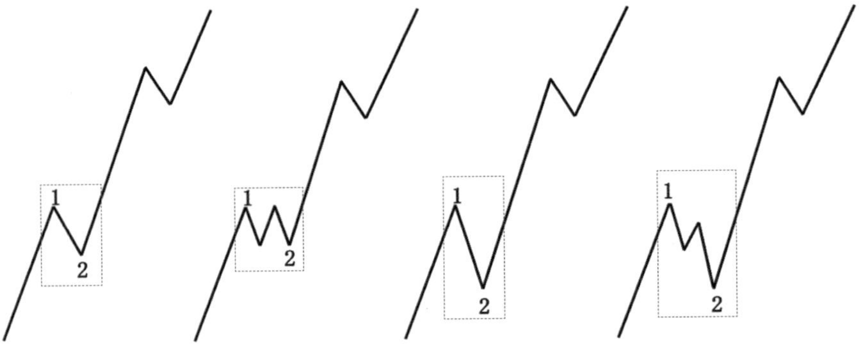

图11-5 第2浪示意图

第3浪是最具爆炸力的一个浪，在主浪之中起到中流砥柱的作用，其上升或下跌的长度往往是最大的。第3浪通常可以再次细分为5个小浪，这5个小浪往往构成了一次颇具冲击力的推动浪。

第3浪通常是第1浪的1.618倍，甚至2.618倍或其他奇异数字的倍数。第3浪绝对不能短于第1浪，否则就不构成第3浪。

由于第3浪的爆发力强，因而它通常会形成延伸浪。市场一片狂热，使迅猛演绎的行情难以在短时间内谢幕。

第3浪是买进的绝佳时机，也是争议性最小的一个阶段，市场人士从来都没有如此高度一致的看法。即使是从基本面上看，肯定也是利好不断，凯歌声声（图11–6）。

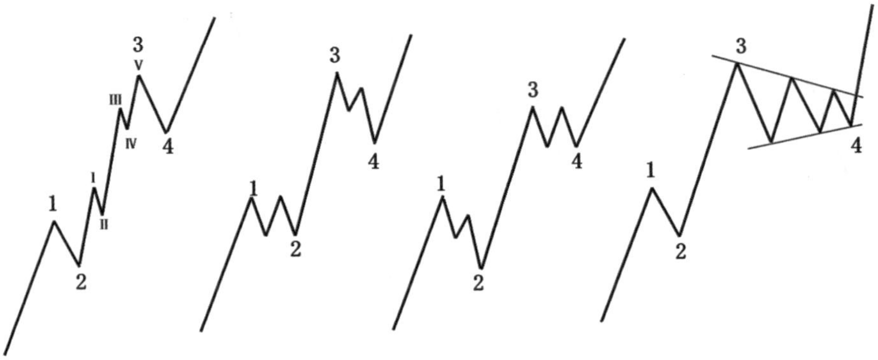

图11–6 第3浪及第4浪示意图

（4）第4浪。在第3浪爆发性前进的后期，市场会出现较为变幻莫测的第4浪调整。第4浪具有如下几个特征：①一般会回调至第3浪长度的0.382倍处。②倾向于以复杂形态的面目出现。③第4浪调整经常在低一级的第4小浪范围内完成，即第3浪的第4小浪幅度内。④第4浪的底不可以低于第1浪的顶。⑤第4浪的构造通常与第2浪不同，如果第2浪以简单形态完成调整，则第4浪往往会以复杂形态完成，反之亦然，它们之间存在着一种“交替原则”。

（5）第5浪。在股票市场，第5浪通常比第3浪平和得多，其力度和成交量远逊于第3浪。在上升目标上，如果第3浪属于延伸浪，那么第5浪的长度将会与第1浪相同；第5浪的长度与第1浪浪底至第3浪浪顶的长度存在着0.618的黄金分割倍数关系。

第5浪还有以下几个特点：①第5浪通常可以再细分为5个小浪。由于上升力度逐渐减弱，中间会形成上升楔形的消耗性走势，在这个上升楔形中，第4小浪浪底可以与第1小浪浪顶重叠，这是唯一可以接受的第4浪低于第1浪浪顶的情形。②由于市场情绪一片乐观，而市场内在的动力已经开始衰减，这样会出现各种技术指标与走势背离的情形，这通常是市场发生重大转折的早期信号。③第5浪以失败浪的面目出现时，经常无法穿越第3浪浪顶就扭头向下，这种快速的转势情形常常令人猝不及防（图11–7）。

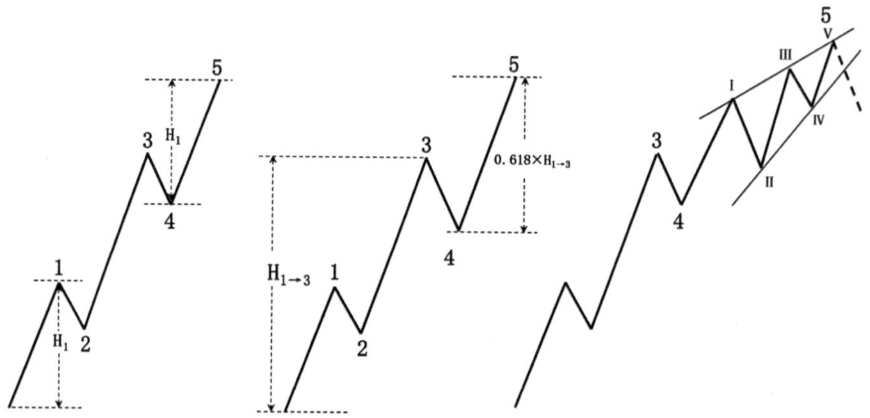

图11–7　第5浪示意图

（6）A浪。当上升趋势进入调整阶段后，A浪常常被交易者认为仅仅是涨势的回撤，忽略了它可能是一个重要的下降趋势的开始。但如果A浪不是以3浪结构运行而是以5浪结构出现的话，那问题就严重得多。由于在第5浪运行时已经出现了各种摆动指标与走势背离的警讯，所以在A浪中可能会出现成交量在下跌时放大的情形，这进一步验证了市场会向下走出较远的距离（图11–8）。

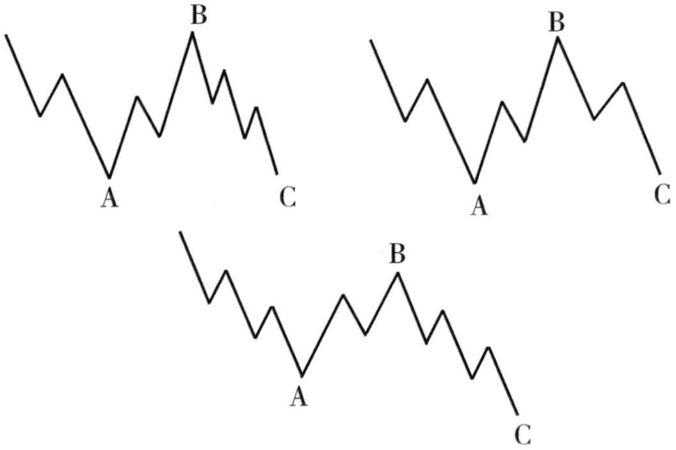

图11–8 A浪示意图

A浪常以3浪结构出现，表现为平坦形A—B—C 3浪或者不规则平台形A—B—C 3浪。A浪的最常见形态仍然是之字形。

（7）B浪。市场以较大的成交量向下冲击之后，新趋势中的反弹可能会出现，这就是B浪。B浪一般会以较小的成交量出现。

B浪永远只能以3个浪的结构出现，不可能再划分为低一级的5个浪。

B浪通常是A浪的0.382倍、0.5倍、0.618倍，是持仓者平仓出逃的最后机会。

B浪的形态往往比较复杂，走势显得很“妖”，或许还会越过旧的波峰然后再下跌（图11–9）。

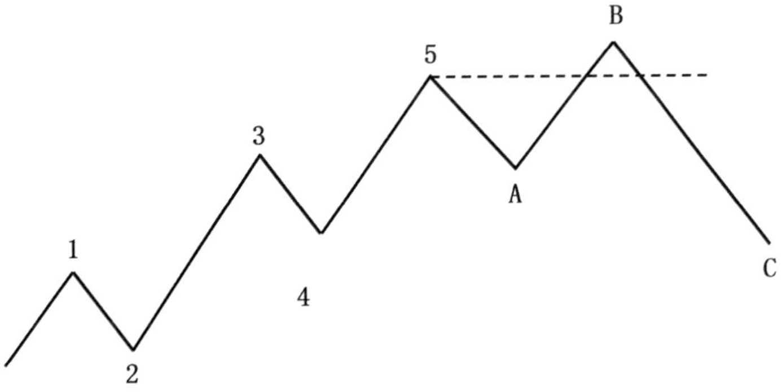

图11–9 B浪形成不规则顶示意图

A浪与B浪也存在“交替”现象。如果A浪是平台形，那么B浪就会是倒置的之字形；如果A浪是之字形，那么B浪就会是倒置的平台形。无论哪种情形，C浪都是由5个浪组成的剧烈运动。

（8）C浪。当C浪出现时，无疑原有的上升趋势已告结束。按照市场惯常的情形，C浪一般会击穿A浪的浪底，并构成鲜明的下跌形态。

C浪也可以再细分为5个小浪，C浪的长度一般是A浪的1.618倍。但当A—B—C浪以之字形运行时，A浪也可能与C浪长度相同，在这种情形下，C浪仍然会低过A浪的底。

由于调整浪复杂多变，运行时更是变化多端，因此常常可以见到两个或者两个以上的简单调整形态出现在调整浪中。承接这几组简单调整浪的便是X浪。X浪与B浪的性格相同，一般也细分为3个小浪。X浪有时也以三角形的面目出现，其低一级的小浪，也倾向于3浪组合（图11-10）。

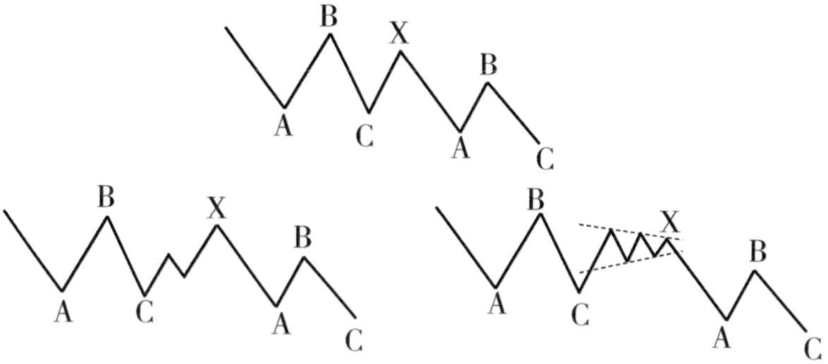

图11-10　复杂多变的调整浪

调整浪不会出现延伸，但是却可能扩大或者倍增，常常可以由两个或者两个以上的调整形态组合联结而成，其中X浪便是连接结构。

小 结

在自由中克制

拿破仑有句名言：“统治世界的是想象力。”波浪理论的创立本身就是想象力卓越的产物。从道氏理论开始，股市的价格运动就被想象力描绘得形象生动，再也不是一堆枯燥乏味的数字和杂乱无章的走势曲线。查尔斯·H. 道那惊天动地的发现充满了富有想象力的诗情画意，股市便与海结下了不解之缘，潮汐、波涛和波纹代替了抽象的大趋势、中等趋势和小趋势。但真正把想象力发挥到极致的，则非艾略特莫属。

艾略特的波浪理论可能也像海一样的深不可测，多少年来，那些在投机市场搏杀的大鳄或者小虾，一打开电脑的行情显示屏，眼睛就被价格的海洋占据，而耳朵里则塞满了海浪的涛音。越是博大精深的理论，越是考验分析者的智慧。波浪理论的研究者们，想必也在那里思前想后，绞尽脑汁吧。

留有巨大的想象空间，这大概就是波浪理论的最大魅力吧。但优点有时也是缺点，想象过于自由，对一些修炼不到家的分析者来说，常常难以把握。一个大的循环浪可能会持续几年甚至几十年，要用过去的价格资料来推测遥远的未来，这的确需要惊人的想象力。

一个持续了好几年的市场趋势，很可能只是一个更高级别的8个循环浪中的1个小浪，你需要运用想象力去描绘价格运动在若干年之后的“蓝图”。

对于同一个形态，不同的分析者会从不同的角度数浪。一个上升浪，有交易者认为是上升8浪的第1浪，但也可能有交易者认为这只是下跌循环浪之中的A浪调整，因而交易者常常会围绕不同的数浪方式及结论争执不休。

识别浪形的能力主要来自分析者的想象力。这就像有人把巫山上的一块巨石想象成了神女的模样，据此编撰一个缠绵凄切的神女望夫归来的爱情故事以赚取游客的眼泪和钞票一样，当然也会有一些“不解风情”的男人或女人坚称他们看到石头时无论怎样使劲都想象不出神女的模样来（别自卑，我也是只能看到巫山上有块石头而不是个从原始社会以前就站在那儿的痴情女子）。这真是个让分析者头痛的问题。就说这价格曲线的形态吧，很少有按8浪的简单结构进行的，对于这种不规范的、比较模糊的结构形态，不同的人有不同的处理方法。而在实际的行情分析中，我们又不得不面对这些不规范的结构形态并试图破译浪形结构中的密码，这真是件不容易的事。

所以，波浪理论与其说是一种股票期货的分析理论，还不如说是一门股票期货的技术分析艺术。没有天分与悟性肯定是不行的，它的一些准则是固定的，但它的一些方法又充满了随心所欲的自由。仁者见仁，智者见智，我们无法统一所有分析者的思想。但对于一个并不精于此道的股市新手来说，还是把自己想象得“笨”一些为好，宁可呆板一些，也要收敛想象的自由。用波浪理论的一些原则去套，不如墨守成规，以避免过多的混乱的自由发挥。

真正的分析艺术是需要在实践中不断地磨砺、不断地尝试的。用波浪理论分析股票走势，除了反复多次地试验、总结和再试验之外，似乎没有其他捷径可走。熟能生巧，花了真功夫，才能练出真本领来。

股事新编之十一　择偶与选股

有个年轻人向古希腊哲学家柏拉图请教求偶之道。柏拉图让他去麦田里摘取一枝最大的麦穗来，只准向前走，不准向后退。年轻人去了，他看见一枝较大的麦穗，本欲摘取，心想前面还有更大的，于是便错过了这个机会，继续向前走……年轻人错过了一个又一个机会，他总以为最大的麦穗就在前面。走啊走啊，像先前那样大的麦穗再也没出现，扑进眼帘的麦穗一枝不如一枝。最后，他只好失望地去见柏拉图。柏拉图说，求偶就像摘麦穗，发现了合适的就得赶紧去摘下，最忌讳的就是这山望着那山高。

股市里有句真言：选股如选妻。看来，要在几千只股票中选取最好的股票并不比在麦田里选取最大的一枝麦穗容易。在股市之中，也存在“没有最好，只有更好”的情形呢！看来选股难如选妻啊！

第12章 摸透波浪的脾气

12.1 推动浪：推动股市的是我

⊙ 数浪游戏的基本规则

波浪理论的重要基础便是波浪的形态，掌握正确的数浪方法是使用波浪理论分析的前提。不了解数浪的规则便对股票市场价格运动形态指指点点，无异于盲人摸象，只是个片面印象。

基本的数浪规则有以下几条：

（1）第3浪永远不可能是1～5浪中最短的一个浪。它至少不能短于第1浪的长度。由于第3浪是最具爆发力的一个推动浪，它通常是5浪中最长的一个浪。

（2）第4浪的浪底不能低于第1浪的浪顶，否则数浪方式错误。

（3）如果第2浪以简单形态出现，那么第4浪常常倾向于以复杂形态出现，反之亦然。由于第2浪与第4浪属于逆流运行的调整形态，所以这2个浪的形态往往多姿多彩。

（4）第4浪以复杂形态出现的概率甚高，它通常会在低一个级别的第4小浪范围内完成调整走势。

在运用波浪理论预测市场走势时，只要坚持以上4个规则，那么出现分析错误的可能性就相对减少了许多（图12–1、图12–2）。

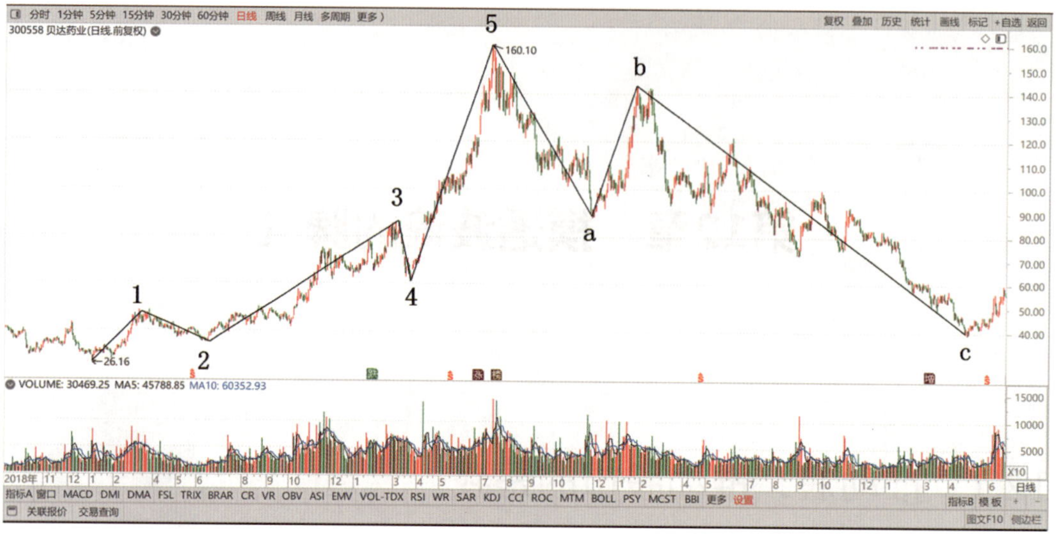

图12-1　上升8浪结构的实例分析

图12-1是贝达药业（300558）在2018年10月至2022年6月期间的日线图，我们可以在该图上找出明显的8浪结构上升循环浪的完整走势。该股从26.16元起步，试探性走出上升第1浪，由于在跌势中盘桓，因而第1浪被市场认为是一波反弹行情；随后第2浪出现了深幅调整，差不多将第1浪的大部分升幅抹去；第3浪将股价从低位拉起，注意，第3浪具有明显的5浪结构，其上升幅度远大于第1浪；第4浪快速调整，结构简明；第5浪出现延伸浪。上升5浪走完后，该股走出a—b—c调整浪，其中c浪具有清晰的5浪结构。浪形结构层次分明，令人一目了然。

图12-2　下跌8浪结构的实例分析

图12–2是中直股份（600038）在2021年9月至2022年8月期间的日线图，在图中我们可以找到下跌的5个浪。注意，第3浪幅度最大，也具有5浪结构。第5浪创下33.30元新低之后，出现a–b–c 3浪反弹。

⊙ 推动浪的各种形态

在上升趋势中，第1浪、第3浪和第5浪应该是呈一浪高过一浪的走势，这3个浪每一个都可以细分为5个小浪。不过，由于市场千变万化，理想模式的上升/下跌循环总是不多见的，倒是一些变化后的形态更为常见。我们先研究一下其中的几种变化形态。

（1）斜三角形（楔形），又可分为上升斜三角形和下降斜三角形。其形成原因多半是由于市场运行速度过快，随后市场便以消耗性的方式去完成最后的一段走势。因而斜三角形一般只出现在市场运动的第5浪中，并具有以下特征：

①上升斜三角形由于是出现在上升趋势的后期，其消耗性的走势令上升趋势难以延续，因而市场随时可能反转向下，也就是说上升斜三角形是看跌的。与此相反，下降斜三角形出现在下降趋势之中，则具有看涨的意义。

②斜三角形具有较为明显的5浪特征。这5个浪都包含在2条逐渐聚拢的直线之内，而每1个小浪都只能再细分为低一级的3个子浪，即每1个小浪都具有3浪结构。

③在斜三角形中，第4个小浪的底可以低于第1个小浪的顶。此点与常规的数浪方式有些差别（图12–3、图12–4）。

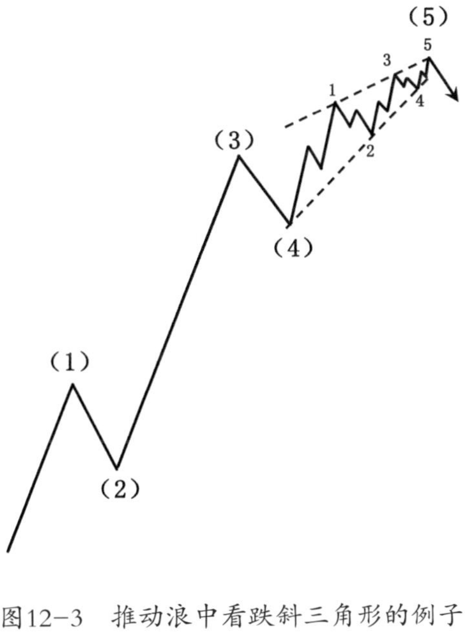

图12–3　推动浪中看跌斜三角形的例子

图12–3是一个向上倾斜看跌斜三角形（又称为看跌楔形），表明市场正以消耗性的方式去完成上升趋势中的最后一浪。因而斜三角形一般出现在循环浪中的第5浪。

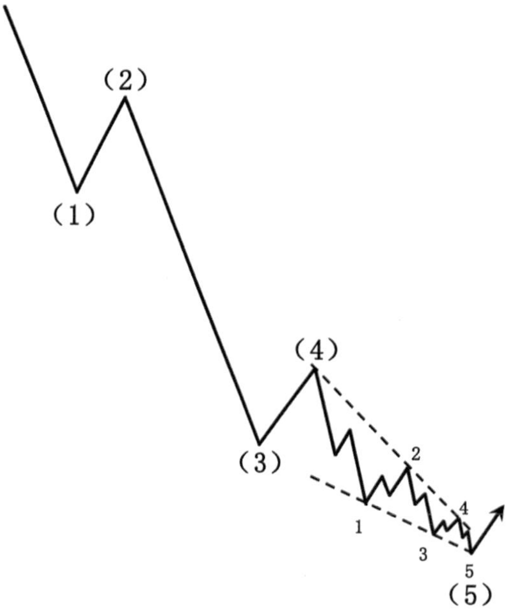

图12–4 推动浪中看涨斜三角形的例子

如图12–4所示，看涨斜三角形具有向下倾斜的角度，一般出现在下跌5浪中的最后1浪，股价呈下跌抵抗形。

（2）衰竭形态，又称为失败浪，指在上升趋势中第5浪无力越过第3浪浪顶，一般会形成双顶形态；在下降趋势中，第5浪没有击穿第3浪浪底所构成的支撑，因而构成了双底的反转形态。

这种失败形态在转折发生之后出现的低一级小浪明显具有5浪结构。另外，上升趋势中出现的失败形态显示了市场潜在的衰弱；而下降趋势中出现的失败形态则说明大势有可能反转向上（图12–5、图12–6）。

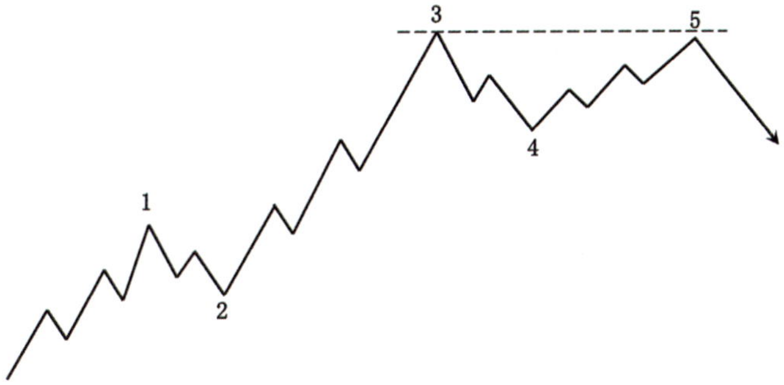

图12–5 牛市中出现的失败浪形态

图12–5中第5浪无力超越第3浪的顶完成一浪上升，反而掉头向下，令上升5浪的形态以第5浪成为失败浪而结束。这种失败浪显示市场上升动力已经衰竭，下跌势头必定相当猛烈。

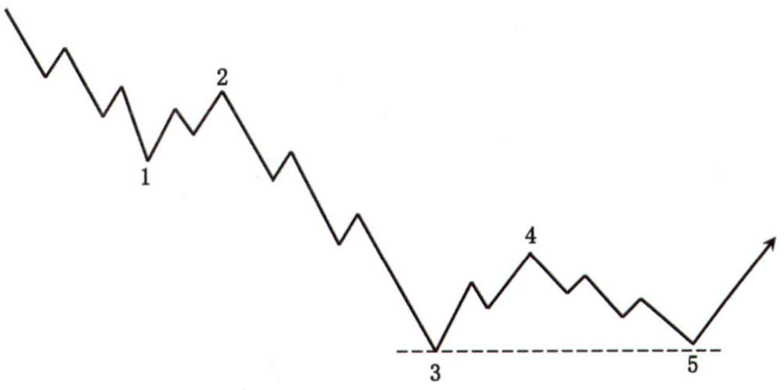

图12–6 熊市中出现的失败浪形态

注意图12–6中第5浪无力击穿第3浪的底，预示下档支撑位力度很强，熊市可望在第3浪浪底附近结束。当第5浪最终以失败的形式走完，反转趋势超越第4浪浪顶，一轮新的牛市已经启动。

（3）延伸浪，理想的上升趋势具有5浪结构，偶尔某个浪会形成延长的走势，第1浪、第3浪和第5浪都有可能再添加5个额外小浪的结构，并形成明显的9浪结构。若9浪等长往往令人分不清楚是哪一个浪延伸了，通常的判断方法是将9浪结构的上升趋势同完整的5浪结构同等对待，因为它们具有相同的分析意义。

⊙ 延伸浪的预测意义

延伸浪具有一定的预测意义：

（1）在第1浪、第3浪和第5浪中，只能有1个浪是延伸的，另外2个浪的长度相近。

（2）假如第1浪与第3浪长度相近，则第5浪极有可能成为延伸浪。如果第5浪出现成交量大于第3浪的情形，可以进一步验证第5浪是潜在的延伸浪。

（3）如果第3浪成为延伸浪，那么第5浪的形态将会较为简单，股票价格目标及运行时间都将会与第1浪相近。

（4）如果第5浪成为延伸浪，有可能出现“双重回吐”的现象：在第5浪延伸完成后，市场将以3浪结构回撤到延伸浪开始的地方，随后再度上冲，回试延长部分的顶部（图12–7）。

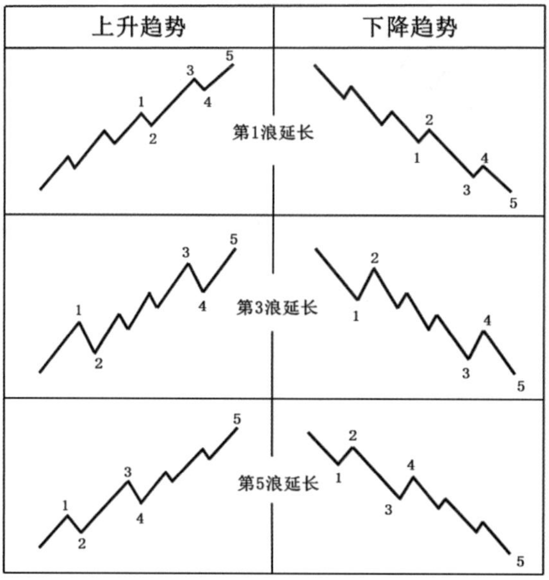

图12–7　各种形式的延伸浪

推动浪中的延伸浪多出现在第3浪和第5浪中，第1浪出现延伸的情况不多见，若第3浪出现延伸，那么第5浪便不再成为延伸浪。反过来说，若第1浪、第3浪都没有出现延伸浪的形态，那么第5浪出现延伸的机会就会加大。

以上分析的是上升趋势中的情形，在下降趋势中，这些分析方法相同，只是得出的市场方向相反而已。

12.2 调整浪：乱花渐欲迷人眼

⊙ 复杂多变的调整浪

由于调整浪复杂多变，有时令人难以辨认，因此遇到调整浪时，应格外小心处理才行。识别调整浪的有效办法，就是看浪的结构，因为调整浪属于3浪结构而不是5浪结构（唯一可以例外的是在三角形形态之中），可以排除一些5浪结构的浪形充当调整浪的可能性。

⊙ 调整浪的四大类形态

调整浪共有四大类形态，分别是之字形（包括双重之字形）、平台形（包括不规则调整及顺势调整）、三角形、双三浪结构和三重三浪结构。

（1）之字形。属于3浪结构的标准调整浪形态，它是对市场既有趋势的调整，因而与主要趋势的方向是相反的。我们还可以将这种3浪结构的之字形调整浪进一步细分为5—3—5的波浪序列（图12-8、图12-9、图12-10、图12-11）。

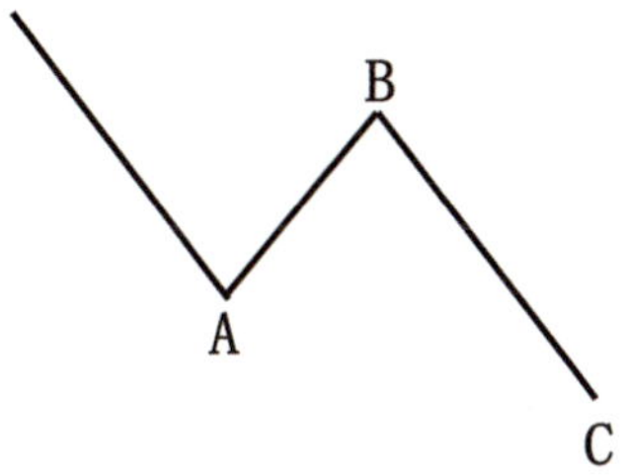

图12-8 上升趋势中出现的之字形

如图12-8所示，这个调整浪是对上升趋势的调整，因而其本身的方向是向下的，常见于上升5浪之后出现的A—B—C调整浪。

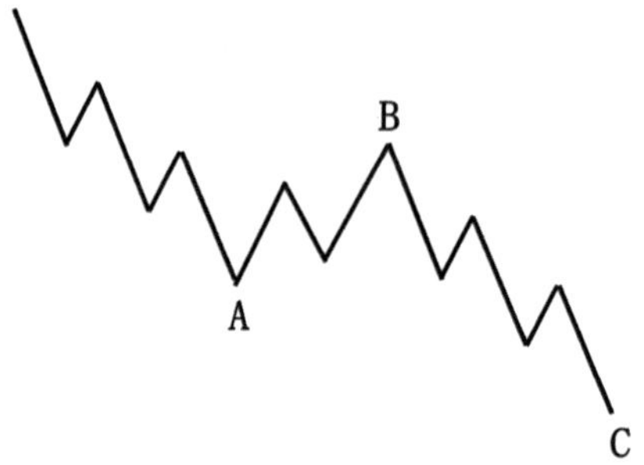

图12-9 上升趋势中出现的复杂之字形

如图12–9所示，这个调整浪可以细分为5—3—5 浪形结构，其调整的含义不变，即市场的主要趋势仍是看涨的。

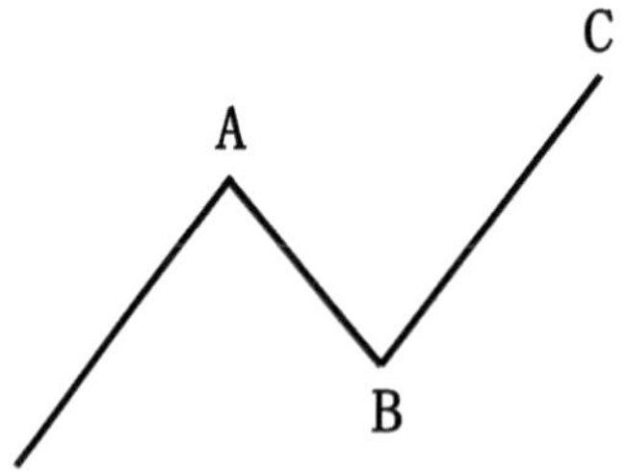

图12-10 下降趋势中出现的之字形

如图12–10所示，这个调整浪是对下降趋势的反弹整理，其预示的主要趋势仍是下降的，常出现在下跌5浪循环之后的A—B—C调整浪中。

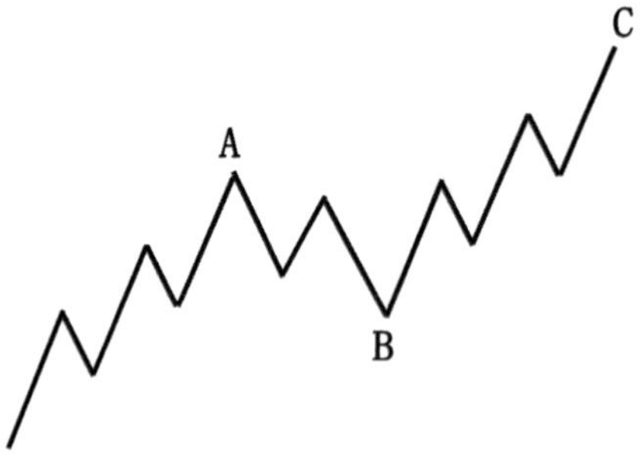

图12-11 下降趋势中出现的复杂之字形

如图12–11所示，这个调整浪也可以细分为5—3—5浪形结构，其反弹的含义不变，预示仍看空市场主要趋势。

在牛市中，可以看到B浪对A浪的小幅反弹，然后C浪击穿A浪的浪底之后走得相当远。而在熊市之中，C浪会超越A浪的浪顶向上攀升。

之字形还有一种罕见的变体，即双重之字形。在这个形态之中，可以见到两个之字形调整浪，中间夹着一个逆流反弹的小3浪结构（图12–12）。

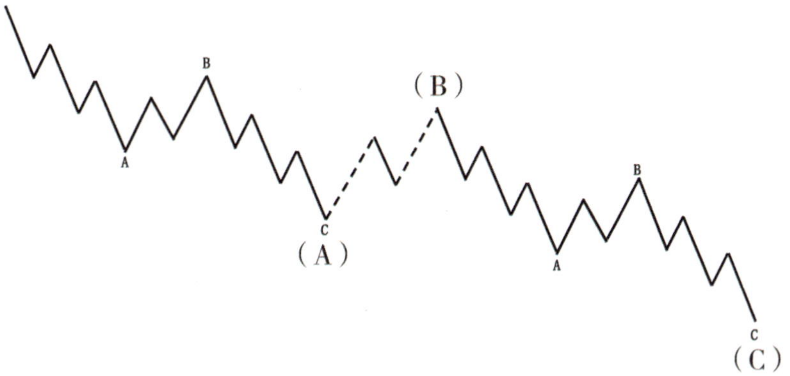

图12–12　双重之字形

图12–12所示的这个大型的之字形包含了两个复杂之字形：5—3—5浪形结构的A—B—C之字形构成了大之字形的（A）浪，而后一个5—3—5结构的A—B—C之字形构成了上一级之字形的（C）浪，（B）浪连接了这两个复杂之字形。双重之字形可能出现在更高级别的8浪循环之中，充当上升5浪的大型调整浪。

（2）平台形。平台形调整浪与之字形调整浪的区别在于浪形的结构不同。平台形调整的浪形为3—3—5序列形态，而之字形调整的浪形则为5—3—5序列形态（图12–13、图12–14）。

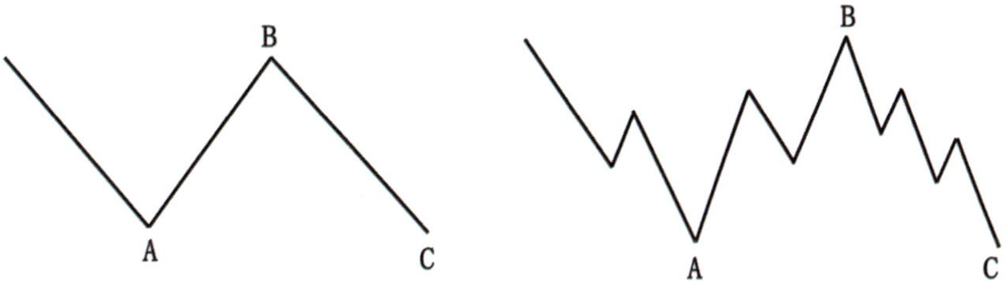

图12–13　上升趋势中的平台形调整

图12–13所示的平台形属上升阶段的正常调整，一般可以将A—B—C的3浪细分为3—3—5浪形结构。即使它以复杂形态出现，一般也不会改变后市看涨的牛市特征。

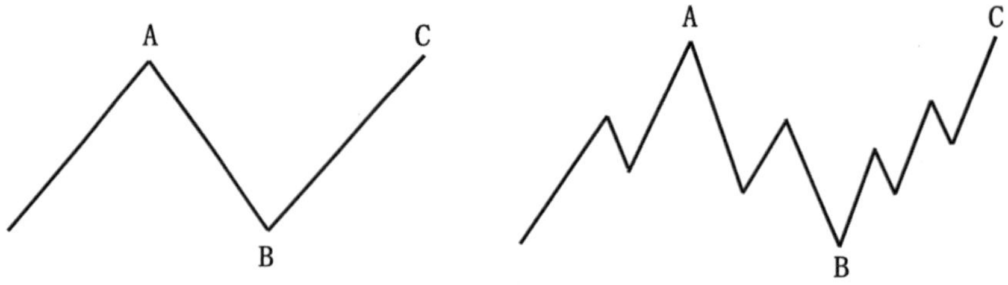

图12-14 下降趋势中的平台形调整

图12-14所示的平台形属于下降阶段的正常调整，按照其本身的运行规律，A—B—C的3浪还可以细分为3—3—5浪结构。A浪是向着与主要趋势相反的方向运行的，因而A浪具有3浪调整的特征。平台形调整一旦结束，市场仍将恢复下跌走势。

在上升趋势与下降趋势中，A浪都是3浪结构，B浪也是3浪结构，唯独C浪呈5浪结构。平台形在更大程度上属于平势巩固形态。在牛市中，C浪一般不会击破A浪的底，显示市场相当坚挺，下档的承接力度相当强；在熊市中，C浪不能超越A浪的顶，说明上升压力沉重，市场向淡的意味浓烈。在之字形的调整中，我们看到C浪总是会超越A浪走得很远。

平台形调整有两种不规则的变体（图12-15、图12-16、图12-17、图12-18）。

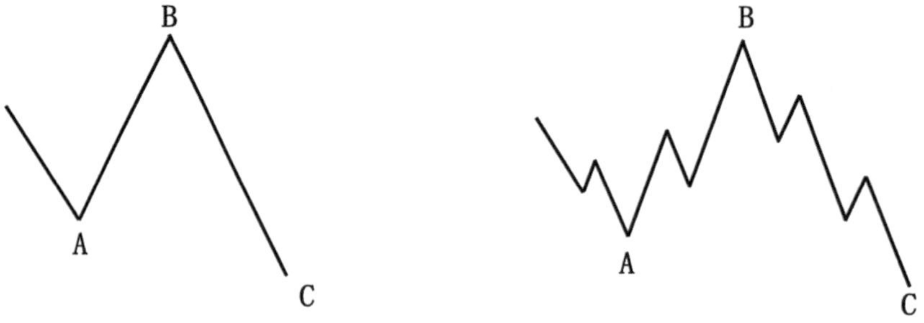

图12-15 上升趋势中的不规则平台形调整1

注意，图12-15中的B点超越了A浪的起点而C点则低于A浪的浪底，显示市场处于剧烈的震荡之中。特别是C浪跌破A浪的浪底，给人以涨势逆转的错觉。但出现这种不规则平台形的调整之后，市场仍将重归牛途。

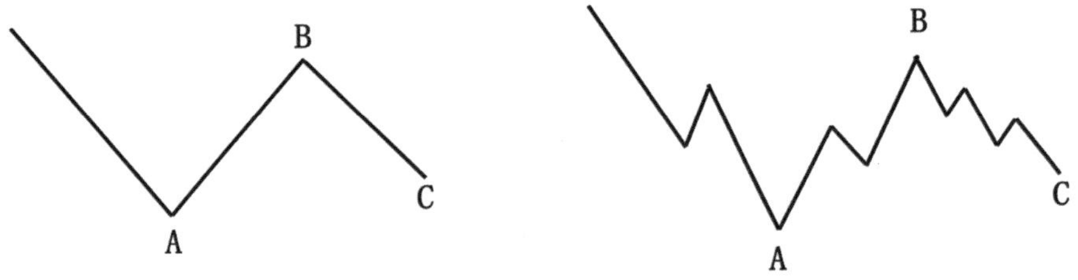

图12-16 上升趋势中的不规则平台形调整2

如图12-16所示，这种不规则平台形调整的特点是，在上升趋势中，B浪无力超越A浪的浪顶，而C浪亦无力超越A浪的浪底，市场呈收敛波动走势。这种不规则平台形也可以分为3—3—5浪形序列，代表着上升趋势的暂时休整。

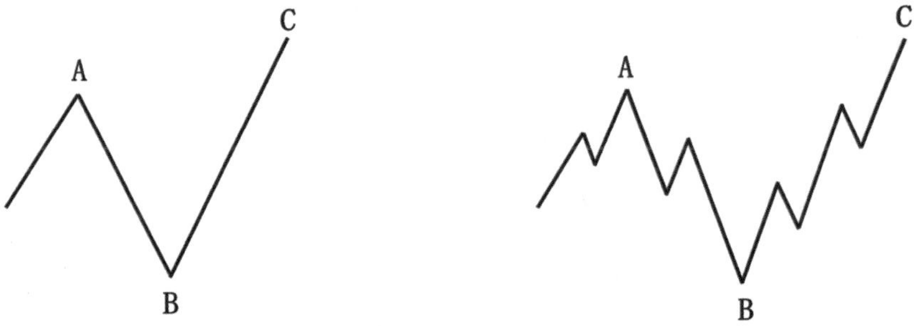

图12-17 下降趋势中的不规则平台形调整1

在下跌趋势的反弹过程中，图12-17中的B浪先是跌穿了A浪底部，然后又上升并超越了A浪的顶部，显示多空双方激烈的争执以及市场因此表现出的宽幅震荡状态。这种不规则平台形仍是由3—3—5浪形序列构成。

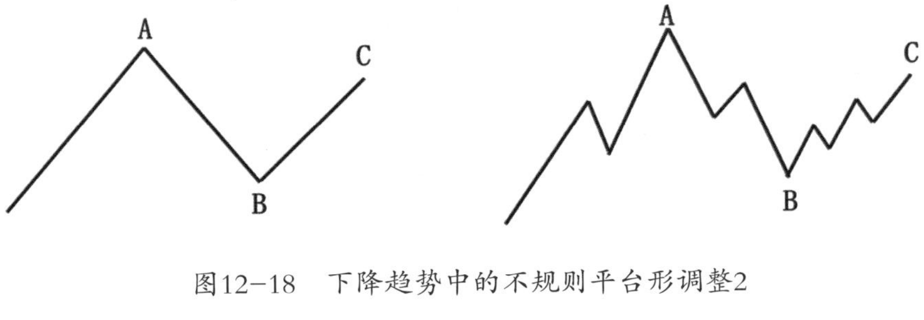

图12-18 下降趋势中的不规则平台形调整2

如图12-18所示，在下降趋势中，调整浪B浪不能击穿A浪的浪底，而C浪也无力超越A浪的浪顶，显示市场正处于收敛的整理状态之中。它也可以分为3—3—5浪形结构，具有跌势暂时休整的意味。

第一类变体，在牛市中表现为B浪会高过A浪的浪顶，而C浪却击穿A浪的浪底；在熊市中表现为B浪跌穿A浪的浪底，而C浪却突破A浪的浪顶。

第二类变体，在牛市中表现为B浪无力超越A浪的浪顶，而C浪无力击穿A浪的浪底；在熊市中表现为B浪不能击穿A浪的浪底，而C浪也无力达到A浪的浪顶。

当市场趋势过于猛烈时，也可能会形成3—3—5浪形序列的平台形顺势调整形态，在牛市中B浪明显高于A浪的顶，C浪也明显高于A浪的顶；在熊市中，B浪与C浪都会低于A浪的底。这种情形在市场中较为罕见，一旦出现，说明市场处于极度强势或极度弱势之中，来不及进行认真调整（图12–19）。

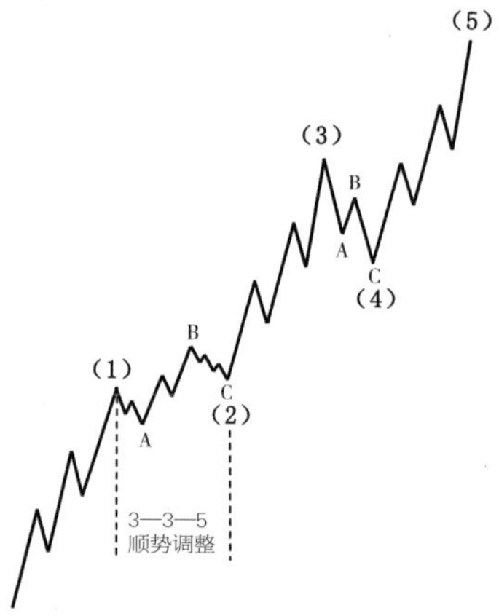

图12–19　上升趋势中的平台形顺势调整状态

图12–19所示的是市场价格运动过于激烈的结果，这一类调整形态出现在（2）浪中，其特征是B浪高过A浪浪顶，而C浪浪底亦高过A浪浪顶，这说明市场处于罕见的强势调整之中，上升速度过分快捷，以致市场拒绝了正常的调整。这种平台形顺势调整形态也可以称为强势调整。它也同样有3—3—5的浪形序列，出现在“井喷”式的暴涨行情中。

（3）三角形。横行盘整的三角形是一种较为特殊的调整浪形态，它一般出现在第4浪中或者B浪、X浪中，与在推动浪第5浪中出现的斜三角形明显不同。

三角形一般都是调整走势的持续形态，在涨势中，它具有看涨的意义，但由于第5浪出现后，市场可能会出现大幅下跌，也有人认为在这种三角形出现之后，市场将会反转，因而也有看跌的意味。

波浪理论对三角形的解释与经典的走势形态分析似乎不谋而合。在市场中，三角形属于横向巩固的持续形态，不过，艾略特似乎为通过三角形形态预测市场走势增添了一定程度的精确度，他把三角形划分为5浪结构，而每一小浪又可以进一步细分为3个子浪。

艾略特把三角形分成四种类型：上升三角形、下降三角形、对称三角形和扩大三角形（喇叭形）。这些形态我们在形态理论的章节中已有详细的讨论，有关各种三角形的特征，可以参照那些内容进行分析。

出现三角形突破现象，一般预示着第5浪的形成，三角形横盘的时间及规模，对第5浪的强度及价格目标有重要影响。对第5浪的长度我们还是按照三角形突破的老办法，即以三角形最宽处的高度来测量从突破点起算的距离。

由于第5浪属上升5浪中的最后一浪，因而力度往往不够，所以先假突破三角形边线然后猛然掉头的失败浪屡见不鲜。有技术分析师认为三角形的顶点常常标志着第5浪最后完成的时间（图12–20）。

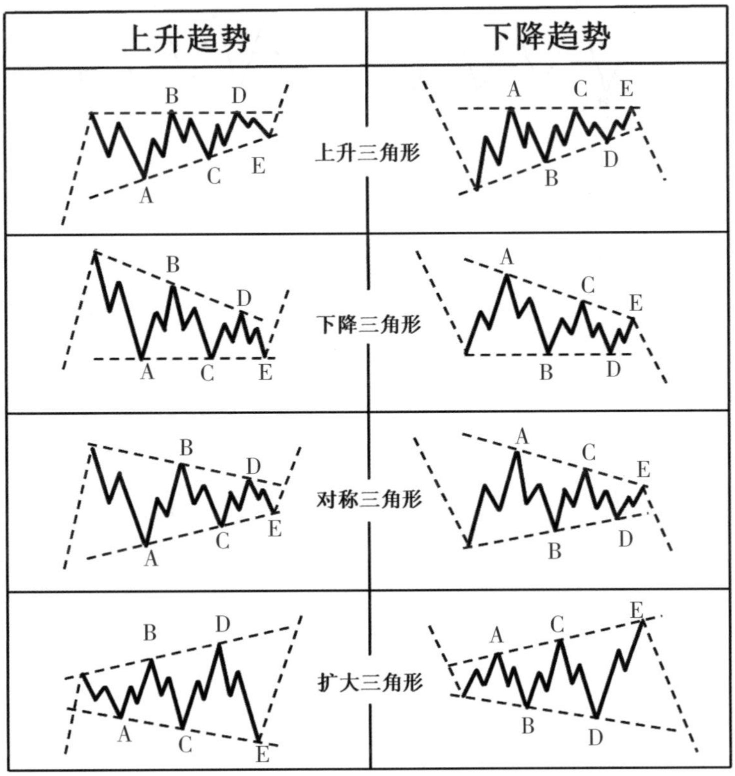

图12–20　作为调整形态的三角形

另外，请注意三角形形态所固有的5浪倾向。

（4）双三浪结构和三重三浪结构。这也是调整浪中的常见复杂形态，一般由两个或三个常见简单形态组合而成（图12-21、图12-22）。

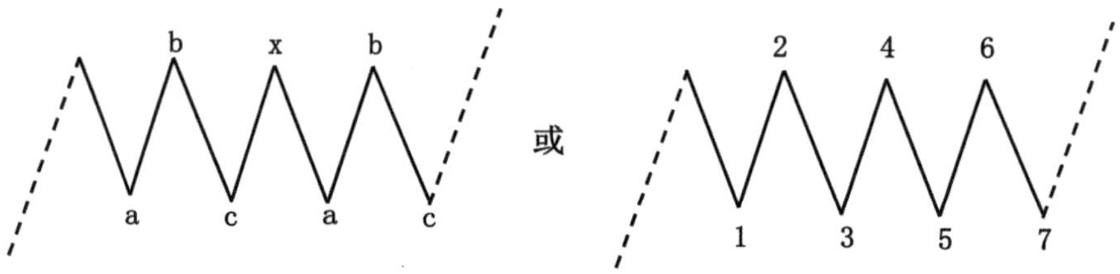

图12-21　双三浪结构的调整形态

如图12-21所示，双三浪由X浪连接2组平台形调整浪，常见于市场中的第2浪、第4浪以及A—B—C调整浪中的B浪。

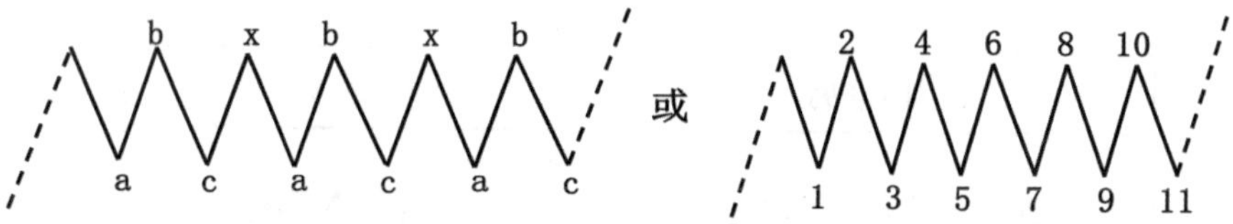

图12-22　三重三浪结构的调整形态

如图12-22所示，三重三浪由X浪连接3组平台形调整浪。该形态表现了市场中多空力量的平衡状态，属于横盘时间相对较长的那一类市场调整走势，一旦朝原有的市场趋势方向突破，其力度相对较大，市场动作趋于剧烈。

双三浪结构是由2组A—B—C调整形态合并而成的，由1个X浪连接，共有7个小浪。

三三浪结构是由3组A—B—C调整形态合并而成的，由2个X浪连接，共有11个小浪。

这些调整形态与我们常见的矩形形态相似。

12.3 合上波浪的节拍

经历岁月的风雨而魅力不减的艾略特波浪理论，确实有太多被人崇拜的理由。依据波浪理论算出的上升或者下跌目标，经常会神奇地达到，其精确度之高，往往令人发出无限感慨。但在我们运用波浪理论时，仍应与其他技术工具协同使用，以便达到更好的效果。另外，由于波浪之中的每个小浪都具有不同的性格，因而也要针对不同浪之间的交易制定相适应的策略。

为了便于朋友们了解在不同性格的波浪之间应制订的交易计划和持有的交易态度，我们将完整循环小浪的各个小浪分解开来做一番讨论。

⊙ 第1浪的交易策略

我们知道，形成第1浪时市场尚不明朗，在经历了较长的跌势之后，许多人都认为第1浪不过是市场长期跌势的普通反弹而已。由于市场颇多反复，一般的交易者仍停留在熊市的思维之中，不敢逢低建仓。我认为第1浪实际上是一个新的上升趋势的开始，部分先知先觉的交易者或者机构不会放过在这个阶段采取行动。所以第1浪中，尝试性建立部分仓位是可以的，因为比较容易捡到便宜筹码。但切记，这一阶段只能用少量的资金进行尝试性建仓，不可满仓杀进。

⊙ 第2浪的交易策略

第1浪上升之后，市势会出现3浪结构的调整形态，回调的比例可能是第1浪的0.618、0.5、0.382黄金分割位，那么积极的交易者就可能在0.5黄金分割位附近建立一定的仓位。若行情调整击穿了0.618黄金分割支撑线的话，说明上升趋势短期内难以恢复，市场可能会回到第1浪的起点，因而应在0.618～0.5之间买进，停损参考位可以设在0.382黄金分割线之下。

在第2浪逢低买进的思路是，当市场最具爆发性的第3浪展开之后，上升的步伐将会把市场带到远离底部的地方，在急速拉升的过程中，难以从容买进，弄不好在大牛市中踏空。一般来说，比较积极的交易者会在第2浪底部建立大部分仓位，持仓比例通常会达到60%以上。预期第3浪的飙升会带来大笔的交易利润。由于第3浪最少不短于第1浪的长度，因此，这笔买进的风险—报酬率相当诱人。第2浪可以说是牛市中最佳的建仓时机。

⊙ 第3浪的交易策略

第3浪是最为强劲迅猛的一段升势，价格常常直线上蹿，由于所有的技术分析信号都显示买进，市场进入狂热的买进高潮。一直在观望行情发展的交易者终于克制不住买入的冲动，股价在被众多的买盘推动下，屡创新高，这又反过来会刺激交易者不顾成本地杀入追涨。第3浪往往还会形成延伸浪，跳空缺口也一再出现在急速前进的市场之中。

那么在第3浪中，不但应讲究买入的位置，而且还要眼明手快，果断敏捷。常见的是，在市场突破第1浪浪顶时买入，或者在市场获得突破之后展开反扑时买入。已经在第1浪和第2浪浪底买入部分筹码的交易者，应在突破第1浪浪顶时加码，或者回调时再加码。由于第3浪可以走得较远，因而在第3浪中，应以持股观望为主，坐享被后进的交易者抬轿之快乐，过早平仓肯定会少赚一大截利润。

⊙ 第4浪的交易策略

在第3浪爆发性快速走完之后，市场会进入变幻莫测的调整之中。如果第3浪走出延伸浪的话，那么第5浪的长度就可能与第1浪的相同；如果第3浪并未延伸，那么第5浪或许还会走出延伸浪来。因而第5浪虽说是上升5浪之中的最后一浪，但其涨幅也不可小看。

第4浪中的最佳入市时机应为第4浪调整形态的底部边线处。例如三角形的底边线附近就是建仓的天赐良机。

由于第4浪的底不可以低于第1浪的顶，因而第1浪的顶其实是第4浪的底的强支撑区，因此，在接近第1浪顶的地方开始逢低买入，也是第4浪中不错的交易策略。

⊙ 第5浪的交易策略

第1浪至第4浪运行完毕之后，第5浪开始运行，按正常的情况，市场还可以向上冲一波，最低会突破第3浪的浪顶。

但是，第5浪不再是适合买进的阶段，相反，先知先觉的交易者趁市场仍处一片乐观之时，已经开始逢高派发了。特别是当市场出现消耗性的跳空缺口并被补回时，平仓的策略高于一切。

如果在第5浪运行时，摆动指标出现顶部背离，市场的下跌应该说就在眼前。所以第5浪的运行过程，就是选择价位开始平仓获利的过程。这就像是在深秋，你得赶紧收割，否则粮食会烂在地里。

⊙ A浪的交易策略

上升5浪的行情已经走完了，市场面临下跌的危机，在第5浪的尾声，A浪形成了上升趋势新的转折点。在A浪中，可能市场里还有很多人对恢复上涨抱有美好的希望，但市场的下跌反而更加急促。

A浪仍是一次平仓获利的机会，在这个阶段，可以说清仓放大假是最明智的了。

如果是处于跌势中的A浪反弹，倒是个尝试性建仓的早期阶段。因为以3浪结构的特征来看，反弹的力度与规模都不会太小。

⊙ B浪的交易策略

在A浪的回档调整之后，市场会出现回光返照式的反弹，对于那些由于各种因素而未能在这之前平仓的交易者来说，这可能是一趟末班车了。不平仓可能会被深度套牢，因为紧随其后的C浪将会把市场带到一个更加痛苦的深谷之中去。

但在下降趋势中，B浪可能又是逢低建仓的极好机会，由于预期C浪可能高于A浪的顶部，因此在B浪浪底买入，可以获取相当的利润。

⊙ C浪的交易策略

在B浪反弹之后，市场不能恢复上涨，只好再次向下寻找支撑位。C浪的长度理论上不短于A浪的长度，可以说跌破A浪浪底是正常的情况。C浪往往会持续较长时间，因而在C浪运行期间，还是袖手旁观得好。未能在这之前平仓的交易者，在C浪破A浪浪底而下时，止损卖出不失为明智之举。

在下跌趋势中出现的C浪反弹，力度往往较强，对于那些激进的交易者来说，C浪突破A浪浪顶，就是一个不错的买入时机。

⊙ 之字形的交易策略

一组之字形的调整浪，可能构成高一级别波浪循环的第2浪或第4浪。根据这类调整形态的特征，可以推测市场最终的目标。

在A—B—C调整浪中，亦常见之字形调整，由于在之字形调整浪中C浪与A浪等长，或者C浪是A浪的1.618倍，我们可以推测调整浪的市场目标。除非是做超级短线，之字形中交易较为困难。

⊙ 三角形的交易策略

三角形具有5浪结构，且各浪之间依次可以0.618倍来推测其长度。

三角形属横向盘整的走势，因而可以在接近三角形下边线的位置逢低吸纳。当三角形突破上边线时，也是加码买入的好时机。当行情在三角形中间行走时，可以采取观望态度。

⊙ 平台形的交易策略

平台形的交易策略与三角形相类似，因为平台形属持续形态，因而可以在平台形的箱底边线附近买入一部分，然后等市场突破箱顶边线时加码买入，采取的是分批买入法。

12.4 波浪理论在我国股市中的应用实例

图12–23是上证指数（999999）在2013—2015年期间的日线图，可以清楚地看到8浪结构。注意，第1浪虽然十分强劲，但由于当时尚处于熊市的氛围中，第2浪回调时出现三角形整理形态，第4浪调整则为平台形形态，第5浪出现延长浪，也呈现出5浪结构。尤其是第5浪以上升楔形形态终结，随后出现A—B—C调整浪。

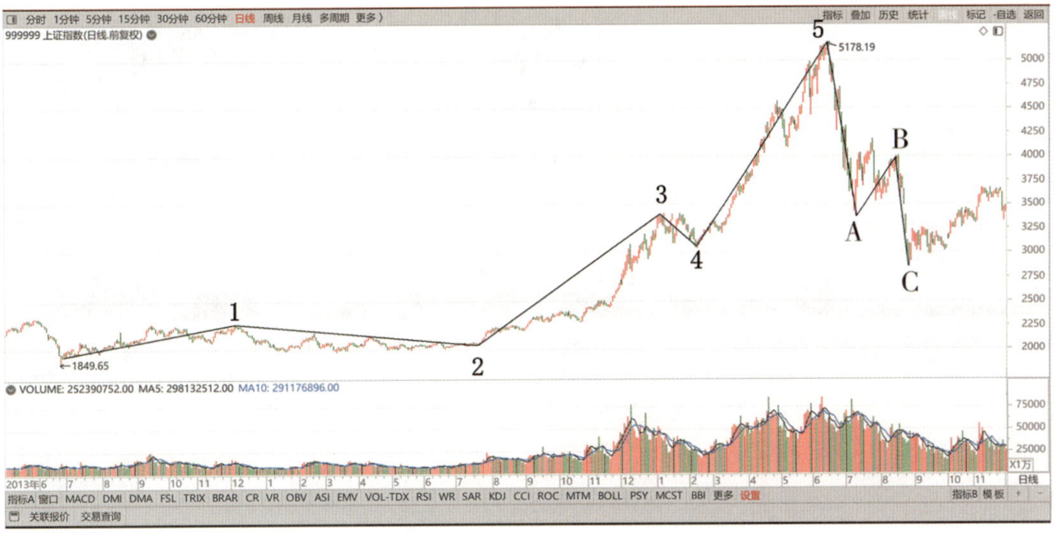

图12–23 波浪理论在股票指数分析中的应用实例1

图12–24是中证500指数（000905）在2018年10月至2022年5月期间的日线图。在5浪上升结构中，第4浪出现复杂平台形调整形态。而在A—B—C调整浪中，c浪具有典型的5浪结构。

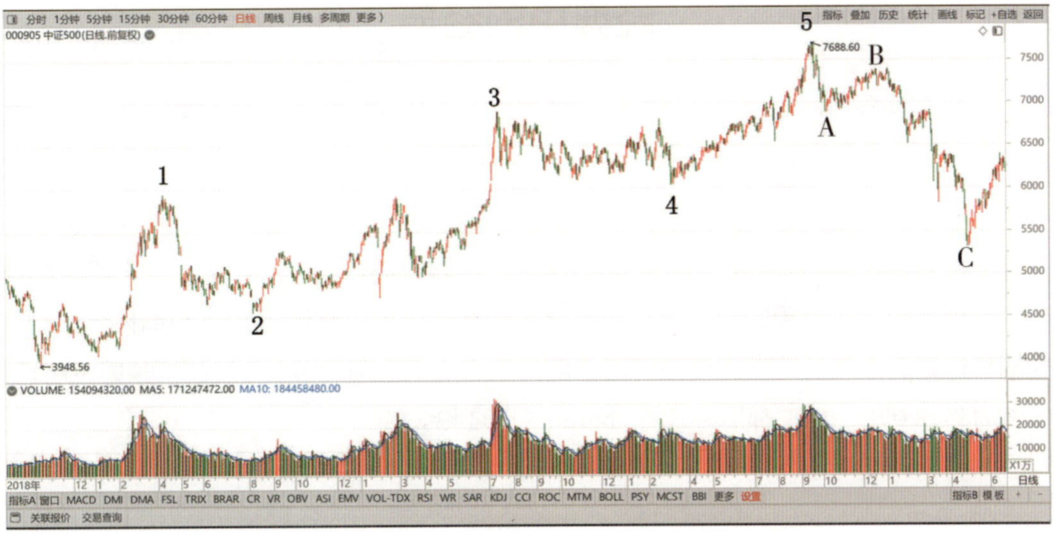

图12–24 波浪理论在股票指数分析中的应用实例2

图12–25是新能源车（880951）在2017—2022年期间的周线图。在2019年2月至2021年12月的上升趋势中，我们可以清晰地数出5浪结构，而A浪与C浪也均可以被划分为5个子浪。

图12–25 波浪理论在行业板块指数中的应用实例

小 结

经典中的经典

从技术分析领域的开山鼻祖道氏理论，到日本的阴阳烛理论，还有变化多端的价格形态理论……我们仿佛走进了一个星光闪烁的技术分析理论的灿烂银河。我们赞叹早在18世纪时，日本人就发明了神奇的阴阳烛理论，从日本江户地区的大米市场到我国沪深股市的交易之中，那一串绿色或者红色的曲线，主宰了成千上万人的喜怒哀乐；道氏理论不仅令美国的股票交易者有了一种直观地了解股市变化的指标——道琼斯股价指数，而且还成为全球经济的温度计。可以说，每一种能够流传后世的分析理论都有其独到的一面，都堪称技术分析的经典理论。

艾略特波浪理论可能是最具包容性的技术分析理论了。从市场趋势的分析到价格形态的研究，它将道氏理论又向前推进了一大步。而价格形态的特征，也是它分析的范围。如果我们只能选一个技术分析工具代表技术分析的价值的话，那么我相信很多人都会选波浪理论。

艾略特波浪理论的大多数内容是我们所熟悉的，它那关于推动浪与调整浪的特征描述，让我们相信其理论来源于道氏理论和其他传统的图表分析技术，绝大部分走势形态也都可以用波浪理论的浪形结构加以解释。为了便于朋友们记住波浪理论的关键要点，我们可以将重点再提示一下：

（1）完整的牛市周期由8浪构成，上升5浪和下跌3浪构成了完整的循环浪。

（2）当某小浪的趋势与更高级别循环浪的趋势方向一致时，该小浪可以细分为5浪结构。这就是推动浪。

（3）调整浪一般以3浪结构出现，它与更高级别的市场趋势方向相反。

（4）之字形调整浪的结构为5—3—5，而平台形调整浪的结构为3—3—5。

（5）三角形调整一般出现在第4浪中，也可见于B浪调整之中，常常预示着市场会沿着原趋势走出最后一波。

（6）波浪既可以合并成更高级别的大浪，也可以细分为低级别的小浪。

（7）在3个推动浪中，若某1个主浪出现延伸的情况，那么另2个主浪的长度应该相近，完成的时间也应相当。

（8）艾略特波浪理论的数学基础是斐波那契数列。

（9）在斐波那契数列中，最重要的是0.382、0.5、0.618，它们常被用来确定市场运动的价格目标和市场在调整时的回撤比例。

（10）黄金分割律0.618在波浪理论中被广泛运用，0.618线也是黄金分割线的重要水平支撑线之一。

（11）当第2浪以简单形态完成时，第4浪往往会以复杂形态进行。这就是波浪理论中重要的数浪规则之一，即交替规则。同一形态一般不会连续出现。

（12）在上升趋势之中，调整浪会在第4浪的底部获得较强支撑。反之，则在第4浪浪顶受到阻力。

（13）第4浪的底不能与第1浪的顶出现重叠现象。即在牛市中，第4浪的底必须高过第1浪的顶；在熊市中，第4浪的顶必须低过第1浪的底。

（14）波浪理论由3个重要的因素构成：波浪的形态、浪与浪之间的比例以及走完某个形态需要的时间。其中最重要的是形态，比例次之，时间的重要性排在最后。

（15）波浪理论运用在股票指数和个股上会有不同的效果，因而要根据不同市场、不同行业、不同板块的特点进行具体分析。

（16）波浪理论中，不同的主浪和调整浪具有不同的性格，因而也应在不同的浪形序列中采取不同的交易策略。

股事新编之十二 悲观与乐观

有两兄弟，一个特别乐观，另一个特别悲观。其父觉得这样两种极端的性格不利于孩子们的成长，于是就想办法矫正他们的性格。他去商店把所有玩具都买回来放进悲观的孩子的卧室里，然后在车库里堆了一卡车的马粪给那个乐观的孩子。

第二天早晨，这位父亲发现他那悲观的孩子坐在房子里哭泣。“你为什么不玩你的那些新玩具呢？”父亲问他。

“我好害怕会把它们打破。”孩子呜咽着说。

父亲摇了摇头，无可奈何地进了车库，只见他那乐观的儿子正在粪堆里玩。“你在干什么？”

“啊，爸爸！”孩子高兴地叫道，“我知道这里面一定藏着一匹小马！”

两兄弟长大后，悲观的可以去炒国企大盘股，因为它不容易“破”；乐观的可以去炒小盘股、题材股或者成长股，那里藏着一匹黑马的可能性比马粪堆里藏着一匹小马的可能性还是要稍大些的。

第六部分

驾驭指标分析法

作为一个证券市场的投资者，如果不知道RSI、KDJ、%R和MACD，那么有人会认为你是个技术分析的门外汉，就像一个20世纪末追星的人没听说过刘德华、黎明、张学友一样。真正的武林高手，或身怀绝技，或各门武艺样样精通。虽然刀叉棍棒各有所长，但多一样武器，便有利于进可杀敌，退可防身。来到技术指标的天空之下，你可以看到群星闪烁的灿烂银河！

第13章　走在移动平均线的前面

13.1　追踪趋势的利器

⊙ 最直观的技术指标

移动平均线（MA）是目前股票市场上最富灵活性、适用性最强、使用范围最广泛并且也是构造方法最简便易行的技术指标分析方法。并且由于它具有客观而精确的趋势信号，所以它构成了绝大部分自动顺应趋势系统的运作基础。

使用MA的基本思路是消除偶然因素的影响，坚定地追踪股票价格的趋势。如果在图表上能看到明显的上升或下跌趋势，那么MA将保持与趋势线的方向相一致，并消除股价在这个趋势过程中的偶尔波动，直到这个趋势发生根本性的改变为止。

我们可以把移动平均线称作弯曲的趋势线，它比直线型的趋势线更贴近趋势本身。我们也可以认为MA是跟踪趋势的强有力的武器，它在市场中的表现比直线型的趋势线更加灵活。

MA的数值一般是以收盘价来进行统计的。“平均”的意思是指某一段时间的收盘价的算术平均数，“移动”的意思是指在计算中始终只采用最近一定天数的收盘价数据，随着交易日的更迭，逐日向前推移。

假如我们要统计的是10天移动平均线，那么不管时间如何推移，我们只需统计最近10个交易日的收盘价的平均值，而将倒数第11天以及之前的收盘价剔除掉，保持每天统计的都是最近10天的收盘价。这样我们就会把每天算出的10天平均值连接而成一条曲线，这就是10天移动平均线。我们简称它为MA（10）（图13-1、图13-2）。

图13-1 MA（10）的实例图

图13-1是中国平安（601318）在2019年8月至2021年9月期间的日线图。我们将该股10天中每天的收盘价进行简单的算术平均，就可以得到相应的10天平均值，将这些平均值构成的点连接起来，就是移动平均线了。MA（10）描述了股价（收盘价）运动的基本轨迹。我们还可以用同样的方法得到其他时间参数的移动平均值和移动平均线。

图13-2 MA（10）的简单应用

在图13-1的基础上，画出多条趋势线（既有上涨趋势线，也有多条下降趋势线），就能得到图13–2。我们可以看到，MA（10）的形状清晰地显示了该股价格运动的趋势，比价格曲线更令人一目了然。

有人会问，我们该计算多少天的MA才是合适的呢？是否有一种适用于所有股票市场指数和个股走势的MA？我们在实际的股票操作中要使用多少条MA来帮助分析呢？围绕着移动平均线的使用方法，我们还有许多问题需要讨论。需要说明的是，对于不同的市场和个股，使用多少天的MA应根据该市场或个股以往的走势反复试验才可以找到最恰当的参数。不同的交易者往往习惯使用不同参数的MA，有的人喜欢1条，大多数的交易者习惯使用2~3条，当然也有的交易者喜欢用更多条的MA帮助分析（图13–3、图13–4、图13–5）。

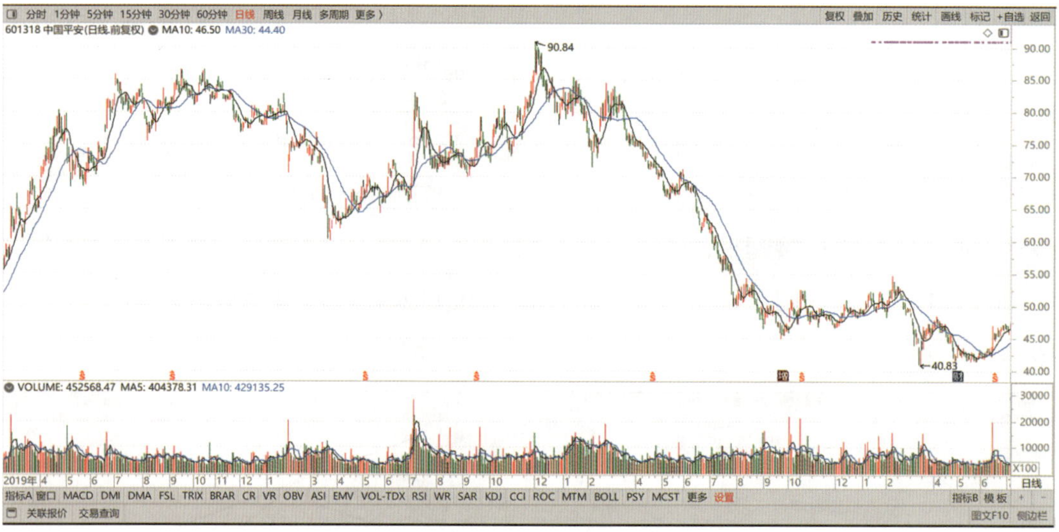

图13–3　2条MA的实例

在图13–1中，继续添加MA（30）。我们可以发现，这2条灵敏度不同的曲线对价格走势的描述并不一样，时间参数小的MA曲线比较贴近股价走势，而时间参数大的MA则离价格运行轨迹的距离较远，这种现象在单边行情中表现得特别明显。

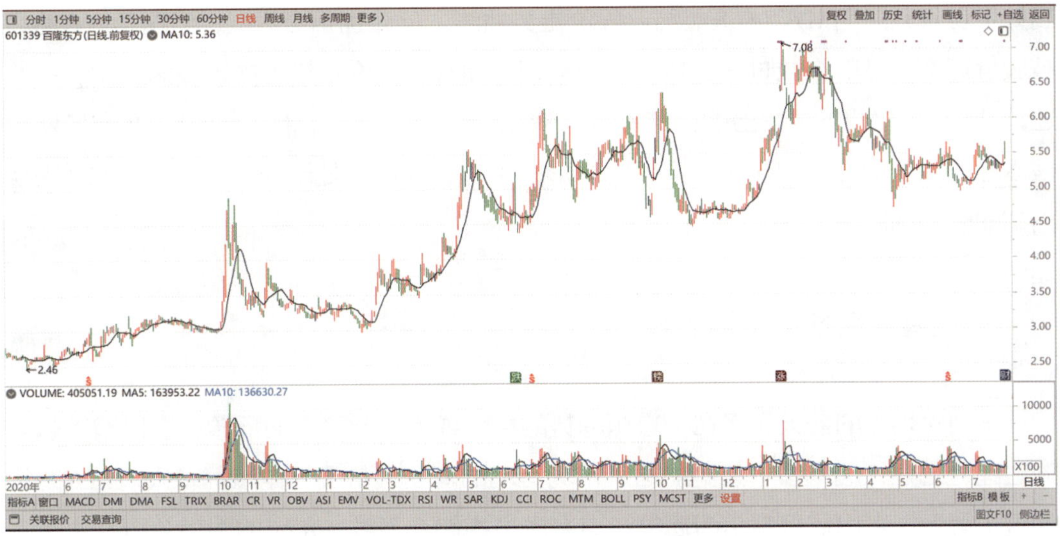

图13-4 对MA时间参数进行试验

图13-4是百隆东方（601339）在2020年4月至2022年7月期间的日线图。我们采用10天的MA，从图中可以看到这条MA大部分的时间穿行在价格走势线中间。如果希望有合适的时间参数来改良MA的效果，那么要调整的时间参数看来要大于10天才能令MA对股价走势的描述相对贴切，否则会有层出不穷的伪信号。

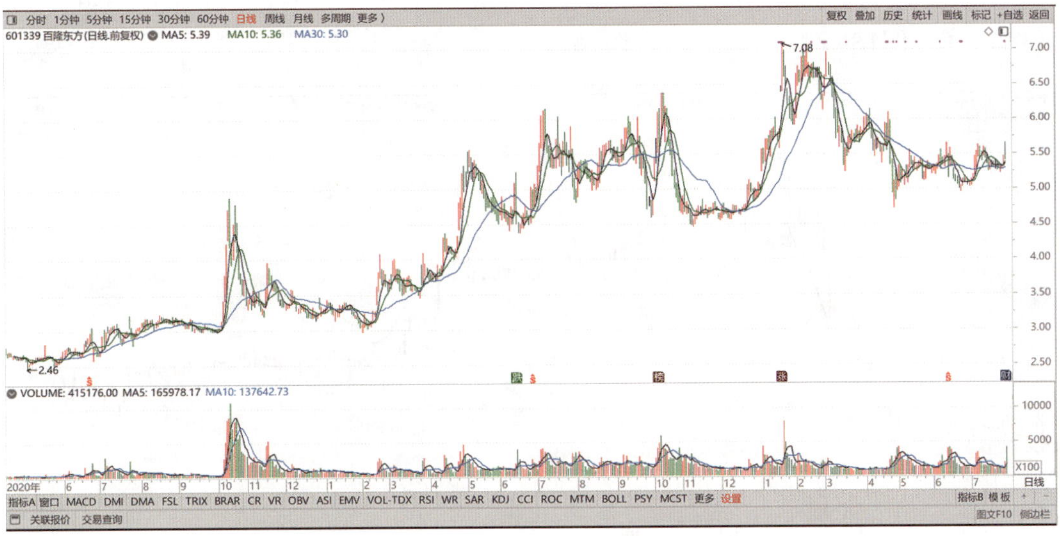

图13-5 3条MA组合的实例说明

如图13-5所示，我们采用5天、10天、30天为时间参数，分别得到MA（5）、MA（10）和MA（30）3条不同敏感度的移动平均线。在该指数曲线图上，可以看到如下现象：短期MA（5）最贴近股价走势曲线，反应也相当灵敏，但这条MA曲线被股价短期穿越的次数过多；MA（10）相对而言对股价走势的描述较为适中，在快速行情中对MA（5）发出的假突破信号有很好的过滤作用；MA（30）在市场发生根本性的改变时才出现被走势穿越的情形。不过，在市场处于横盘状态时，MA表现出错的概率都比较大。

⊙ 具有滞后性的平滑工具

移动平均线的最大作用在于追踪趋势的持续或者指示趋势的反转。它以跟踪趋势的进程为己任，起到了一条更加贴近市场运动的弯曲趋势线的作用。有人对MA的行动过于缓慢、发出信号常常滞后等特点有颇多抱怨。不过，正统的图表分析从来都不企图领先于市场，MA的特色正在于它始终忠实地追随市场，从不超前于市场行为。

我们可以通过优化MA的参数来使它变得更加灵活，以适应那些希望敏锐地发现市场趋势发生变化的交易者。对于那些对中长线颇为关注的交易者，也许用得上60天甚至更长时间周期的MA。短线交易者，也许最钟情于MA（5）、MA（10）等短期的移动平均线。至于是短期的MA好用，还是长期的MA更好用，只能说“萝卜青菜，各有所爱”了。不同的交易偏好，可能会导致不同的MA时间参数的出现（图13–6、图13–7）。

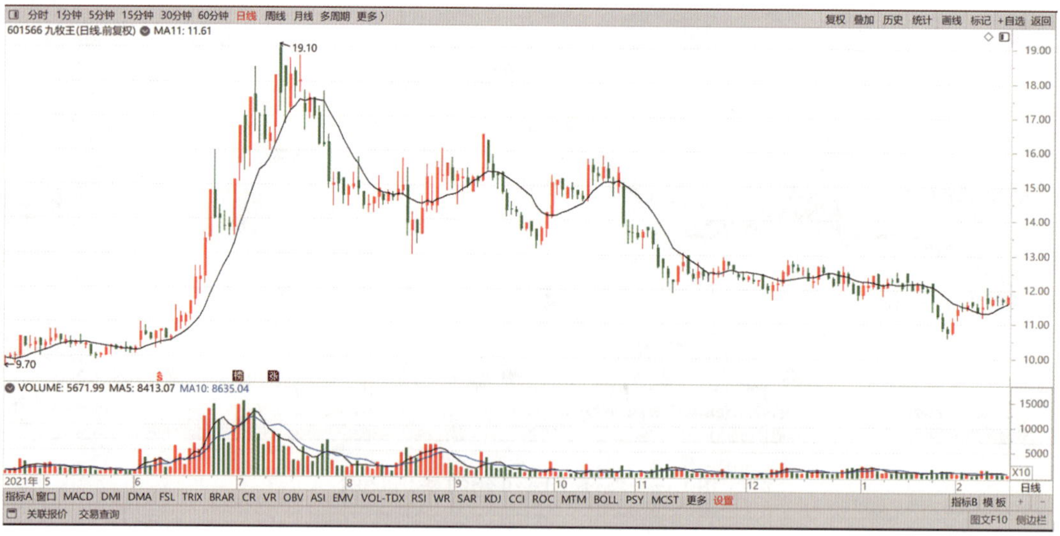

图13–6　MA的时间参数举例

图13–6是九牧王（601566）在2021年4月至2022年2月期间的日线图。我们使用11天的MA对价格趋势进行跟踪，可以看到在2021年6月至2021年7月间的大幅上涨中，MA（11）的表现相对良好，但进入7月下旬后，其表现就混乱起来，对趋势的跟踪出现大量的错误。不过，在一个牛皮盘整的行情中，不管用什么样时间参数的MA都难以有好的效果。

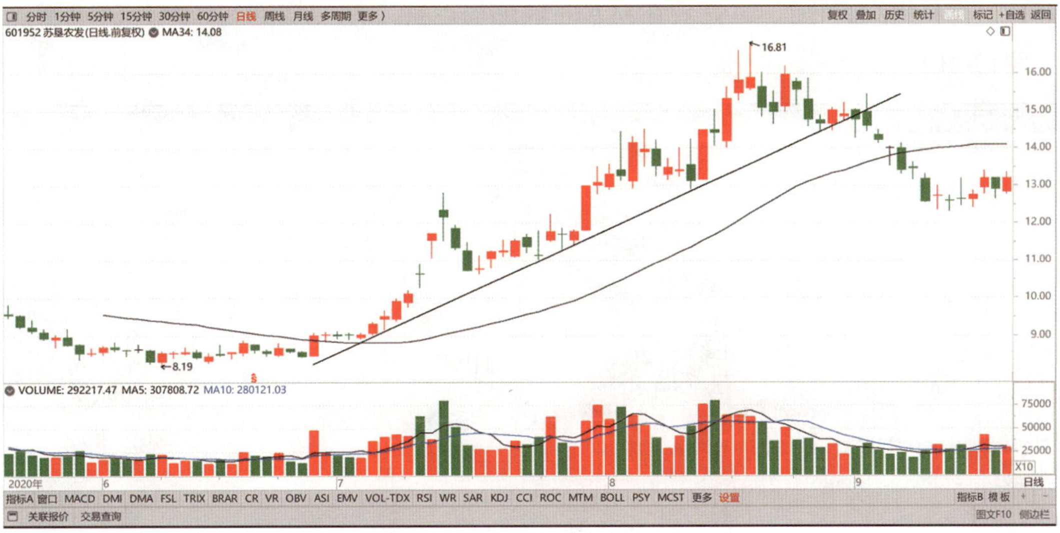

图13–7　采用单条长期MA的分析效果举例

图13–7是苏垦农发（601952）在2020年4月至2020年9月期间的日线图。图中我们采用了一条时间参数较大的MA（34）。注意，在该股价从8.19元起步的这波涨势中，MA（34）的表现过于松散，不及趋势线的效果理想。

⊙ 简单移动平均线的广泛适用性

我们目前最常用的是简单移动平均值，即算术平均值。尽管有人提出过诸如线性加权移动平均值、指数加权移动平均值等优化办法，但据实际的使用效果来看，简单移动平均线的效果仍是相对较好的。

有的交易者只采用1条移动平均线来进行趋势分析。当某日的收盘价格高于移动平均线后，就构成了买入信号；当某日的收盘价格低于移动平均线后，就发出了卖出信号。对于市场中的短线客来说，由于采用较短期的MA，如5天、10天的均线，这时候MA就非常贴近收盘价的轨迹，并经常性地发生收盘价穿越MA的问题。这些信号常常是假突破陷阱，易导致交易者过于频繁地进行买卖，并由于交易成本过高而出现亏损。

看来运用短期的MA，虽然有敏感地揭示市场趋势的好处，但它又不可避免地产生过多的伪信号，令交易者无所适从。因而有必要找出最适合市场和个股的MA，并且希望这条MA曲线既能够敏感地发出市场趋势生变的信号，又能够避免产生过多的市场干扰。这就要在MA的敏感与迟钝之间寻找到一个最佳的平衡点（图13–8）。

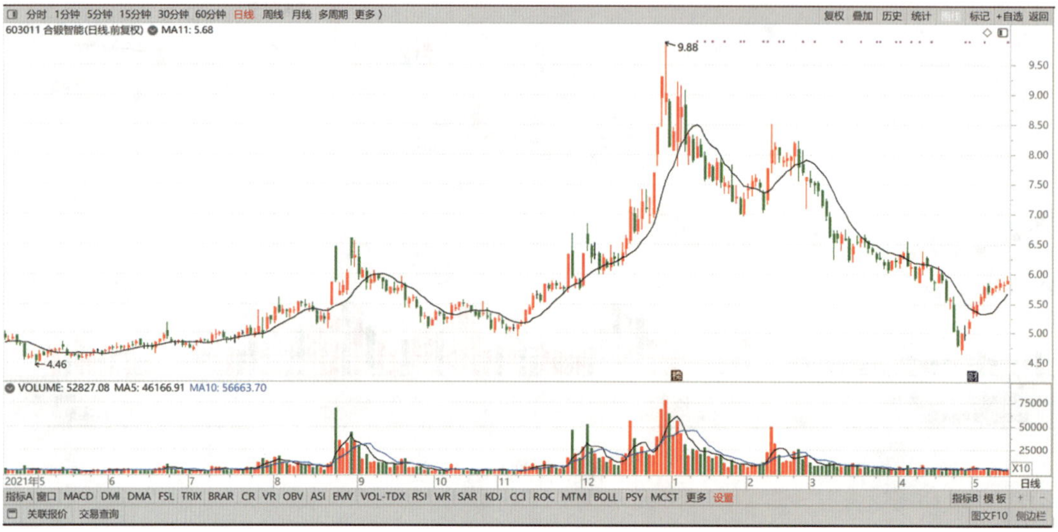

图13–8　收盘价穿越MA的问题举例

图13–8是合锻智能（603011）在2021年4月至2022年5月期间的日线图。在图上我们添加MA（11），来看看这条MA的走势与股价曲线之间的关系。在2021年5～8月的盘整走势中，MA（11）穿行在股价线条的“丛林”之中，每天收盘价上穿下穿难以看出任何规律来。但此后该股价格开始变得活跃，在上涨或下跌走势中，虽然MA（11）发出过一些错误信号，但总体上看还是不错的。

13.2 寻找“敏感”与“迟钝”的平衡点

⊙ 平衡才能更完美

有的人认为技术分析工具最敏感才是好的，因为这样可以捕捉到趋势生变的早期信号，然而，敏感也是一把双刃剑。当然，MA也绝对不能迟钝到像一头长颈鹿一样——据说它在星期一打湿了脚要等到星期六才知道。

这让我想到了高级轿车里的“安全气囊”，当汽车发生了剧烈的碰撞时，它才会自动弹出，并瞬间充气保护车上的人员。假如一般的碰撞就引发了气囊的弹出，那将是件令人烦恼的事情，但它也不能迟钝到汽车已经被撞成了废铁仍然不为所动。我想，这个例子用于说明MA的“敏感”与“迟钝”的问题是最恰当不过的了。

当市场处于横向延伸的区间时，短期MA的效果较好。在这样的走势之中，市场基本上处于无趋势状态，较为敏感的短期MA就能捕捉到更多的短线波动信号。

当市场主要的价格趋势形成后，我们需要较长久地追踪并利用主要趋势。在这种情况下，市场中的小幅回档就会被忽略不计，我们需要较长期的MA来跟踪趋势，因为它的适度“迟钝”有利于我们过滤掉一些短期信号，以减少入市的次数，并保证与大趋势保持一致。

当市场从主要的单边趋势中回到短暂的调整状态时，较短期的MA就会发生平仓了结的信号。因此我们在市场处于无趋势阶段，采用较短期的MA；而当市场处于单边走向的趋势状态下，应采用较长期的MA。只要主要的单边趋势还在持续，那么较长期的MA就会表现良好，但当趋势处于反转过程中时，较短期的MA就可以发挥其敏感的天性，提前发出趋势生变的警讯（图13–9、图13–10）。

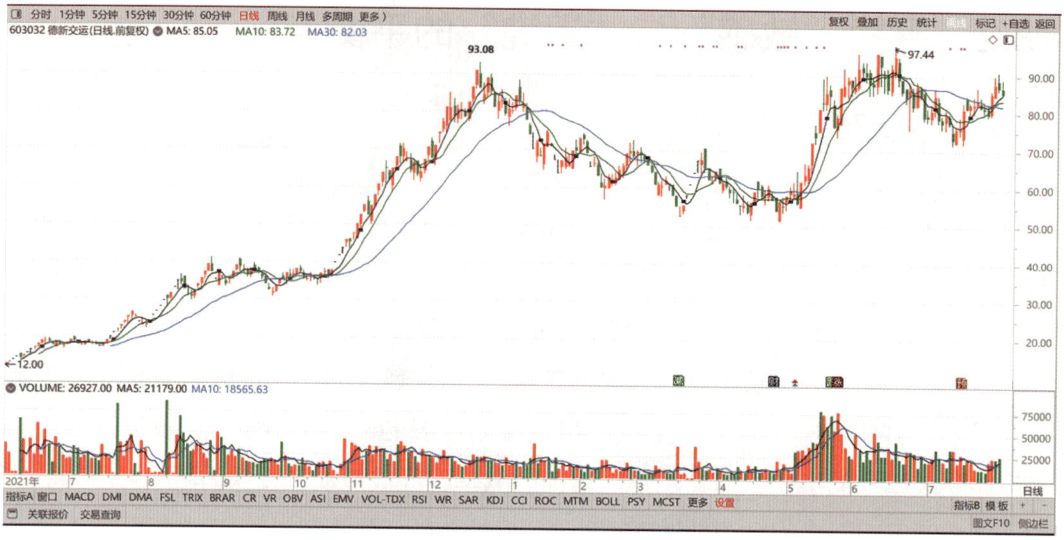

图13-9　移动平均线的应用实例

图13-9是德新交运（603032）在2021年6月至2022年7月期间的日线图，采用5天、10天、30天3个时间参数，分别得到灵敏度不一样的MA（5）、MA（10）和MA（30）。在从12.00元至93.08元这段显著的上升行情中，MA（5）的表现相当完美，股价几乎是贴着这条移动平均线上升的，MA（10）的表现也非常不错，但MA（30）在股价进入震荡下跌区域之后才发挥作用。

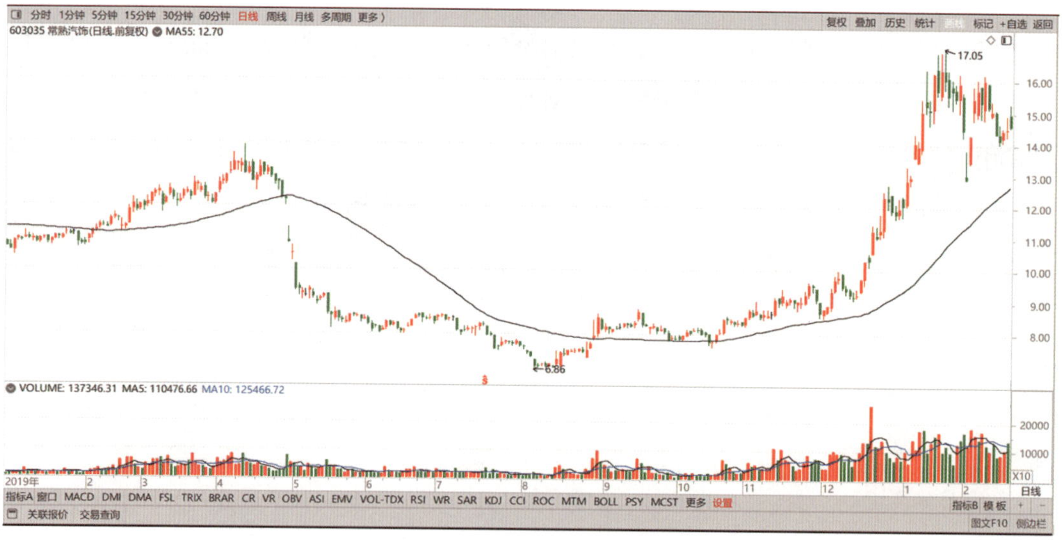

图13-10　MA的灵敏度分析举例

图13-10是常熟汽饰（603035）在2019年1月至2020年2月期间的日线图。我们

配上一条时间参数为55天的MA曲线。请注意，从2019年7月开始，MA（55）相当漂亮地描述了该股票价格运动的轨迹，起到了一条重要趋势线的作用。当股价决定性地突破了MA（55）时，横盘趋势基本上转变为上升趋势，MA（55）也较及时地发出了买入信号。

⊙ 过滤器令信号真实

许多利用一条MA进行市场分析的交易者都会遇到市场中出现的假突破困惑。为了减少这种伪信号的出现，可以在MA发出的信号上添加过滤器，以增加信号的可靠性。

（1）某些交易者在采纳MA发出的信号时，不仅要看到收盘价穿越了MA，同时要求市场当天的全部价格都要位于MA的同一侧，否则便对该信号不加理会。

（2）收盘价必须穿越MA并达到一定幅度。这个预定的穿越幅度可以是最小价格单位的一定倍数，或者是一定的百分比。例如，我们要求某只股票的收盘价必须穿越MA并达到0.20元，那是最小价格单位的20倍。我们还可以要求价格穿越MA达到3%的幅度，这也是过滤伪信号的一种办法。否则，我们也可以不理会该信号。

（3）有的交易者采用时间过滤器的方法，要求收盘价突破MA并且连续两天以上的收盘价停留在MA被突破的一侧。这样的话，又会产生信号过于迟缓的问题。但对谨慎的交易者来说，安全是第一位的，一个确定的信号总是比一个没有把握的敏感信号来得稳妥。

（4）用其他的技术分析工具对MA发出的信号加以验证。如果只有MA发出了买卖信号，而其他技术分析工具对此无动于衷的话，该信号可以被忽略。

（5）有一种流行的过滤器是“百分比平移线”。具体做法是在MA的上方和下方的一定百分比位置上，分别画出MA的平移曲线。当收盘价不仅高过MA，而且还高过了上边平移线时，才构成买入信号。

（6）我们在取得MA曲线时，采用的是市场每天的收盘价，如果用与取得MA的简单移动方法相同的公式，算出每天最高价和最低价的移动平均线，便构成了最高价MA与最低价MA。当收盘价穿越了最高价MA时，买入的信号才能成立。

采用这些过滤方法之后，MA发出的突破信号便不是那么纯粹了（图13–11、图13–12）。有的交易者可能会说，使用这些MA的过滤器会不会影响到MA本身的分析效果？我想说，用筷子夹菜吃总比用手指头夹菜吃安全些，至于菜本身的味道嘛，那就应该是厨师的事情了。

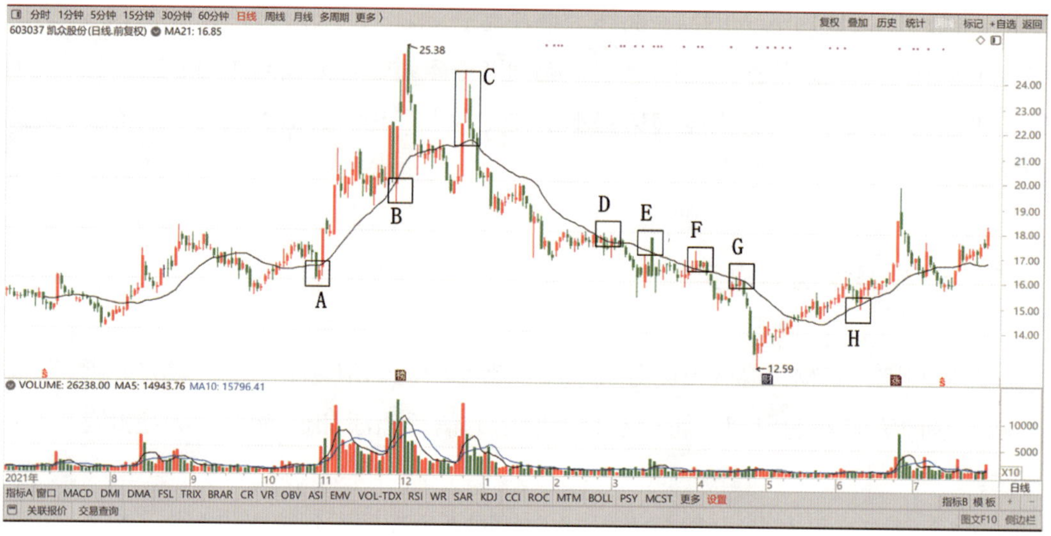

图13–11　MA的过滤器说明举例

图13–11是凯众股份（603037）在2021年7月至2022年7月期间的日线图。图中的均线为MA（21）。注意，在A点处，股价下穿MA（21）构成卖出信号，很显然，这是一个伪信号，如果采用双日原则的过滤方法，就不会误入空头陷阱。B点处也是一根突破“毛刺”，采用双日原则过滤，也可以避免受该信号误导。在C点处，股价虽然连续2天站在MA（21）之上，如果同时采用百分比原则，也可有效过滤此处的伪信号。而D点、E点、F点、G点、H点处的伪信号，采用双日原则均可以有效过滤掉。

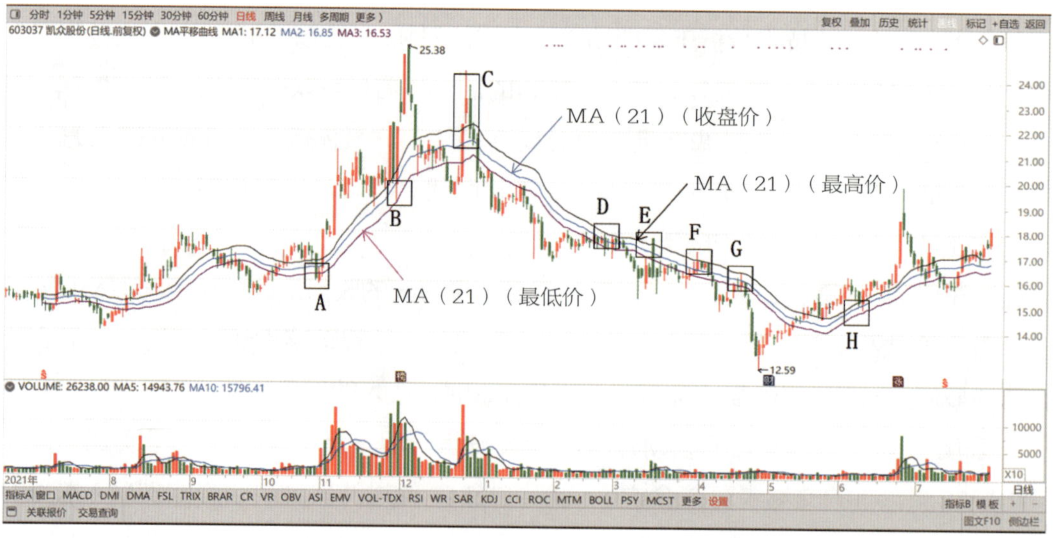

图13–12　MA的应用实例

如图13–12所示，我们在图13–11上添加上最高价的21天移动平均线，即MA（21）（最高价），与最低价的21天移动平均线，即MA（21）（最低价），把股价上穿MA（21）（最高价）作为买入信号，而把股价跌破MA（21）（最低价）作为平仓信号，可以发现，在B点、D点、G点与H点处的伪信号均能够被过滤掉。

13.3 在MA上捕捉发财的机会

⊙ 葛兰威尔法则

在利用MA生成信号时，我们免不了要先谈谈堪称MA经典之作的葛兰威尔法则。

对于下列三种情形，可视作买入信号加以利用：

（1）MA从下降开始走平，股价从下向上穿越MA（当然是收盘价的穿越）。

（2）股价连续上升远离MA，然后突然下跌，但在MA附近再度获得支撑后转折向上。

（3）股价连续暴跌，并在跌破MA后远离了MA。

对于下列三种情形，可视作卖出信号加以利用：

（1）平均线从上升开始走平，股价从上向下穿过MA（可以用收盘价是否穿越作为依据）。

（2）股价连续下降远离MA，但随后突然反弹，在碰到MA附近时再度下降，MA可视作股价向上的阻力。

（3）股价上穿MA，并且连续暴涨，远离了MA。

以上都是利用一条MA进行分析时的基本法则。市场中有的交易者就是喜欢单条的MA，因为它直观、简单，容易判断（图13–13、图13–14）。对于那些善于利用两条以上MA进行分析的交易者，葛兰威尔法则也并非完全没有用处。我们可以假定股价就是一条较短期的MA，它对另一条长期的MA的穿越，同样构成买卖信号。

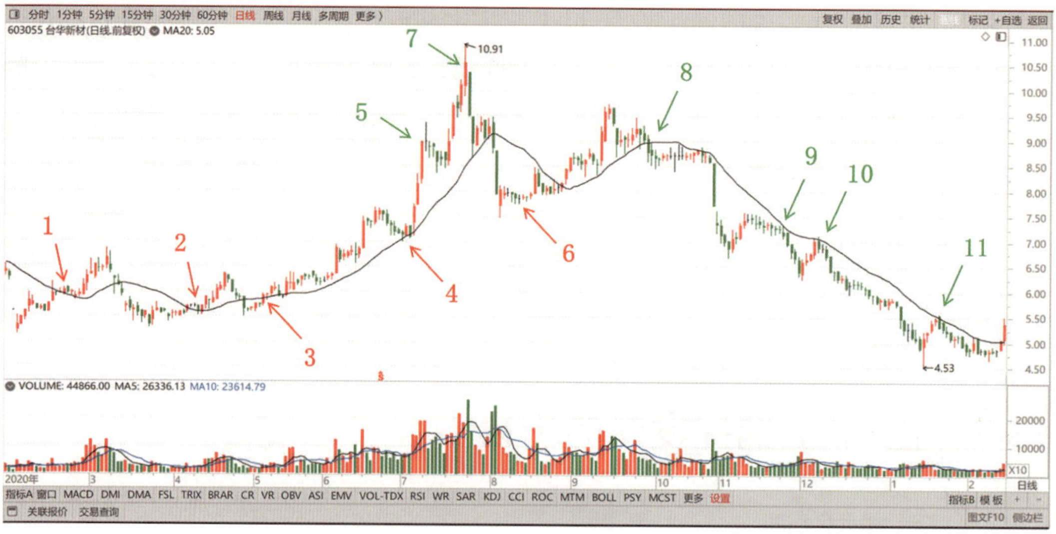

图13-13　葛兰威尔法则的应用实例1

图13-13是台华新材（603055）在2020年2月至2021年2月期间的日线图。根据MA（20）与葛兰威尔法则，在图中标出了11个交易信号。其中，信号1、信号2处，股价跌势将尽，上穿MA（20）构成买入信号；信号3、信号4处，股价回落至MA（20）附近便开始反弹回升，构成买入信号；信号5、信号7处，股价已经大幅偏离均线，逐渐回落，构成卖出信号；而信号6处，股价跌破并远离MA（20），企稳回升时构成买入信号；信号8处，均线开始由上升走平，股价跌破MA（20），构成卖出信号；信号9、信号10、信号11处，股价反弹至MA（20）便掉头向下，构成卖出信号。

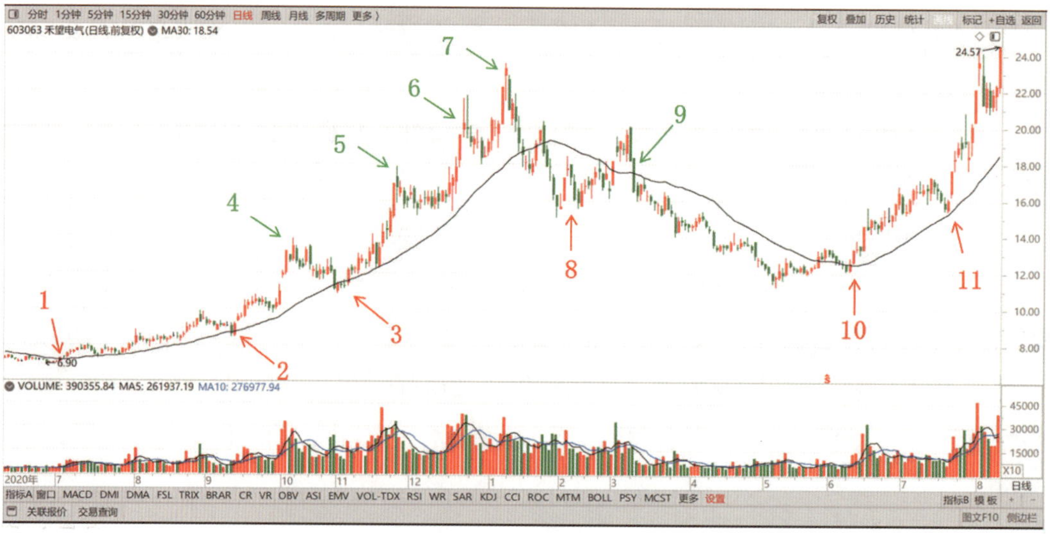

图13-14　葛兰威尔法则的应用实例2

图13-14是禾望电气（603063）在2020年6月至2021年8月期间的日线图。根据MA（30）与葛兰威尔法则，在图中标出了11个交易信号。其中，信号1、信号10处，MA（30）逐步走平，并且股价上穿MA（30），构成买入信号；信号2、信号3、信号11处，股价回落至MA（30）处获得支撑并开始反弹，构成买入信号；信号4、信号5、信号6、信号7处，股价上涨并大幅远离MA（30），构成卖出信号；信号8处，股价跌破MA（30），并大幅偏离MA（30），当股价企稳反弹时，构成买入信号；信号9处，MA（30）已经转跌，虽然股价反弹至MA（30）之上，却无力继续上攻，向下再次跌破MA（30）时，构成卖出信号。

⊙ 死亡交叉与黄金交叉

在利用MA进行分析时，单条的MA固然有其独到之处，但亦存在一些不足。例如是使用长期的MA还是使用短期的MA，就是件令人颇费思量的事；还有，由于经常出现假突破的现象，令人对过于频密的交易信号会心存戒备，以至于不得不使用多种过滤器，加重了使用MA时的工作量。

既然短期的MA会产生敏感的交易信号，而长期的MA对市场较长的时间跨度中的大趋势有理想的跟踪效果，那么何不采用两条MA来帮助我们捕捉那稍纵即逝的买卖时机？长期的MA可用来识别市场的基本走势，而短期的MA可用来选择时机。短期的MA与长期的MA再加上市场价格，即可以产生趋势运动方向的指示信号。

最重要的指示信号就是两条MA的相互交叉。当短期的MA向上穿越长期的MA时，构成了黄金交叉，从名称即可判断这是买入信号。而当短期MA向下穿越长期的MA时，构成了死亡交叉，这个恐怖的名称当然是表示市场即将转头向下了。

我们还可以把两条MA同市场价格结合起来分析。如果市场价格向上穿越了短期的MA之后又穿越了长期的MA，那么市场即发出看涨的信号。如果市场价格穿过长期的MA之后又回到短期的MA与长期的MA之间的地带，那么看涨信号将被取消。同样，市场价格下破两条MA之后，构成了卖出信号，但如果价格在下破长期的MA之后，又重新回弹到长期的MA与短期的MA之间，卖出信号就会变成伪信号，市场恢复横向盘整的走势。

虽然短期的MA与长期的MA的交叉会有信号过迟的问题，但两条移动平均线的最大优势在于，它们能够减少市场出现伪信号的机会，令买卖信号更为可靠（图13-15、图13-16、图13-17、图13-18）。

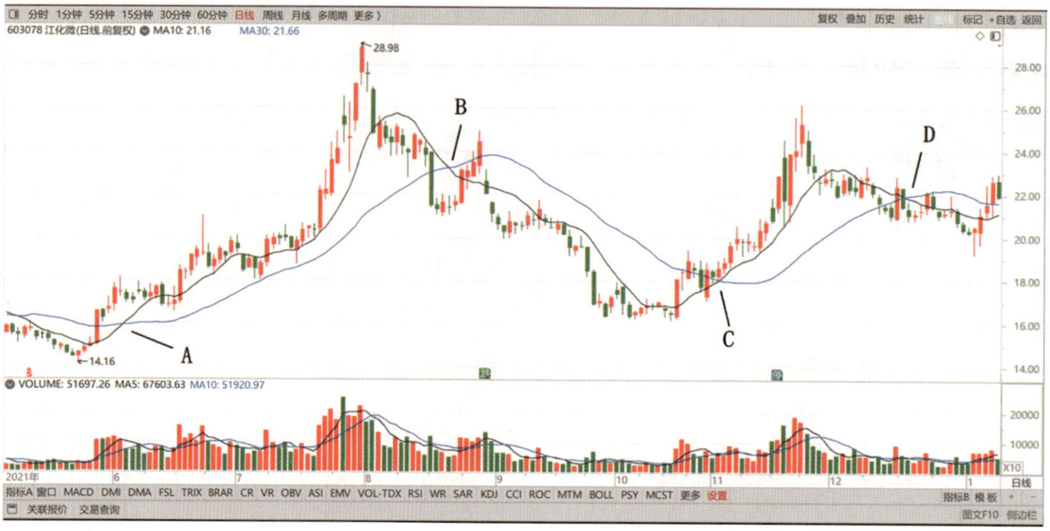

图13–15　两条MA的交叉信号举例1

图13–15是江化微（603078）在2021年5月至2022年1月期间的日线图。图中两条均线分别为MA（10）与MA（30）。请注意，A点处MA（10）上穿MA（30）构成的买入信号。若在A点处买入，在B点处利用MA死叉信号卖出平仓的话，应该收益不菲；C点处MA再次出现金叉，是强烈的买入信号；若在MA再次发出卖出信号的D点处平仓的话，利润也十分丰厚。本例中的两个金叉和两个死叉，准确度相当高。

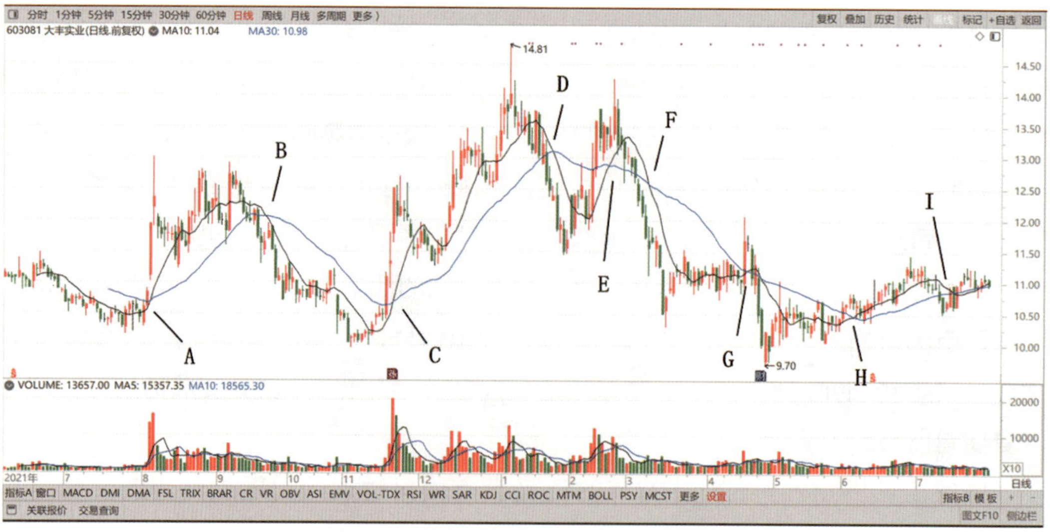

图13–16　两条MA的交叉信号举例2

图13-16是大丰实业（603081）在2021年6月至2022年7月期间的日线图。图中的两条均线仍分别为MA（10）与MA（30）。在如果我们在“C—D”区间内交易应该会获利颇丰，而如果在“E—F”区间内交易则会发生亏损。注意，G点处MA（10）与MA（30）均线黏合，快速交叉而过，这样的交易信号容易令人无所适从，在此处进行交易也会发生亏损。在“H—I”区间交易最终会小幅获利离场。总体看来，如果完全采用两条MA的交叉信号，可以减少买卖次数，较理性地持股待涨或退出观望，真正做到进退有序。需要特别注意的是，A点处MA出现金叉之时，股价已经大幅上涨，可能已经错过最佳买入机会，“A—B”区间的收益会大打折扣，这也显示出MA交叉信号的滞后性。

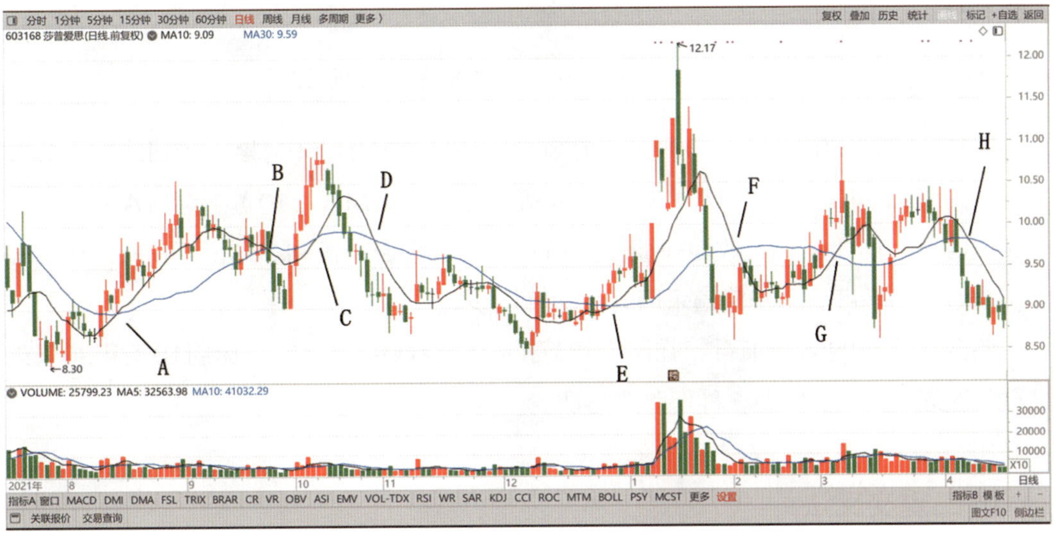

图13-17 两条MA的交叉信号实例研究1

图13-17是莎普爱思（603168）在2021年7月至2022年4月期间的日线图。这里依然采用MA（10）和MA（30）进行案例分析。在前面两例中，采用MA（10）和MA（30）的交叉信号，效果都能够令人满意，但本例情形，却大相径庭。请注意，如果采用A点处的买入信号，在B点处MA（10）穿过MA（30）时卖出，几乎无利可图；而在C点处买入的话，到D点处平仓，则会发生较大亏损。在“E—F”区间内的交易大概只有微小盈利，而“G—H”区间内的交易也会发生亏损。本例也说明，对于不同的股票，应该采用适合它们的时间参数组合才会有比较好的效果。

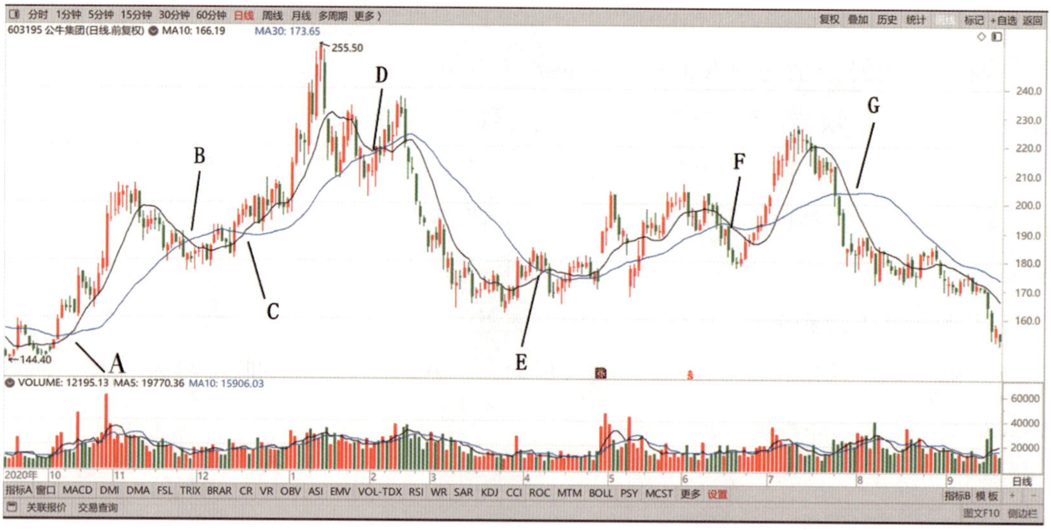

图13-18 两条MA的交叉信号实例研究2

图13-18是公牛集团（603195）在2020年9月至2021年9月期间的日线图。如图所示，由MA（10）上穿MA（30）构成买入信号，由MA（10）下穿MA（30）构成卖出信号，据此能够有效地捕捉住交易机会，最终带来盈利。这说明MA（10）与MA（30）仍是目前比较普遍采用的移动平均线。

综合前几例的情况来看，在没有更好的时间参数组合之前，运用10天和30天的MA构造交叉信号不失为一种保险的方法。

⊙ 三重交叉法

在讨论两条MA时，我们发现黄金交叉和死亡交叉的确能够帮助我们找到更为可靠的信号，这是单条MA所欠缺的。但永不满足的分析师们又设计出了三重交叉法来进一步过滤两条MA交叉所产生的伪信号，大有不把最佳买卖时机一网打尽就决不罢休之势。

在我国股市中，我们所见到的大多数图表上，一般都会有不少于3条的移动平均线，重要的时间参数一般是5、10、30，也有用斐波那契数列作为参数的，例如13、21、34或者21、34、55，据说应用在有些个股中效果奇佳。

一般来说，越短期的MA，越是贴近于市场的价格趋势。如果我们采用5、10、30这样一组时间参数的MA，那么，MA（5）比MA（10）更贴近市场趋势，而MA

（10）当然也比MA（30）更贴近市场。反过来说，30天的MA描述了市场更长时间跨度的价格趋势，它的稳定性最高，而MA（10）要次之，MA（5）更次。

在上升趋势中，合理的MA排列应为：MA（5）高于MA（10），MA（10）又高于MA（30）；而在下降趋势中，顺序相反，MA（5）最低，其次是MA（10），MA（30）最高。

三重交叉法是这样发现信号的：在下降趋势中，MA（5）向上穿越MA（10），即发出了市场看涨的信号；若MA（10）也向上穿越MA（30），那么看涨信号得到验证，确信市场反转的看法高于一切。而在上升趋势中，当MA（5）向下穿过MA（10）时，市场会发出涨势即将生变的预警信号；当MA（10）最终突破了MA（30）时，反转已经发生的信号得到验证（图13–19、图13–20）。

在运用3条MA进行分析时，也有一个令人烦恼的问题，即有时3条线的排列并不按秩序行事，特别是在市场处于横向盘整的时期，这3条线可能会像蛇一样纠缠在一起，让你无法分辨它们之间处于一种什么样的交叉关系。

对时间尺度有不同偏好的交易者会选择不同的时间参数。事实上，在不同板块的不同股票中，使用同样的时间参数是不恰当的。不同的时间参数适应于不同个性的板块与个股，在选择适合的参数时，应结合市场在以往所表现出来的时间偏好，然后选定这个时间作为MA的参数。在试验出最佳的参数时，通常要经过反复多次的尝试。我反感用固定不变的时间参数来分析完全不同个性的板块与个股，这总是予人以“郑人买履”的荒唐感。

图13–19　移动平均线的三重交叉实例分析1

图13–19是设计总院（603357）在2021年11月至2022年6月期间的日线图。如图所示，我们采用MA（5）、MA（10）和MA（30）的均线组合。在A点处MA（5）和MA（10）同时穿越MA（30），构成强烈的买入信号。如果以MA（30）作为上升趋势持续或者反转的指示线，那么就可以避免在该股票的暂时调整阶段过早卖出的情况出现，直到MA（5）和MA（10）在B点同步下穿MA（30）再平仓离场（B点），是较理智的买卖策略。另外，在C点处构成的三重交叉也是较强烈的买入信号，而D点处则构成卖出信号。

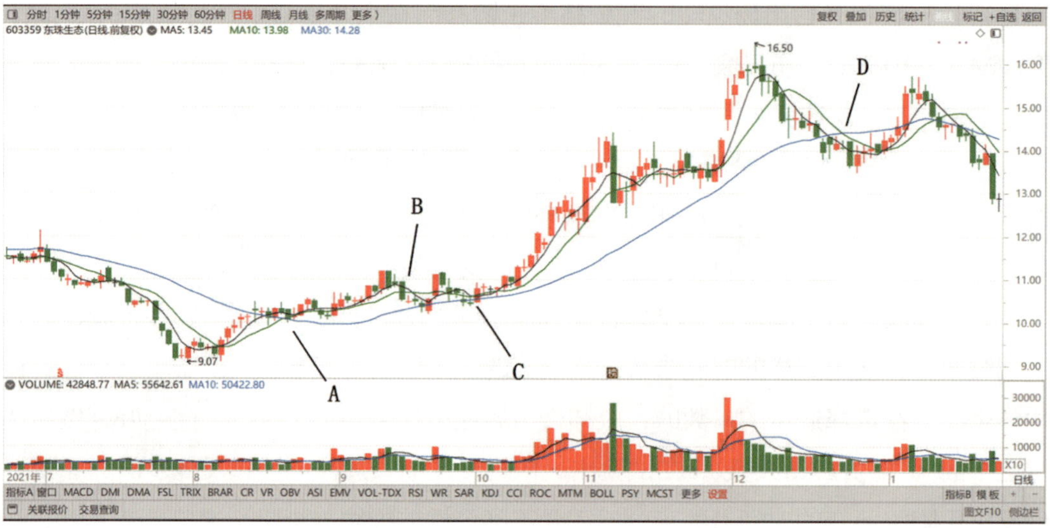

图13–20　移动平均线的三重交叉实例分析2

图13–20是东珠生态（603359）在2021年6月至2022年1月期间的日线图。如图所示，在A点处形成MA（5）、MA（10）上穿MA（30）的黄金交叉，发出强烈的买入信号。在A点与B点之间，MA（5）下穿MA（10）形成死亡交叉信号，但MA10未下穿MA（30）而令该信号成为“伪信号”。只要MA（5）、MA（10）不有效下穿MA（30），即使发生MA（5）与MA（10）的交叉，该卖出信号也可以忽略。C点处如同A点处，直到D点处MA（5）和MA（10）同步下穿MA（30），才构成卖出信号。

⊙ MA具有的广泛应用价值

一般的交易者只知道将MA运用在价格走势的分析之中，事实上，我们还经常在成交量上使用这种神奇的曲线。请注意出现在成交量图形上的那条曲线，它实际上是某个时间参数内成交量的移动平均线。它的制作方法与分析价值，与传统的MA技术是一致的。

移动平均线主要应用于日线图中。但它同样可以应用在更长期的趋势分析中，也可以应用在更短期的趋势研究中。在股票市场的长期趋势分析中，利用10周与30周的均线可以说是源远流长的传统。有人用13周、21周、34周的均线，也有意想不到的发现。

对短线客来说，MA可以应用于日内交易。我们可以在60分钟或30分钟甚至15分钟K线图上使用MA（10）和MA（30）进行辅助分析，可以说长线短线，各有各的精彩（图13–21）。

图13–21 移动平均线三重交叉在个股走势上的应用

在图13–21中，我们在60分钟K线图上同样采用MA（5）、MA（10）及MA（30）三重交叉判定买卖点。图中自A点买入至B点卖出、自C点买入至D点卖出的2次交易机会都把握得相当不错。由此可见，无论是在长期还是短期K线图上，移动平均线三重交叉判定方法都能够发挥作用。

⊙ 斐波那契数列具有神奇效果

我们曾经介绍过斐波那契数列的妙用，在移动平均线中，其也有用武之地。有一组奇异数字是我们在MA中常用到的参数，它们是13、21、34、55。这一组奇异数字不仅运用在日线中有分析意义，还可以在周线中用到它们。据一些国外的分析师统计，13周移动平均线不管在股票市场还是在期货市场，都具有相当高的分析价值（图13–22、图13–23、图13–24）。

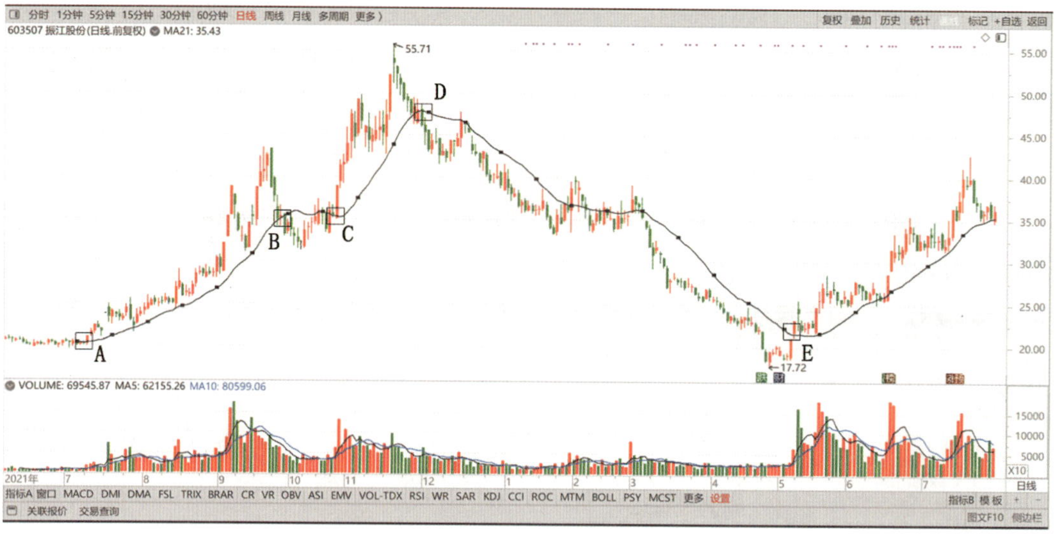

图13–22　斐波那契数列在MA中的应用实例1

图13–22是振江股份（603507）在2021年6月至2022年7月期间的日线图。我们采用神奇数字21作为MA的参数。图中，无论是上涨趋势还是下跌趋势，MA（21）的表现都非常到位。神奇数字常有神奇的效果。

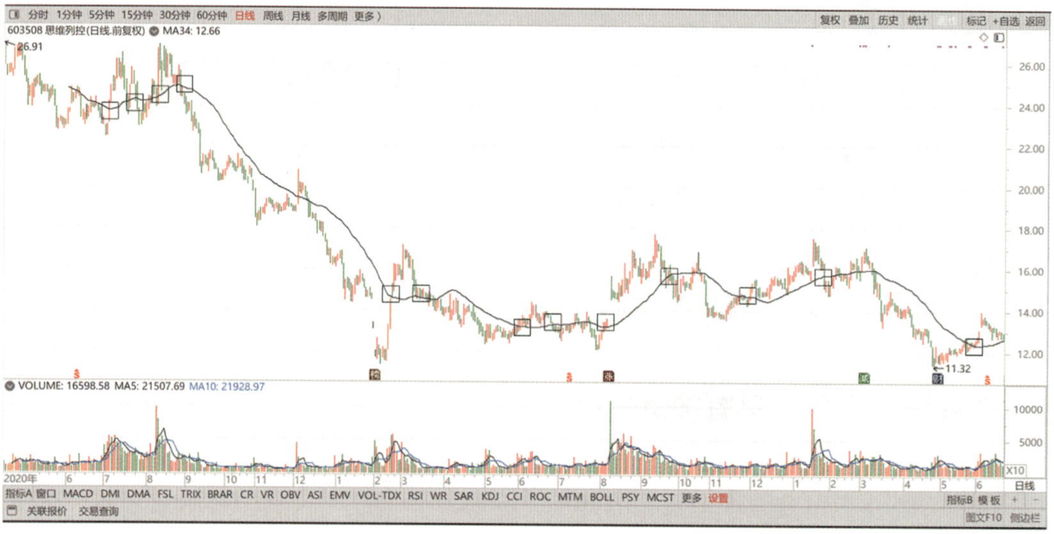

图13–23　斐波那契数列在MA中的应用实例2

图13-23是思维列控（603508）在2020年4月至2022年6月期间的日线图。我们选择另一个神奇数字34作为MA的时间参数。尽管前后时间段内，股价走势极为牛皮，但MA（34）对该横向区间的描述还是比较到位的。

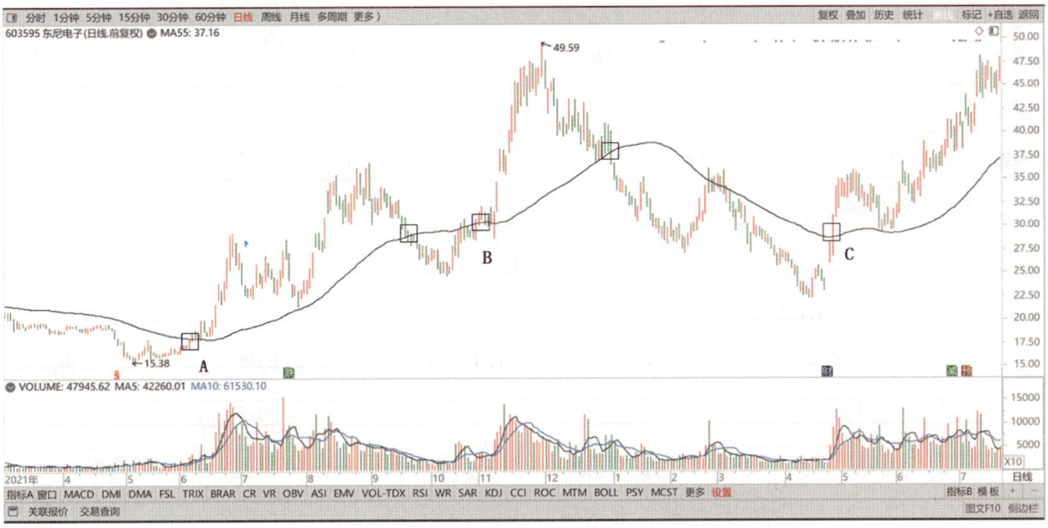

图13-24　斐波那契数列在MA中的应用实例3

图13-24是东尼电子（603595）在2021年3月至2022年7月期间的日线图。我们采用55这一奇异数字作为MA的参数，得到MA（55）。请仔细观察图中的买卖信号，如果在A点、B点与C点处买入，都会有不菲的获利。虽然MA（55）较平缓，但其走势信号并不比其他技术工具的交易信号迟钝多少。

13.4　周期现象在MA中显灵

⊙ 最典型的时间周期与最恰当的MA参数

关于股票技术分析中的时间周期问题，许多痴迷的技术分析师都做过不同的努力尝试。因为他们相信，在市场运动中时间周期起着相当大的作用，并且由于周期具有循环反复的特点因而可以定量测算。我们在研究其他的技术分析理论时，想要知道的是市场将向何处去，还有它会在那个方向走多远的问题。而研究周期时，这个问题会扩展到，市场会在什么时间出现转折，并且会在什么时间达到预计的价格目标。

在研究移动平均线时，我们发现有时间周期的影子浮现其间：影响某个市场的典型时间周期与这个市场上最恰当的移动平均线之间有一种颇为微妙的关系。在股票市场，月周期是比较引人关注的，在广泛应用的“时间之窗”中，21天和34天都被认为是易出现转折的关键日，其中21天（指21个交易日）恰好构成了月周期。由于每个周期都倾向于按照一定的倍数与上一级或下一级周期相互呼应，所以上一级周期通常是本周期长度的2倍，而下一级周期则有可能是本周期的1/2。以月周期为例，10天周期大概是21天周期的一半，而5天周期又是10天周期的一半。在较为常见的移动平均线中，都可以找到这种周期的影子。

于是，在市场分析之中便出现了所谓的四周规则（也就是月规则或21天规则）及两周规则（即月规则的一半或10天规则）。这种规则比起那些富有想象力的技术分析工具来说，显然简朴得有点土气，但就是这种下里巴人式的简单工具，效果相当好，在时间的淘洗之中经受住了考验，值得我们去了解一下。

⊙ 四周规则简朴实用

四周规则是由美国商品期货自动交易系统领域的先驱——理查德·唐迁——创立的，该规则认为：只要市场价格超越了前四个星期内的最高价，就可以买进；若市场价格跌破了前四个星期内的最低价，则平仓卖出。

四周规则实际上与MA一样，是一个顺应趋势的系统，并非要走在市场运动的前面。它表明市场在突破了一个长达四周的阻力位之后发出交易信号时，趋势已经有相当大的把握朝突破的方向行走。那么我们要做的就是，在趋势没有向上突破之前观望，直到四周以来的阻力位被买盘突破后，再大胆地顺势买进。假如在持有股票之后，市场又陷入了一个新的横盘走势，那么在市场没有跌穿四周以来的最低位之前，仍可持仓观望。如果支撑位不幸被击穿，确定的卖出信号立即发出，那么应该当机立断地进行平仓。

⊙ 四周规则的缩短与拉长

在运用四周规则时，仍然存在买卖信号发出过于迟钝的问题。这个问题我们在讨论MA的时候也提到过，至于解决的办法，与MA修改时间参数的方法相类似。

我们可以通过缩短时间跨度的办法令信号早点发出，这就增加了周规则的灵敏度。当市场处于激烈的上冲过程中时，我们可以通过缩短时间跨度令交易系统更敏感。在这种情形下，或许可以用两周规则甚至一周规则来代替四周规则，即只要市场突破了两周或者一周以来的最高价，就立即入市买入；只要市场跌破两周或一周以来的低点，就立即平仓了结。当市场处于横向盘整的状态时，我们为了让交易系统显得更迟钝一些，避免市场在盘整期间发出过多的伪信号，可以使用八周规则（延长时间跨度）。只有在市场打破八周以来的横盘状态时才采取行动，为保持观望状态提供了依据。

四周规则是一种简单的突破信号系统，其理论基础来自最重要的月周期。我们可以采用四周规则提供的买入信号建仓，然后利用一周规则或两周规则发出的卖出信号平仓；也可以采用两周规则发出的信号，因为两周规则比四周规则更灵敏；还可以采用八周规则发出的信号，特别是在盘整行情中，以避开许多错误的入市机会（图13–25、图13–26）。

从MA盛行采用5、10、20、30、40这些数字作为时间参数来看，它实际上暗合了最重要的时间周期，即月周期，甚至采用奇异数字时，重要的21天竟也与月周期、四周规则不谋而合。朋友们可以在实际操作中细加体会。

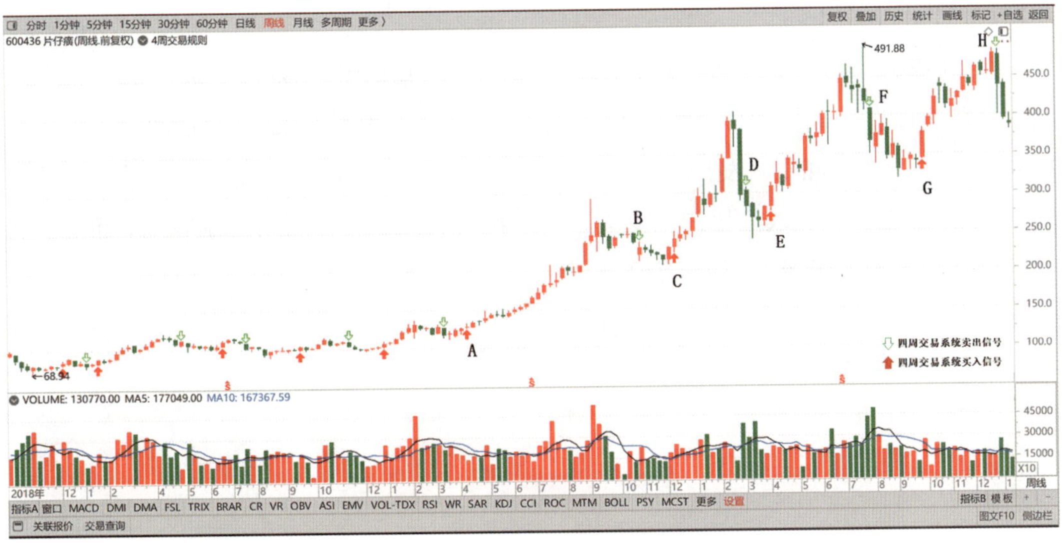

图13–25 周规则的应用实例1

图13-25是片仔癀（600436）在2018年10月至2022年1月期间的周线图。我们应用周规则来研究其发出的信号的可靠程度。在A点、C点、E点与G点处，股价高于前四周的最高价而构成买入信号，而在B点、D点、F点与H点处，股价跌破前四周的最低价而构成卖出信号。从A点开始到点H区间的交易信号最终都被验证是有效的。注意A点之前的股价运行情况，因为市场处于牛皮盘整阶段，可考虑采用八周规则做出交易决策。

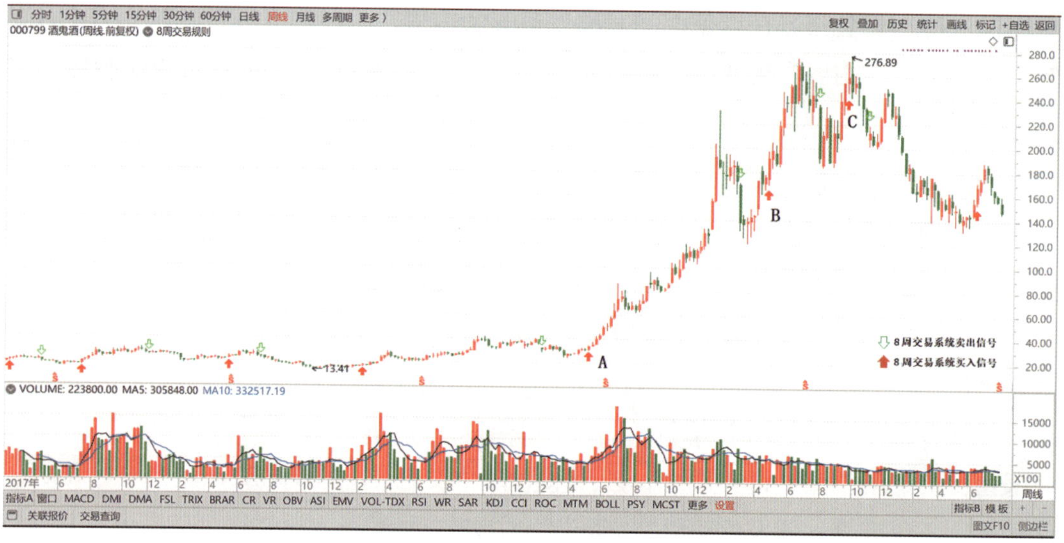

图13-26 周规则的应用实例2

图13-26是酒鬼酒（000799）在2017年5月至2022年7月期间的周线图。我们来看看八周规则发出的交易信号。在A点处之前（2017年5月至2020年5月）长达3年的盘整阶段中，八周规则共发出了4次买入信号，无效的交易已经被有效地过滤掉了。根据A点与B点处的买入信号进行交易，可以精准有效地获得股价上涨收益，而C点的买入信号则会令入场者小幅亏损离场。

小 结

弯曲的趋势向导

在我们讨论的技术分析理论中，切线理论有关趋势线的意义已被认为是技术分析之中的重中之重，因为我们在股市中最渴望得到的信息便是，市场将去向何方。这便是我们常说的趋势，它让古往今来的市场分析者“衣带渐宽终不悔，为伊消得人憔悴”。若孔夫子活在21世纪，见到股市，他没准会发出“朝闻趋势，夕死可矣”之感慨！

在这之前，我们只知道趋势线是直线，支撑线、阻力线是直线，通道线是直线，甘氏角度线也是直线。但在本章，我们看到的移动平均线是弯曲的趋势线，它丰富多彩的组合，可长可短的时间跨度，令我们的技术分析工具囊中又多了一件跟踪趋势的有力武器。而它的威力，只有实际运用过的分析者才知道有多强大。

用一条移动平均线，我们也可以把股票走势描绘得头头是道。在葛兰威尔法则中，我们利用股价对单条的MA曲线的上下穿越，便能得到相应的出入市信号，尽管这些信号中属于伪信号的比例比较高，但这并不能阻止一些分析者对此法则的迷恋。

在时间参数这个问题上，我们探讨过不同的天数，像5天、10天、30天这些时间参数的移动平均线在我国股票技术分析中被广泛运用。自从斐波那契数列被移植到了股市的技术分析领域之后，13，21，34，55，…，这些看起来莫名其妙的数字就像爬山虎似的攀得到处都是。将奇异数字用作时间参数的MA，你别说，还真有几分神乎其技的意思。

移动平均线的妙用还体现在它适用于不同时间尺度的价格图表。我们常在日线图上应用它，但它在周线甚至月线上的表现也令人称奇，而且在长期价格图表上的交易信号比日线上的信号还重要；移动平均线在小时图、30分钟图、15分钟图上的表现也不赖，可以将其当作短线炒作的指导工具。

单条的MA虽然简洁直观，但很多交易者还是喜欢利用2条或3条不同时间参数的MA曲线产生交叉信号。于是当短期的MA上穿长期的MA构成买入信号时，这个交叉就被称作“黄金交叉”；当短期的MA下穿长期的MA构成卖出信号时，这个交叉就被称作“死亡交叉”。

我们还研究了一下周规则的使用效果，重点是四周规则，但是根据个股所处的不同阶段，可以运用两周规则和八周规则来辅助分析。实例证明，周规则是一种简单易行的分析方法，不过，其出错的概率也比较高。

股事新编之十三　狮子和奔羊

在非洲，羚羊每天早晨睁开眼睛，所想的第一件事就是：我必须比跑得最快的狮子跑得更快，否则，我就会被狮子吃掉。而此时，狮子从睡梦中醒来，第一个念头是：我必须能追得上跑得最慢的羚羊，要不然我就会饿死。

在股市，散户们想得最多的一件事就是：我必须在庄家出货前赶紧逃走。而庄家想得最多的一件事是：我必须在散户逃走之前，先把他们吃掉，否则我就会亏死。

第14章 指标分析法的四大天王

14.1 摆动指标是指标分析法的核心

⊙ 令人刮目相看的技术分析工具

从本书的第一部分开始，我们就在研究市场运动趋势的变化，其中绝大多数的技术分析工具都是用来追随趋势的。有的是跟踪既有趋势的运行，验证原有的趋势尽管间或有些小的波折，但其最重要的方向并未发生根本改变；当然，更多的技术分析工具还在于揭示旧的趋势即将发生转折，新的趋势呼之欲出的重要信号。这些传统的、经典的分析理论，对市场的主要运动趋势都有不错的分析价值。特别是对市场重要的价格运动特征的研究，经典分析理论的意义可以说是无可替代的。正如任何一种技术分析工具都不可能完美无缺一样，经典的理论也有力不从心的时候。比如，当市场处于牛皮盘整状态时，绝大部分跟踪趋势的技术分析工具都会频繁地发出错误信号，它们在这种情况下的表现可以说相当拙劣。

有一种另辟蹊径的技术分析工具——摆动指标，在那些传统的分析工具频频出现错误时，摆动指标的表现却令人刮目相看。对于许多执着的技术分析交易者来说，当市场处于横盘状态时，也可以通过短线操作获利。在这样的市场背景之下，摆动指标因为独树一帜而大放异彩。

摆动指标在横向盘整的市场中表现出色，这还不是它的全部魅力。事实上，它也可以用来捕捉市场趋势转折的早期信号，及时地揭示市场已经存在的短期的极端状态——因过度买入而引起的“超买”现象和过分悲观所导致的“超卖”状况。当市场运动的内在动力处于衰竭状态，而价格运动尚未出现趋势转折（这种转折也包括了市场中的回撤）迹象的时候，摆动指标却能洞烛机先。一个著名的反转现象——价格与指标相互背离，是我们利用摆动指标分析趋势时的重要依据。

摆动指标的种类很多，构造方法也各有不同。我们在各类价格走势图表的底部，常常可以见到一些形态相近的曲线，它们的分析意义和方法也大同小异。摆动指标的构图有一个鲜明的特征，即无论价格如何变化，它们都会在一个有固定的上限和下限的区间里蛇形前进。我们还可以看到摆动指标的峰和谷与价格运动所形成的波峰与低谷存在一种时间上的对应关系。当市场运动的幅度过大、速度过快时，摆动指标会达到或者接近它们的上限或者下限，预示市场后市有调整的要求。一般来说，当摆动指标进入上限附近时，显示市场过热，应当考虑卖出；当摆动指标进入下限附近时，显示市场被过分压低，存在反弹要求，故可以考虑入市买进。我们还可以将摆动指标上限与下限中间的位置视作牛市与熊市的分水岭，也有人称之为0度线或者50度线（当这个上下极限的区间为100刻度时）。那么，价格穿越0度线或50度线时，也可以视作买进与卖出的信号。具体来说，从下向上穿越，可视作买入信号；从上向下穿越，可视作卖出信号。

⊙ 摆动指标的共同分析要诀

（1）当摆动指标接近摆动区间的上限时，显示市场处于超买状态，可以考虑卖出。

（2）当摆动指标接近摆动区间的下限时，说明市场处于技术性超卖状态，应视作短线买进的信号。

（3）当摆动指标处于摆动区间的极限位置，并且摆动指标与市场价格运动相互背离时，通常构成市场既有趋势可能生变的早期信号。

（4）摆动指标对0度线或者50度线的穿越，通常也构成较重要的买卖信号。

⊙ 寸有所长，尺有所短

尽管摆动指标有其独到功能，可以弥补一些追踪趋势的技术分析工具所存在的缺陷，但我们并不能单独地使用摆动指标来分析市场价格运动。摆动指标常常是跟传统的趋势分析工具搭配起来使用的，它必须依附于基本的趋势分析。我们把趋势的分析永远摆在技术分析的第一位，其他的技术分析工具包括摆动指标都是围绕着基本的趋势分析这个核心来使用的。中国有句俗话，“寸有所长，尺有所短”，在运用摆动指标进行分析时，还要考虑做到扬长避短，才能得心应手。

14.2 相对强弱指标（RSI）

⊙ 最著名的摆动指标

RSI也许是摆动指标中最著名的指标，无论是在期货市场还是在股票市场，这个指标几乎成了指标分析法的代名词。它是韦尔斯·王尔德首创的，目前正为成千上万的金融投资家服务。

RSI的原理就是通过计算股价涨跌的幅度来推测市场运动趋势的强弱度，并据此预测趋势的持续或者转向。

在王尔德创立RSI之时，他设定了一个14天的时间参数，直至现在，14天的RSI都是最重要的时间概念之一。后来的分析家们不断地尝试了其他的时间参数，被广泛认同的还有9天的RSI。我们还是先以14天为例介绍RSI（14）的计算方法，其他时间跨度的RSI的计算方法依此类推。

⊙ 相对简单的计算方法

RSI的计算方法相当简单：找出包括当天在内的连续14个交易日的收盘价，用每一天的收盘价减去上一天的收盘价，这样就会得到一组数字，很显然会出现正值与负值，我们把其中的正值找出来并放在一起，把负值也找出来并放在一起，如果正值之和用A表示，负值之和用B表示（在计算时取绝对值，因而也为正数），这样就可以算出RSI（14）。

$$\text{RSI（14）}=\frac{A}{A+B}\times 100$$

在上面的计算公式中，A表示14天中股价向上波动的幅度大小，而B则表示14天中股价向下波动的幅度大小，$A+B$表示股价在这期间总的波动幅度大小。RSI实际上是显示股价向上波动的幅度占总的波动幅度的百分比。如果RSI的数值大，就表示市场处于强势状态；如果RSI的数值小，则表示市场处于弱势之中。

RSI的另外一种计算方法与上述方法得出的结果是一致的：

$$RSI=100-\frac{100}{RS+1}\quad（其中，RS=\frac{A}{B}）$$

目前几乎所有的技术分析软件中都有RSI的计算程序，借助计算机的帮助，我们可以非常轻易地得到每天的RSI值。即使需要不同时间参数的RSI，也只是敲打几下键盘就可以办到的事。

RSI是利用收盘价来计算的，我们可以选择不同的时间尺度来计算它们的RSI值，可以计算14天的RSI，也可以得到14周甚至14个月的RSI来帮助我们跟踪长期趋势。如果我们需要了解较短期的市场状态的话，可以用14个小时的RSI，甚至30分钟、15分钟的RSI，这完全可以根据交易者的个人偏好而随心所欲地进行设定（图14–1、图14–2）。

图14–1　14天RSI的实例分析1

图14–1是苏盐井神（603299）在2020年2月至2020年11月期间的日线图，以及对应的14天RSI曲线。从价格走势图上，我们可以看到该股票2020年2月至2020年6月间一直处于盘整状态，该段时间所对应的RSI表现为围绕50度线附近波动。而2020年7月后，随着该股票价格冲高至8.02元，其对应的RSI值出现极度超买状态，检验出了该股被炒得过热的情形，并有调整的要求，随后价格出现了巨幅回落，验证了RSI（14）发出的信号的准确性。

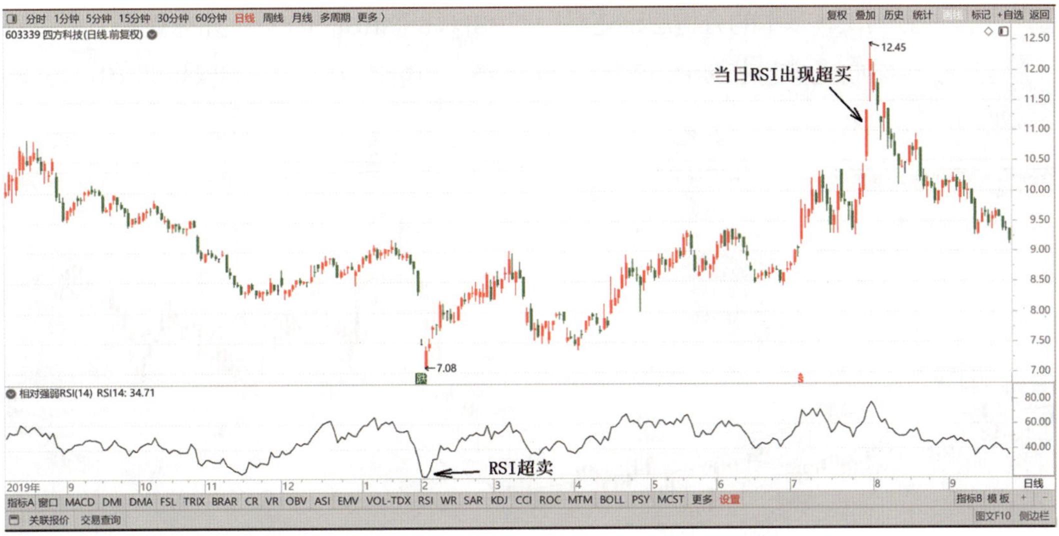

图14-2 14天RSI的实例分析2

图14–2是四方科技（603339）在2019年8月至2020年9月期间的日线图，以及对应的RSI（14）曲线。我们看到，早在该股价格创下7.08元的新低附近区域，RSI（14）就已经发出了超卖信号，显示跌势应可告一段落。在该股票缓慢盘升过程中，RSI（14）的走势曲线上出现了一条上升趋势线，对股价的攀升起到支撑作用。另外，RSI（14）先于股价创新高而发出超买信号，提前对该股可能回落发出了预警信号。

⊙ 极高的分析应用价值

在图表上，我们把RSI的摆动空间设定为0～100之间，从计算公式可知，RSI值不可能超出这个范围。

（1）2条或2条以上的RSI构成的买卖信号。RSI的时间参数越小，那么对市场运动的反应便越灵敏；相反，RSI的时间参数越大，对市场运动的反应便越迟钝。在研究MA的时候，我们就知道这个现象，时间参数小虽然灵敏，但出错的概率高；较长时间参数的RSI虽然有迟钝之弊，但它发出的信号却相对可靠。真是“刀无两头利”，两全其美的事总难出现。

从MA中我们可以得到启示，那就是可以利用2条或2条以上的RSI来平衡这种灵敏之利与迟钝之弊。短期的RSI与长期的RSI联合使用的办法，与2条MA联合使用的办法基本上是一致的，其基本的分析思路还是短期RSI对长期RSI的穿越（亦称交叉）。

当短期RSI向上穿越长期RSI时，市场看涨；当短期RSI向下穿越长期RSI时，市场看跌（图14−3、图14−4）。

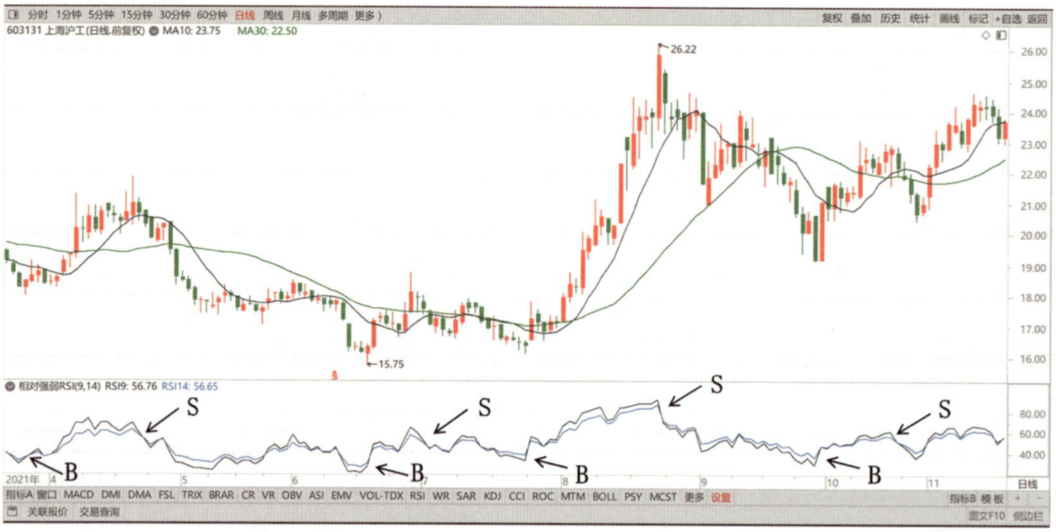

图14−3　2条RSI交叉构成买卖信号的实例1

图14−3是上海沪工（603131）在2021年3月至2021年11月期间的日线图。我们选用9天和14天两种不同天数作为RSI的参数，这样便得到两条灵敏程度不同的RSI曲线。当RSI（9）向上穿越RSI（14）时构成买入信号，而当RSI（9）向下穿越RSI（14）时构成卖出信号。仔细观察，RSI交叉所显示的买卖信号要早于均线交叉发出的信号。

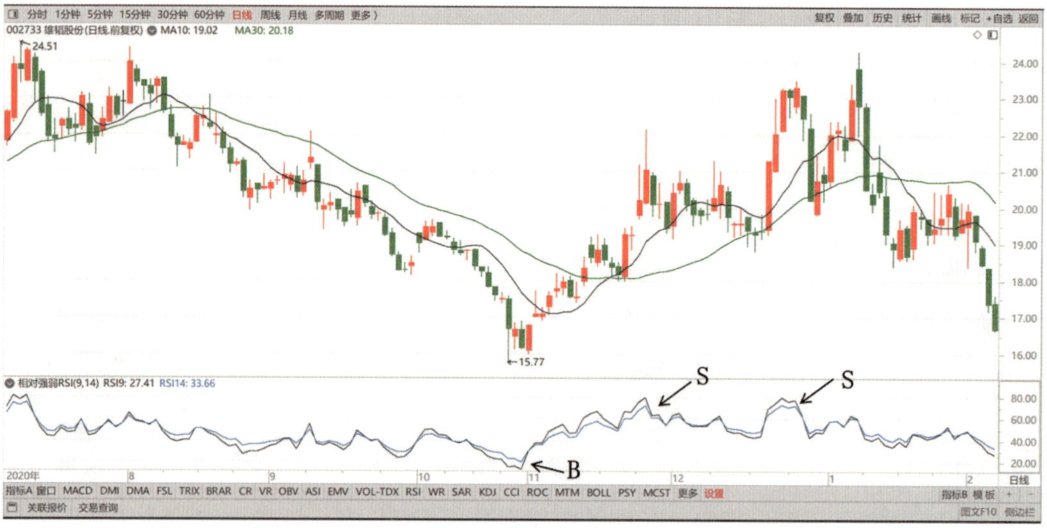

图14−4　2条RSI交叉构成买卖信号的实例2

图14-4是雄韬股份（002733）在2020年7月至2021年2月期间的日线图。我们仍然利用RSI（9）和RSI（14）来生成入市信号。特别需要注意的是，在RSI（9）和RSI（14）低于20度线的情况下，RSI（9）向上穿越RSI（14），这构成了重要的买入信号。而当RSI（9）从50度线以上向下穿越RSI（14）时，构成了较强烈的卖出信号。该股票在两次形成波峰后不久，即出现相应的下调。

（2）RSI值的大小预示着市场运动的状态。王尔德在设计RSI之初，提出市场处于70度线以上属超买，30度线以下属超卖。但在运用时，这个标准可以根据实际情况的需要调整为80～90度线以上和10～20度线以下，而且对股性活跃程度不同的股票，这一标准也是要进行调整的。一只股性过于活跃的股票，可能涨到80度线以上仍没有超买的情况；而一只股性过于呆滞的股票，说不定在70度线附近就超买了，这要具体情况具体分析，以上只是一个比较常见的标准。它的分析意义在于：市场处于超买状态时，应该获利了结，以防涨势发生反转；市场处于超卖状态时，没准是一个逢低吸纳的好机会，不妨尝试性建仓。

当市场处于50～80度线之间，或者20～50度线之间时，也有一定的分析意义。当股价穿越50度线，但未到80度超买线时，说明市场强势，可以买进或继续持仓；而当市场下破50度线，在20度线之上时，说明市场弱势正浓，应视作卖出信号（图14-5、图14-6）。

图14-5 RSI的超买超卖实例分析1

图14–5是上汽集团（600104）在2019年12月至2020年7月期间的日线图。从价格走势来看：当股票价格跌至A点时，其所对应的RSI（9）已处于20度线以下，说明市场处于超卖状态，随时有可能出现向上的反弹；当股价反弹到达B点时，相应的RSI（9）已经触及70度线，进入超买区域；当股价在C点创下新低价格15.28元时，RSI指标并没有同步创下新低，反而形成的波谷要高于A点处RSI形成的波谷；当该股上冲D点创下阶段新高之前，RSI（9）已经高于80度线，预示市场过热，随时会有调整发生。

图14–6　RSI的超买超卖实例分析2

图14–6是左江科技（300799）在2021年7月至2022年6月期间的日线图。图中，当股票价格到达A点时，其对应的RSI（14）A′点低于30度线，表示该股票价格过低，市场处于超卖状态，随时有可能上涨。当股价到达B点时，其对应的RSI（14）B′点高于80度线，处于超买状态，提示市场过热。随后股价进入整理阶段，当股价再次上冲104.73元，RSI（14）再次超过70度线进入超买区域，但并没有与股价同步创下新高，提示市场已经进入过热状态。随后股价一路下跌至D点，RSI（14）跌破20度线，表示股价已经过低，是买入机会。

（3）在RSI曲线上运用传统的趋势分析工具。传统的趋势分析工具在RSI曲线上也是适用的。例如，我们在RSI曲线上可以进行走势形态的分析。RSI曲线上形成的头肩形、双顶（底）或者多重顶（底）均与价格曲线上的这种形态的分析意义一样，也可以看作是市势反转的先行指标。如果这些形态出现在RSI摆动区间的极限位置附近，这种分析的可靠性很高。趋势线理论在RSI曲线上也大有用武之地，我们可以通过画出RSI曲线的支撑线与阻力线，来寻找市场趋势的持续和反转信号。RSI曲线上发生的趋势线突破信号常常早于价格曲线发生的突破信号，因而具有很高的分析价值（图14–7、图14–8）。

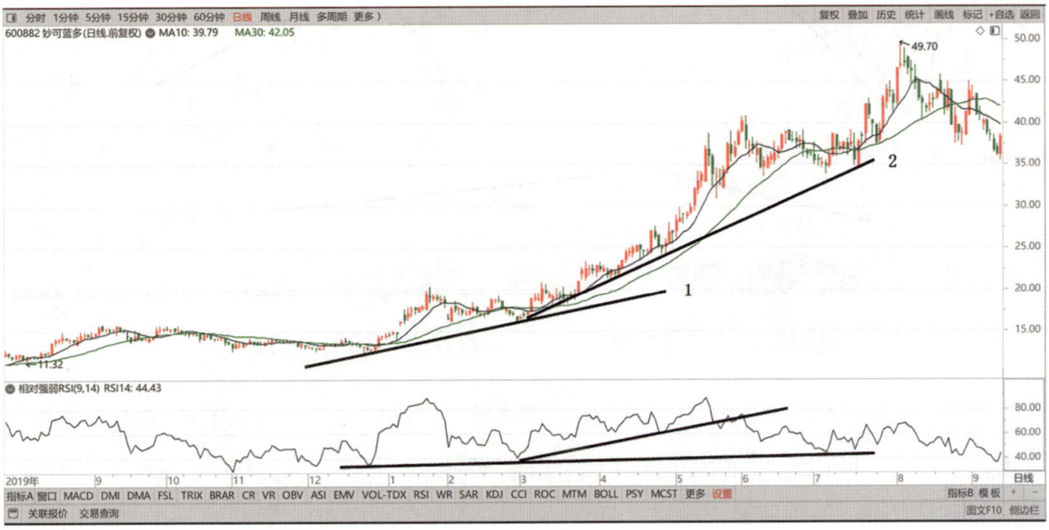

图14–7 趋势线应用于RSI曲线上的实例分析1

图14–7是妙可蓝多（600882）在2019年8月至2020年9月期间的日线图。在股价长期走势图上，我们可以画出2条清晰的上升趋势线，并且相比于趋势线1，趋势线2向上倾斜的角度更大，表明股价逐渐进入了加速上行的阶段。而在RSI（14）曲线上，我们同样可以画出2条相应的上涨趋势线。在走势分析上，这2条RSI趋势线展示了与股价趋势线同样的功效。

图14-8　趋势线应用于RSI曲线上的实例分析2

图14-8是三人行（605168）在2021年4月至2021年12月期间的日线图。在日线图上，我们分别画出了上涨趋势线1与下降趋势线2。而在RSI曲线上，我们可以同步画出上涨趋势线3与下降趋势线4。仔细观察下跌趋势中的RSI指标情况，当股价创下69.78元新低时，RSI（14）并没有同步新低，而且RSI（14）指标突破趋势线4的时间要提前于股价突破趋势线2的时间。

（4）RSI与股价走势背离现象是分析的核心。当股价突破前一个波峰而创出新高时，RSI曲线并没有突破前一个波峰创出新高位。从形态来看，价格曲线上形成依次出现的波峰高于前一波峰，但RSI曲线上，依次出现的相对应的波峰却低于前一个波峰。这就是预示市场即将反转的“顶背离”。相反，当市场价格创出新低，而相应的RSI并没有创出新低时，便构成了“底背离”的现象，它预示跌势将尽，市场即将反转向上。当出现顶背离状态时，我们应该警惕涨势将尽，及早平仓了结；而当市场处于底背离状态时，则应考虑开始建仓（图14-9、图14-10）。

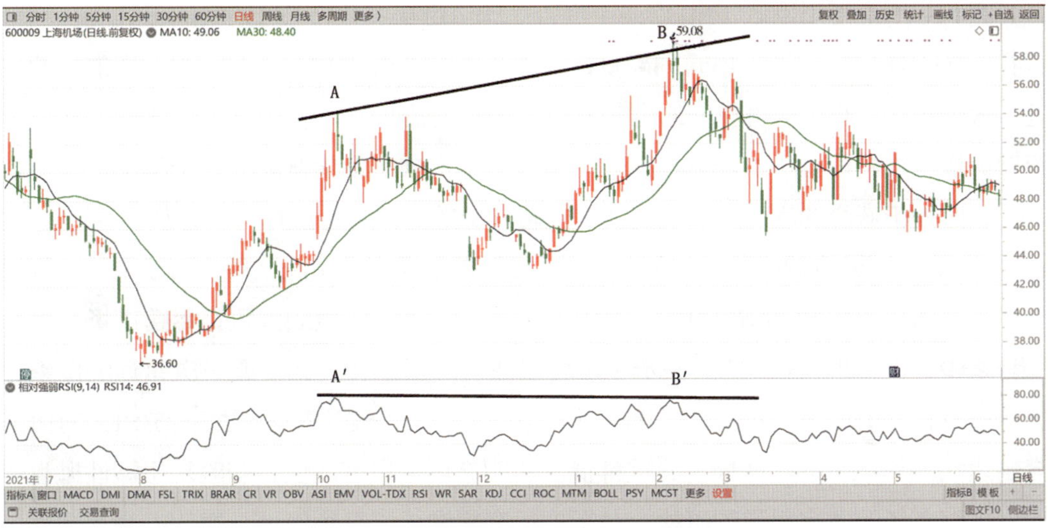

图14-9 RSI的顶部背离信号实例分析

图14-9是上海机场（600009）在2021年6月至2022年6月期间的日线图。我们在RSI（14）曲线上可以观察到这样一个现象：当股票价格明显高于依次出现的前一波峰时，其相对应的RSI（14）值却没有同步创下新高。这便形成了股票价格与对应的RSI走势背离。从图中可以看出B点处创下59.08元的新高价，明显地高于前一波峰A，但B点对应的RSI（14）B′点，却与前一波峰对应的A′点持平。这预示着股价走势上升乏力，随时有可能反转向下。顶部背离的信号指示我们在这个时候应及时平仓离场。

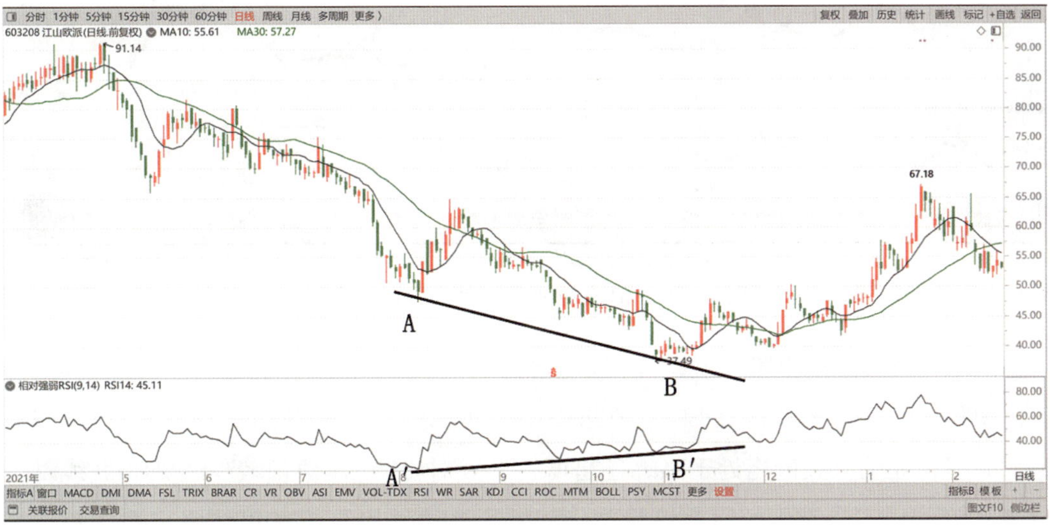

图14-10 RSI的底部背离信号实例分析

图14–10是江山欧派（603208）在2021年4月至2022年2月期间的日线图。当该股在2021年11月创下37.49元的新低时，其对应的RSI（14）B′点却高于前一浪底处，表现出RSI（14）与股价的走势背离。该信号出现之后，市场发生剧烈反转，该股票价格一路攀升至67.18元的高位。注意，RSI（14）发生背离时处于超卖区20度线以下，而处于低位的底背离一旦出现，反转向上的行情将会演绎得十分猛烈。

（5）接近极值的RSI具有特殊分析意义。在市场连续上涨之后，由于中间未经充分调整，RSI值可能会到达90度线以上，十分接近上限极值的位置。尽管市场仍处于涨势之中，但接近极值的RSI预示了市场过热且严重超买，即使是一次普通的调整，都可能有较深的幅度，因而应果断平仓出场。而当市场连续下挫之后，RSI值有可能会到达10度线以下的“寒极”，这种情况说明市场被过度压低，一般是恐慌性抛盘所致，因而市场随时有反弹的可能，对于短线客来说，这是个值得一搏的机会。当然，在看待极值这个问题时，还是要根据个股的不同股性区别研判。有些个股由于受庄家操纵，可以在极值部位停留相当长的时间，人为扭曲股价并导致RSI的分析失准，这一点在我国股市需要特别警惕（图14–11、图14–12、图14–13）。

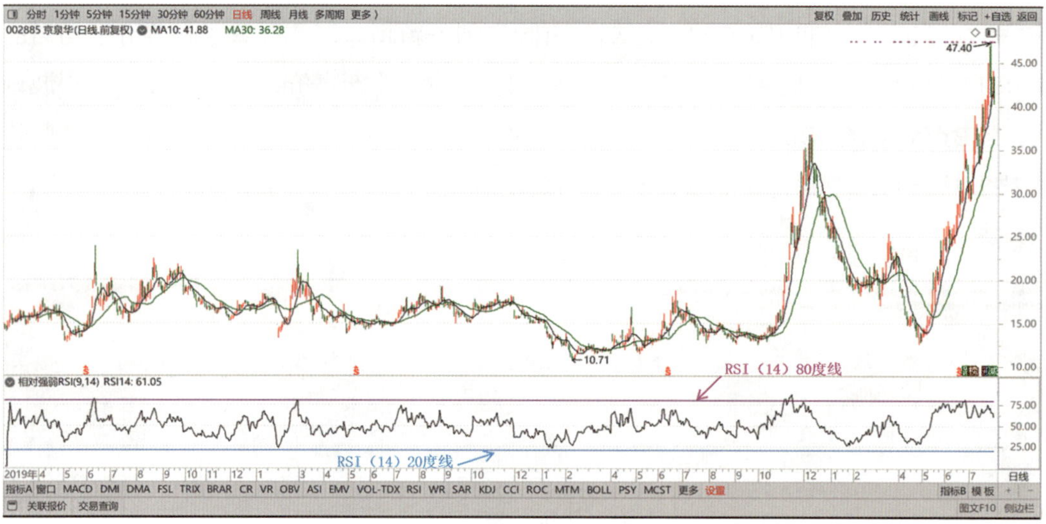

图14–11　RSI超买与超卖参数的调整

对于不同股性的个股来说，并不是达到一个绝对的数字才可算作是极度超买或超卖。图14–11是京泉华（002885）在2019年3月至2022年7月期间的日线图。在3年多的时间里，无论该股价格处于高峰还是低谷，其对应的RSI值都较少达到80度线以上或者20度线以下，我们可以将该股票走势处于30度线以下或70度线以上看作超卖信号或超买信号。

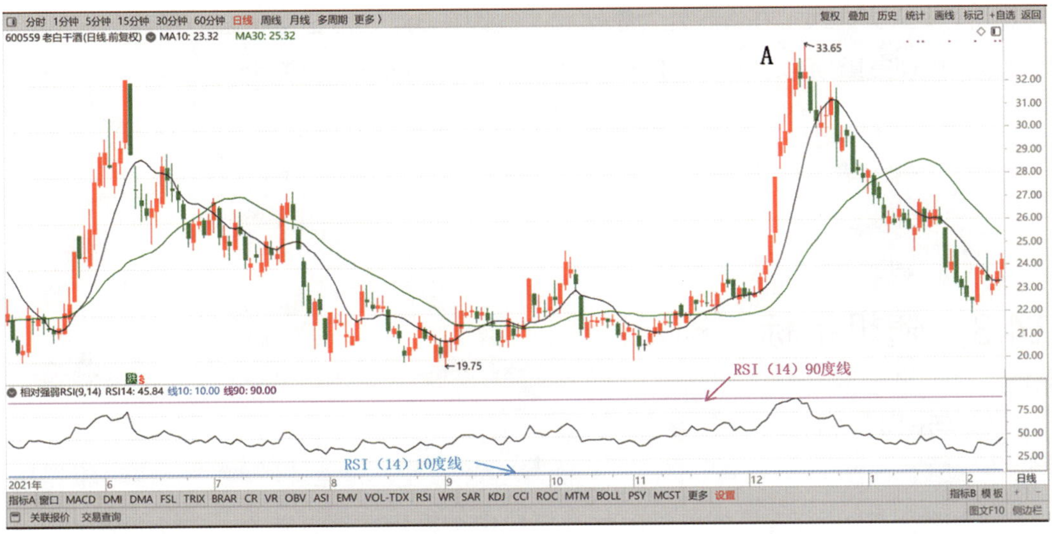

图14-12 RSI出现极度超买和超卖的情况

图14-12是老白干酒（600559）在2021年5月至2022年2月期间的日线图。在A点处，股价经过多日连续快速拉升，达到最高价33.65元，与此对应的RSI（14）也越过90度线到达极值位置。RSI（14）突破90度线的情况罕见，这也预示着市场已经严重过热，下跌的到来几乎不可避免。

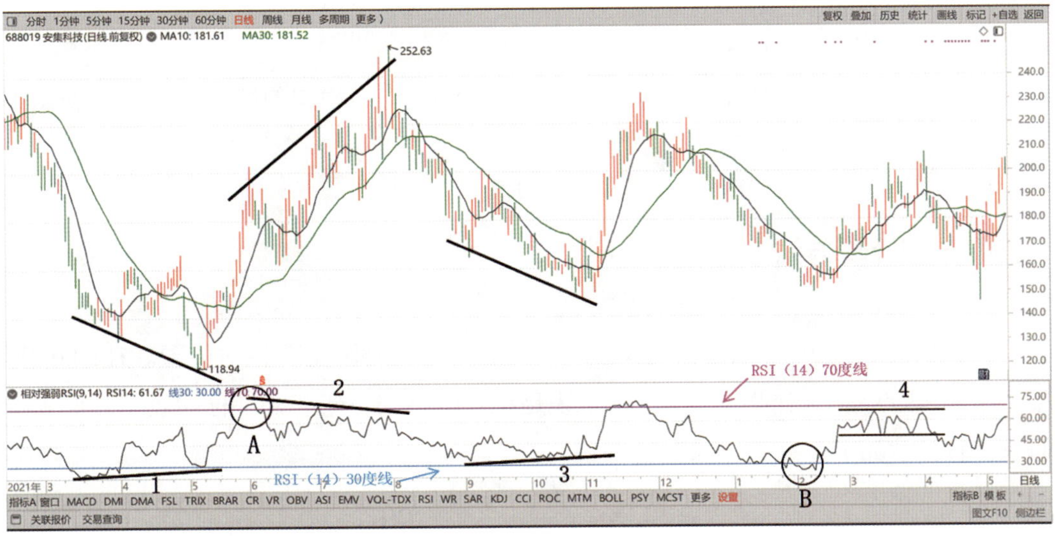

图14-13 RSI曲线上的走势形态实例

图14-13是安集科技（688019）在2021年3月至2022年5月期间的日线图。在1、3区间上，RSI（14）指标出现底背离，而在2、4区间上，RSI（14）指标出现顶背

离。注意，RSI（14）在A点处为超买状态，而在B点处为超卖状态。另外，在4区间上，RSI出现三重顶形态，预示股价反弹上升遇阻，面临调整压力。

14.3 随机指标（KDJ）

⊙ 与RSI齐名

随机指标是由乔治·莱恩首创的，最早用于期货市场，后在股市中亦被广泛运用，成为技术指标分析法的杰出代表，与RSI堪称“绝代双骄”。

莱恩创立随机指标分析工具的理论依据是：当价格上涨的时候，收盘价格倾向于接近当日价格区间的上端；而在下降趋势中，收盘价格倾向于接近当日价格区间的下端。在随机指标中，主要采用两条曲线——K线和D线，其中，D线是最重要的，买卖信号一般由它发出。

在后来的使用中，有人喜欢附带一个J指标，其计算公式是：

$$J=3D-2K$$

J的实质是反映D与K的差值。由于实际的分析中，J使用得较少，这里不做重点介绍。

⊙ KDJ计算方法

随机指标的分析目的在于显示过去一段时间里价格区间的相对位置。在KD指标中，常用9天或者5天作为时间参数。K线是相对敏感的一条随机指标曲线，我们先计算它，其公式如下：

$$K=\frac{C-L_5}{H_5-L_5}\times 100$$

式中，C是当日的收盘价，L_5是前5天中的最低价，H_5是前5天中的最高价。

该公式按照从0到100的百分比例的形式，简单地求得了当天收盘价在过去5天内的全部价格范围中的相对位置。如果K值在80度线以上，则表明当天收盘价格接近该价格范围的上端，如果K值在20度线以下，则表明当天收盘价接近该价格区间的下端。

D线其实就是K线的3天移动平均线。D的计算公式为：

$$D=\frac{H_3}{L_3}\times 100$$

式中，H_3是3天的（$C-L_5$）的总和，而L_3是3天的（H_5-L_5）的总和。

在图表上，K线与D线在0～100的刻度之间摆动，K线较为弯曲，而D线则较为平缓（图14–14、图14–15）。

图14–14 KD指标的应用实例

图14–14是航锦科技（000818）在2021年3月至2022年4月期间的日线图。注意，当KD值处于20度线以下时，该股票通常都会出现相应的低谷，例如B点、D点和G点处。同样，当KD值高于80度线以上时，该股票价格一般就会在高位出现转折，例如A点、C点、E点、F点与H点处。

图14-15　KDJ指标的实例图

KD指标之外，我们还可以加上*J*指标，*J*反映的是*K*线与*D*线之间的差距。我们在图14-14中添加*J*指标（图14-15）。注意*K*线比*D*线要灵敏，而*J*线波动则偏大。

⊙ KDJ分析要诀

（1）KD值在摆动区间中的位置具有分析意义。我们可以将0～20度线的区间确定为“超卖区”，将80度线以上的区间确定为“超买区”，而将20～80度线之间的区间确定为“徘徊区”。据统计分析，*D*值在10～15度线之间会出现最佳买入信号，而最佳卖出信号则出现在*D*值为85～90度线之间。但这仅指最佳时机可能出现的区间，单凭*D*值的位置，还不足以证明。在确认这个买卖时机的时候，还要综合其他几个特征一起做出判断（图14-16）。

图14-16是天永智能（603895）在2022年1月至2022年6期间的日线图。该股在A点时，其对应的KD值处于20度线以下的超卖区，但股价并没有见底。随着股价的进一步盘低，其对应的KD值开始抬高底部，出现了底背离情况，可以考虑进货。随后该股果然暴涨，其高点C点所对应的KD值处于80度线以上，已经处于超买状态，预示着市场有回调的必要。

图14-16 KD指标中的超买超卖及背离现象

（2）KD指标曲线在形态与趋势方面的特征通常是市场价格形态的投影。正如我们在对RSI的分析中指出的那样，在KD指标曲线中形成的走势形态与它们在价格曲线中的形态一样具有分析价值。当这些价格形态在摆动区间越高或越低的位置出现时，其分析的价值越大。可以说越是接近极值位置，这些形态发生反转与突破的可能性越大。

我们还可以在KD指标曲线上通过传统的趋势线分析技术找出它们的支撑和阻力位置。KD曲线上的这些支撑与阻力位置一旦被突破，其意义比价格曲线上的支撑与阻力位置被突破意义更大。我们也可以把这些信号视作价格曲线发生改变的先行指标（图14-17）。

图14-17 趋势线分析理论在KD指标曲线上的应用

图14-17是普洛药业（000739）在2021年1月至2022年5月期间的日线图。在区间1上，KD指标与股价均处于上涨趋势中，但在KD曲线上出现了经典的趋势线突破后反弹遇阻的转势形态。在区间2上，KD指标出现了底背离，且出现多重底形态。而在股价快速反弹后，在区间3上，KD指标出现三重顶形态。在区间4上，股价从KD超买区间开始回落，并且与KD指标再次同步进入下降趋势。在KD曲线上我们分析走势形态的方法和意义均与在价格走势图上分析它们时一样。

（3）KD指标的交叉信号是最佳买卖点。我们在讨论MA时曾详细地分析过短期MA与长期MA的交叉问题，在KD指标中，*K*线与*D*线的交叉同样构成重要的买卖时机。

当*K*线从下向上与*D*线交叉时，这个交叉被称作金叉，是买入信号。但要确认这个金叉的有效性，还需要看看别的条件。如果这个金叉出现在市场超卖的区间里，越靠近极限位置，其可信度越高；*K*线与*D*线交叉的次数越多，则金叉的可信度也越高；*K*线从*D*线右侧相交比从左侧相交要好。当然，要求KD指标形成金叉时能完全满足以上条件，会错失一些入市的良机，但上述条件有助于交易者捕捉到一次更可靠的入市机会，减少一些不确定因素。

当*K*线从上向下穿过*D*线时，便形成了死叉，这是卖出股票的信号。如果需要对这个死叉的可靠程度进行验证的话，也可以参照上述几个条件，即死叉最好出现在超买区间，*K*线在顶部与*D*线发生多次交叉等（图14-18）。

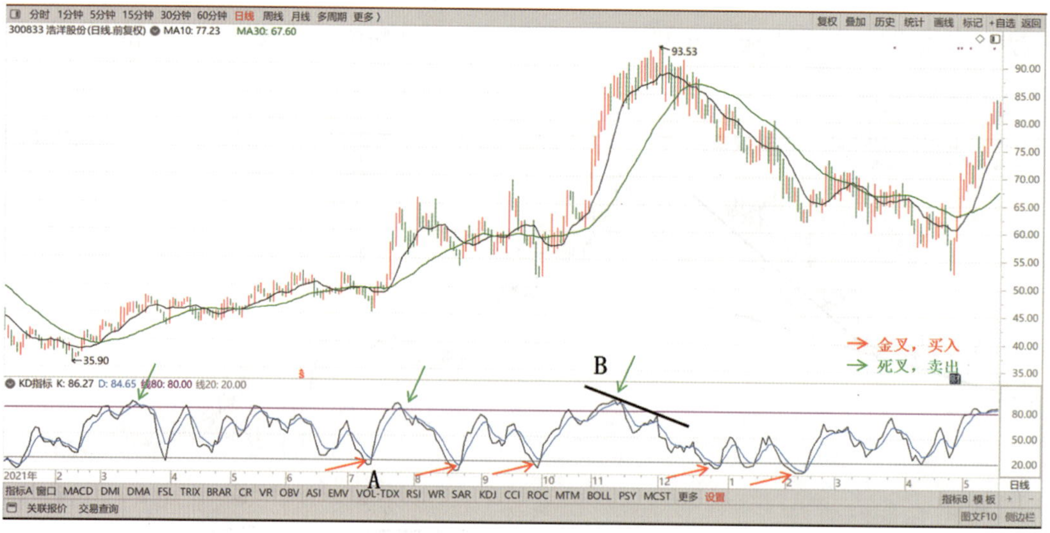

图14-18 KD指标的交叉信号

图14–18是浩洋股份（300833）在2021年1月至2022年5月期间的日线图。图中超买与超卖区域附近的金叉与死叉的交易信号已用指示箭头标出。A点处，*K*线从超卖区域快速上涨并穿越*D*线形成金叉，股价随后大幅飙升。B点处，KD指标在超买区域形成死叉，呈现出顶背离的走势，预示涨势已经接近尾声，后市可能发生反转。注意，KD指标的交叉频率较大，金叉与死叉的有效性需要配合其他条件共同使用。

（4）KD指标的背离是重要趋势转折的先兆。在RSI中我们已经谈到过背离这个问题。在KD指标中，当市场价格创出新高，但对应的KD值却未能创出新高值时，这就构成了顶背离，说明上升趋势已经有发生反转的征兆；在下降趋势中，当市场价格创下新低，但相应的KD值却未能创出新低位，这就构成了底背离，它同样是下降趋势即将反转向上的预警信号，也是趁低买入的有利时机。在KD指标的背离这个问题上，与RSI的一些过滤手法相似。我们还是要去相信靠近摆动区间极限位置的背离信号有更高的分析价值。顶背离越接近100度线的位置越可靠，反过来底背离越接近0度线的位置越有价值（图14–19、图14–20）。

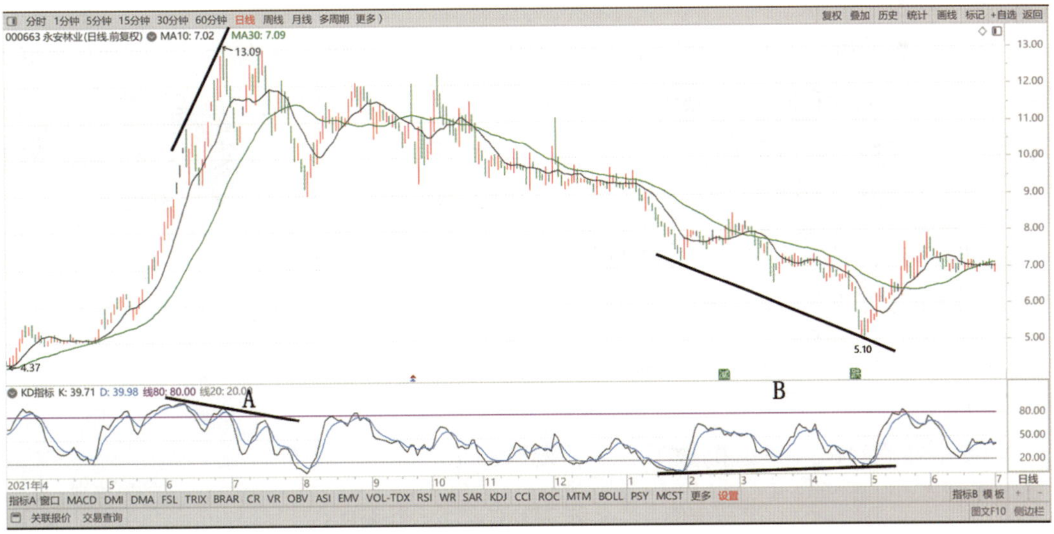

图14–19　KD指标的背离现象实例分析

图14–19是永安林业（000663）在2021年3月至2022年7月期间的日线图。该走势图上存在这样一个现象：在A点顶部区域，我们看到当该股价格创下13.09元的新高价时，其相对应的KD指标的波峰却未能相应创新高，存在背离走势，这是一个存在于80度线以上的背离信号，因而它显得特别重要，预示着涨势即将反转。而在B点底部区域，当股价创下阶段5.10元的新低价位时，KD指标所形成的波谷却高于前期价格低点时形成的波谷，这是KD指标在超卖区域形成的底背离信号，这个看涨信号也被

随后一波强势反弹所印证。

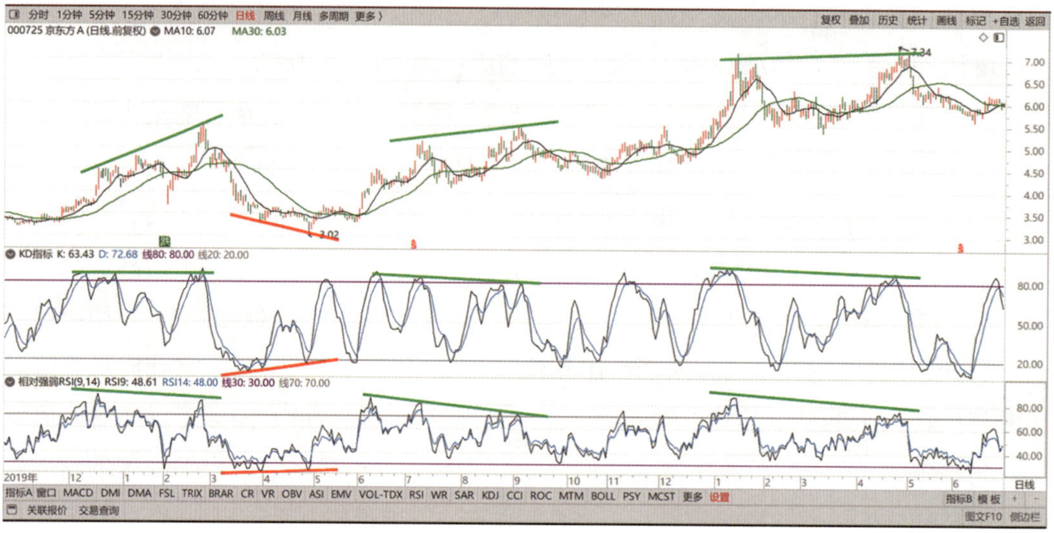

图14-20　KD指标的背离信号实例

图14-20是京东方A（000725）在2019年11月至2021年6月期间的日线图。图中标出了3处KD指标在超买区域出现的顶背离信号（绿线）和1处在超买区域出现的底背离信号（红线）。在对RSI的分析中，我们也可以看到KD指标顶底背离位置的RSI值也出现了背离。双重信号的相互印证为这只股票的交易提供了清晰的思路。

重要提示：KD指标还有一种相对复杂的计算公式。

（1）产生KD以前，先产生未成熟随机值（RSV）。

$$N\text{天RSV}=\frac{C_N-L_N}{H_N-L_N}\times 100$$

（2）然后对RSV进行指数平滑，就得到K值：

$$\text{今天}K\text{值}=\frac{2}{3}\times\text{昨天}K\text{值}+\frac{1}{3}\times\text{今天RSV}$$

式中的$\frac{1}{3}$为平滑因子，目前比较习惯使用这一平滑因子。

（3）对K值进行指数平滑，就得到了D值：

$$\text{今天}D\text{值}=\frac{2}{3}\times\text{昨天}D\text{值}+\frac{1}{3}\times\text{今天}K\text{值}$$

式中的$\frac{1}{3}$也是目前已经约定俗成的一个平滑因子数值。

以上算式相当烦琐，目前基本上都借助电脑完成KD指标的计算工作，所以我们不一定要花费时间在这些琐事上，应集中精力做好分析工作。从这个目的出发，我们选用一种相对简化的计算方法，并不影响KD指标的分析意义和信号效果。

14.4 威廉指标（%R）

%R与随机指标的概念类似，也表示当天的收盘价在过去一定天数里的全部价格中的相对位置。它是拉里·威廉于1973年首创的，最早也是被用于期货市场，后来在股票市场大出风头，其作用也是揭示市场的超买与超卖状态。

⊙ %R计算方法

$$\%R=\frac{C_N-L_N}{H_N-L_N}\times 100\%$$

式中，C_N为第N日的收盘价，H_N与L_N分别为N天内的最高价和最低价。

N是一个由分析者自己确定的时间参数，%R表示第N日收盘价在N天中全部价格中所处的相对位置。如果%R的值比较大，则说明当天的价格处在相对较高的位置，要提防回落；如果%R的值比较小，则说明当天的价格处在相对较低的位置，要提防市场出现反弹。而当%R的值处于50度线附近时，说明多空力量处于平衡之中，市场朝哪个方向走都有可能（图14-21、图14-22）。

图14-21 %R的实例分析1

图14–21是本钢板材（000761）在2021年11月至2022年6月期间的日线图。%R的时间参数为10天。图中0～20度线为超卖区，80～100度线为超买区。当%R指标处于超买区域时，股价基本处于阶段性的高点；而当%R指标处于超卖区域时，股价会出现阶段性的反弹。注意，股价在达到4.24元新高之前，%R已经连续处于超买区域，表明市场已经严重超买，随时可能反转向下。

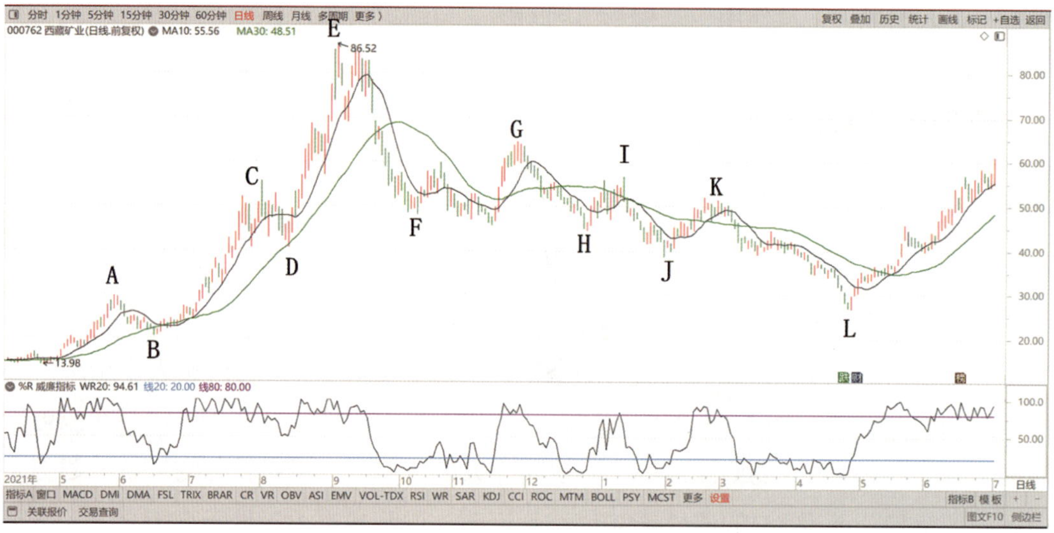

图14–22　%R的实例分析2

图14–22是西藏矿业（000762）在2021年4月至2022年7月期间的日线图。%R时间参数为20天。图中0～20度线为超卖区，80～100度线为超买区。注意图中A点至L点所标出的波峰与波谷处，%R大都处于超买或超卖区域。

⊙ %R的分析要诀

（1）%R的一个显著特点是，它与市场运动的周期联系密切，其常用的时间参数*N*一般为周期长度的1/2。这就意味着，如果按2周、4周、8周这几个常用周期来推测*N*的数值，那么%R的时间参数可以设定为5天（2周共10个交易日的一半）、10天（4周共20个交易日的一半）、20天（8周共40个交易日的一半）。我们知道，在MA中我们也常用到这几个时间参数。%R的时间参数并不一定限定在5、10、20这几个常规数字中，应该进行多次反复试验，以发现最适当的时间参数（图14–23）。

图14–23 经过调整之后的%R实例图

图14–23是平治信息（300571）在2021年7月至2022年5月期间的日线图。图中%R的时间参数分别采用了5天与14天。注意，图中用圆圈标注了%R（5）与%R（14）信号出现不同步的区域。我们可以发现，相对于%R（14），%R（5）撞顶或撞底的次数更多，且时间上也更加提前，这表明%R（5）更加敏感。不过，过于敏感或迟钝都不利于%R发挥其分析能力。

（2）判断%R在摆动区间的位置显示市场是否出现超买与超卖现象。一般来说，当%R高于80度线时，市场处于超买状态，行情有见顶的迹象，应当考虑将股票卖出；当%R低于20度线时，即说明市场处于超卖状态，行情即将见底，是考虑逢低建仓的时候了；当%R处于50度线位置附近时，说明市场暂时没有方向，应该持观望态度。

（3）%R的曲线与KD指标一样具有传统趋势线和价格形态方面的分析意义。这一点在KD与RSI中均详细论及，其分析方法也大同小异，但%R的背离信号还是有其独特之处的。当股价继续上升时，%R可能已经进入超买区，领先于股价见顶而转折向下，%R不能配合股价的进一步上扬，说明股价已接近顶部，可以考虑先卖出；%R可能领先于下降趋势而出现见底转折向上，%R不支持股价的进一步下挫，说明离底部已经不远，可以考虑逢低买入（图14–24）。

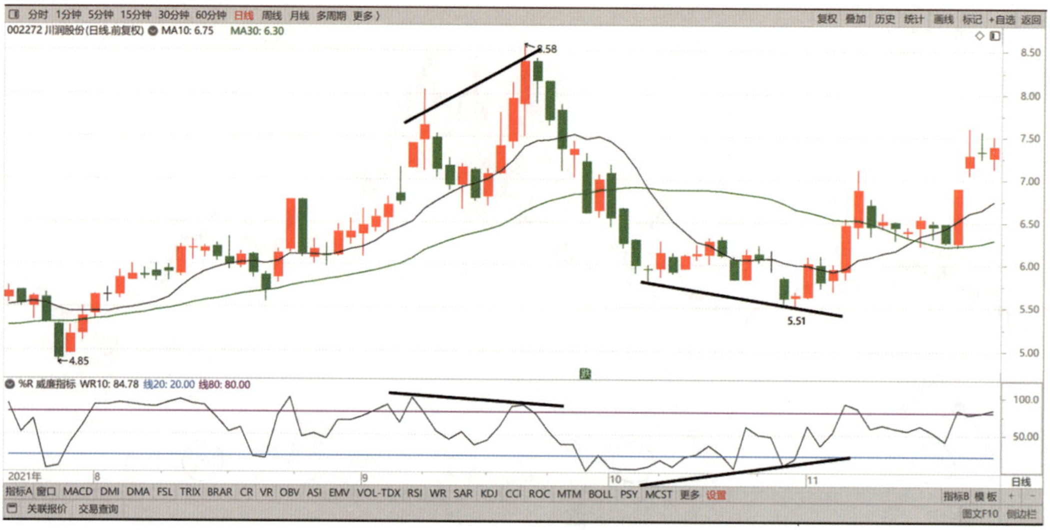

图14-24 %R的背离分析

图14-24是川润股份（002272）在2021年7月至2021年11月期间的日线图。当股价创下8.58元新高时，对应的%R也处于80度线以上，显示市场超买，但%R并没有同步创下新高，形成顶背离。此后涨势逆转，一路下跌。当股价创下新低5.51元时，%R早达到20度线下方超卖区域，但所形成的波谷并没有低于前期股价低点对应的波谷，形成底背离，股价也开始企稳反弹。

（4）%R可能会出现连续多次撞顶，局部形成双重顶或多重顶的走势形态，这往往构成了卖出信号；当%R连续多次撞底，局部形成双重底或者多重底的走势形态时，恰好构成了趁低吸纳的入货信号。

另外，%R在图形上形成的支撑和阻力往往有领先大盘的倾向，把%R对这些支撑和阻力的突破当作市场价格运动的先行指标，也是相当好用的（图14-25）。

图14-25 %R的撞顶与撞底实例分析

图14-25是晋控煤业（601001）在2021年1月至2021年10月期间的日线图。%R的时间参数为10天。图中我们可以观察到%R连续不断地撞顶或撞底的情况。例如，在股价创下4.30元新低之前%R已经多次撞底触达极限位置，局部形成了多重底形态（线A）。而在股价连续拉升，创下新高15.80元之前，%R多次触达顶部极限位置，形成了多重顶形态（线B）。据观察，%R局部撞顶或撞底的次数越多，反转之后的市场走势规模越大。

重要提示：在许多传统的技术分析书或交易系统默认指标中，%R的百分比刻度与RSI和KD正好相反，即20度线以下为超买区，80度线以上为超卖区，只要将%R的曲线图倒过来看，仍然符合分析习惯。本节中的部分图表就是经过调整之后的曲线形态，其分析效果都是一样的，只是每个分析者的看图习惯不同罢了。

14.5 指数平滑异同移动平均线（MACD）

MACD在股票技术分析中属于中长线趋势分析的技术工具，它在移动平均线指数平滑的基础上进行优化而捕捉交易机会。

⊙ MACD的计算方法

MACD是由正负差（DIF）和异同平均数（DEA）两部分组成的，其中DIF是核心，DEA只起辅助作用。

DIF是快速平滑移动平均线（EMA）与慢速平滑移动平均线的差。快速平滑移动平均线采用的是短期时间参数，慢速平滑移动平均线采用的是长期时间参数。现在我们以较流行的12天和26天时间参数为例，对DIF的计算过程进行介绍。

快速平滑移动平均线采用12天参数，其计算公式为：

$$\text{今日EMA（12）}=\frac{2}{12+1}\times\text{今日收盘价}+\frac{(12-1)}{12+1}\times\text{昨日EMA（12）}$$

慢速平滑移动平均线采用26天参数，计算公式为：

$$\text{今日EMA（26）}=\frac{2}{26+1}\times\text{今日收盘价}+\frac{(26-1)}{26+1}\times\text{昨日EMA（26）}$$

在以上两个公式中，我们分别采用$\frac{2}{13}$和$\frac{2}{27}$作为平滑因子，但这并不是一成不变的，如果选用别的时间参数，也可以套用上述公式，但平滑因子将会不同。

$$\text{DIF}=\text{EMA（12）}-\text{EMA（26）}$$

$$\text{MACD}=(\text{DIF}-\text{DEA})\times 2$$

单独使用DIF也能进行市场走势分析，不过，要想MACD预测的信号更全面可靠，还需使用DEA这个指标进行辅助分析。

DEA实际上是连续一段时间的DIF的算术平均值，只要找到DEA的时间参数，即可得出DIF的算术平均数，计算方法与MA相同（图14-26）。

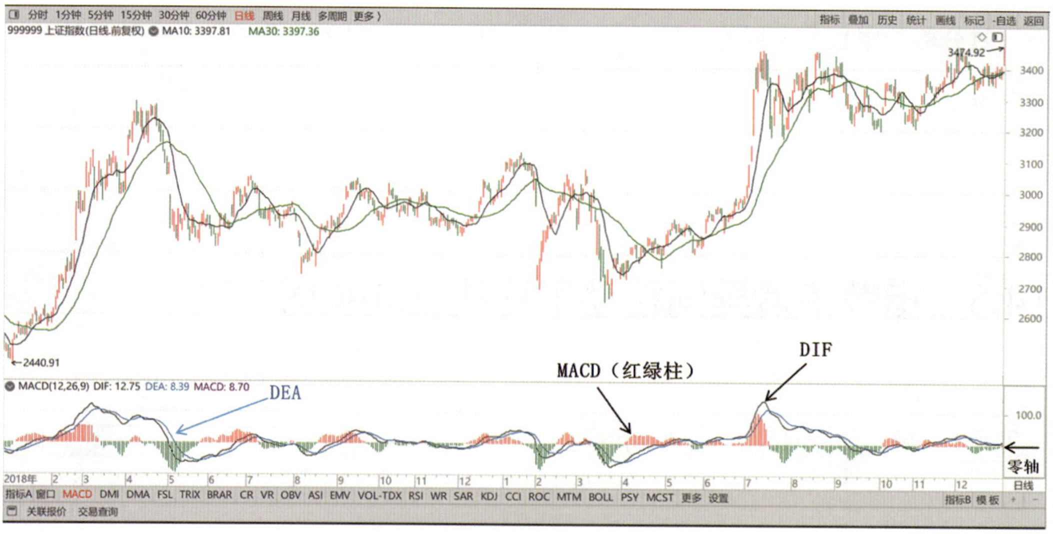

图14-26　MACD的指标构成

图14–26是上证指数（999999）在2019年1月至2020年12月期间的日线图。仔细观察图中MACD指标的构成，其中红绿柱体代表MACD，而红绿柱体中间的分水岭被称为“零轴”。当MACD为正值时，柱体呈红色，而当MACD为负值时，柱体呈绿色。当DIF上穿DEA时，称之为“黄金交叉”，而当DIF下穿DEA时，则称之为“死亡交叉”。

⊙ MACD的分析要诀

（1）DIF与DEA的关系可以参照短期MA与长期MA的关系。DIF对DEA的交叉可以看作是重要的市场运动即将开始的警讯，DIF从下向上穿越DEA是趋势反转向上的信号，而DIF从上向下穿越DEA则是看跌的信号（图14–27）。

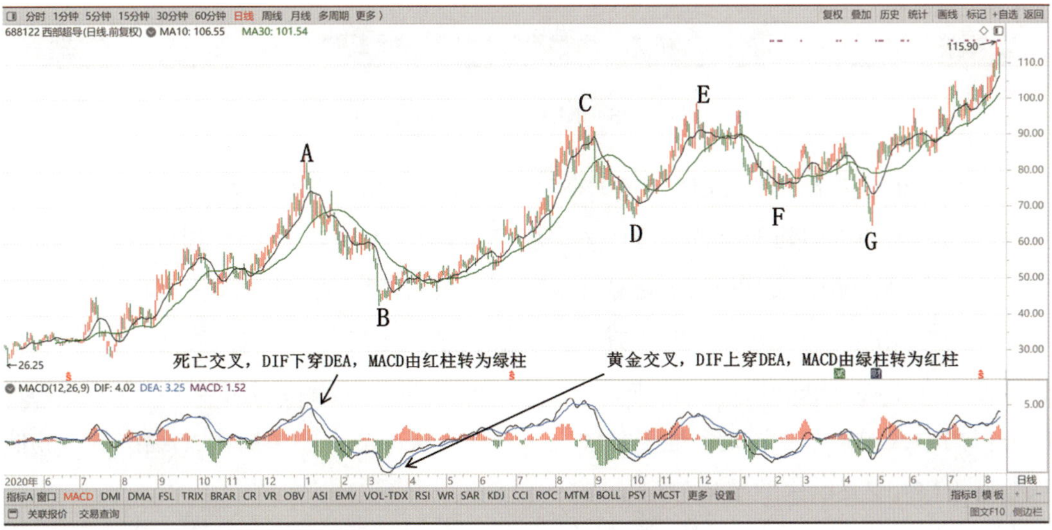

图14–27 DIF与DEA的交叉

图14–27是西部超导（688122）在2020年5月至2022年8月期间的日线图。在这两年多的行情中，在重要的顶部或底部区域，我们都能清晰地看到MACD形成的黄金交叉与死亡交叉的交易信号。尤其是当DIF与DEA大幅远离零轴时，所形成的金叉或者死叉往往预示着重要的市场运动即将发生。

（2）当DIF和DEA均为正值时，为多头市场。在多头市场中，DIF向上突破DEA时，是买入信号；DIF向下跌破DEA时，说明上升趋势出现回档，可以考虑平仓出场，以观后市情形。

（3）当DIF和DEA均为负值时，显示为空头市场。在空头市场中，DIF向下穿越

DEA是卖出信号；在负值区，DIF向上穿越DEA可以认为是弱市反弹，不宜盲目抄底（图14–28、图14–29）。

图14–28 MACD的应用实例1

图14–28是天齐锂业（002466）在2021年5月至2022年5月期间的日线图。在A点处，DIF与DEA均处于零轴上方，为多头市场，且出现DIF向上穿过DEA的现象，发出买入信号，随后的上升势头之猛出乎意料，股价不断创出新高。而当股价进入高位区间后，DIF和DEA远离零轴，并且持续发出了卖出信号，反映市场过热，面临调整压力。在市场下跌的反弹过程中，D点处MACD再次发出卖出信号。D点之后的大部分行情中，DIF与DEA大多处于零轴之下，为空头市场。图中MACD给出的交易信号要早于MA交叉给出的交易信号。

图14–29 MACD的应用分析实例2

图14–29是韦尔股份（603501）在2021年4月至2022年8月期间的日线图。请注意，图中A点、B点与C点处的DIF与DEA均在零轴以下，且大幅偏离零轴，为空头市场。在A点处MACD发出金叉信号后，股价随之出现大幅反弹。而在B点与C点处，MACD发出金叉信号后，股价仅仅是弱势反弹。此例说明，在空头市场中，对于金叉的买入信号需要进一步确认，不能盲目抄底。

（4）DIF的曲线形态也可以用传统形态理论进行分析。在摆动指标中经常使用的背离现象的分析原则同样适用于DIF曲线。当股价创新高时，DIF并未创新高，可视作涨势即将反转的信号；当股价创新低时，相应的DIF并未创新低，这也是股价见底反转向上的信号（图14–30、图14–31）。

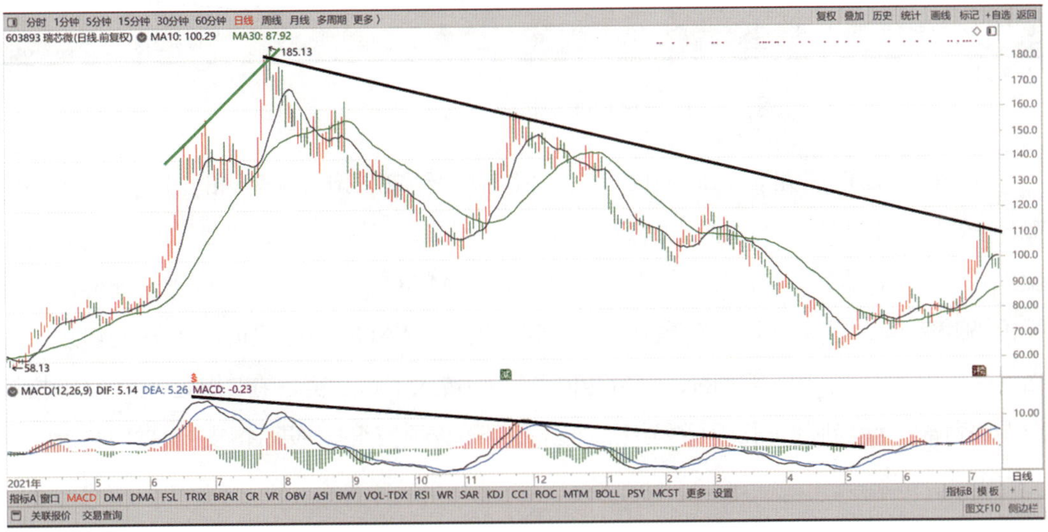

图14–30 MACD的趋势线与形态分析实例1

图14–30是瑞芯微（603893）在2021年4月至2022年7月期间的日线图。请注意，当股价创下185.13元新高之时，DIF所形成的波峰并没有同步创下新高，形成了顶背离形态，在远离零轴的高位，DIF下穿DEA形成死亡交叉，股价跌势就此开启。在本轮下跌趋势中，无论是在K线图还是MACD指标上，我们都能够清晰地画出下跌趋势线。而在本轮下跌行情的末端，MACD指标已经突破了下跌趋势线的压制，也预示着股价跌势可能会发生逆转。

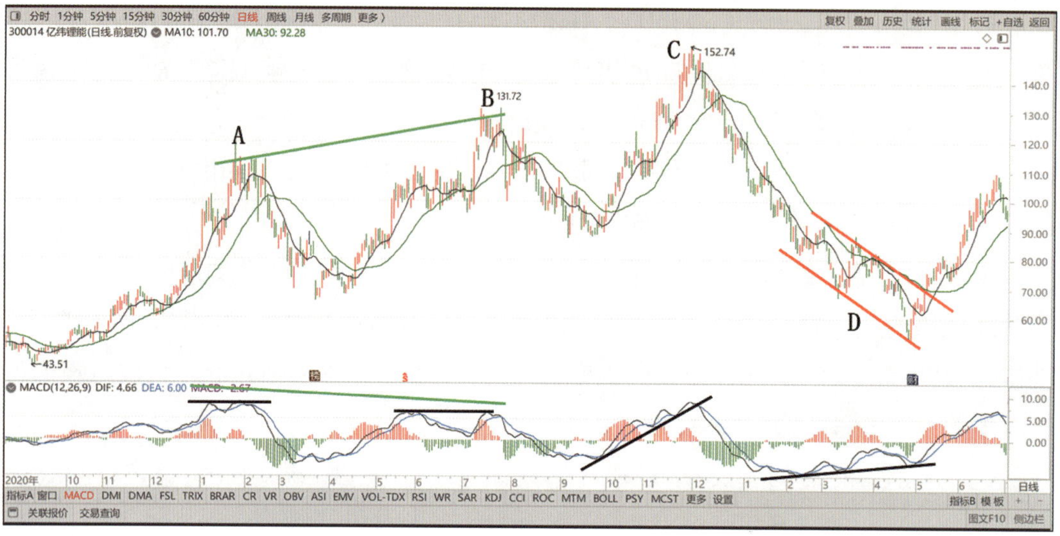

图14-31 MACD的趋势线与形态分析实例2

图14-31是亿纬锂能（300014）在2020年9月至2022年6月期间的日线图。当股价在B点处创下131.72元的新高时，DIF所形成的波峰并没有高于A点处形成的波峰，出现顶背离形态。同时，当股价创下阶段新高时，MACD指标局部也出现双顶形态。当股价调整完毕，重新反弹至新高152.74元的阶段，MACD指标呈现出上升趋势线，而当这条上升趋势线被跌穿之时，股价也同步开始转入下跌趋势。在D点处，MACD指标出现底背离，而当股价再次回落至下跌通道的下边界附近时，便获得支撑并快速反弹。

小 结

巨星风范

在证券期货市场的技术分析工具中，如果不知道RSI、KDJ、%R和MACD，那么有人会认为你是个技术分析的门外汉。我们在谈到这四大指标时，用了一个流行词汇——四大天王。

四大技术分析指标的最大魅力，就在于它们不仅在市场处于明显趋势状态时表现良好，而且还擅长对市场盘整时发出的信号进行及时捕捉。传统的趋势分析理论对市场主要趋势的追踪有明显的优势，但在市场处于盘整状态时，其表现常常难以令人满意。RSI、KDJ、%R不仅在市场趋势不明朗时生成短线买卖信号，还能够及时揭示出市场已经存在的极端状态，也就是过度伸展而表现出的超买超卖状态，从市场运动的能量上提出既有趋势可能发生转折的预警信号。与趋势理论相比，摆动指标的信号具有超前的早期特征，当然信号出错的概率也会相应高些。

RSI是摆动指标中最著名的成员，其设计相当简单。在时间参数上，常用9天、14天，也有人用奇异数字中的13、21、34或者55来作为时间参数。通过RSI数值的大小即可判断市场上涨或者下跌是否过了头，如果出现了超买超卖情形，那么现有趋势就会发生转折。还有一个重要的判断依据是RSI的曲线走势与价格运动的方向是否保持了同步，如果不同步，那么背离现象提示了市场有发生转折的可能。RSI的应用范围相当广泛，从周、月到小时、15分钟的几乎所有常见时间尺度，都可以见到它的影子。

KDJ是另一个著名指标。其分析方法与RSI大同小异，不同的是单条的RSI指标本身就有分析意义，但KDJ更多地依赖的是K线与D线的交叉信号。KDJ同样会揭示市场所处的超买超卖状态，其背离信号也相当重要。

%R指标在敏感程度上比RSI与KDJ都要强，但%R的撞顶与撞底信号出现得过于频繁，相应地出错的概率也高。从信号的可靠性方面来看，%R的确与RSI和KDJ有一定的差距。

因而我们应找到一个灵敏与迟钝的平衡点，在时间参数的设定上尽可能根据不同股票的股性及其他属性来确定最适合它们的时间参数，这样的话才不至于因参数的不合适而出现信号发出过于频繁或过于迟钝的情形。

MACD是一种比较可靠的技术分析工具，由于它是利用移动平均线在指数平滑的基础上进行优化而生成交易信号的，因而比较有效地解决了指标发出信号过于频繁的问题。

总之，这四种技术分析指标应该是一般的技术分析人员熟练掌握的分析工具。如果能熟练掌握这四种工具的话，可以说指标分析方法的精髓你已领略了一大半。

股事新编之十四 各得其所

王小二是股市中曾经名闻一方的大户，刘小彩是他当时的专用操盘手。数年之后，刘小彩成了名震一方的大户，而王小二成了刘小彩的理财顾问。朋友问其原因，王小二说，他在股市中学到了经验，但亏光了本钱；而刘小彩正好相反，他将经验传授给了别人，自己赚了大钱。

第15章 技术指标分析法的第二梯队

15.1 能量潮（OBV）的测市要诀

我们运用的大多数技术指标都是关于股票价格的某种数理统计方法，而OBV则是利用价格运动过程中成交量的变化来揭示或者验证股价的趋势的。在股票市场，成交量的大小关系到市场运动的能量强弱，起到了验证趋势可靠性的独特作用，所以我们把OBV列为除了前面5种技术指标之外的第一个研究对象。

有人把股票交易中的成交量比作大海的潮起潮落，因而便有了能量潮这一形象的说法。OBV最早是由葛兰维在20世纪60年代创造的，后来风行于股票与期货市场。它从成交量出发，抓住了市场运动的根本，而且角度新颖、分析独到，是技术分析的常用指标。

⊙ OBV的计算公式

OBV的计算公式很简单，如果我们知道了上一天的OBV，就可以将今天的收盘价与上一天的收盘价相比较，并算出今天的OBV：

今天的OBV = 昨天的OBV ± 今天的成交量

需要说明的是，如果今天的收盘价高于昨天的收盘价，我们就在昨天的OBV的基础上加上今天的成交量，否则，就要在昨天的OBV中减去今天的成交量。

在我国沪深股票市场，我们一般使用手数作为统计成交量的计量单位，不用金额来表示成交量，这样在计算OBV时就显得相当简单了。

⊙ OBV的分析要诀

（1）OBV的构造原理显然也借鉴了道氏理论关于潮汐、波浪与波纹的形象分析，不过在这里是用来分析成交量的波动情形，有别于道氏理论和艾略特的价格运动波浪分析。大海的浪潮的确是一个浪推动另一个浪呈起伏状运行的过程。我们把股票市场也当作一个潮起潮落的过程，如果买盘的力量大，那么潮水向上推动的力量就大，中途回落的过程就短暂，且回落的幅度也小，这就类似于涨潮；反过来，当市场中卖盘的力量大，那么向下的能量便大，大海就会出现退潮的现象。潮涨潮落反映的是市场买卖双方的力量对比的变化及市场指向的趋势。当今天的收盘价大于或等于昨天的收盘价时，成交量反映的就是向上的能量潮；反之，成交量就是推动大盘向下的能量潮（图15–1）。这种分析，真是让人一目了然。

图15–1　OBV的实例分析

图15–1是西子洁能（002534）在2021年9月至2022年8月期间的日线图。由于OBV的使用需要结合其他工具，我们给价格曲线加上MA（10）和MA（30）。2021年10月该股票在创下16.68元的新低之后反转向上，MA（10）上穿MA（30），在MA的交叉方面构成了买入信号，在这轮涨势中OBV也呈现上升势头。当股价从34.80元开始步入下跌趋势，OBV也随之进入牛皮胶着的状态。仔细观察，股价在2022年5月创下12.04元新低后出现逆转走势，OBV曲线快速上升，说明成交量支持该上升趋势的演绎，股价具有充足的上升动能。

（2）分析OBV需与股价曲线结合起来，否则将不具分析意义。OBV的曲线上升或下降对确认股价曲线的走向有很大帮助。当股价曲线的上升或下降与OBV曲线的上升或下降正好步调一致时，我们可以确认股价的上升或下降趋势是可靠的（图15–2）。

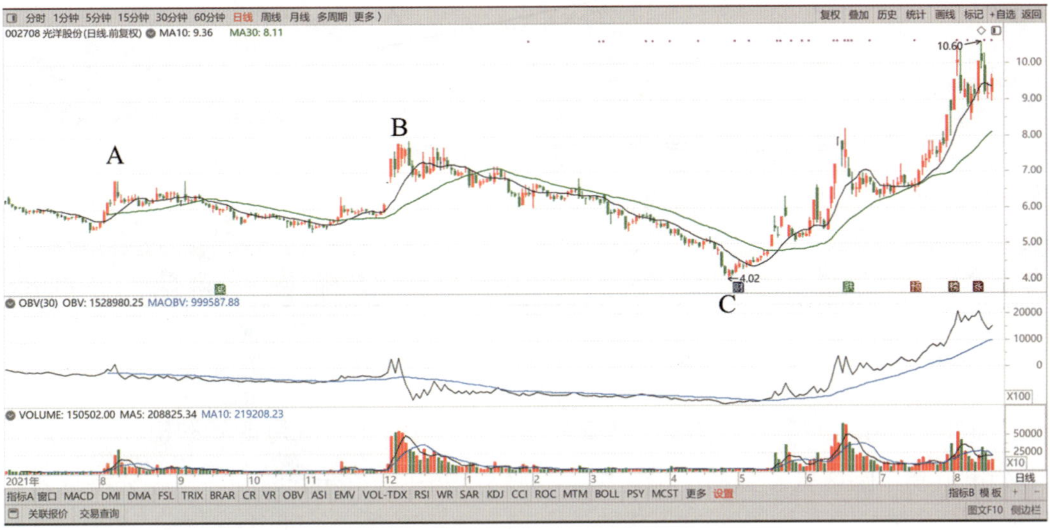

图15–2 OBV与股价曲线相结合的应用实例

图15–2是光洋股份（002708）在2021年7月至2022年8月期间的日线图。请注意该股票在这张图中的三个明显走势阶段：2021年8月（A点），股价连续数日拉升后，便进入牛皮横盘状态；2021年12月（B点），股价再次呈直线暴升之势，然而，在创下短期新高之后，便调头向下，进入下跌趋势；2022年4月底（C点），股价创下4.02元新低之后，强势企稳反弹，开始了一轮新的涨势。注意，在A点与B点处，股价创新高之后的几天时间里，OBV曲线反而迅速下跌，显示了股价进一步上升的动能不足。而C点处股价步入暴涨阶段，OBV也同步呈加速上扬之势，与股价走势相互印证，证明了上升趋势的可靠性。

（3）OBV与股价曲线的背离现象显示现有趋势有可能发生转折。当股价上涨或下跌时，OBV并没有跟随股价上涨或下跌，那么我们可以认为股价的上涨或下跌是缺乏能量支持的可疑走向，这种趋势后劲不足因而难以持久（图15–3）。

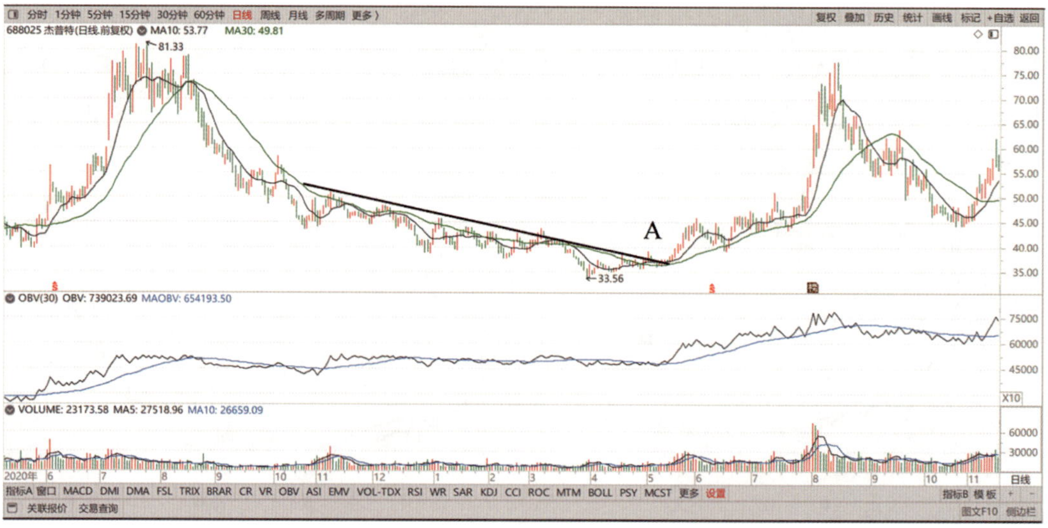

图15-3 OBV的背离实例分析

图15-3是杰普特（688025）在2020年5月至2021年11月期间的日线图。该股2020年上半年始终处于强势上涨之中，当股价创下81.33元的新高后，涨势终结，此后股价持续下跌了近半年之久。请注意这段下跌走势中对应的OBV曲线的走势，在股价不断创下新低时，OBV并没有同步创新低，而是始终处于横盘状态，呈现出底背离走势。当股价在A点处上穿下跌趋势线时，几乎同时MA指标形成黄金交叉，也发出了买入信号，而OBV曲线也再次与股价的上涨出现同步走势。多重信号的相互验证表明股价跌势已经逆转，涨势即将来临。

（4）OBV曲线的形态与趋势分析适用于传统形态学与切线理论的基本原理。在OBV曲线上出现的诸如双重顶（底）与三重顶（底）的经典形态，其分析思路同价格曲线上出现的同类形态的分析完全一样。在OBV曲线上我们找出的支撑或阻力位置，其作用与特性也与价格曲线上的相同（图15-4）。

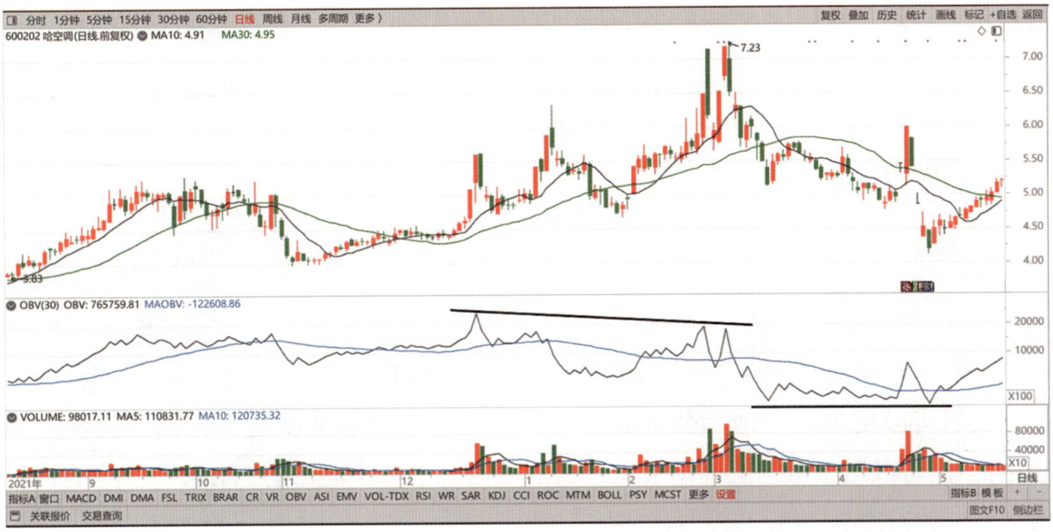

图15-4 OBV曲线上的支撑和阻力位置

我们还可以将传统形态理论应用于OBV曲线的分析上。图15-4是哈空调（600202）在2021年8月至2022年5月期间的日线图。当股价上涨触及7.23元的新高价时，OBV指标的波峰却低于前期高点时的波峰，呈现出顶背离形态。而在此后的下跌走势中，在该股票的OBV曲线上可以看到一个规模颇大的双重底形态，与股价创新低的走势形成底背离，这也构成了股价阶段见底的反弹信号。

（5）OBV曲线的突破往往会领先于价格曲线的突破。在股价进入盘整区间之后，OBV可能先于价格打破这个盘整区，出现向上或向下的突破信号。OBV也是市场价格运动的先行指标。

（6）关于OBV的最初值的选择问题，由于它并不影响OBV本身的分析功能，因而可以根据个股日常成交量，由交易者自行决定这个最初值。

15.2 指数点成交值指标（TAPI）的测市要诀

TAPI是指每一加权股价指数的成交金额，它用于分析每个交易日股价指数与成交额的相互关系。这种技术指标一般不用于个股的分析，它研究的是大盘的量价关系，对于那些希望把握大盘走势的交易者来说，TAPI也是一种角度颇为独特的分析工具。

⊙ TAPI的计算公式

$$\text{TAPI}=\frac{A}{PI}$$

式中，A为每天的成交金额，PI为当天的股价指数。

我们可以用深证综合指数或深证成分指数与每天的成交金额计算得出深市的TAPI，也可以用沪市的上证指数与每天的成交金额算出沪市的TAPI。由于TAPI没有技术参数，因此计算起来相对简单。

图15–5是上证指数（999999）在2018年12月至2020年1月期间的日线图。我们可以看到当指数在2018年末创历史新低2440.91点后，指数与TAPI快速反弹，并同步强势拉升，但在指数创下新高后，TAPI指数并没有同步创下新高，形成顶背离形态（A点），随后上证指数果然大幅下挫；在2019年5月至2020年1月的横盘走势中，对应的TAPI也呈现出横盘形态；从2020年5月开始，上证指数快速上涨（B点），但在此后TAPI快速回落，预示短期内上升动力难以持久，股价也再次进入盘整期。

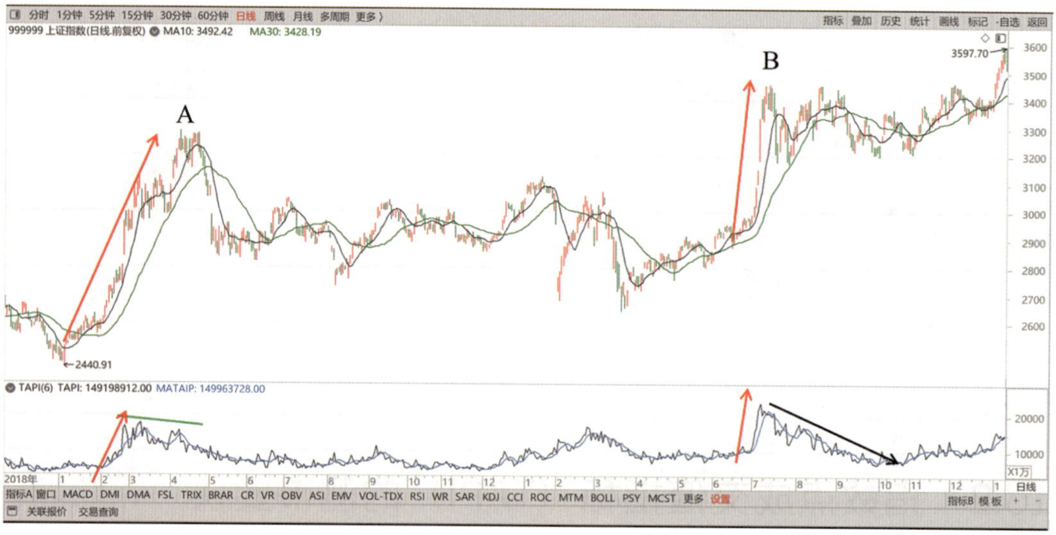

图15–5　TAPI在上证指数中的应用

⊙ TAPI的分析要诀

（1）TAPI的应用在许多方面类似于成交量，它必须同股票价格曲线结合起来使用。由于在TAPI的绝对值上看不出多空力量对比的状况，所以只能从相对值上分析其大小的变化。TAPI的大小也是相对的，不像摆动指标那样有一个固定的区间，因而必须根据具体情况进行观察与分析。

（2）在上涨趋势中，TAPI将与股价步调一致地创出新高。假如TAPI与股价走势出现背离现象，即价格创新高但TAPI没有同步创新高，就是涨势进入尾声的信号，应考虑平仓离场。

（3）在下跌趋势中，TAPI将与股价相呼应地创出新低，假如TAPI与股价走势不同步，就是背离现象，说明市场跌势将尽，涨势可期。

（4）TAPI实际上反映了成交量对大盘的上升与下跌趋势的验证。要注意，在对TAPI的分析中，我们用的是成交金额而不是成交手数，这与OBV分析时有所不同（图15-6）。

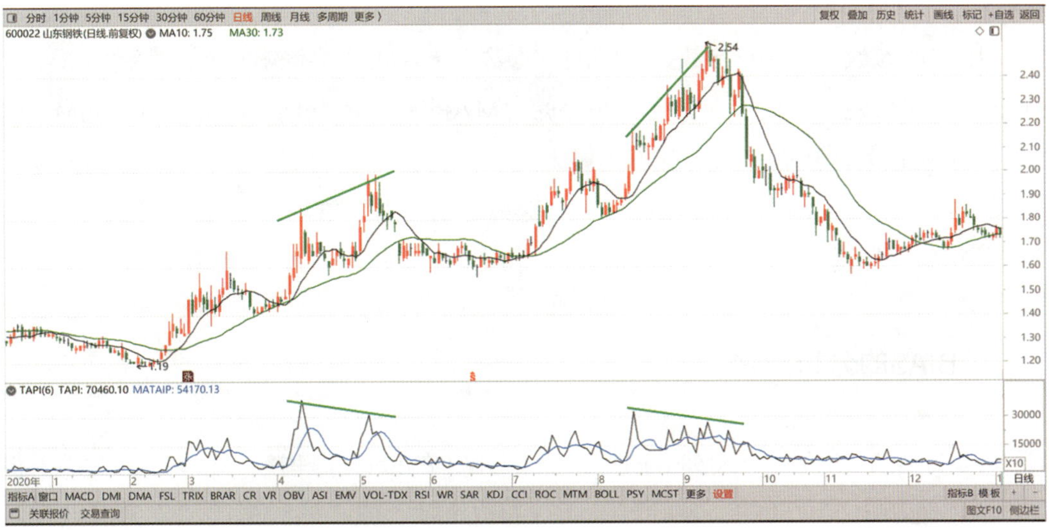

图15-6 TAPI在个股中的应用实例

图15-6是山东钢铁（600022）在2020年12月至2022年1月期间的日线图。图中我们可以清晰地看到在上升走势的高点TAPI呈现出的顶背离状态。尤其是当股价创下2.54元新高处的背离形态中，TAPI持续大幅震荡走低，这是涨势难以持久的信号。

15.3　乖离率（BIAS）的测市要诀

BIAS描述的是股价与股价移动平均线的相对距离。

⊙ BIAS的计算公式

$$N日BIAS=\frac{C_N-MA(N)}{MA(N)}\times 100\%$$

式中，C_N为N日的收盘价，MA（N）为N日的移动平均线。

BIAS（N）既可以是正值，也可以是负值，表示收盘价与移动平均线的相对距离。

BIAS的参数与MA的参数是相同的，参数的大小首先会影响MA，然后再影响到BIAS。一般来说，参数越大，允许股价偏离MA的程度也就越大。当股价远离MA达到了一定的距离，我们就认为股价走得太远了，有往回走的要求。但股价究竟离MA多远才会产生向MA回归的要求呢？这个距离便是由时间参数来决定的，参数越大，允许的距离便越远。

⊙ BIAS的分析要诀

（1）给BIAS找一个大小合适的容器。BIAS的设计原理是，股价的运动是围绕某个价格轴心上下波动的，我们可以理解为这个轴心就是该股票的“价值区域”。价格离价值区域太远时，它就会向价值区域回归。我们可以根据该只股票的股性活跃程度，结合股票所处价格运动趋势的阶段，选择合适的时间参数来为股价的“远游”划一个活动范围。当它朝上走，走到这个活动范围的边界时，可视作价格偏离价值太远，是平仓卖出的绝好时机；反过来，当它朝下走也走到这个活动范围边界时，说明该股票价格被严重低估，可以逢低吸纳。

在划定这个范围时，应考虑时间参数的大小问题，时间参数越大，允许的价格活动范围可以越大。个股的股性不同，有的猴性十足上蹿下跳，有的则像蜗牛爬行，不同股性也是范围大小的划定依据；在市场运动的不同阶段，例如暴涨或暴跌阶段，允许的BIAS的范围也应随之扩大（图15–7）。

图15–7 BIAS的应用实例

图15–7是华大基因（300676）在2019年12月至2020年9月期间的日线图。我们可以先找出BIAS曲线上的几处明显的波峰和低谷，再与其对应的价格曲线上的位置进行对比分析。图中K线上的波峰和波谷与BIAS曲线上所形成的波峰和波谷相互呼应，股价与BIAS之间存在的内在联系证明BIAS在寻找波峰和低谷方面，有领先一步的优势。

（2）BIAS曲线本身也适用于传统的形态与趋势分析技术，BIAS与价格曲线的相互背离也是分析时有力的判断依据。

当股价继续上涨时，相对应的BIAS却掉头向下，在形态上构成下降趋势，那么可以判断涨势将难以继续下去，可以考虑卖出平仓。

当股价仍处下跌趋势中，但相对应的BIAS却转势向上，形成较明显的上升势头时，是市场可能反转向上的先兆，逢低吸纳正当其时（图15–8）。

图15-8　BIAS的背离应用实例

图15-8是隆基机械（002363）在2019年12月至2020年7月期间的日线图。在股价创下3.95元新低后，迅速被拉起，并且强势逆转。而当股价不断创下新高，触及10.14元之前，BIAS（20）指标的波峰不断降低，呈现出顶背离形态，预示上涨动力不断减弱。当股价在高位短暂盘整后，一根大阴线跌破上涨趋势线，同时均线形成死亡交叉，开始进入调整阶段。

15.4　心理线（PSY）的测市要诀

PSY是一个从心理方面揭示股票投资者买卖趋向的技术指标，它通过对多空双方力量对比变化状态的研究，来推测市场未来的发展趋势。

⊙ PSY的计算公式

$$\text{PSY}(N)=\frac{A}{N}\times 100\%$$

式中，N为天数，是PSY的时间参数；A为在N天之中股价上涨的天数之和。

这里所说的股价上涨是指收盘价高于上一天收盘价的交易情况。

如果在一定的交易天数内，上涨的天数多于下跌的天数，那么显然PSY值将大于50，我们认为在这个时间段里，多头力量占据上风，市场处于牛市状态；而当下跌的天数多于上涨的天数时，PSY值就会小于50，市场被空头控制；而当PSY值在50左右徘徊，说明市场多空力量处于相对平衡状态。

PSY的时间参数可以根据不同的交易目的和交易者的个人偏好来进行选择。参数越大，PSY的取值范围越集中，表现越平稳；参数越小，PSY的取值范围波动得就越剧烈。如果需要在较长的时间跨度下了解市场的多空力量对比，时间参数可大；但对于一些短线交易者来说，PSY的时间参数越小，灵敏度就越高。

⊙ PSY的分析要诀

（1）以50为轴心，利用PSY值可以观察到多空力量对比的情况。我们可以把25～75之间认定为多空力量相对平衡的地带，一旦PSY值打破了这个平衡状态，就是可以考虑采取行动的时候了，PSY值>75时，市场处于超买状态；PSY值<25时，市场处于超卖状态（图15–9）。

图15–9 PSY的实例分析

图15–9是光智科技（300489）在2019年10月至2021年3月期间的日线图。图中PSY的时间参数为12日，PSY指标中的蓝色曲线为PSY的6日移动平均线。我们找到几

个PSY值＞75和PSY值＜25的显著波峰和低谷，可以发现股价走势图上与此对应位置的股价也同步出现了波峰和波谷形态。

（2）PSY值处于极值位置时，就是采取行动的机会，一般当PSY值<10或者PSY值>90的时候，说明市场处于极端超卖或极端超买状态，是可以采取买入或者卖出动作的好时机。

（3）当PSY值两次出现在可以采取行动的区域时，是比较可靠的入市信号。例如PSY值第一次达到75以上的区间，这时采取行动可能会出错，当它第二次现身75之上时，可以确定卖出的机会真的到来了。所以，当PSY值两次低于25时，趁低吸纳的机会就不容错过。

（4）PSY曲线最好与股价曲线配合使用，便于我们从股价的走势中印证市场是否处于过冷或过热的状态。PSY曲线也有与股价走势背离的情形，在这种情况下的分析方法与其他技术指标背离的分析方法基本上相同。另外，传统的走势形态理论和趋势线分析技术同样适用于PSY曲线的分析，在高位出现的双重顶、多重顶以及在低位出现的双重底、多重底都是相当可靠的买卖信号（图15–10）。

图15–10　PSY背离实例分析

图15–10是锦江酒店（600754）在2020年2月至2021年11月期间的日线图。从图中我们可以发现，在多个股价创新高的阶段PSY值却逐渐走低，形成顶背离形态。而在这些顶背离形态出现后，股价也阶段性见顶。另外，在A点处，PSY指标进入超卖区，随后股价获得支撑，重新步入涨势。

15.5 腾落指标（ADL）的测市要诀

ADL是用来分析股票市场大盘情况的技术指标，它不能用于个股的分析。它利用最简单的加法和减法，计算每天股票上涨家数和下跌家数的累积结果，然后与股票综合指数相互对比，对大盘的未来走势进行预测。

⊙ ADL的计算公式

我们假设已经知道了上一个交易日的ADL，也知道今天的所有股票中上涨的共计NA家，下跌的共有ND家。那么今天的ADL值为：

$$今天的ADL=昨天的ADL+NA-ND$$

推导一下这个公式，可以得出如下公式：

$$ADL=\sum NA-\sum ND$$

式中，$\sum NA$是指从开始交易的第一天起，每一个交易日的上涨家数的总和；$\sum ND$则为每一个交易日的下跌家数的总和，ADL就是两者之差。

⊙ ADL的分析要诀

（1）当股价指数创出新高时，ADL与指数的上升保持了同步，我们便可以认为ADL验证了指数的上升，短期内趋势反转向下的概率不大；当大盘下挫时，ADL同步下跌，与指数的下跌保持同步，那么短期内趋势见底的可能性不大。

（2）当ADL连续上涨了一段时间，而大盘却朝相反的方向下跌了一段时间，这是一种背离现象，说明大盘触底反弹的概率甚高，应该考虑买进；而当ADL连续下跌了一段时间，大盘却上涨了一段时间，这是大盘下跌的前奏，应该引起足够注意（图15–11）。

图15-11 ADL在上证指数上的应用1

图15-11是上证指数（999999）在2017年11月至2019年3月期间的日线图。当上证指数在2018年初触达新高3587.03点后，持续下跌了近一年的时间，在图中我们可以清晰地画出下跌趋势线，在ADL指标曲线图上，也能够画出对应的下跌趋势线。但在这段跌势的末端，当指数创下2440.91点新低之时，ADL指标呈现出底背离的形态，预示行情已经处于底部，反弹即将出现。

（3）当大盘进入较高位置，但ADL却开始走平甚至下跌，这是大盘涨势将尽的警讯；当大盘落到较低的位置，ADL没有同步下降，而是开始走平甚至上涨，这暗示着跌势将近尾声，反弹一触即发（图15-12）。

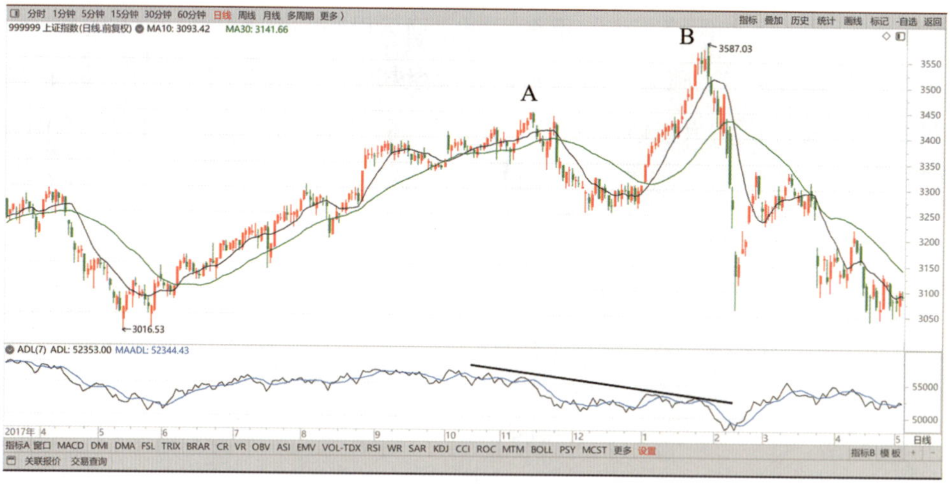

图15-12 ADL在上证指数上的应用2

图15-12是上证指数（999999）在2017年3月至2018年5月期间的日线图。当上证指数在A点处附近高位盘整时，ADL指标也进入小幅震荡盘整阶段，而当上证指数在A点处触及新高之时，ADL已经呈现出逐步走低的背离形态。当大盘再次上冲，并在B点处创出新高时，ADL依旧持续走低，说明后市调整的可能性较大。果不其然，这次向上突破只是昙花一现。

（4）当ADL保持上涨或下跌趋势，大盘却在中途发生转折，但很快又恢复了原有的趋势并创出新高或者新低，这是相应买进与卖出的信号，说明了多头或者空头仍然控制了大局。

（5）ADL用于对大盘运动方向做出预测，但对个股走势的分析却无能为力。传统的形态理论与切线理论照样可以用在ADL曲线上。据观察，ADL在上涨趋势中的使用效果要优于在下跌趋势中的使用效果。

15.6 涨跌比率（ADR）的测市要诀

ADR与ADL都是用来分析大盘走势的，两者有一定的相似之处。ADR采用的是一定时期内股票的上涨家数与下跌家数的比值，并据此推测股票市场多空力量的对比，进而推断大势将要去的方向。

⊙ ADR的计算公式

$$\mathrm{ADR}（N）=\frac{P_1}{P_2}$$

式中，$P_1=\sum_{i=1}^{N}NA$，$P_2=\sum_{i=1}^{N}ND$，N为ADR的时间参数。NA指的是每日股票的上涨家数，ND指的是每日股票的下跌家数，N为ADR指标的时间参数。

这个十分简单的计算公式实际上是N天内上涨的股票家数之和与下跌的股票家数之和的比值。

我们选择一定天数内的股票上涨家数与下跌家数，而不是一天中的股票涨跌额数，是为了避免市场因在某一天中的特殊表现而扰乱交易者的视线。

时间参数的大小完全由交易者自行设定，但选择一个恰当的时间参数是相当重要的一件事。时间过长，ADR的表现会显得过于迟缓；选择的天数太少，ADR的稳定性又不够，有可能会剧烈波动，令分析者无所适从。有的技术分析师认为10天的参数较好，但我认为这完全取决于交易者对市场时间跨度的偏好。喜欢运转稳定的ADR信号者，不妨把时间设定得长一点，喜欢更灵敏的ADR信号者当然也可以适当将时间参数定得小一点。

⊙ ADR的分析要诀

（1）ADR值的变动区间应该是0以上的较大范围，经常出现的区间应该是0.5～1.5之间，在这个区间内多空双方都处于平衡状态，而市场运动在相当长的时间里就是这种盘整走势。

当市场处于激烈的上涨或下跌阶段时，ADR值可能会接近一些极端状态，远远地超出ADR的常态区域。当ADR处于极端状态时，说明市场在短时间内延伸得过了头，有调整的迫切需要（图15-13）。

ADR值过分大时，说明市场处于极度超买状态，那么平仓出场便是这种情形下的最好选择；ADR值十分小时，说明市场严重超卖，有反弹向上的需要，这就为趁低吸纳找到了好的时机（图15-14）。

图15-13 ADR的应用实例1

图15-13是深证成指（399001）在2019年12月至2020年8月期间的日线图。我们可以看到，ADR的曲线大部分位于0.5～1.5之间，这就是市场多空双方的平衡区域，只有当市场价格运动过于激烈时，ADR才处于极端状态。图中A点与B点处，ADR值分别达到2.03与3.02，已经大幅偏离1，说明市场已经极度亢奋，处于极度超买状态了。

图15-14 ADR的应用实例2

图15-14是A股指数（000002）在2016年11月至2017年8月期间的日线图。当指数在A点处突破底部盘整阻力时，ADR迅速上升达到峰值2.08，此后逐步回落。而当指数在B点处突破创下新高时，ADR并未再次上拉，反而呈现出顶背离形态，说明市场上行乏力。注意，当指数触及3158.88点新低后，行情在C点附近区域形成局部双底形态，ADR也呈现出底背离形态，共同发出了见底信号。

ADR处于常态范围中时，市场常常波澜不兴，买卖股票都缺少足够的理由，因而在这个阶段中，观望便是最好的策略。

（2）ADR与大盘综合指数之间的关系是分析的重点。ADR与综合指数同进同退，上升下跌都配合默契，说明市场短期反转的可能性不大；ADR与综合指数背道而驰，说明短期内会有反弹或回调的情况出现，其分析意义与其他技术指标相同。

（3）当ADR从低向高超过0.5，并在0.5上下来回波动多次时，就是下跌趋势进入尾声的预警信号；而当ADR从高向低下降到0.75时，是短期反弹的信号。

（4）ADR在市场上涨刚开始时，其数值会迅速放大，并且可能一下就接近ADR在常态状况下的上限，这说明买盘力量足够大，大盘综合指数将会被推上一个新台阶，在这种情形下应当及时调整ADR的上下限区域。ADR以1作为多空力量对比的平衡点，时间参数越大，ADR的上下限越靠近1；时间参数越小，ADR的上下限离1越远。这说明ADR值也是围绕1来波动的，但是，不能用惯常的方式衡量ADR离1的距离。1.5与0.5距离1的远近是不一样的，有技术分析师通过反复试验，认为0.5与2、0.66与1.5、0.33与3、0.4与2.5、0.53与1.9、0.75与1.33离1的距离才是相等的。朋友们不妨自己验证一下以上几组中的数字与1的距离关系。

15.7 超买超卖指标（OBOS）的测市要诀

我们知道ADL和ADR都是通过大盘中上涨的股票家数和下跌的股票家数之间的某种关系来揭示大盘走向的指标分析方法。OBOS也是通过大盘中股票的涨跌家数来分析大盘走向的，它统计的是大盘中上涨股票总数与下跌股票总数之间的差距。同前两种同类指标相比，OBOS指标要显得更直观，更能抓住问题的根本。

⊙ OBOS的计算公式

$$\text{OBOS}（N）=\sum_{i=1}^{N}NA-\sum_{i=1}^{N}ND$$

其中：$\sum_{i=1}^{N}NA$表示一定时间内（即N天内）每天上涨的股票家数的总和；$\sum_{i=1}^{N}\text{ND}$表示在N天内每天下跌的股票家数的总和；N为OBOS的时间参数，市场中比较习惯的时间参数一般为10天，也可以根据交易者的分析习惯加大或者缩小。

从计算公式看，当$\sum_{i=1}^{N}NA=\sum_{i=1}^{N}ND$，OBOS=0时，说明在一定的时间内，多空力量处于平衡状态；当OBOS>0时，说明市场中的多头力量大于空头力量，市场处于强势状态；当OBOS<0时，说明空头的力量大于多头的力量，市场处于弱势之中（图15–15）。

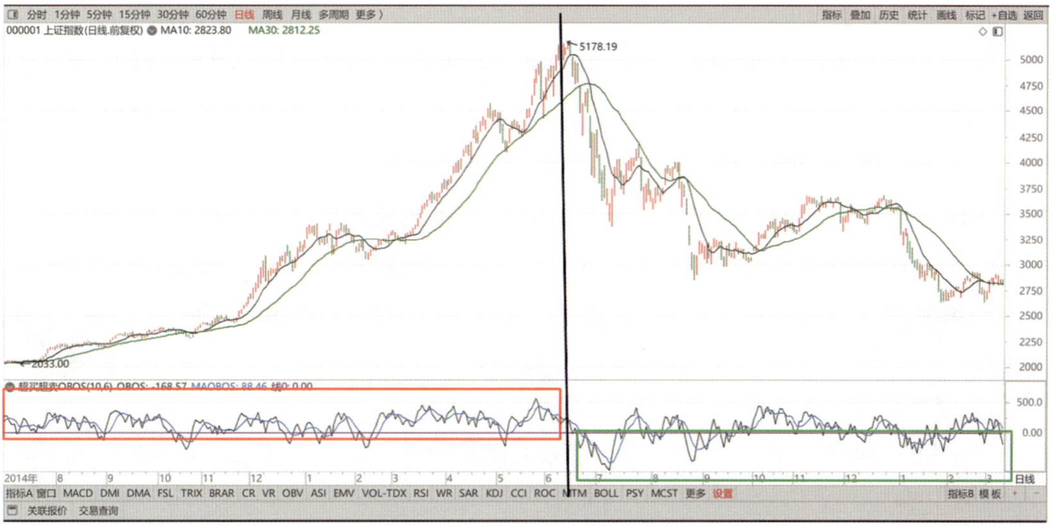

图15-15 OBOS的实例分析

图15-15是上证指数（000001）在2014年7月至2016年3月期间的日线图。从2014年8月开始，上证指数从2033.00点直上5178.19点，这期间OBOS基本上保持在0度线以上，并且长期远离0度线，说明在这期间的多空力量对比中，多方明显占优，空方处于极为被动的地位。2015年6月，市场由牛转熊，OBOS围绕0度线反复波动，并且在市场大幅下跌的时期内，OBOS也大幅向下偏离0度线，空头力量占主导。

⊙ OBOS的分析要诀

（1）OBOS离0度线越远，则说明市场多空力量的对比越悬殊，大盘处于明显的上涨或下跌之中。OBOS为正值时，离0度线越远，市场越强；OBOS为负值时，离0度线越远，则市场越弱；OBOS围绕0度线窄幅波动时，市场处于盘整状态。

（2）时间参数越大，OBOS的表现就越平稳；时间参数越小时，OBOS的表现越趋活跃。OBOS较平稳时，其发出的信号便会迟钝些；OBOS较活跃时，其发出的信号便灵敏些。交易者对大盘分析的时间偏好不同，便会选择不同的时间参数。

（3）OBOS过分的大或者过分的小，说明市场的涨势或跌势走过了头。而市场一般走得过分时，便会显露超买或者超卖的现象，这是趋势可能生变的警讯。至于OBOS要大到什么样的数值时才是超买，这要根据每个股票市场上市交易的总股票家数具体而定，也需要交易者在日常交易中观察统计，不断地总结OBOS在表现极端时的市场运动状况。

（4）当股票指数的表现与OBOS的走势步调不一致时，即认为OBOS不能验证股票指数的既有趋势，出现背离现象。在OBOS的分析中，背离现象的分析方法和指导意义与其他指标分析的是相同的，都是大势可能反转的征兆。

（5）我们还可以把同样适用于大盘分析的其他技术指标与OBOS结合起来，以提高OBOS分析时的准确度。ADL、ADR、OBOS三种技术指标可以综合使用，但就使用效果的直观性而言，OBOS当然是其中的主角，ADL、ADR则处于辅助分析的从属地位。

15.8 人气指标（AR）的测市要诀

市场是由多空力量的对比不断发生变化而推动的。当这种对比处于平衡状态时，市场就会平静地在横向延伸的区域里徘徊，有如风和日丽时的一处港湾；当多头明显占据主动时，市场就会被推高；反过来当空头肆虐之时，市场就会被打得很低。有许多的技术指标是用来分析市场多空力量这种奇妙变化的对比的，它们从不同的角度对市场力量的变化进行了描述，试图找出市场运动方向变化的蛛丝马迹。

AR反映了市场多空力量斗争的结果，被称为人气指标。顾名思义，市场人气旺盛，说明买盘活跃，股价当然会节节高升；反过来说，当人气低落时，交易稀疏冷清，买盘不济，而卖盘不计成本地争相出逃，股价就会下跌。那么，什么地方是人气旺盛与低落的平衡区域呢？

AR认为每一天的开盘价是市场的均衡价值区。这与我们在前面的分析中以收盘价为依据的惯例有些不同。它的道理是：经过一夜的交易总结和分析之后，股票投资者都在自己心目中选择了一个自己认可的交易价格，在第二天开盘时，交易双方便报出自己心目中的“合理价位”，于是开盘价便这样产生了。由于目前我国沪深股市的开盘价是由集合竞价交易而产生的，避免了传统的以第一笔成交作为开盘价所带来的偶然性，因而AR选择开盘价为多空均衡价值区在我国股市中可信程度更高。

AR的基本思想是，当日交易中的最高价到开盘价的距离代表了多头上攻的力量，当日交易中的最低价到开盘价的距离代表了空头打压的力量。于是，交易当日多空力量的强弱程度就被简单地描述出来了。

⊙ AR的计算公式

$$多方强度=H-O \quad 空方强度=O-L$$

式中，H为交易当天的最高价，L为当天交易的最低价，O为当天的开盘价。

以上只是某一天的多空强度情况，因为单纯用一天的情况来显示市场多空力量强弱有较大的偶然性，所以我们可以选用一段时间内的多空强度来进行分析，以提高AR的可靠程度。

通过改进的AR计算公式为：

$$AR(N)=\frac{P_1}{P_2}\times 100\%$$

式中，$P_1=\sum_{i=1}^{N}(H-O)$，即N天内多方强度的总和；$P_2=\sum_{i=1}^{N}(O-L)$，即N天内空方强度的总和；N为时间参数。

AR的分析要诀：

（1）当AR值为100时，说明多空双方谁也不占上风，彼此势均力敌，趋势应为横向盘整的状态；如果扩大一下这个盘整区间的范围，我们可以把80～120的范围都视作盘整区。

（2）当AR值大于120时，说明市场多头力量明显占优；当AR值小于80时，说明空头力量明显占了上风。据此我们可以在多头占优的阶段跟进买入，而在空头占优的阶段赶快平仓出逃。至于AR处于平衡区域的交易策略，最好的应对策略就是观察。

（3）市场往往物极必反。当AR值过分偏离平衡区时，显示市场可能出现了超买现象或者超卖现象，预计市场有可能掉头向平衡区靠拢，在这种情况下，市场有可能发生转折性的改变。在交易策略上，当AR值过分大时，可以考虑平仓；当AR值过分小时，说明市场可能见底了，逢低买入是个不错的主意。至于这个过分大或者过分小的AR值为多少，应根据市场及个股的具体情况来确定。有的研究者认为，AR值大于150时，就应警惕市场的超买情况；AR值小于60时，超卖情况可能会发生。

（4）AR的走势可能会与股价的走势发生背离。与其他技术指标相同，AR所揭示的顶峰与谷底总是领先于股价曲线，这为我们在市场发生重大转折之时立即采取行动提供了参考。传统的形态与趋势分析理论也同样适用于AR走势的分析（图15–16）。

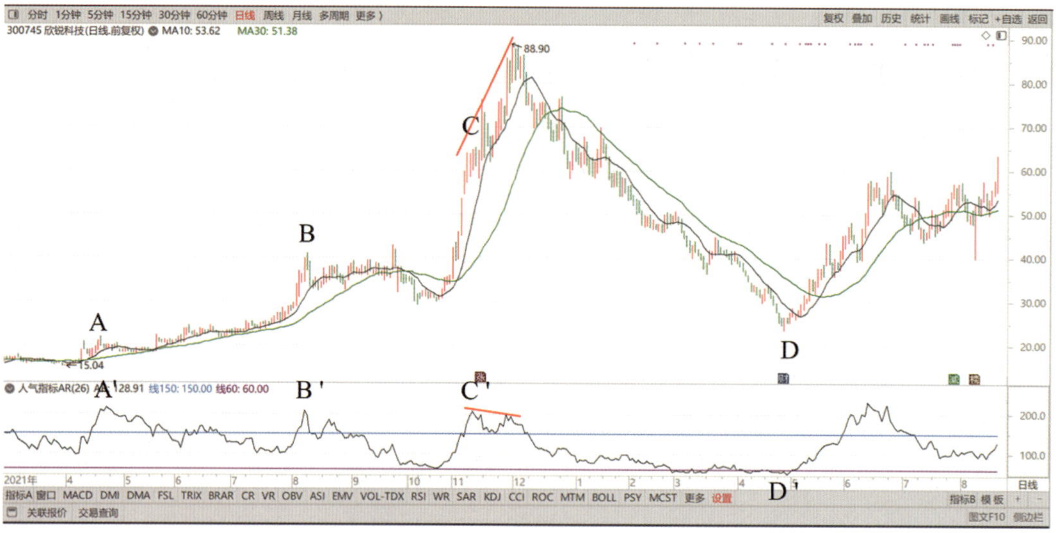

图15-16 AR指标的实例分析

图15-16是欣锐科技（300745）在2021年3月至2022年8月期间的日线图。图中当股价位于A点、B点与C点等高点时，AR指标已经处于150线之上，行情处于超买状态，显示市场过热。尤其是在C点之后，股价继续创出新高，而AR指标却走出顶背离的形态，随时都有可能发生调整。而D点处，股价持续单边下跌，AR指标早已跌破60线，处于超卖状态。此后MA（10）上穿MA（30）发出买入信号，AR也持续回升，股价逐渐走出底部。

15.9 买卖意愿指标（BR）的测市要诀

BR与AR极为相似，都是用来揭示当前情况下多空力量对比结果的技术指标。BR选择股票上一日的收盘价作为多空力量的平衡点，更符合人们最看重收盘价的普遍心态，包含的市场交易信息更多，克服了AR对收盘价不闻不问的做法。在实战中，BR能对AR的不足构成很好的补充，因而可以将它们配合起来使用。

⊙ BR的计算公式

$$BR（N）=\frac{P_1}{P_2}\times 100$$

式中，$P_1=\sum_{i=1}^{N}(H-YC)$，即N天内多方强度的总和；$P_2=\sum_{i=1}^{N}(YC-L)$，即N天内空方强度的总和；H为今天的最高价；L为今天的最低价；YC为昨天的收盘价。

BR显示的是某一段时间内多空双方的总强度对比。BR值越大，表示多头的力量就越大；BR值越小，表示空头的力量就越占据上风。多空双方的BR平衡值为100，显示市场力量处于均势。

⊙ BR的分析要诀

（1）当BR处于100附近的区域（我们也可以把这个区域定为70～150之间）时，多空双方的力量是相对均衡的，多空力量可能表现为某一方稍占优势，但任何一方都无法击倒对方从而令市场发生根本性的突破。那么在这个震荡区间里，短线高手们可以低进高抛赚差价，但我个人选择宁可在场外观望。

（2）BR值大于150之后，说明市场多头力量渐渐强大，空头处于节节败退之中，这是市场人气旺盛的表现，可以积极跟进；但当BR值达到极端的高值（比如300以上）时，应注意市场随时有可能因超买而出现反转向下的情形。在这样的情形下，BR值与股价走势会出现背离现象，也是出货的机会。

（3）BR值处于70以下时，说明市场空头力量已经占据主动，多头处于被动地位，市场表现为连绵不断的下跌。这个阶段只能止损卖出或观望；但当BR出现了极端的数值（例如BR值小于40）时，说明市场遭到过度打压，股价可能被严重低估，因而也是趁低入货的好机会。BR在低位时出现与股价走势的背离，也可以将其看作是市场见底的有力证明（图15–17）。

图15-17　BR指标的实例分析

图15–17是欧陆通（300870）在2021年4月至2022年6月期间的日线图。我们可以看到BR指标主要处于70～150区间，并且与股价走势呈同步上升或下降的状态。在A点处，BR指标持续下跌，最低达到46.45，处于超卖状态；而在B点、C点、D点处，BR指标上穿150线，处于超买状态，随后股价也阶段性见顶。注意，在E点处，对应BR指标曲线上的E′点处的波峰低于D′点处的波峰，呈现出顶背离走势。当股价下跌至F点处，BR指标触及极值40.84，而在G点处，股价创下30.86元新低，BR指标呈现出底背离形态。

（4）将BR与AR结合起来进行分析，可以将BR的时间参数设大一些，AR的时间参数设小一些。由于BR采用上一交易日的收盘价，因而BR的波动性往往比AR的还要大。如果AR与BR都急剧上升，那么市场可能会很快见顶回落；如果BR下穿AR且处于低位，或许是逢低买进的信号；如果BR急剧上升，但AR指标未能配合，说明涨势不能持久（图15–18）。

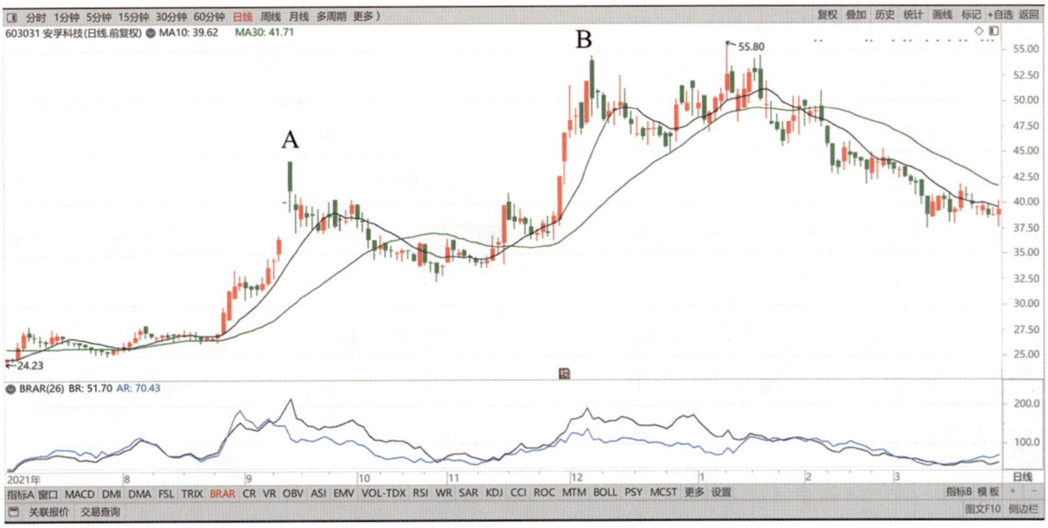

图15-18 BR与AR结合使用的实例分析

图15-18是安孚科技（603031）在2021年7月至2022年3月期间的日线图。通常，AR与BR经常保持同步走势，而在波峰位置A点，BR上穿AR急剧上升，AR未能配合，说明涨势难以持久，后市果然回落；股价再次创新高（B点）时，对应的BR、AR均出现顶背离情形，说明股价上升趋势难以持久。

（5）BR在极特殊的情况下会出现负值。但这种负值并不影响BR的分析效果，在分析时，我们可以将负值视作零值。

15.10 中间意愿指标（CR）的测市要诀

CR与前两类指标的构造原理及分析方法均大同小异。不同的是，CR选择的多空平衡点是上一交易日的中间价，这不同于AR以开盘价、BR以收盘价作为平衡点的情形。在股票市场，为了避免更多的偶然因素干扰视线，还可以采用股票交易的平均价来作为多空平衡点。

⊙ CR的计算公式

$$\text{CR}(N)=\frac{P_1}{P_2}\times 100$$

式中，$P_1=\sum_{i=1}^{N}(H-YM)$，为N天内多方强度的总和；$P_2=\sum_{i=1}^{N}(YM-L)$，为N天内空方强度的总和；N为时间参数；YM为昨天交易的中间价；H、L分别为今天最高价和最低价。

YM的计算方法有时会因人而异，它是通过对昨天交易的最高价（H）、最低价（L）、开盘价（O）与收盘价（C）进行加权平均而得到的，各个价格的权重可以由分析者自行确定。目前比较流行的中间价计算方法有4种：

（1）$YM=(H+L)/2$；

（2）$YM=(2C+H+L)/4$；

（3）$YM=(C+H+L+O)/4$；

（4）$YM=(C+H+L)/3$。

以上4种方法可以由交易者根据自己的偏好来自主确定使用其中的哪种。

⊙ CR的分析要诀

（1）CR值处于90～150区间内时，说明多空力量处于均衡状态，彼此都难以压倒对方，这是个观望的区域。当CR值高于150时，说明多头占优；当CR值小于75时，则空头占优。不过，如果CR值过低的话，也是买入的时机（图15–19）。

（2）CR在形态及趋势的分析上，适用于AR、BR的分析方法；CR上出现的背离，其分析意义也与其他技术指标的分析意义完全相同。不过，CR在第一次发出入市信号时，往往错误较多。一般我会等到它第二次发出信号时才采取行动，其他的指标分析，也存在需要进行第二次验证的情况。

图15-19 CR指标的实例分析

图15-19是泛亚微透（688386）在2021年3月至2022年7月期间的日线图。在波峰A点处，CR指标上穿200线，而在波峰B点与D点处，CR指标也接近200线，表明市场已经处于极度超买状态，调整随时可能会发生。在C点处，CR指标接近40线，市场处于超卖状态，随后股价与CR指标在走出双底形态后企稳反弹。在E点处，CR指标触及40线，市场处于超卖状态，但股价持续下跌，形成底背离形态。当股价在F点处创下28.59元新低价格后，一波强势的反弹随之爆发。注意，当CR在过分高值与过分低值的位置，往往意味着既有趋势存在反转的可能。

小 结

十八般武艺

本章所介绍的10种技术指标，从重要性上看，比RSI、KDJ、%R及MACD稍差一些，但你在学习了RSI、KDJ、%R和MACD之后，觉得意犹未尽的话，这一章可以让你过足瘾。

真正的武林高手，不仅身怀绝技，其他武艺也无不精通。虽然刀叉棍棒各有所长，但多精通一门，进可杀敌，退可防身。在技术指标分析方法之中，部分指标可以与RSI、KDJ这类重点指标相互验证市场信号，有的指标也可以弥补RSI、KDJ等指标的不足，在学有余力的情况下，多了解一些技术指标当然有百利而无一害。

OBV和TAPI是通过对股市成交量的研究来揭示价格运动的规律的，其角度颇为新颖，而且抓住了价格运动的要害之处，这一点在我国股市的价格运动之中表现得尤为突出。成交量是推动价格运动的重要力量，通过发现成交量与价格运动的配合或者偏离情况，可以及时得到趋势将持续或者反转的预警信号，这是其他技术指标没有做到的地方。

我们还研究了3种专门运用在大盘指数分析方面的指标，这就是ADL、ADR和OBOS。它们的计算方法都相当简单，使用起来相当方便，如果利用它们单独测市的话，有些情况下会失之偏颇，所以在运用ADL、ADR和OBOS这3种大盘指标时，一般都是将它们与其他分析工具结合起来使用，以便过滤一些指标方面的伪信号，验证一些重要信号的可靠性。

AR、BR、CR这3个指标分别从不同角度对市场多空双方的力量进行了描述，其效果各有千秋。尽管如此，我们还是主张将三者结合起来使用，以尽可能多地从市场多空力量对比不断发生变化的情况中发现价格趋势变化的蛛丝马迹。

BIAS也是被广泛应用的一种技术分析指标，用来描述股价与移动平均线的距离远近，以便判断股价将在何时发生转折；PSY从投资者的心理方面进行分析，探索的也是市场中多空力量的对比关系。

在利用这些指标指导分析的过程中，我们很有必要同时使用其他传统的分析工具，趋势线和价格形态理论就特别适用于技术指标曲线上的趋势和形态分析。与RSI、KDJ等摆动指标相似的是，大部分的技术指标都是利用超买超卖、价格与指标的走势背离、指标处于极值位置等特征形成趋势持续与反转的信号。

总之，摆动指标的一些原理在本章的多项指标分析中都有其相通之处，所以说，只要能真正领悟摆动指标的基本原理，在指标分析理论中做一个十八般武艺样样精通的分析者并非难事。

股事新编之十五 失败的对面

有个人想去北极，结果却去了南极。朋友们问他何故，他说，因为只有指南针，他找不到北。

这似乎是件荒诞的事，但在我们的股市里，有多少人就是这样失败的！但哪个投资者不是在出发之前就抱定了成功的目标？

错误的指导思想、错误的思维习惯、错误的操作方法……因为拥有指向失败的人性弱点，大多数投资者最终只能失败收场。

有没有想过，南极的对面就是北极，而失败的对面就是成功。只要朝着人性弱点的反面走去，成功就在不远处等你！

第16章　再访技术指标部落

16.1　振动升降指标（ASI）揭秘

ASI是利用开盘价、收盘价、最高价、最低价之间相互变动情况计算成交量指标，以此来分析股价未来的变动情况的一项技术指标。

⊙ ASI的计算公式

A=（当日最高价 – 前日收盘价）的绝对值

B=（当日最低价 – 前日收盘价）的绝对值

C=（当日最高价 – 前日最低价）的绝对值

D=（前日收盘价 – 前日开盘价）的绝对值

E=当天收盘价–前日收盘价

F=当天收盘价–当天开盘价

G=前日收盘价–前日开盘价

$$H=E+\frac{F}{2}+G$$

I=A、B中较大的一个

比较A、B、C：

如果A最大，则$J=A+\frac{B}{2}+\frac{D}{4}$；

如果B最大，则$J=B+\frac{A}{2}+\frac{D}{4}$；

如果C最大，则$J=C+\frac{D}{4}$。

$$K=\frac{H}{J}\times\frac{I}{3}\times 50$$

ASI=每日K值的累积

⊙ ASI的研判技法

ASI适用于大盘指数和个股的分析。当股价创新高，而ASI未配合上升时，表示上涨动力减弱，这是一种背离现象，应慎防股价反转向下。当股价创新低，而ASI未配合下降时，意味着下跌动力减弱，此为背离现象，应逢低承接。若股价与ASI在低水平同步上升，显示短期趋向正常或短期会有股价反弹现象。若股价与ASI在高水平同步下降，显示短期趋向正常或短期会有股价回落现象（图16–1）。

图16–1 ASI的实例分析

图16–1是新雷能（300593）在2021年6月至2022年6月期间的日线图。请注意，股价在创下44.21元的新高之后，ASI值呈现顶背离走势，即股价创新高，但相对的ASI指标却未能创新高，反映该股可能上涨乏力。注意图中MA的形态，在前期上升趋势中，MA（10）与MA（30）均表现出良好的支撑效果，但当ASI指标出现背离形态时，MA已经出现相互纠缠的情形。当ASI走出背离形态后，MA（10）下穿MA（30）（A点）之时是平仓的好机会。其后股价果然大跌，验证了ASI与MA发出的信号的有效性。

16.2　多空指标（BBI）揭秘

BBI指标是移动平均线指标的一种变形，通过计算4条移动平均线的算术平均值以衡量多空双方的力量对比。

⊙ BBI的计算公式

$$\text{BBI}=\frac{3\text{日均价}+6\text{日均价}+12\text{日均价}+24\text{日均价}}{4}$$

其中，3日均价，6日均价，12日均价，24日均价指的是指数或个股收盘价在3日、6日、12日、24日内的平均值。

⊙ BBI的研判技法

BBI线所有功能同移动平均线。高价区收盘价跌破BBI线时准备卖出，低价区收盘价突破BBI线时准备买入。BBI线向上，股价在BBI线之上代表多头势强；BBI线向下，股价在BBI线之下代表空头势强（图16–2、图16–3）。

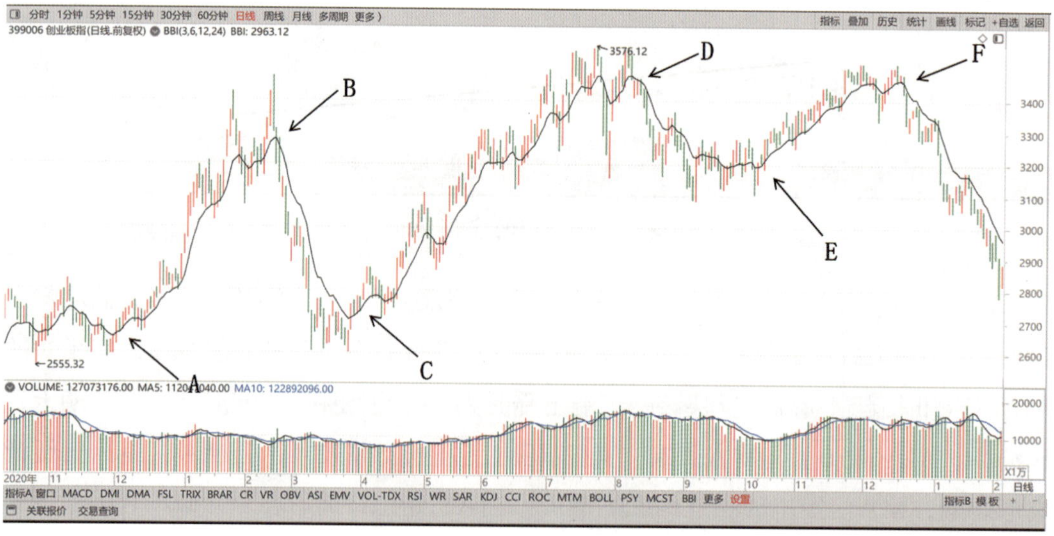

图16–2　BBI的应用实例

图16–2是创业板指（399006）在2020年10月至2022年2月期间的日线图。图

中多轮涨跌走势中，BBI曲线提供了近乎完美的支撑与阻力作用。如同MA系统交易法则一样，我们也可以采用百分比穿越或双日原则对股价穿越BBI曲线的信号进行过滤。

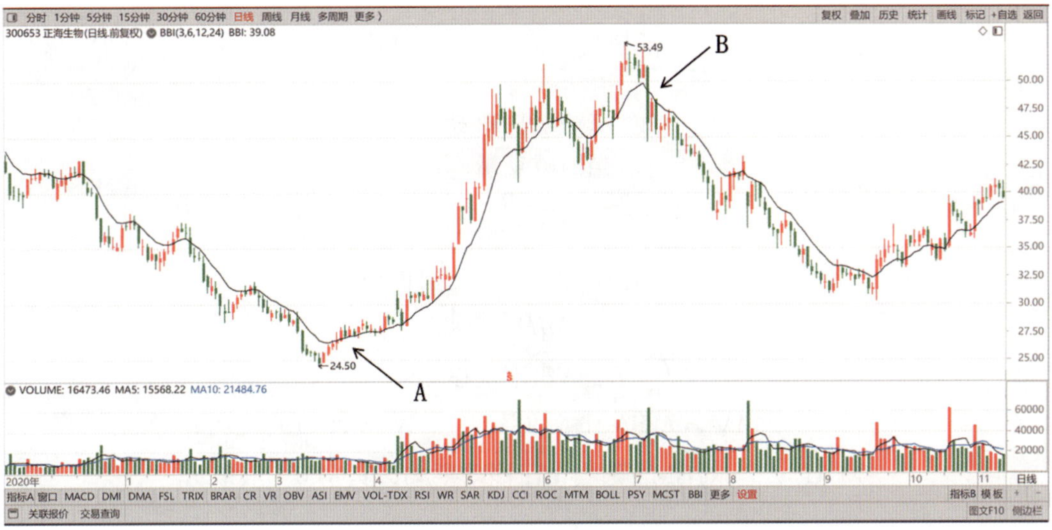

图16-3　BBI在个股分析方面的应用实例

图16–3是正海生物（300653）在2020年12月至2021年11月期间的日线图。股价创下24.50元新低后，于A点处上穿BBI曲线，发出买入信号。当股价突破双顶形态，触及53.49元新高却继续上攻乏力后，于B点处跌破BBI曲线，发出卖出信号，预示涨势即将逆转。

16.3　简易波动指标（EMV）揭秘

EMV又称量价能人气指标，是成交量应用的一种方法，利用成交量及股价之差的比值来反映市场人气变动的情况。

⊙ EMV的计算公式

$$A=\frac{\text{当日最高价}+\text{当日最低价}}{2}$$

$$B=\frac{\text{前日最高价}+\text{前日最低价}}{2}$$

$$C=\frac{\text{成交量的}N\text{日移动平均值}}{\text{当日成交量}}$$

$$\mathrm{MID}=\frac{A-B}{A}\times 100$$

$$D=\text{当日最高价}-\text{当日最低价}$$

$$E=\frac{MID\times C\times D}{D\text{的}N\text{日平均移动值}}$$

$$\mathrm{EMV}=E\text{的}N\text{日移动平均值，}N\text{一般取14}$$

$$\mathrm{MAEMV}=\text{对EMV进行}M\text{日移动平均，其中}M\text{一般取9}$$

⊙ EMV的研判技法

①当EMV由上而下跌破0值时为主要卖出时机，当EMV由下而上穿破0值时为主要买进时机。

②EMV向上穿越MAEMV为买进信号，EMV向下穿越MAEMV为卖出信号（图16–4）。

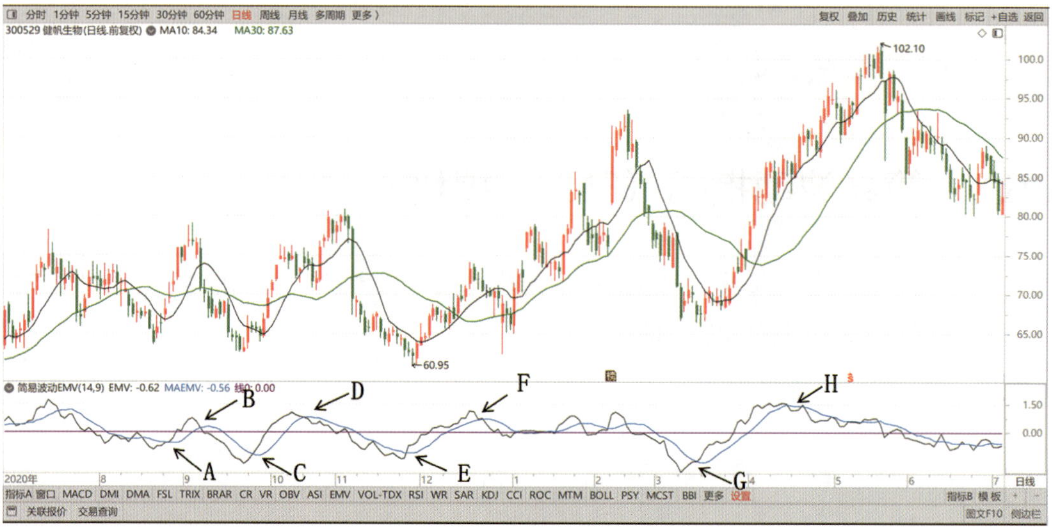

图16–4　EMV的应用实例

图16–4是健帆生物（300529）在2020年7月至2021年7月期间的日线图。图中标注了多处EMV穿越MAEMV时发出的买入或卖出信号。股价在震荡走势中，EMV指标在A点至F点处所发出的信号精准地踏上了行情的节奏。而在G点之后的上升趋势行情中，EMV的交易信号也能够捕获主要的涨幅。

16.4 当日均数指标（EXPMA）揭秘

EXPMA是移动平均线应用的一种，其先通过对收盘价进行不同速度的指数移动平滑处理，再根据所得两条指数移动平均线的交叉信号做出交易决策。

⊙ EXPMA的计算公式

EXPMA1=（当日收盘价–前日移动平均值）× 0.15+前日移动平均值，一般选10日移动平均值

EXPMA2=（当日收盘价–前日移动平均值）× 0.04+前日移动平均值，一般选30日移动平均值

⊙ 研判技法

EXPMA的应用方式与MA一致，即EXPMA1上穿EXPMA2为买入机会，EXPMA1下穿EXPMA2为卖出机会（图16–5）。

图16-5 EXPMA的应用实例

图16-5是思源电气（002028）在2020年12月至2022年6月期间的日线图。图中我们可以看到4个重要的交叉信号，其中C点处的买入信号意义相当重大，股价从盘整区间底部快速拉伸，最后攀上59.78元的新高，可以说是千载难逢的买入良机。

16.5 动量指标（MTM）揭秘

MTM是测量涨跌速度的技术工具，属于短线指标。它着重分析股价波动的速度，研究股价在波动过程中的各种加速、减速、惯性作用以及股价由静到动或由动到静的过程，从而预测多空双方的强弱，确认大市自高峰或谷底反转的信号。

首先计算每天的动量值，然后再对动量值做移动平均，将增幅较大的动量值平滑拉低，而跌幅较大的动量值平滑拉高，即成为动量指标。

⊙ MTM的计算公式

MTM = 当日收盘价 − N日前收盘价，N一般选取12。

MTMMA = MTM的M日移动平均值，M为时间参数，一般为6。

⊙ MTM的研判技法

MTM由下向上突破0轴时为买进信号，MTM由上向下突破0轴时为卖出信号。MTM由下向上突破MTMMA为买进信号，MTM由上向下突破MTMMA为卖出信号。当股价创新高，而MTM未配合上升，表示上涨动力减弱，这是一种背离现象，应慎防股价反转向下；当股价创新低，而MTM未配合下降，说明下跌动力减弱，此为背离现象，可逢低承接（图16-6）。

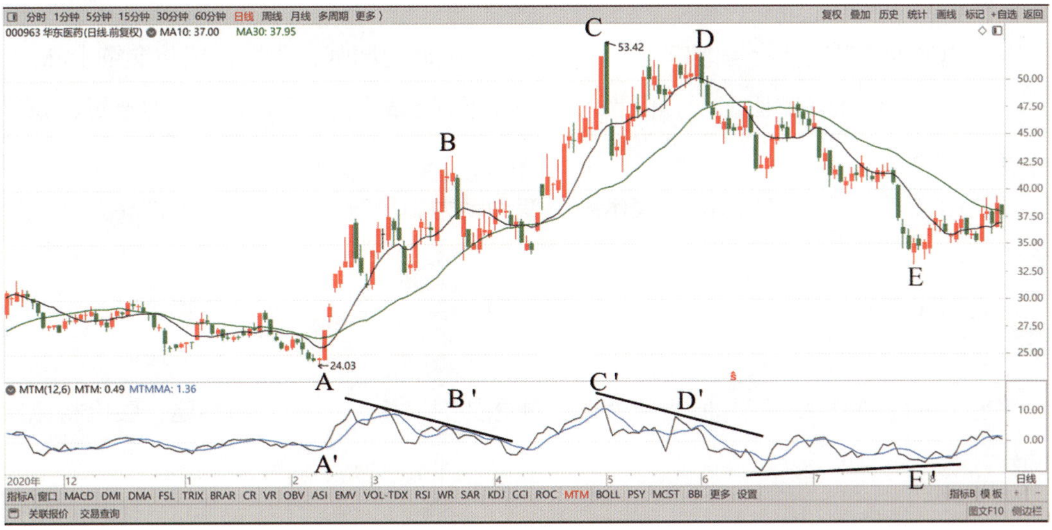

图16-6 MTM的应用实例

图16-6是华东医药（000963）在2020年11月至2021年8月期间的日线图。A点处，MTM曲线向上穿越0轴和MTMMA时构成重要的买入信号，而C点处，MTM曲线在高位向下穿越MTMMA时发出卖出信号。请注意，当股价在B点与D点冲高时，MTM曲线呈现出顶背离形态。而在E点处，MTM曲线已经先于股价见底，出现底背离形态。

16.6 变动速率（ROC）揭秘

ROC指标是用于测量价位变动动力大小的一种方法，类似于物理学上的加速度。

当ROC值向上突破0值时，表示股价变动动力由下跌动力转变为上升动力，股价将上涨。

当ROC值在0值之上且继续上升时，表示上涨动力增强，股票价格将继续上涨。

当ROC值虽然在0值之上，但当前正处于下降态势时，表示上涨动力不足，股价将见顶回落。

当ROC值向下突破0值时，表示股价变动动力由上升动力转变为下跌动力，股价将下跌。

当ROC值在0值以下，且ROC继续下降时，表示下跌动力仍在增强，股价将继续下跌。

当ROC值在0值之下，但当前处于上升态势时，表示下跌动力不足，股价将见底回升。

⊙ ROC的计算公式

$$ROC=\frac{C_I-C_N}{C_N}\times 100$$

式中，C_I表示当日收盘价；C_N表示N日前的收盘价，N一般取值为12。

⊙ ROC的研判技法

当ROC由上而下跌破0值时为卖出时机，当ROC由下而上穿破0值时为买进时机。当股价创新高，而ROC未配合上升，表示上涨动力减弱，这是一种背离现象，应慎防股价反转向下。当股价创新低，而ROC未配合下降，说明下跌动力减弱，此为背离现象，应逢低承接。若股价与ROC在低水平同步上升，显示短期趋向正常或短期会有股价反弹现象。若股价与ROC在高水平同步下降，显示短期趋向正常或短期会有股价回落现象（图16–7）。

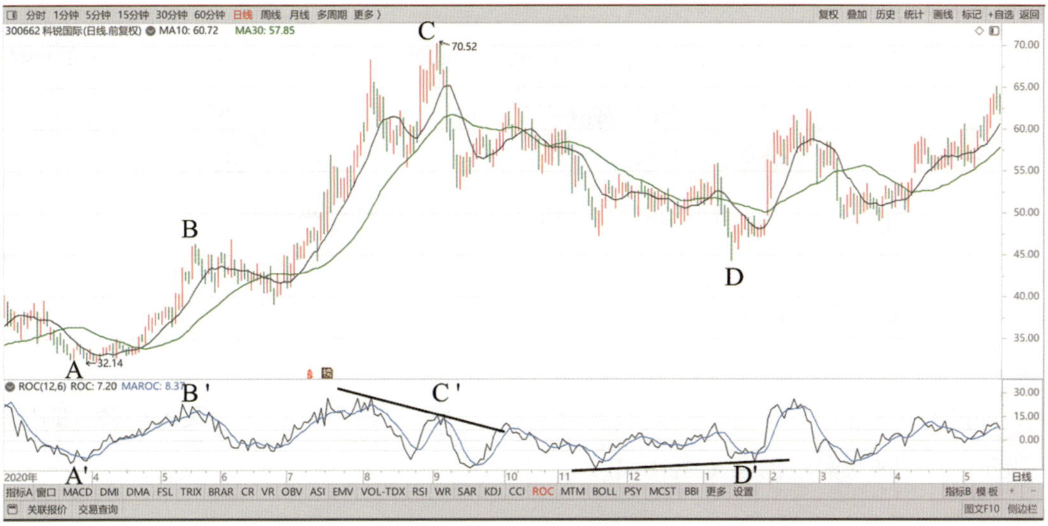

图16–7 ROC的应用实例

图16–7是科锐国际（300662）在2020年3月至2021年5月期间的日线图。当股价从32.14元阶段新低开始反弹，ROC与股价同步上升，股价于B点处阶段见顶后，ROC也同步下降。注意，当股价于C点处创下70.52元新高时，ROC并没有同步创新高，出现顶背离形态。而在D点处，ROC也没有与股价同步创新低，呈现底背离形态。

16.7 三重指数平滑平均线（TRIX）揭秘

TRIX是移动平均线应用的一种，通过对1条移动平均线进行3次平滑处理，再根据这条移动平均线的变动情况预测股价走势。

⊙ TRIX的计算公式

AX=（当日收盘价–前日移动平均值）×0.15+前日移动平均值，一般选12日移动平均值

BX=（当日收盘价–当日AX）× 0.15 + 当日AX

TRIX=（当日收盘价–当日BX）× 0.15 + 当日BX

MATRIX=对TRIX进行9日移动平均

⊙ TRIX的研判技法

TRIX的应用方法与移动平均线一致，即TRIX上穿MATRIX为买入机会，TRIX下穿MATRIX为卖出机会（图16–8）。

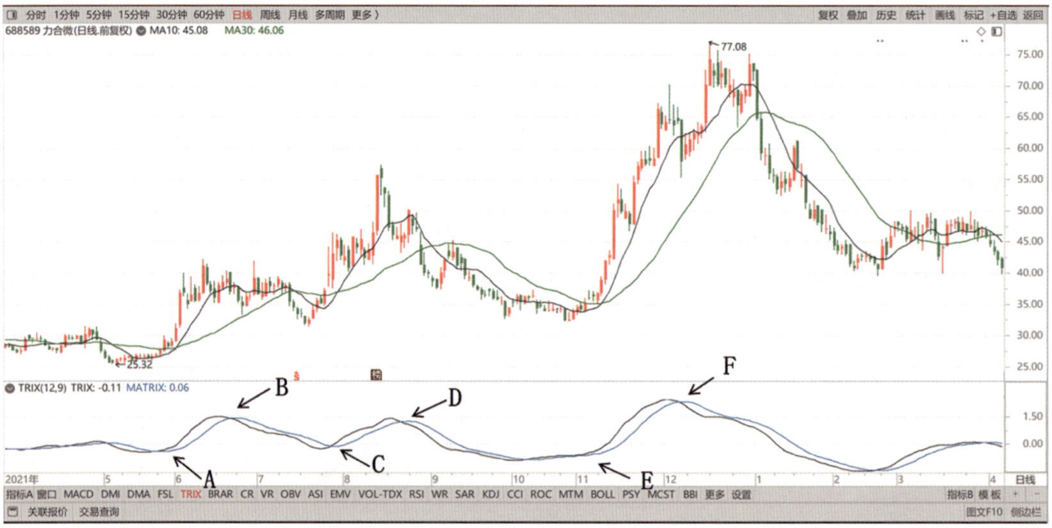

图16–8　TRIX的应用实例

图16–8是力合微（688589）在2021年4月至2022年4月期间的日线图。当股价从25.32元的低位拉起时，A点处出现TRIX上穿MATRIX构成买入交叉。在C点与E点处，TRIX上穿MATRIX发出买入信号后，市场出现大幅上涨，而当股价涨至高位后，TRIX曲线在D点与F点处下穿MATRIX形成卖出交叉，应高位获利了结。

16.8 宝塔线（TWR）揭秘

宝塔线是以红绿的棒线来区分股价涨跌，并研判其涨跌趋势的一种线型。

⊙ 宝塔线的画法

股价上涨时，宝塔线以红色实体表现；股价下跌时，宝塔线以绿色实体表现。以某一天的收盘价开始，每天依次将收盘价的涨跌画于次行。若上一天宝塔线为上涨红线，次日股价下跌，股价尚未跌破红线的低点，则画于次行的跌幅仍以红线表示，而不画绿线。若上一天宝塔线为下跌绿线，次日股价上涨，股价尚未涨过绿线的高点，则画于次行的涨幅仍以绿线表示，而不画红线。

⊙ 宝塔线的研判技法

宝塔线翻红之后，股票后市总要延伸一段上涨行情。反之，宝塔线翻绿之后，股票后市总要延伸一段下跌行情。股价在高位时，宝塔线长绿而下，应立即获利了结，将手中筹码卖出。反之，股价在低位时，宝塔线长红而上，则是买进时机。盘局时宝塔线的小翻红、小翻绿可根据所设定的止损点或止盈点之大小而决定是否进出。宝塔线若能与K线、移动平均线等共同使用，分析效果更佳。当日大市指数或股票收盘价高于最近3根阴线的最高收盘价时，为买进信号。当日大市指数或股票收盘价低于最近3根阳线的最低收盘价时，为卖出信号（图16–9）。

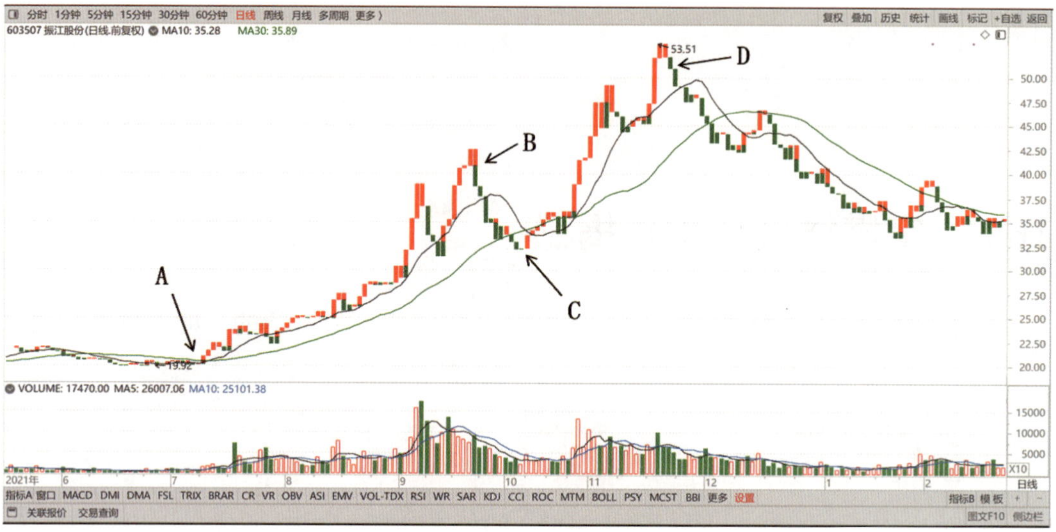

图16-9　TWR的应用实例

图16-9是振江股份（603507）在2021年5月至2022年2月期间的日线图，股价采用宝塔线来展示。请注意A点与C点处，宝塔线在低位翻红，显示买入信号；在B点与D点处，宝塔线在高位长绿而下，应及时平仓。

16.9　容量比率（VR）揭秘

VR值是一个能反映股市成交量强弱的指标。

⊙ VR的计算公式

在*N*天内统计强势累加和（Up）与弱势累加和（Down）。某交易日若为收阳日，则该日的成交量累加到Up中；若为收阴日则累加到Down中。若某日收盘价等于开盘价，则该日成交量一半累加到Up中，另一半累加到Down中（*N*为待设定参数，一般取26）。

$$VR=\frac{Up}{Down}\times 100$$

⊙ VR的研判技法

根据VR值大小确定买卖时机：40～70为低价区，可以买进；80～150区间股价波动较小，可以持有；160～350为获利区，可获利了结；350以上为警戒区，应伺机卖出（图16–10）。

图16–10 VR的应用实例

图16–10是卫士通（002268）在2021年6月至2021年12月期间的日线图。请注意A点与C点对应处的买入时机和B点与D点对应处的卖出时机。

16.10 威廉变异离散量（WVAD）揭秘

WVAD是一种将成交量加权的量价指标，是利用成交量测量买卖双方力量对比的一种技术指标。买卖双方力量反映在成交量上。股价上涨，此时的成交量是多方力量的显示；股价下跌，此时的成交量是空方力量的显示。利用每天的开盘价、收盘价、最高价、最低价对成交量进行加权处理，并在一定时间内累积，以此来衡量买卖双方力量的对比及其变化情况，可以预测股价变动的方向。

⊙ WVAD的计算公式

$$\mathrm{WVAD}=\sum_{i=1}^{N}\frac{\text{当日收盘价}-\text{当日开盘价}}{\text{当日最高价}-\text{当日最低价}}\times\text{当日成交量}$$

式中，N为累积天数，一般取值6或12。

⊙ WVAD的研判技法

当WVAD由上而下跌破0值时为卖出信号，当WVAD由下而上穿破0值时为买进信号。当股价创新高，而WVAD未配合上升时，表示多方力量减弱，这是一种背离现象，应慎防股价反转向下。当股价创新低，而WVAD未配合下降时，表示空方力量减弱，出现此背离现象时，应逢低承接。若股价与WVAD在低水平同步上升，显示短期趋向正常或短期会有股价反弹现象。若股价与WVAD在高水平同步下降，显示短期趋向正常或短期会有股价回落现象（图16–11）。

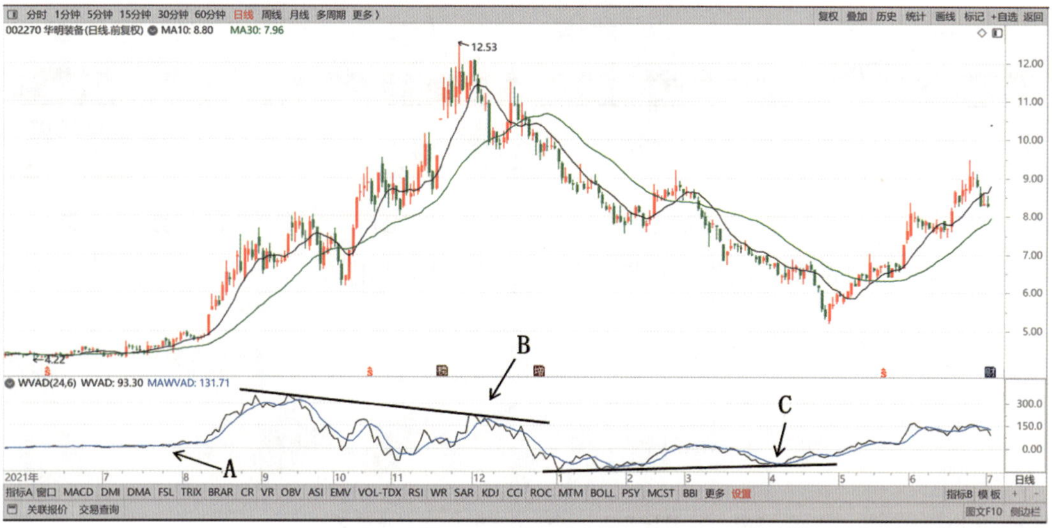

图16–11 WVAD的应用实例

图16–11是华明装备（002270）在2021年5月至2022年7月期间的日线图。请注意WVAD曲线上，A点处，上穿0度线形成买入信号，此后股价进入快速上涨阶段；B点处，股价创下12.53元的新高，但WVAD呈现出顶背离的状态，表明该股票已经超买；C点处，WVAD出现了底背离形态，并且再次上穿0度线，发出买入信号，随后股价止跌并迅速反弹，跌势开始逆转。

16.11 均线差指标（DMA）揭秘

DMA是依据快慢两条移动平均线的差值变动情况来分析价格趋势的一种技术分析指标。与MACD类似，DMA也是移动平均线的一种应用。

⊙ DMA的计算公式

$$\text{DMA}=\text{短期移动平均线}(\text{C},N_1)-\text{长期移动平均线}(\text{C},N_2)$$

$$\text{AMA}=\text{DMA移动平均值}(\text{DMA},N_3)$$

式中，MA（C，N_1）表示以收盘价计算的N_1天移动平均线，N_1通常取10；

MA（C，N_2）表示以收盘价计算的N_2天移动平均线，N_2通常取50；

MA（DMA，N_3）表示以DMA计算的N_3天移动平均线，N_3通常取10。

⊙ DMA的研判技法

DMA线上穿AMA为买入信号，DMA下穿AMA为卖出信号。由于DMA比较敏感，容易被操纵，在上升回档时和下跌反弹时容易产生技术陷阱（图16–12）。

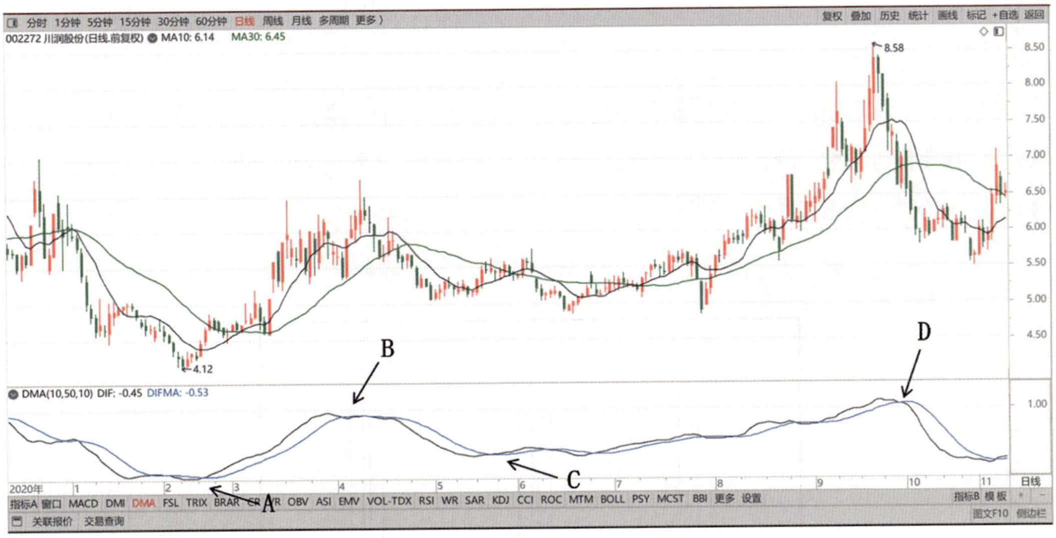

图16–12 DMA的应用实例

图16-12是川润股份（002272）在2020年12月至2021年11月期间的日线图。A点处DMA上穿AMA发出买入信号，其后该股价格从4.12元开始反弹，至点B处DMA与AMA交叉向下，构成阶段性卖出信号。在C点处，DMA与AMA反复纠缠在一起，股价也处于牛皮盘整状态，此后DMA与AMA伴随股价同步走高，并在股价创下8.58元新高后，DMA再次向下穿越AMA，构成了重要的顶部信号。

16.12 趋向指标（DMI）揭秘

DMI是通过计算价格在上升及下跌过程中买卖双方力量由平衡到不平衡的变化情况以预测股价变动方向的一种技术指标。

⊙ DMI的计算公式

第一步：计算趋向变动值DM，上升趋向用+DM表示，下跌趋向用–DM表示。股价在相邻两个交易日中的变化表现为三种情况，即上升趋向、下跌趋向和横向趋向。

①当今日最高价高于昨日最高价，今日最低价高于或等于昨日最低价，或今日最低价虽低于昨日最低价，但今日最高价与昨日最高价之差的绝对值大于昨日最低价与今日最低价之差的绝对值，则表现为上升趋向（图16–13）。

+DM = 今日最高价 – 昨日最高价

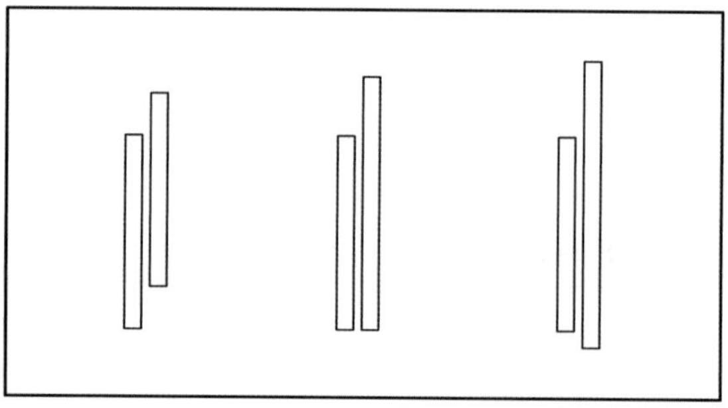

图16–13　上升趋向的三种情况

②当今日最低价低于昨日最低价，今日最高价低于或等于昨日最高价，或今日最高价虽高于昨日最高价，但昨日最低价与今日最低价之差的绝对值大于今日最高价与昨日最高价之差的绝对值，则表现为下降趋向（图16–14）。

–DM = 昨日最低价 – 今日最低价

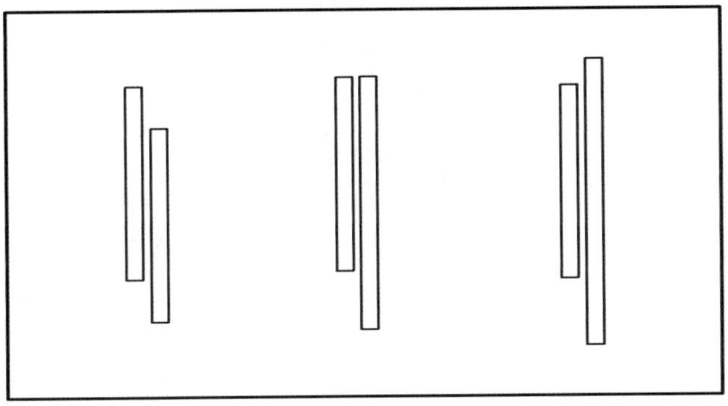

图16–14　下跌趋向的三种情况

③当今日最高价低于或等于昨日最高价，今日最低价高于或等于昨日最低价，该日为内移日。当今日最高价高于昨日最高价，其差额绝对值刚好等于今日最低价与昨日最低价的差额绝对值，因此形成两力均衡走势，称为两力均衡日。内移日和两力均衡日均表现为横向趋向（图16–15）。这种情况下+DM=0，–DM=0。

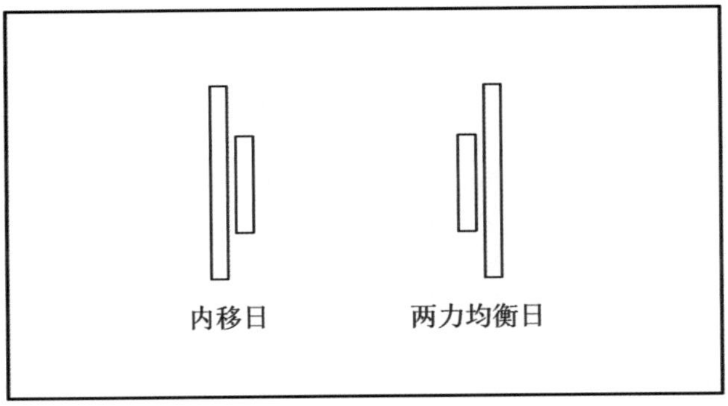

图16–15　内移日与两力均衡日

第二步：计算真实波幅（TR）。

①计算当日最高价与当日最低价的差。

②计算当日最高价与昨日收盘价的差的绝对值。

③计算当日最低价与昨日收盘价的差的绝对值。

TR=①、②、③三个差中数值最大者。

第三步：计算方向线（DI）。上升方向线用+DI（又称为PDI）表示，下跌方向线用–DI（又称为MDI）表示。

将N（N为待设定参数，一般取14）天内的+DM、–DM及TR平均，分别记为D、E、F，则N天的上升或下跌方向线的计算公式如下：

$$+DI=\frac{D}{F}\times 100$$

$$-DI=\frac{D}{F}\times 100$$

上升与下跌方向线的数值永远介于0～100之间。N天上升方向线表示最近N天以来实际上涨力量的百分比，而N天下跌方向线则表示最近N天以来实际下跌力量百分比。

若价格持续下跌，那么下降趋向变动值不断出现，将使下跌方向线的数值不断升高；相对的上涨方向线则呈下降的趋向。

若价格持续上涨，则上述情况的相反导向将出现于图形上。在行情处于盘整时，上升与下跌方向线差异将很微小。

第四步：计算趋向平均值（ADX）和平均方向指数评估（ADXR）。在计算趋向平均值以前，须先计算出趋向值（DX）。

G＝上升方向线（+DI）与下跌方向线（–DI）的差的绝对值。

H＝上升方向线（+DI）与下跌方向线（–DI）的和。

$$DX=\frac{G}{H}\times 100$$

ADX＝DX的N_1天移动平均值，N_1的一般取值为6。

$$ADXR=\frac{\text{当日}ADX+N_2\text{日前}ADX}{2}$$，N_2一般取值为6。

⊙ DMI的研判技法

DMI在趋势明朗的市场中相对比较准确，在牛皮盘整时，其效果就不太理想。趋向指标系统中，主要分析上升方向线（+DI）、下跌方向线（–DI）、趋向平均值（ADX）这3条线之间的关系，ADXR一般作为参考。

上升方向线（+DI）与下跌方向线（–DI）的作用：

当+DI从下向上突破–DI时，显示市场内部有新多头进场，为买进信号。

当–DI从下向上突破+DI时，显示市场内部有新空头进场，为卖出信号。

趋向平均值（ADX）的作用：

①判断行情趋势。在行情趋势非常明显地朝单一方向前进时，无论其为上涨还是下跌，ADX值都会逐渐增加。当ADX值持续高于前日时，可断定当前趋势将持续。

②判断行情是否牛皮盘整。当市场行情反复涨跌时，ADX值会递减。当ADX值降低到20以下，且呈现横向运行时，可以断定此时市场气氛为牛皮盘整。

③判断行情是否到顶或到底。当ADX从上升转为下降时，表明行情即将反转。即在涨势中，ADX在高位由升转跌，表示涨势将告结束；反之，在跌势中，ADX也在高位由升转跌，表示跌势将告结束。

图16–16是天润工业（002283）在2021年6月至2022年1月期间的日线图。请注意A点处+DI向上与–DI交叉构成买入信号，此时该股正在底部盘整之后拉起的初抬阶段，ADX转为上升，说明上涨的大趋势已经开始。D点处ADX开始出现见顶信号，股价也对应发生调整，此后一段行情中，DMI纠缠在一起横向发展，股价也疲态渐显。当股价创下11.93元新高后，涨势无力维持，便转头向下调整。而B点、C点、E点处ADX由高位加落时，股价也相应出现局部低点。

图16–16 DMI在股票操作中的应用实例

小结

拿来主义

人类进入信息时代，计算机加快了我们思想进步的速度。从探索火星到打捞中世纪的海底沉船，从“深蓝”战胜国际象棋特级大师到人工智能、ChatGPT，计算机除了不能代替我们吃喝拉撒，几乎就没有它做不到的事。计算机对股市的影响就不用说了，20世纪初那种在木板上写报价、在坐标纸上画图的日子早就一去不复返了。

于是多种技术分析工具应运而生，电脑带来了技术分析工作的革命性的改变，不用说那些学富五车的投资圣手有自己独特的投资理念和分析方法，就连那些股市超级散户兼业余网虫也时不时在互联网上发布一些前所未有的技术分析方法，多种新名词和新指标让人眼花缭乱目不暇接。今天来个什么“鬼变脸”分析技术，明天又出了一种“佛跳墙”电脑跟庄技术。这是个发明创造的时代，加上互联网的强大扩散功能，你想到什么都可以拿到网上去大呼小叫一番，反正也没有人认识你，住在李嘉诚隔壁的亿万富翁与贩卖盗版光盘的阿猫阿狗又有什么两样？

不过，还是有些有思想的人会热衷于设计技术分析工具，而且有些工具还真像那么回事，有空的话，不妨拿来试一试，别让自己的手机、电脑整天都处于游戏的战争状态。接受鲁迅先生的教诲，拿来为我所用。

本章再度精选了12种技术分析指标，多数都让人感到陌生，但是，这可是我从成千上万种技术分析指标中选出来的。有几种已经广泛流传了，瞧它们清一色的英文名字，可别小瞧。

有些指标的计算方法相当简单，即使不用计算机也能轻易算出来，道理也很浅显，但并不能因此就认为它们的分析价值比不上计算烦琐的技术指标。

本章讨论的有些技术指标已经渐成流行之势，有成长为一线指标的“明星相”，例如DMI和VR，现在相当多的技术分析软件中都有它们的一席之地，还有BBI、MTM也是渐渐为技术分析者所熟悉的分析指标。

虽然我们不可能一次采用太多的技术指标，但多熟悉一些技术指标还是有帮助的，现在手机、电脑如此普及，要看看新的技术指标的分析效果，实在容易得很。

股事新编之十六 老和尚的股经

繁华都市里有位老和尚，拿香油钱在股市里滚了几个来回，赚得盆满钵满。几年中的高点低点，一波都未踏错过，几乎百发百中，有若神助，令一向心高气傲的股林高手都佩服得五体投地。有位股民对股评家已经失去信心，便去向老和尚请教。老和尚听明来意连连摆手说：“我佛慈悲，我们出家人以慈悲为怀，只不过在股市里普度众生罢了，哪里有什么绝招秘技啊！”

老和尚见眼前这位股市里的“善男”并未有识趣告辞之意，轻声叹了口气，接着开口说：“施主既然如此虔诚，我只好送你一句话，悟与不悟，就看你与佛家的缘分了。请记着，‘我不入地狱谁入地狱；我不去施舍谁去施舍？’”说罢拂袖而去。

该股民沉思良久，突然开悟，忙称谢告辞，朝证券营业部飞奔而去，只见股市里一片惨淡，股民们唉声叹气，仿佛世界末日就要来临。这位得到老和尚指点的股民突然心生怜悯之情，“我不下地狱谁下地狱”，遂满仓杀入跌幅最大的几只科技股。结果仅1个月的时间，账面利润高达300%。就在股市全线涨停，众多股民因为买不进货而急得跳脚骂娘时，他将全部股票都“施舍”给了排队买进的人，带着“我不去施舍谁去施舍”的慈悲之心，回家读佛经去了。当晚，他从当天的财经新闻中看到，平仓之后不到1个小时，股市又全线暴跌。

原 后 记

因为懂得，所以慈悲

整个5月，我的每个周末几乎都是在佛教圣地度过的：先是普陀山，然后是峨眉山，接着又是九华山。这完全不是刻意安排的，而纯粹是一种巧合或者说是因缘际会。当然，也有朋友说我这是与佛有缘。感触最深的是5月中旬的那个星期六，在安徽合肥参加完联合证券举办的一个投资报告会后，对佛祖虔诚的桂总盛情邀请我和研究所的杨博士一起去九华山礼佛，想到也就不过2个小时车程，于是欣然前往了。在九华山甘露寺的斋堂里吃完斋之后，傍晚去到甘露寺住持藏学“法师”所在的客厅聊天。起初我以为这个少年老成的僧人只会与我们聊“在家”与“出家”，聊生死轮回，聊深山的沉寂与空漫。让我们意外的是，藏学“法师”想与我们探讨的恰好是一些世俗的话题，比如说股市，比如说楼市，比如说和尚炒股，还有泡沫……我敬佩藏学“法师”的博学与多识，但我一时不知该说什么才好。当股票竟然也成为深山古刹中的一个话题，成了佛门弟子的一个关心对象时，我们是应该为股票感到骄傲，还是应该为自己感到悲哀？我多么希望能有那么一个角落，能有那么一丁点儿的时间，让我们暂时不记得世界上还有股票这样的东西。然而，这可能吗？

所以，当我写于1999年的几本股票投资方面的书修订再版时，重读其中的一些文字，忽然感觉到有些羞愧。那个曾经痴迷于股票的我，一写到股票时竟然是这样的激动：“这精彩都是因为股票，将我们的生活推到了风口浪尖之上，它让我们爱它恨它，诅咒它并且祝福它！它的影响无远弗届，它的魅力无处不在。它主宰了我们的喜怒哀乐，执掌着我们心灵深处的爱恨情仇。我们的世界，就是由阳光、空气和股票组成的。”那个时候的我，充满了激情与浮躁，与此刻的心境，恍如隔世。

夜宿甘露寺，9点钟打板后就该睡觉了。大殿后的菩提树下，常二法师和一众僧侣也纷纷离开，我仍然坐在一星昏暗的灯光下，回忆着自20世纪以来，那些做过的梦，唱过的歌，走过的路，爱过的人。那些故事应该是很遥远的了，是可以给别人讲“从前有座山，山里有座庙，庙里有个……”的那种。我总是在想，一个人的际遇终究充满了多少不可预期的变数，从这个角度来看，的确可以说人生如股，股如人生。如果不是因为8年前的那个秋天，不是因为我充满激情地去写这本对我后来的职业生涯和生活状态有着深远影响的《股票技术分析实战傻瓜书》，我不知道此时此刻自己是否还有这份闲散的心情枯坐在这一片清凉的夜色里，我的生活是更平淡还是更忙乱。这8年来，股票市场经历了一次牛熊的轮回，我的心情，曾经跟随行情的低迷而日渐平静，可是现在，也没有因为行情的高涨而更加激动。在这个轮回中，市场的起伏波动，还有职场上无谓的人事纷争，让我明白了一个道理：我们的生活，除了股票之外，应该还有别的东西。如果让股票操纵了我们的生活，那是一件很悲哀的事情。

在很多人的印象里，宗教是比较神秘的。但是，通过这几年来近距离地接近庙宇和僧侣，我发现宗教或许是一种教育途径，它教你如何去变得善良、宽容还有感恩，教你如何在生命的匆忙中记住“舍得”与“放下”的含义。如果说佛教的本质是善良，那么股票的本质就是赢利。因为投身于股市的人，无非是为了赚钱而来。从表面来看，这两者是风马牛不相及的，但是，它们都跟生活的本质有关，那就是快乐。善良与宽容的人最快乐，心态好的人炒股才能赚钱，因为炒股玩的就是心态。“舍得”二字，何其精妙？当投资股市时，对于一笔错误的交易，如果不止损认赔，如何才能得到新的机会呢？学会“放下”似乎更难，股市中的高手，心平常，人似仙，潇洒行走于红绿交错的K线之间，能达到“手中有股而心中无股”的超脱境界。而散户的局限正是在于对眼前的得失过于介怀，对短期的波动斤斤计较。高手与散户之间，与其说是经验与技巧的差距，不如说是心境的差距。

其实没有什么是不可以放下的。2003年的夏天，当我放下股票和手头堆积如山的工作飞往云南的时候，飞机飞离我熟悉的城市，像迪克牛仔在歌里唱的那样，飞机正在抵抗地球而我正在抵抗股市。在三万英尺（1英尺合0.3048米）的高空上，思绪飘逸，云在肩头，我完全遗忘了那个让人心烦意乱的熊市。小桥、流水、石板街，那个下午我迷失在丽江古城的宁静里。坐在小河边上一个不知名的小酒吧里，一杯清茶、一支铅笔，还有一张白纸，我竟然找回了当年在大学时代写诗的感觉。后来，这一场景无数次在我的梦里重现，《关于丽江》这首诗也成为我经常送给那些要去丽江度假的朋友的一样礼物。丽江给了我人生中最为深刻的一段美好记忆，“丽江古城”“玉龙雪山”“云杉坪”还有“白水河”，这些字眼也成了这几年来某种情感的象征，甚至是精神的放牧之地。2007年6月上旬，当得知联合证券总经理培训班选在丽江开班时，我竟然有一种宿命的惊奇与感动，漫步在那一条条熟悉的亲切的用五花石铺成的小巷里，我如数家珍地向参加培训班的同事介绍丽江古城的特色美食与工艺品。当我再次坐在河边品尝大石桥黄豆面时，真有一种直把他乡当故乡的冲动。放弃五星级大酒店的花园别墅不住，我偏偏喜欢束河古镇上那座僻静的名叫“躲起来”的小客栈。一壶陈年普洱，三五知己便海阔天空地聊到深夜，忽然发现北斗七星清晰地展现在深邃的夜空，那种意境对久居闹市的我们，就是寻觅已久的“别处”吧。而三亚的海则是另外的一个心情花园，是一个让我灵感泉涌的地方。当我面对那片博大精深的蔚蓝时，我感受到了自己的渺小，当然，还有股市的微不足道，我甚至用了《亲爱的海水》作为题目来表达自己对大海的向往与依恋。去年夏天去武夷山开会，忙里偷闲，去拜访了一座山和一条溪，竟然豁然开朗，一种万缘放下、坐看云起云涌的超脱之感油然而生。你会感觉到，跟生命的自由和快乐相比，股市上的这点破事，有什么值得耿耿于怀的呢？

九华山的夜晚，寂静得有些庄严。天色微明，僧人们就集中在大殿里做早课了，我发现同来的桂总、杨博士竟然也准时醒过来并夹杂在众多僧人中间虔诚地站立着。我后来才知道，桂总不久前刚领了皈依证，而杨博士10年前就在深圳皈依佛门做了俗家弟子。临回合肥之前，去向藏学“法师”道别。

藏学“法师”问：“这次来九华山最大的收获是什么？”

桂总说：“学会了感动。”

杨博士说：“领悟了善良。”

我说：“让自己放下。”

藏学“法师”说：“有缘相识，送你们几句话吧，‘吃饭的时候吃饭，睡觉的时候睡觉’。”

大道至简啊！我知道还有一句他没说，就是“炒股的时候炒股”！

2007年6月30日

后 记

自2000年以来，A股市场历经了波澜壮阔的变迁，从2006–2007年的“股改牛市”到2014–2015年的“杠杆牛市”，再到2019–2021年的“结构牛市”，每一个阶段都镌刻着社会经济背景的深刻烙印。时至今日，股市的版图与20年前相比，已是物换星移，昔日辉煌的个股大多已湮没在历史的长河中，但每个时代都不乏引领风骚的龙头板块，恰如古人所言：“江山代有才人出，各领风骚数百年。”

从技术分析的维度审视，无论股市如何风云变幻，是牛市的狂欢还是熊市的沉寂，其背后的逻辑与精髓始终如一。股票技术分析作为经验与智慧的结晶，通过图表与数据的精妙结合，揭示了市场动向的奥秘。而这一切的根源，皆在于“人性不变”这一深刻的原理。

值此《股票技术分析实战傻瓜书（珍藏版）》出版之际，我们摒弃了旧版中的过时案例，精心挑选了近5年来市场中的活跃股票作为新的教学素材。此举旨在帮助读者紧贴时代脉搏，深入理解并掌握股票技术分析的精髓，感受其独特的魅力与力量。

该如何灵活运用这些技术分析方法呢？

掌握多种多样技术分析方法，就像学会了中文里的汉字或者英文里的单词一样，在此基础之上，聪明人的做法应该是耐心倾听市场说话，而不是试图帮市场把话说完。在实践的过程中，想要把技术分析运用到得心应手，最重要的一点是保持开放的心态，既不可先入为主，更不能孤注一掷。在某些特定的技术形态下，也许你的预判最终是正确的，但你也无法苛求市场按照你这一厢情愿的想法去演绎。

交易中没有圣杯，任何技术分析方法、交易策略都只是高胜算交易模型，并不意味着百发百中。在股票市场投资，如果不会判断，就很难获胜，但一条更加宝贵的经验是，如果执拗于判断，就可能会失去比金钱更多的东西！所以，不要把鸡蛋放在同一个篮子里，也不要急不可耐地去捕捉那些似是而非的机会。当你的经验日益丰富、对市场的理解愈发深刻时，或许仅凭一种简单的技术分析方法便能在股市中游刃有余。

做了正确的事却没有得到“正确”的结果是股市中的常态，运气固然是影响因素之一，但能否坚持做正确的事才是决定最终成败的关键。天地高迥，觉宇宙之无穷，兴尽悲来，识盈虚之有数！在逆境中坚持做正确的事，可以算是达到了“知行合一”的门槛，我们不妨把投资战略的框架慢慢放大，当这个跨度超越了牛熊周期，是不是就能追求“天人合一”的更高境界呢？

《股票技术分析实战傻瓜书》不仅是我个人的心血之作，亦汇聚了诸多同事与好友的智慧与汗水。在此，谨向为本书之出版、修订及再版倾注心力的广东经济出版社的三任责任编辑——李远谋老师、高文彪老师及周伊凌老师致以诚挚的谢意。

衷心感谢金谷明、王彬、梁欣、宋琦、卢少娟、刘莉、何震、吴怀国、林晓宇、汤佳、唐向来、黄国强、汤腾皓、郑运、沈堉溪、张健斌、邹子亮、黄炜、黄钟冰、曾楚一、庾毅泉等老师与同事为本书修订工作所提供的建设性意见与无私帮助。

特别要感谢江乐明博士，珍藏版中的所有案例更新均由江博士精心完成！

最后，衷心感谢我的家人一直以来给予我的坚定支持与鼓励！

程峰（程大爷）

2025年1月1日于广州